大观园里的替身

《红楼梦》索隐之二

隋邦森　隋海鹰 ⊙ 著

序　言

　　《红楼梦》又名《石头记》、《情僧录》、《风月宝鉴》、《金陵十二钗》。《红楼梦》是一部隐写的历史，是一部由文字狱逼出来的畸形变态的历史。所有的章回名目、故事情节乃至诗词歌赋、酒令俚语，无不隐藏着历史信息——或宫闱隐秘，或争风吃醋，或内幕交易，或惨烈战事，草蛇灰线，伏脉千里，反映了明亡清兴改朝换代那个时期的林林总总。

　　《红楼梦》中的男男女女都是演员，扮演着明清皇宫内外、朝野上下的历史人物。一个演员可以演一个几个或几代人物，可以演完这个再演另一个历史人物，几个或十几个演员可以联合扮演同一个历史人物的不同历史阶段——所谓"天外书传天外事，两番人作一番人"。

　　这样的作品只会产生于专制的封建社会，只有心灵备受摧残折磨的文人才会这么写。比如尤二姐的丈夫"張華"，两个繁体字都是十一划，隐写贾琏偷娶的尤二姐，就是顺治强娶的十一弟博穆博果尔的福晋董鄂氏。又如在大雨倾盆中，龄官写"薔"字共十八划，影射崇祯十八年（1645）扬州屠城的死难同胞与为国捐躯的民族英雄"史可法"（十八划）……

　　本书将红楼人物与历史人物一一对照分析，以揭示隐含其中的历史隐秘。

隋邦森

2012 年秋于北京

目 录

第一章 主题与主角 ··· 1
   第一节 《红楼梦》的主题 ······································· 1
   第二节 大荒顽石与神瑛侍者 ····································· 6

第二章 孝庄 ·· 13
   第一节 孝庄出世 ·· 13
   第二节 大荒顽石与通灵宝玉 ···································· 20
   第三节 初入明皇宫 ·· 26
   第四节 叔嫂通奸 ·· 30
   第五节 王熙凤代管荣国府 ······································ 46
   第六节 贾元春 ·· 60
   第七节 《悲题五美吟》 ·· 67
   第八节 背水一战 ·· 75
   第九节 西府海棠开 ·· 79

第三章 顺治皇帝 ·· 84
   第一节 贾芸的尴尬 ·· 84
   第二节 潇湘妃子 ·· 87
   第三节 一局输赢料不真 ······································· 109
   第四节 贾宝玉出家 ··· 112
   第五节 贾珠之死 ··· 118

第四章 董鄂氏 ……………………………………… 127
第一节 初进荣国府 ……………………………… 127
第二节 黛玉葬花 ………………………………… 133
第三节 痴女儿遗帕惹相思 ……………………… 137
第四节 香菱 ……………………………………… 142
第五节 焚稿断痴情 ……………………………… 144

第五章 多尔衮 ……………………………………… 152
第一节 贾赦、贾政、贾琏 ……………………… 152
第二节 贾政其人 ………………………………… 160
第三节 生前身后 ………………………………… 176
第四节 "义忠亲王老千发坏了事" ……………… 182

第六章 明清皇帝 …………………………………… 187
第一节 贾宝玉与甄宝玉 ………………………… 187
第二节 崇祯皇帝 ………………………………… 190
第三节 秦可卿之葬 ……………………………… 197

第七章 大观园里的女人们 ………………………… 204
第一节 废皇后博尔济吉特氏 …………………… 204
第二节 孝惠章皇后 ……………………………… 214
第三节 贞妃小董鄂氏 …………………………… 221
第四节 庶妃巴氏 ………………………………… 230
第五节 四格格 …………………………………… 235
第六节 苏麻喇姑 ………………………………… 241
第七节 金陵十二钗 ……………………………… 253
第八节 陈圆圆 …………………………………… 265
第九节 林四娘 …………………………………… 271

第八章 大观园外的男人们 ………………………… 276
第一节 孔有德 …………………………………… 276

第二节	吴三桂与李自成	285
第三节	辅政四大臣	296
第四节	肃亲王豪格	305
第五节	郑亲王济尔哈朗	308
第六节	英亲王阿济格	312
第七节	豫亲王多铎	316
第八节	睿亲王义子多尔博	319
第九节	克勤郡王岳讬	323
第十节	大学士范文程	326
第十一节	大学士洪承畴	330
第十二节	索额图	336
第十三节	延平王郑克塽	339
第十四节	靖海侯施琅	351
第十五节	史德威将军	356
第十六节	德国传教士汤若望	370
第十七节	吴禄	380

参考文献………………………………………………385

第一章 主题与主角

第一节 《红楼梦》的主题

《红楼梦》主题的庐山真面目是什么呢？胡适认为《红楼梦》反映了封建大家族"坐吃山空"并必然灭亡，新考证派认为借贾宝玉、林黛玉的爱情破灭而反封建礼教与孔孟之道，蔡元培认为是反满排满光复汉族正统，新索隐派认为是"反清复明的民族主义"。笔者认为《红楼梦》的主题是满蒙汉各族化干戈为玉帛、民族和解与国家统一。

《红楼梦》第一回：

原来女娲氏炼石补天之时，于大荒山无稽崖炼成高经十二丈，方经二十四丈顽石三万六千五百零一块。娲皇氏只用了三万六千五百块，只单单剩了一块未用，便弃在此山青埂峰下。谁知此石自经煅炼之后，灵性已通，因见众石俱得补天，独自己无才不堪入选，遂自怨自叹，日夜悲号惭愧。

大荒顽石隐射元顺帝后裔与满清开国者孝庄文皇后，而蒙满都是少数民族，属于所谓胡族、夷族、蛮族的范畴，为何要在开篇伊始就与汉族女神女娲氏联系在一起？而且说元清玉玺（大荒顽石——通灵宝玉）是汉族女神所炼的呢？这是《红楼梦》作者的无奈，也是《红楼梦》的伟大之所在。

我们说作者的无奈，是指元清玉玺确实是中华民族的传国玉玺，它源于蔺相如"完璧归赵"的"和氏璧"。

秦始皇获得了赵国的"和氏璧"，制成了一统天下的玉玺，铭文曰"受命于天，既寿永昌"。"通灵宝玉"（清朝玉玺）的铭文曰"莫失莫忘，仙寿恒昌"。"金锁铭文"（后金金玺）为"不弃不离，芳龄永继"。

汉高祖刘邦使用的"汉玉"（贾母死前正式交给了贾宝玉），孙坚与袁术获得的汉玺，魏晋南北朝隋唐宋元清使用的国家神器，与和氏璧一脉相承。

忽必烈统一中国，这块国宝从临安（杭州）南宋皇帝手里，传到元朝大都（北京）的皇宫里。朱元璋建立大明王朝，但始终没有得到这个国宝。因为元顺帝北逃将它丢失在察哈尔蒙古的大青山（"大荒山青埂峰"）下了。

崇祯八年、天聪九年八月多尔衮从察哈尔蒙古那里得到汉玉，对当时的中国人包括《红楼梦》作者的震动极大。明朝崇祯末年李自成起义，席卷西北半壁，民谣云："朱家麦，李家磨，做成一个大馍馍，送给对巷赵大哥。"这首民谣反映了当时的人心向背——朱明王朝气数已尽，李闯王不成气候，中原这个大馍馍，必须交给长城对面的"赵大哥"。所谓"赵大哥"，就是《红楼梦》里的"赵国基"（赵立国者，北宋赵匡胤、满清多尔衮）与"秦业"、"秦钟"、"秦可卿"——清太宗皇太极也。

宝玉指传国玉玺，金锁指后金金玺，索隐派前辈早有论及：

（1）蔡元培《石头记索隐》云："宝玉者，传国玺之义也。"

（2）孙渠甫《石头记微言》云："正面'通灵宝玉'四字即是'皇帝之宝'四字，反面'莫失莫忘，仙寿恒昌'八字即是'受命于天，既寿永昌'八字。"

（3）王梦阮《红楼梦索隐》云："通灵玉及金锁赞文，均与传国玺文相似，亦隐指身份处。"又云："必令贾兰并中者，明其缵承大宝也。"

（4）潘夏注解传国玉玺时，引用《三国志·孙坚传》云："我们试一比较，'方圆四寸，上纽交五龙'（裴注引）不是'大如雀卵，灿若明霞，莹润如酥，五色花纹缠护'（红楼梦语）的简写吗？"（《胡适红楼梦研究论述全编》）

（5）钱静芳《红楼梦考》云："宝玉非人，寓言玉玺耳，故作者明言顽石也。"

（6）高阳、赵同、邱世亮等新红学派也认为"通灵宝玉"是国家玉玺。

（7）王伯沆认为："本书甚恶'金'字。'金'字不祥。是'金'便不祥，莫草草。"

以上表明，蔡元培、孙渠甫、王梦阮、潘夏、钱静芳、高阳、赵同、邱世亮、王伯沆等前辈，都认为宝玉指传国玉玺，金锁指后金金玺，"金"字隐射不祥的后金。颜也之先生《红楼梦烛隐》第三节标题《通灵宝玉何所物,满清短命玉玺也;宝钗金锁何所物,后金传国金玺也》,直接取自王梦阮"通灵玉及金锁赞文,均与传国玺文相似"的论点。

我们说《红楼梦》的伟大,是指《红楼梦》记载了中国历史的一个部分,即明亡清兴部分。作者认为满清传国玉玺不是假的,是女娲氏炼石补天的真材料。而满清的皇帝是假的满族人(贾宝玉),是真的汉族人(文庙真人)。"太虚幻境"不是假的,它是中华民族的"大观园",将来会光复为"真如福地"。明朝的皇帝(甄宝玉)因为骄奢淫逸、贪恋女色而亡国,但会浪子回头,东山再起,知过必改,精神可嘉(甄应嘉)。而将来灭亡的清朝也会有光明的出路:"福善祸淫,古今定理。现今荣宁两府,善者修缘,恶者悔祸,将来兰桂齐芳,家道复初,也是自然的道理。"

《红楼梦》表达的这种大统一大融合大团结的主题,是中华民族十分难能可贵的精神财富。

《红楼梦》问世三百年来,真正读懂其主题思想的,恐怕只有乾隆皇帝与毛泽东主席。他们站在政治、军事、历史、哲学与文学艺术的高度,看清了《红楼梦》里的爱情故事乃是"假语存焉"(贾雨村),而满汉民族战争与宫廷政治斗争才是"真事隐去"(甄士隐)。毛泽东主席一针见血地指出:"曹雪芹把真事隐去,用贾雨(假语)村言写出来。真事就是政治关键,不能讲,于是用吊膀子(爱情)掩盖它。"

乾隆皇帝与同时代知识分子相比,有两大优势:一是他通晓《红楼梦》涉及的明亡清兴史与宫廷隐秘;二是别人进不了清皇宫,他却住在"大观园"(清皇宫)里。他办公的乾清宫就是贾政多尔衮当年办公的"荣禧堂"。

乾隆皇帝对《红楼梦》隐语的来源一清二楚。他与顺治皇帝一样,很欣赏汉族文人这一套。这就叫作汉学的历史文化。他们这样隐来藏去,"秀才造反,十年不成"也。有什么不好呢?总比吴用以军师的身份到梁山上造反要好。

乾隆皇帝读懂了《红楼梦》,没有采取秦始皇"焚书坑儒"的办法,也没有搞一场新的文字狱。因为他精通这段刚刚过去的历史,正在清理父皇、爷爷、太爷爷遗留的历史问题,力求对一切不公正的人和事进行平反昭雪。他看出作者们是明末清初的一批文官武将,是秉笔直书的"史官",是一批对中华民族很负责任的政治军事家、历史学家、文学家与宫廷档案学家。书中既流露了对亡明的悼念与批评，也显示了对清初失政的怨愤与不满，但最后归结为承认历史的进步，维护国家与民族的团结与统一。

《红楼梦》以几十两银子一个手抄本的价码，风靡大江南北与长城内外。国家如果强行禁止，不但毫无效果，反而起到推波助澜、煽风点火的作用，弄不好甚至惹起一场无谓的民族争端。宗室子弟已经有人看出里面有涉及宫廷隐秘的"碍语"。汉族文士也有人看出"一声两歌，一手二牍"的隐意。"走来名利无双地，打出樊笼第一关。"这首诗脱胎于山海关的对联："两京锁钥无双地，万里长城第一关。"这里面所隐含的意思是很明确的——满清必须出关。这是当年"史可法复多尔衮书"的诗歌版。

对付《红楼梦》的最好办法是"因势利导"、"难得糊涂"的八字方针——"扬汤止沸诚谓是，釜底抽薪竟得他"也。所以，乾隆皇帝按《红楼梦》提出的问题，进行了妥善处理：

（1）以皇帝的名义宣布"明珠家事论"。不是乾隆想当第一流红学家，而是等于发布了一个中央的红头文件，借以达到转移目标的效果——赵烈文《能静居笔记》云："曹雪芹《红楼梦》。高庙（指乾隆皇帝）末年……以呈上，然不知其所指。高庙阅而然之，曰：'此盖为明珠家事作也。'后遂以此书为明珠遗事。"这是朝廷给《红楼梦》定调子。

（2）武英殿印制三百本精装《红楼梦》，存入皇宫档案，不得传阅与评论，以备非常事件的发生。

（3）命令纪晓岚重订《东华录》，彻底删掉"太后下嫁"的所有记载。命令皇宫档案馆销毁所有"太后下嫁"的记录，特别是礼仪方面的记载。

（4）《红楼梦》隐射"大荒山"为荒凉的大青山，即多尔衮获得元顺帝传国玉玺的阴山山脉。而特将大"青埂峰"隐射热河的棒槌峰，小"青埂峰"隐射北京皇苑的景山，即元世祖忽必烈命名的"青山"，说"青山"最高建筑在明朝为"天香楼"（寿皇亭），而到了清朝手里，"小青山"（景山）也变成了"大荒山无稽崖"。乾隆御笔改棒槌峰为"磬锤峰"，改"寿皇亭"为"万春亭"，乃崇尚和平、怀柔万邦的意思，以正视听。

（5）对木刻全本百二十回与手抄八十回本，一律采取不闻不问的漠视态度，以免无事生非。

（6）对《红楼梦》给予高度评价的袁崇焕、史可法、多尔衮等人物，建祠纪念之。将洪承畴列入《贰臣传》第一名。对史可法，乾隆评之为："即拟之文天祥，实无不可。《明史》乃称其母梦文天祥而生，则出于稗野之附会，失之不经。"——点到为止就行了，不要认真辩论。

（7）乾隆四十九年，乾隆皇帝编修清史，始知当年皇太极利用反奸计铲除袁崇焕的真相，以及史可法后裔的情况。他惊愕不已，遂决心为他们平反。百年沉冤，终于在乾隆的主持下得到昭雪。明朝英雄的昭雪却来自当年的敌人，世人对此该是悲还是喜呢？关于多尔衮、袁崇焕、史可法的历史功过，乾隆皇帝何尝不知道，但万万没有想到会丝毫不差地写进了《红楼梦》，并且成为乾隆晚年第二次为历史冤案平反昭雪的契机。

五四运动之后，在蔡元培与胡适两大红学派形成气候的前提下，日理万机的毛泽东主席，高屋建瓴地观看着红学的百年风雨。

在井冈山时期，有一次贺子珍谈起喜欢读《三国演义》、《水浒》，不喜欢《红楼梦》。她说："《红楼梦》里尽是谈情说爱，软绵绵的，没有意思。"毛泽东主席说："你这个评价不公正，这是一本难得的好书哩！《红楼梦》里写了两派，一派好，一派不好。贾母、王熙凤、贾政，这是一派，是不好的；贾宝玉、林黛玉、丫环，这是一派，是好的。《红楼梦》写了两派的斗争。我看你一定没有仔细读这本书，你要重读一遍。"

1961年12月20日，毛泽东主席在中央政治局常委和各大区第一书记会议上说："《红楼梦》写的是很精细的社会历史。对《红楼梦》，不仅要当做小说看，而且要当做历史看。"后来又说："《红楼梦》有极丰富的社会史料。""《红楼梦》，我是把它当历史读的。开始当故事读，后来当历史读。"笔者认为，毛泽东主席阅读与研究《红楼梦》的方法，对所有《红楼梦》爱好者，都具有普遍的指导意义。

毛泽东主席1964年8月18日在北戴河同几位哲学工作者谈话，在谈到《红楼梦》时，他说："《红楼梦》我至少读了五遍。"至多呢？他没有说。

毛泽东主席认为《红楼梦》比任何古典小说都要好，好就好在道路曲折，前途光明，他说："例如对贾宝玉这个封建制度的逆子的描写，虽然他没有能够逃脱被压抑而最终走向虚无的悲剧性的命运，但作者曹雪芹的民主倾向和萌生的深情希望渗透在字里行间。这是《红楼梦》区别于其他古典爱情小说的一个显著特点。"

"待从头收拾旧山河，朝天阙。"——是二十一世纪红楼隐史派的光明之路。红学没有家，红学也没有祖宗铺好的路，但走的人多了，自然就成了路。

第二节 大荒顽石与神瑛侍者

《红楼梦》第一回在流传过程中出现了两处巨大改动：

（1）在手抄本（脂本）系统中，只有甲戌本详尽地记载了癞头和尚将大荒顽石变成通灵宝玉的全过程。而其他手抄本脱漏了四百二十七个字，简化模糊了癞头和尚将大荒顽石变成通灵宝玉的过程。尽管如此，读者仍然可以看出，女娲炼石补天弃而未用的大荒顽石，变成了通灵宝玉，这是第一个神话故事。而警幻仙姑赤瑕宫里的神瑛侍者要下世历劫，绛珠仙子追随他下世还泪，是第二个神话故事。第一个神话故事中大荒顽石隐射了孝庄皇太后的一生。第二个神话故事中神瑛侍者与绛珠仙子隐射了顺治与董鄂氏的爱情悲剧。大荒顽石与神瑛侍者属于上下两代人。大荒顽石与神瑛侍者是二不是一。按照这个结论，大荒顽石隐射大清国开国"裙钗"孝庄皇太后，而神瑛侍者隐射大清国入关第一帝清世祖。大荒顽石与神瑛侍者是母子关系，都不是《红楼梦》作者所谓的"堂堂须眉"。

（2）在印刷本（程本）系统中，程乙本改变了原貌——大荒顽石因为无才补天，百无聊赖，溜达到警幻仙姑的赤瑕宫中，被任命为神瑛侍者。读者得到的印象是：大荒顽石与赤瑕宫神瑛侍者是一不是二。按照这个观点，大荒顽石因为无才补天，被任命为神瑛侍者，下世成了贾宝玉，也就是《红楼梦》的作者了。国家玉玺（大荒顽石与通灵宝玉）变成了自命不凡有补天之才却怀才不遇的作者了。

这是两种水火不容的红学观点。

甲戌本和其他手抄脂本，都保留着《红楼梦》的原貌，大荒顽石与神瑛侍者属于上下两代人，大荒顽石与神瑛侍者是二不是一。

《甲戌本》原文：

原来女娲氏炼石补天之时，于大荒山无稽崖炼成高经十二丈、方经二十四丈顽石三万六千五百零一块。娲皇氏只用了三万六千五百块，只单单剩了一块未用，便弃在此山青埂峰下。谁知此石自经煅炼之后，灵性已通，因见众石俱得补天，独自己无才不堪入选，遂自怨自叹，日夜悲号惭愧。一日，正当嗟悼之际，俄见一僧一道远远而来，生得骨格不凡，丰神迥异，说说笑笑来至峰下，坐于石边高谈快论：先是说些云山雾海、神仙玄幻之事，后便说到红尘中荣华富贵。此石听了，不觉打动凡心，也想要到人间去享一享这荣华富贵，但自恨粗蠢，不得已，便口吐人言，向那僧道说道："大师，弟子蠢物，不能见礼了！适闻二位谈那人世间荣耀繁华，心切慕之。弟子质虽粗蠢，性却稍通，况见二师仙形道体，定非凡品，必有补天济世之才，利物济人之德。如蒙发一点慈心，携带弟子得入红尘，在那富贵场中，温柔乡里受享几年，自当永佩洪恩，万劫不忘也！"二仙师听毕，齐憨笑道："善哉，善哉！那红尘中有却有些乐事，但不能永远依恃；况又有'美中不足，好事多磨'八个字紧相连属，瞬息间则又乐极悲生，人非物换，究竟是到头一梦，万境归空，倒不如不去的好。"这石凡心已炽，那里听得进这话去，乃复苦求再四。二仙知不可强制，乃叹道："此亦静极思动，无中生有之数也！既如此，我们便携你去受享受享，只是到不得意时，切莫后悔！"石道："自然，自然。"那僧又道："若说你性灵，却又如此质蠢，并更无奇贵之处。如此也只好踮脚而已。也罢！我如今大施佛法，助你助，待劫终之日，复还本质，以了此案。你道好否？"石头听了，感谢不尽。那僧便念咒书符，大展幻术，将一块大石登时变成一块鲜明莹洁的美玉，且又缩成扇坠大小的可佩可拿。

《庚辰本》原文（除甲戌本以外的其他手抄本，都脱漏了甲戌本四百二十七个字，因为脱漏而前后不接，于是补上了"来至石下席地而坐长谈，见"等十一字）：

原来女娲氏炼石补天之时，于大荒山无稽崖炼成高经十二丈、方经二十四丈顽石三万六千五百零一块。娲皇氏只用了三万六千五百块，只单单剩了一块未用，便弃在此山青埂峰下。谁知此石自经煅炼之后，灵性已通，因见众石俱得补天，独自己无才不堪入选，遂自怨自叹，日夜悲号惭愧。一日，正当嗟悼之际，俄见一僧一道远远而来，生得骨格不凡，丰神迥异，来至石下席地而坐长谈，见一块鲜明莹洁的美玉，且又缩成扇坠大小的可佩可拿。

《甲戌本》指明："一僧""大施佛法"将大荒顽石改造成通灵宝玉。《庚辰本》脱漏了"一僧""大施佛法"的具体过程。

女娲氏是中华民族的创始女神，她炼的"补天石"有两层含义：一是补天石——即历代封建王朝的传国玉玺；二是补天氏——即历代封建王朝的皇室系统。大荒顽石与通灵宝玉属于女娲氏所炼的补天石，就决定了它的合法性与正统性。它代表合法与正统的中国封建王朝的传国玉玺，绝非中国"伪朝的假玉玺"。

"补天石"既然代表合法与正统的中国封建王朝的传国玉玺，女娲氏为何"只单单剩了一块未用，便弃在此山青埂峰下"，使它成为大荒顽石呢？这正是《红楼梦》特别要交代的问题。元世祖忽必烈的传国玉玺，就是女娲氏炼成的"补天石"。从忽必烈直用到元顺帝逃离北京，回到漠北老家，丢落在大青山荒野中（大荒山无稽崖），成了一块废石头——大荒顽石——元顺帝作废的中国传国玉玺，二百余年后，才被"牧羊人"所得，献给了察哈尔蒙古的林丹汗。

1635年，明崇祯八年、后金天聪九年，多尔衮灭察哈尔部，从林丹汗儿子手中获得元顺帝的废玉玺，献给了后金大汗皇太极。皇太极获元朝玉玺，以为受命于天之祥瑞。反映到小说中，此玺即"大荒顽石"所化之"通灵宝玉"——从作废的元朝玉玺，变成了有效的大清国的传国玉玺。《红楼梦》从此开始了。

为了进一步强调"一僧"将大荒顽石改造成通灵宝玉，"一僧一道"又携带通灵宝玉下世历劫，到"花柳繁华地，温柔富贵乡去安身乐业"，最后变成了"元妃省亲"中的贾元春。《红楼梦》在第十八回里，让贾元春以大荒顽石的身份开口说话：

元春入室，更衣毕复出，上舆进园。只见园中香烟缭绕，花彩缤纷，处处灯光相映，时时细乐声喧，说不尽这太平景象，富贵风流。此时自己回想当初在大荒山中，青埂峰下，那等凄凉寂寞；若不亏癞僧、跛道二人携来到此，又安能得见这般世面。

本欲作一篇《灯月赋》、《省亲颂》，以志今日之事，但又恐入了别书的俗套。按此时之景，即作一赋一赞，也不能形容得尽其妙；即不作赋赞，其豪华富丽，观者诸公亦可想而知矣。所以倒是省了这工夫纸墨，且说正经的为是。【庚辰双行夹批：自"此时"以下皆石头之语，真是千奇百怪之文。庚辰眉批：如此繁华盛极花团锦簇之文忽用石兄自语截住，是何笔力！令人安得不拍案叫绝。试阅历来诸小说中有如此章法乎？】

庚辰双行夹批与眉批，将"此时"以下的正文，说成"皆石头之语"，很容易误解为作者之语。其实，"此时自己回想当初在大荒山中，青埂峰下，那等凄凉寂寞；若不亏癞僧、跛道二人携来到此，又安能得见这般世面"，乃贾元春以石头的名义发表讲话，感谢一僧（皇太极）与一道（孔有德）当年对自己的慷慨提携，因而才有发达飞腾的机会，得以从龙入关，来到北京故宫与中南海。

而"本欲作一篇《灯月赋》、《省亲颂》，以志今日之事……所以倒是省了这工夫纸墨，且说正经的为是"，是《红楼梦》作者鱼目混珠的狡猾之笔。

所谓"鱼目混珠的狡猾之笔"，是指《红楼梦》里涉及"大荒顽石"与"石兄"两个概念。"大荒顽石"就是"诚不若彼裙钗"中的"裙钗"，也就是元顺帝直系后裔孝庄文皇后的灵魂。"大荒顽石"乃《红楼梦》第一主角。而"石兄"乃是一事无成的"堂堂须眉"，也就是《红楼梦》第一作者，乃朱明皇室的后裔；他主持了《红楼梦》的全部创作过程，但他不是"石头"，而是领导文人们在"大荒顽石"上篆刻《红楼梦》的"石匠"——"空空道人"。

庚辰双行夹批者没有读懂作者原文，误认为"大荒顽石"自语等于"皆石头之语"，因而将"裙钗"与"须眉"混为一谈了，也就是将"石头"与"石匠"混为一谈了，这就误导了红学家与读者。

程伟元与高鹗没有读懂原文，误认为"大荒顽石"无才补天，溜达到赤瑕宫，被警幻仙姑委任为神瑛侍者，这就严重误导了广大读者。

《甲戌本》与《庚辰本》保持了原貌——大荒顽石变为通灵宝玉，与赤瑕宫里的神瑛侍者是两回事。而《程乙本》改变了原貌——大荒顽石变为赤瑕宫神瑛侍者了。

这个错误源于程伟元与高鹗没有读懂第一回，在补写过程中觉得后四十回与前八十回有矛盾之处，就自作聪明地改动了第一回的原文，企图将大荒顽石下世历劫与宝玉最后出家对接圆满。

合理的对接应当是：(1) 大荒顽石下世历劫与通灵宝玉回到大荒山；(2) 神瑛侍者下世造历幻缘与贾宝玉出家。

程伟元与高鹗也有可能处于某种政治上的考虑，而有意改动了第一回原文，但这种可能性不大。

无论如何，这个改动属于原则错误，彻底破坏了《红楼梦》作者原来设计的构架，也完全违背了作者的主旨。

《甲戌本》与《庚辰本》第一回：

只因西方灵河岸上三生石畔有绛珠草一株，时有赤瑕宫神瑛侍者，日以甘露灌溉，这绛珠草便得久延岁月。后来既受天地精华，复得雨露滋养，遂得脱却草胎木质，得换人形，仅修成个女体，终日游于离恨天外，饥则食蜜青果为膳，渴则饮灌愁海水为汤。只因尚未酬报灌溉之德，故其五内便郁结着一段缠绵不尽之意。恰近日这神瑛侍者凡心偶炽，乘此昌明太平朝世，意欲下凡造历幻缘，已在警幻仙子案前挂了号。警幻亦曾问及，灌溉之情未偿，趁此倒可了结的。那绛珠仙子道："他是甘露之惠，我并无此水可还。他既下世为人，我也去下世为人，但把我一生所有的眼泪还他，也偿还得过他了。"

《程乙本》第一回：

只因当年这个石头娲皇未用，自己却也落得逍遥自在，各处去游玩。一日来到警幻仙子处，那仙子知他有些来历，因留他在赤瑕宫中，名他为赤瑕宫神瑛侍者。他却常在西方灵河岸上行走，看见那灵河岸上三生石畔有棵绛珠仙草，十分娇娜可爱，遂日以甘露灌溉，这绛珠草始得久延岁月。后来既受天地精华，复得甘露滋养，遂脱了草木之胎，幻化人形，仅仅修成女体，终日游于离恨天外，饥餐秘情果，渴饮灌愁水。只因尚未酬报灌溉之德，故甚至五内郁结着一段缠绵不尽之意。常说："自己受了他雨露之惠，我并无此水可还。他若下世为人，我也同去走一道，但把我一生所有的眼泪还他，也还得过了。"

《甲戌本》与《庚辰本》等手抄本写明赤瑕宫神瑛侍者与大荒顽石根本不是一个人，而《程乙本》却改写成大荒顽石就是赤瑕宫中的神瑛侍者。

《程乙本》是大量印刷的本子，它的广泛传播，造成了这样一种认识论上的谬误——大荒顽石没有机会补天，溜达到"警幻仙子处，那仙子知他有些来历，因留他在赤瑕宫中，名他为赤瑕宫神瑛侍者"。赤瑕宫神瑛侍者"下世为人"，变成了第一男主角贾宝玉。而受雨露之恩的"绛珠仙草"，"也同去走一道，但把我一生所有的眼泪还他，也还得过了"。于是"绛珠仙草"变成了第一女主角林黛玉。

由于空空道人称大荒顽石（石头）为"石兄"（彼此客套称呼），"石头果然"回答了空空道人关于《红楼梦》的问题，所以，读者自然就得出了错误的结论：石头（石兄）就是《红楼梦》作者，《红楼梦》是石头（石兄）的自传。

第一回云：

但书中所记何事何人？自又云："今风尘碌碌，一事无成，忽念及当日所有之女子，一一细考较去，觉其行止见识，皆出于我之上。何我堂堂须眉，诚不若彼裙钗哉？实愧则有余，悔又无益之大无可如何之日也！当此，则自欲将已往所赖天恩祖德，锦衣纨裤之时，饫甘餍肥之日，背父兄教育之恩，负师友规谈之德，以至今日一技无成，半生潦倒之罪，编述一集，以告天下人：我之罪固不免，然闺阁中本自历历有人，万不可因我之不肖，自护己短，一并使其泯灭也。虽今日之茅椽蓬牖，瓦灶绳床，其晨夕风露，阶柳庭花，亦未有妨我之襟怀笔墨者。虽我未学，下笔无文，又何妨用假语村言，敷演出一段故事来，亦可使闺阁昭传，复可悦世之目，破人愁闷，不亦宜乎？"故曰"贾雨村"云云。

其实，作者们有意识地说空空道人是《红楼梦》抄录者，情僧是《情僧录》改名者，吴玉峰是《红楼梦》题名者，东鲁孔梅溪是《风月宝鉴》题名者，曹雪芹是《金陵十二钗》题名者与总编者。对于这一点，脂砚斋有个明确的表态（甲戌眉批）：

若云雪芹披阅增删，然则开卷至此这一篇楔子又系谁撰？足见作者之笔狡猾之甚。后文如此者不少。这正是作者用画家烟云模糊处，观者万不可被作者瞒蔽了去，方是巨眼。

作者们将自己说成是抄录题名与编者，本来是一种障眼法。但因程乙本对第一回关键文字的删改，结果却弄假成真：大荒顽石、通灵宝玉、赤瑕宫神瑛侍者、石头、石兄倒被后人误认为是《红楼梦》的作者；而真正的《红楼梦》作者倒成了旁观的抄录题名与编者了。

红学的歧途就源于此。

胡适是《程乙本》的崇拜者与大力推广者。他的《红楼梦考证》就源于《程乙本》的误导。他更进一步将空空道人、情僧、吴玉峰、孔梅溪等笔名排除，只留下曹雪芹一个笔名，而且坐实为人名，先说曹雪芹是曹寅的儿子，又说曹雪芹是曹寅的孙子，还说曹雪芹就是炼石补天的大荒顽石、通灵宝玉、赤瑕宫神瑛侍者、石头、石兄。

1927年，胡适从上海沧州饭店得到了《甲戌本》。《甲戌本》第一回与第十八回的原文，彻底粉碎了胡适的曹寅家世论与曹雪芹自传说。

胡适一方面宣扬他得到的《甲戌本》是《红楼梦》最早的古本，一方面将它锁在保险柜里长达三十余年。从此以后，胡适不再发表关于《红楼梦》的长篇论著，只字不提对于《红楼梦考证》修改的意见，直到他离开人世。俞平伯先生晚年说："我看红学这东西，大抵是上了胡适之的当了。"就是指这件事情。

第二章 孝庄

第一节 孝庄出世

明万历四十一年（1613年）二月初八，博尔济吉特·布木布泰出生于蒙古科尔沁部。《红楼梦》第一作者空空道人说她是女娲氏炼石补天弃置不用的一块"废品"，但博尔济吉特·布木布泰却是成吉思汗的直系后人、清太宗皇太极的妻子、满清入关后的实际开国者，因此既有资格成为元顺帝废玺"大荒顽石"的化身，更有资格成为大清国传国玉玺"通灵宝玉"的艺术化身。

关于大荒顽石隐射孝庄文皇后，索隐派前辈早有论述：

（1）邓狂言《红楼梦释真》云：托于女娲者，何也？女娲为汉族初代之君主，并为初代之女主，而程子以娲为皇，为天地间之奇变，为孝庄写照也。

（2）王伯沆对大荒顽石的观点为：顽者忽灵，天下从此多事矣。顽石当代表一位于整个天下有极大影响的反面人物。

《红楼梦烛隐》中所谓"大荒顽石的魂灵是满清'开国女皇'孝庄的灵魂"直接来源于邓狂言"为孝庄写照也"。其中第一节大标题《大荒顽石忽焉灵 万历皇帝因而梦》直接来源于王伯沆"顽者忽灵，天下从此多事矣"。

"石头"（孝庄文皇后）既指大荒顽石（元玺），又指通灵宝玉（清玺）。她是满蒙政治联姻的象征，又是满洲八旗与蒙古八旗军事联盟的象征。

明朝末年，元顺帝的后裔在长城以北的势力仍然很强大，其中以西南部的察哈尔蒙古势力最强盛，东北部的科尔沁蒙古势力居第二。自蓝玉捕鱼儿海大捷，北元宣告彻底灭亡，蒙古三大分裂势力——瓦剌、鞑靼和兀良哈都接受了明朝的册封，承认自己是明王朝的部属。终明一朝，除土木堡之败，蒙古族曾打出"复大元疆土"的口号，其后的草原割据势力无论与明朝是战是和，都未敢宣称蒙古独立或"反明复元"。

　　强悍的蒙古骑兵为什么没有卷土重来，夺回对中国的统治权？原因十分简单，他们不能统一自己。七零八落的游牧民族是任人宰割的羔羊，只有统一才是呼啸原野的狼群。

　　科尔沁蒙古经常受到察哈尔蒙古的欺凌。由于民族隔阂，科尔沁蒙古与建州女真的关系并不好。万历二十一年（1593年），科尔沁蒙古在叶赫部的裹胁下，参加了九部联军对女真族的进攻，但被努尔哈赤一举击溃，科尔沁蒙古首领明安只身脱逃。努尔哈赤趁机提出与科尔沁蒙古修好，将自己的和皇太极的女儿嫁给科尔沁蒙古王公当福晋。而科尔沁蒙古王公则将两个女儿分别嫁给努尔哈赤与皇太极父子做福晋。满蒙政治联姻基本奠定。

　　万历四十二年（1614年）四月，满蒙双方约定，科尔沁蒙古莽古思贝勒的女儿博尔济吉特氏哲哲嫁皇太极，努尔哈赤命皇太极带领盛大的仪仗队前往蒙古迎亲，在辉发扈尔奇山城举行了隆重的婚礼。博尔济吉特氏哲哲端庄美丽，举止文静，聪慧谦和，落落大方，让上上下下敬重赞誉。《红楼梦》里的贾母，被新红学家誉为"天下第一祖母"，不是没有道理的。博尔济吉特氏哲哲在顺治五年就死了，后来的贾母不再隐射她，改而隐射康熙皇帝的祖母、顺治皇帝的生母——孝庄文皇后与皇太后。但贾母的性格特征始终隐射这位博尔济吉特氏哲哲。皇太极称崇德皇帝，首先册封哲哲为皇后。在皇太极掌权的十七年中，哲哲皇后在后宫一直占有最崇高的地位。遗憾的是，哲哲皇后没有儿子，只有三位女儿，都嫁给了蒙古王公。

　　为了保持科尔沁蒙古在满清皇宫的崇高地位，维持满蒙联姻的政治基础，天命十年（1625年），即努尔哈赤迁都盛京的当年，三十四岁的皇太极又娶了哲哲的侄女十三岁的博尔济吉特氏，即孝庄文皇后布木布泰。她是桑寨贝勒的女儿，由她的哥哥吴克善亲自护送到盛京成婚。先封为庄妃，崇德三年（1638年）正月三十日生了顺治皇帝福临，母以子贵，后来被封为孝庄文皇后。也就是说，顺治皇帝的嫡母是孝端文皇后，生母是孝庄文皇后。孝庄文皇后的姿色气质不亚于她的姑母，甚至有过之而无不及，但她的性格却像王夫人、元春、王熙凤与林黛玉。

　　在皇太极的后妃中，孝庄的亲姐姐宸妃是他最钟情的。她在二十六岁才嫁给皇太极，却得到了这位马上天子的爱怜与敬重。宸妃气质高贵，温文尔雅，贤淑文静，举止端庄，几乎弄得"后宫三千无颜色"，地位超过了哲哲皇后，引起了妹妹孝庄妃的哀怨与妒忌。《红楼梦》前二十几回中，林黛玉对薛宝钗的妒忌与防范、心态失衡、"见了薛姐姐，就忘了林妹妹"的怨言，都隐射盛京七八年间孝庄妃与宸妃的姐妹关系。

《红楼梦》写林黛玉的妒忌与尖酸刻薄，是挖苦孝庄文皇后的，读者不要误认为是顺治皇帝的董鄂皇贵妃在妒忌废皇后静妃。林黛玉与薛宝钗的关系，最初是表现皇太极时代的妹妹孝庄与姐姐宸妃之间的关系的。历史事实是：林妹妹尖酸刻薄，量小气短，而薛姐姐温柔典雅，宽宏大度。

《红楼梦》第二十八回以后，林黛玉与薛宝钗的关系突然好起来了，好得莫名其妙。那是进入了顺治的青年时代，历史人物变了，但演员没有变。

林黛玉主要隐射两个清朝历史上著名的女人。一个是天聪、崇德时代的年轻庄妃，一个是顺治时代的董鄂氏皇贵妃。读者必须分辨清楚，误认为是一个女人，就很难理解林黛玉矛盾的个性。

例如第七回《送宫花贾琏戏熙凤》中周瑞家的来到梨香院，"只见薛宝钗家常打扮，头上只挽着鬏儿，坐在炕里边，伏在小炕几上，同丫鬟莺儿正描花样子呢。见他进里来，宝钗便放下笔，转身来，满脸堆笑，让周姐姐坐。"

薛姨妈得了十二支宫花，让周瑞家的送迎春、探春、惜春每人两支，送黛玉两支，余下四支给凤姐。周瑞家的来到黛玉处，笑道："林姑娘，姨太太着我送花来与姑娘戴。"黛玉只就宝玉手中看了一看，便问道："还是单送我一人，还是别的姑娘们都有的？"周瑞家的道："各位都有了，这两支是姑娘的了。"黛玉冷笑道："我就知道，别人不挑剩下的也不给我。"周瑞家的听了，一声儿不言语。

周瑞家的亲身感受了宝钗的谦和礼让、温暖如春与黛玉的刻薄。林黛玉刚到荣国府时"不敢多说一句话，不敢多行一步路"，如今为宫花小事，妒意横生，器量褊浅如此，不知是她自己忘了初衷，还是《红楼梦》作者写来写去写糊涂了？其实都不是。

刚进荣国府的林黛玉，隐射怀孕入宫的董鄂氏大福晋（顺治十二年），所以小心谨慎。刻薄失礼的林黛玉，则隐射崇德时代与姐姐宸妃争风吃醋的孝庄妃，所以死不饶人。

例如第八回《比通灵金莺微露意 探宝钗黛玉半含酸》的小插曲：

一语未了，忽听外面人说：林姑娘来了。话犹未了，林黛玉已摇摇摆摆的来了。一见宝玉，便笑道："嗳哟，我来的不巧了！"宝玉等忙起身让坐。宝钗因笑道："这话怎么说？"黛玉道："早知他也来，我就不来了。"宝钗道："我不解这意。"

黛玉笑道："要来时一起来，要不来一个也不来；今儿他来，明儿我来，如此间错开了来，岂不天天有人来了？也不至太冷落，也不至太热闹。姐姐如何不解这意思？"

宝玉因见他外面罩着大红羽缎对襟褂子，因问："下雪了吗？"地下婆子们说："下了这半日了。"宝玉道："取了我的斗篷来。"

黛玉笑道："是不是？我来了，他就该走了。"宝玉道："我何曾说要去？不过拿来预备着。"

贾宝玉来看薛宝钗是件很平常的事，林黛玉接踵而来，又说了一些含沙射影、夹枪带棒的话，显然是林黛玉在跟踪贾宝玉，还有些醋意。此处追忆盛京时代宸妃比庄妃进宫晚，但得宠，后来居上。庄妃从永福宫到宸妃的关雎宫去看望姐姐，结果皇太极也来了。场面是尴尬的，话儿是酸溜溜的。

这里宝玉又说："不必烫暖了，我只爱吃冷的。"薛姨妈道："这可使不得，吃了冷酒，写字手打颤儿。"

宝钗笑道："宝兄弟，亏你每日价杂学旁收的，难道就不知酒性最热，若热吃下去，发散的就快，若冷吃下去，便凝结在内，五脏去暖他，岂不受害？从此还不改了，快不要吃那冷的了！"宝玉听这话有情理，便放下冷的，令人烫了方饮。

黛玉嗑着瓜子儿，只管抿着嘴笑。可巧黛玉的丫鬟雪雁走来，与黛玉送小手炉。黛玉因含笑问他说："谁叫你送来的？难为他费心，那里就冷死了我！"雪雁道："紫鹃姐姐怕姑娘冷，叫我送来的。"

黛玉一面接了抱在怀中，笑道："也亏你倒听他的话，我平日和你说的全当耳旁风，怎么他说了你就依的比圣旨还快些！"

宝玉听这话，知是黛玉借此奚落他，也无回复之词，只嘻嘻的笑一阵罢了。宝钗素知黛玉是如此惯了的，也不去睬他。薛姨妈因道："你素日身子单弱，禁不得冷的，他们记挂着你倒不好？"

黛玉笑道："姨妈不知道，幸亏是姨妈这里，倘或在别人家，岂不要恼的?不说丫头们太小心,还只当我素日是这样轻狂惯了呢。"薛姨妈道:"你是个多心的,有这样想,我就没有这些心。"

此处宝钗隐射皇太极专宠的宸妃(一僧癞头和尚送给她后金的金锁),黛玉隐射未得宠、代表通灵宝玉的庄妃。黛玉醋意很大,认为自己的言行不是轻狂。

崇德二年(1637年)七月,宸妃为皇太极生了第八子,此子是皇太极称崇德皇帝后生的第一位皇子,为此,皇太极发布了大清国的第一道大赦令,可见其重视程度。可惜皇八子生后一年就夭折了,否则,福临是当不了皇帝的。崇德四年,宸妃又改称贤妃。崇德六年九月,三十三岁的贤妃病故,皇太极痛不欲生。十月二十七日追封贤妃为敏惠恭和元妃。敏惠恭和元妃死后两年,即崇德八年八月九日皇太极也暴死了。《红楼梦》里将贾元春直接称为元妃,第九十五回云:

且说元春自选了凤藻宫后,圣眷隆重,身体发福,未免举动费力。每日起居劳乏,时发痰疾。因前日侍宴回宫,偶沾寒气、勾起旧病。不料此回甚属利害,竟至痰气壅塞,四肢厥冷。一面奏明,即召太医调治。岂知汤药不进,连用通关之剂,并不见效。内官忧虑,奏请预办后事,所以传旨命贾氏椒房进见。贾母、王夫人遵旨进宫,见元妃痰塞口涎,不能言语。见了贾母,只有悲泣之状,却没眼泪。贾母进前请安,奏些宽慰的话。少时贾政等职名递进,宫嫔传奏,元妃目不能顾,渐渐脸色改变……但元妃并无所出,惟谥曰贤淑贵妃。此是王家制度,不必多赘。

上引原文与宸妃(贤妃、元妃)病死、追封的情况颇为符合,说明贾元春不仅隐射孝庄文皇后,她的身上也有宸妃(贤妃)的影子。

《红楼梦》第十六回的标题很古怪——《贾元春才选凤藻宫 秦鲸卿夭逝黄泉路》。《秦鲸卿夭逝黄泉路》隐射皇太极暴死,《贾元春才选凤藻宫》隐射孝庄在皇太极死前就与小叔子多尔衮勾搭成奸,并气死了皇太极。但多尔衮有三个关系极为密切的嫂子——孝端、孝庄与宸妃,难道多尔衮进了"奉嫂宫",与三位嫂子都勾搭成奸了吗?焦大骂"爬灰的爬灰,养小叔子的养小叔子",显然骂的是多尔衮与孝庄皇太后。第六十六回柳湘莲骂的"你们东府里除了那两个石头狮子干净，只怕连猫儿狗儿都不干净"，骂的就不单是多尔衮与孝庄皇太后了，难道包括孝端与宸妃吗？

翻一翻野史，结果是令人惊讶的，《红楼梦》骂尽了满清皇室，特别是盛京时代的满清皇室，说明第一批作者对满清是极不友好的。

当年皇太极即位，封孝端为文皇后，封孝端的大侄女为宸妃，封她的小侄女为庄妃，当时多尔衮只有十五岁。父皇宾天，皇太极迫使大妃阿巴亥殉葬，并当着诸亲王大臣的面说：一定要善待大妃的三个儿子，要求多尔衮的三位嫂子必须让弟弟们感受到慈母般的家庭温暖。于是，多尔衮获得了进出皇宫大内的绝对自由。在皇太极外出征战、多尔衮监国的时候，他就在永福宫办差。

孝端比多尔衮大十几岁，可以说是老嫂比母，但宸妃仅比多尔衮大几岁，而孝庄则比多尔衮小一岁。于是，"东府里"三位嫂子都养起小叔子来。宸妃与庄妃介绍自己的妹妹（小玉儿）嫁给了多尔衮，成了《红楼梦》里赵姨娘的艺术原形。宸妃与庄妃还介绍最小的妹妹嫁给皇太极的大阿哥豪格，后来被多尔衮霸占，成了周瑞家的（睿亲王的侍妾）与周姨娘（贾政字存周，摄政王多尔衮的侍妾）。

《红楼梦》第二回云："今只有嫡妻贾氏，生得一女，乳名黛玉，年方五岁。"隐射林黛玉孝庄这一年五岁。

根据史料，博尔济吉特氏布木布泰，明万历四十一年（1613年）二月初八日，生于蒙古科尔沁部。林黛玉孝庄"年方五岁"时，是明万历四十六年、后金天命三年（1618年）。这一年四月，努尔哈赤以"七大恨"祭告天地堂子，大举侵明，烧毁抚顺城。这一段原文的宗旨是交代孝庄五岁时，后金大举入侵明朝，这是明亡清兴的发端，"葫芦庙炸供"之始。孝庄一出台，就表明了这个重要的历史坐标。

从林如海与林黛玉的"父女"关系来看，是用上下两个王朝的接替来说明林黛玉隐射满清的开国者孝庄。《红楼梦》将孝庄说成是清朝的化身，"年方五岁"也隐射清朝"开国五年"，即崇德五年，当时孝庄妃二十六岁，正在山海关外的盛京皇宫里，所谓"玉在椟中求善价，钗于奁内待时飞"。

"求善价"——隐射孝庄想从妃子晋升为皇后。"待时飞"——隐射孝庄妃等待时机入主中原，想成为中国的国母。此处的"求善价"与"待时飞"者，都隐射孝庄妃。这是第一层意思。

第二层意思为:"求善价"隐射未得宠的孝庄妃。"待时飞"隐射正得宠的宸妃,崇德五年因在病中,弥留之际,等待松潘战场上的皇太极也。

第三层意思:贾雨村隐射多尔衮。"求善价"与"待时飞"的孝庄红杏出墙,准备与小叔子一起入主北京。

在《红楼梦》里,由贾元春元妃、娇杏、智能儿、万儿、王熙凤、王夫人、贾母等演员,分别扮演不同时期的孝庄。大致情况是:

(1) 智能儿扮演入关前与多尔衮偷情的孝庄。

(2) 万儿扮演入关后与大臣索尼(茗烟)偷情的孝庄。

(3) 元妃代表入关前后的孝庄,也隐射孝端与宸妃的影子。

(4) 娇杏代表入关前后的孝庄,最后当了多尔衮的正妻。

(5) 王熙凤代表多尔衮时代的孝庄。王熙凤与贾琏夫妇隐射孝庄与多尔衮貌合神离的事实婚姻,代理宋国府。

(6) 王夫人代表顺治时代的孝庄。王夫人与贾政夫妇,隐射孝庄与多尔衮的合法婚姻。

(7) 贾母主要代表康熙时代的孝庄。

由于同台演出,大家都在舞台上,上述演员往往根据故事情节与历史人物当时的年龄,而穿插表演重大的历史事件。

例如,《贾元春才选凤藻宫 秦鲸卿夭逝黄泉路》写皇太极未死前,多尔衮就与孝庄等三位嫂子勾搭成奸。

(1) 秦钟与智能儿偷情——隐射多尔衮与孝庄偷情。

(2) 智能儿进城私会秦钟将秦业气死——隐射孝庄与多尔衮私会将皇太极气死。

(3) 元妃下诏让贾政进"东宫"(孝庄的永福宫,宸妃的关雎宫,孝端的清宁宫)。

(4) 秦钟病死——隐射孝庄、孝端与多尔衮密谋害死了皇太极。

演员们换来换去,但表演的故事却没有改变——崇德八年八月初九日,皇太极在盛京皇宫里暴死,"凤姐还欲问时,只听二门上传事云板连叩四下,将凤姐惊醒。人回:'东府蓉大奶奶没了。'凤姐闻听,吓了一身冷汗,出了一回神,只得忙忙的穿衣,往王夫人处来。"——"彼时合家皆知,无不纳罕,都有些疑心。"

又如，写多尔衮入主北京后明目张胆地与孝庄皇太后白昼宣淫，不能写成贾政或贾琏调戏贾母，只能写成《送宫花贾琏戏熙凤》。

又如，写孝庄下嫁多尔衮，贾琏与贾政都是小说里的有妇之夫，不能出场，于是写成第五十四回《荣国府元宵开夜宴》，让贾母开办婚宴；再写成《王熙凤效戏彩斑衣》，让王熙凤穿上再嫁的衣裳（"斑"字中的文，代表孝庄文皇后，左右两个王，一个是清太宗皇太极，一个是摄政王多尔衮）；再写作第五十五回："刚将年事忙过，凤姐儿便小月了，在家一月，不能理事，天天两三个太医用药。凤姐儿自恃强壮，虽不出门，然筹画计算，想起什么事来，便命平儿去回王夫人，任人谏劝，他只不听……谁知凤姐禀赋气血不足，兼年幼不知保养，平生争强斗智，心力更亏，故虽系小月，竟着实亏虚下来，一月之后，复添了下红之症。他虽不肯说出来，众人看他面目黄瘦，便知失于调养……他自己也怕成了大症，遗笑于人，便想偷空调养，恨不得一时复旧如常。谁知一直服药调养到八九月间，才渐渐的起复过来，下红也渐渐止了。"

以上都是隐射顺治六年二月八日孝庄下嫁多尔衮，顺治六年三月间，孝庄流产了一个孩子，到顺治六年八九月间下红的毛病才好起来。

第二节　大荒顽石与通灵宝玉

《红楼梦》第一回《甄士隐梦幻识通灵　贾雨村风尘怀闺秀》云：

列位看官：你道此书从何而来？说起根由虽近荒唐，细按则深有趣味。待在下将此来历注明，方使阅者了然不惑。原来女娲氏炼石补天之时，于大荒山无稽崖炼成高经十二丈，方经二十四丈顽石三万六千五百零一块。娲皇氏只用了三万六千五百块，只单单剩了一块未用，便弃在此山青埂峰下。谁知此石自经煅炼之后，灵性已通，因见众石俱得补天，独自己无才不堪入选，遂自怨自叹，日夜悲号惭愧。

女娲氏是中华民族的创始女神，当年混沌初开，天塌西北，地陷东南，洪水泛滥，魑魅四起。女娲氏炼的补天石，代表中华民族的传国玉玺与改朝换代的风云人物。"天地生人，除大仁大恶两种，余者皆无大异。若大仁者，则应运而生,大恶者,则应劫而生。运生世治,劫生世危。尧,舜,禹,汤,文,武,周,召,孔,孟,董,韩,周,程,张,朱,皆应运而生者。蚩尤,共工,桀,纣,始皇,王莽,曹操,桓温,安禄山,秦桧等,皆应劫而生者。大仁者,修治天下,大恶者,扰乱天下。清明灵秀,天地之正气,仁者之所秉也;残忍乖僻,天地之邪气,恶者之所秉也。"

女娲氏认为"大荒顽石"属于"大恶者,则应劫而生",所以将她"弃在此山青埂峰下"。其实这是《红楼梦》作者的历史观点,带有浓重的大汉族主义色彩。这块被女娲氏弃置的"大荒顽石",就指《红楼梦》第一女主角、大清国开国女强人——孝庄文皇后。

《清史稿·列传·后妃》云:"崇德改元,五宫并建,位号既明,等威渐辨。"所谓"位号既明,等威渐辨",乃指清太宗皇太极的五位后妃有等级森严的高低次序。天聪十年、崇祯九年四月,皇太极获玺称尊,在盛京自称崇德皇帝,意思是要与北京的崇祯皇帝平起平坐,改天聪十年为崇德元年,后殿改名中宫清宁宫,皇后居之。中宫两旁,添置四宫,东为关雎宫,西为麟趾宫,次东为衍庆宫,次西为永福宫,罗列妃嫔,作为藏娇的金屋。

在"崇德改元,五宫并建"中,第一位是中宫孝端文皇后博尔济吉特氏(科尔沁蒙古部),第二位是关雎宫宸妃博尔济吉特氏(科尔沁蒙古部),第三位是麟趾宫懿靖大贵妃博尔济吉特氏(阿霸垓蒙古部),第四位是衍庆宫康惠淑妃博尔济吉特氏(阿霸垓蒙古部),第五位是永福宫庄妃博尔济吉特氏(科尔沁蒙古部)。

皇太极(后"金"天聪大汗)之所以改称崇德皇帝,一因为得到了元顺帝的传国玉玺("通灵宝玉"),二因为连续娶了五位蒙古族后妃("玉"字五划,是五位元顺帝后裔的体现者)。此乃科尔沁盟约、满蒙联姻即"金玉良缘"基本国策的成功。

天命十年(1625年),清太祖努尔哈赤向科尔沁提出结盟的愿望。科尔沁派遣使者,带着鄂巴洪台吉(奥巴)的文书,进谒努尔哈赤大汗,决心与后金结盟。双方在盟誓仪式上设置骨、血、土、酒、肉各一碗,焚香对天发誓说:"如果履行盟约,则天地保佑,益寿延年,子孙万世,永享荣昌。"

科尔沁盟约进入《红楼梦》,就化成了"金玉良缘"。"金"者,女真族后金也。"玉"者,有元顺帝玉玺的蒙古族也。"良缘"者,满蒙联姻的基本国策也。

天命十一年四月，鄂巴洪台吉访问盛京，努尔哈赤封他为"土谢图汗"，并将自己的侄女嫁给了他。满蒙联姻作为一项基本国策从此开始了。后来皇太极的五位后妃都是科尔沁蒙古族的博尔济吉特氏。顺治皇帝的六位后妃也都是科尔沁蒙古族的博尔济吉特氏。

这就是《红楼梦》里上天主宰必定战胜"木石前缘"（自由恋爱）的"金玉良缘"（政治婚姻）。

下面简略介绍皇太极后宫中多尔衮的五位嫂子。《清史稿·列传·后妃》载：

太宗孝端文皇后，博尔济吉特氏，科尔沁贝勒莽古思女。岁甲寅四月，来归，太祖命太宗亲迎，至辉发扈尔奇山城，大宴成礼。天聪间，后母科尔沁大妃屡来朝，上迎劳，锡赉有加礼。崇德元年，上建尊号，后亦正位中宫。二年，大妃复来朝，上迎宴。越二日，大妃设宴，上率后及贵妃、庄妃幸其行幄。寻命追封后父莽古思和硕福亲王，立碑于墓，封大妃为和硕福妃，使大学士范文程等册封。世祖即位，尊为皇太后。顺治六年四月乙巳，崩，年五十一。七年，上谥。雍正、乾隆累加谥，曰孝端正敬仁懿哲顺慈僖庄敏辅天协圣文皇后。女三，下嫁额哲、奇塔特、巴雅思祜朗。

敏惠恭和元妃，博尔济吉特氏，孝庄皇后姊也。天聪八年，来归。崇德元年，封关雎宫宸妃。妃有宠于太宗，生子，为大赦，子二岁而殇，未命名。六年九月，太宗方伐明，闻妃病而还，未至，妃已薨。上恸甚，一日忽迷惘，自午至酉始瘥，乃悔曰："天生朕为抚世安民，岂为一妇人哉？朕不能自持，天地祖宗特示谴也。"上仍悲悼不已。诸王大臣请出猎，遂猎蒲河。还过妃墓，复大恸。妃母和硕贤妃来吊，上命内大臣掖舆临妃墓。

懿靖大贵妃，博尔济吉特氏，阿霸垓郡王额齐格诺颜女。崇德元年，封麟趾宫贵妃。四年，额齐格诺颜及其妻福晋来朝，妃率诸王、贝勒迎宴。次日，上赐宴清宁宫，福晋入见，称上外姑。顺治九年，世祖加尊封。康熙十三年，薨，圣祖侍太后临奠。子一，博穆博果尔。女一，下嫁噶尔玛索诺木。又抚蒙古女，嫁噶尔玛德参，济旺子也。

康惠淑妃，博尔济吉特氏，阿霸垓塔布囊博第塞楚祜尔女。崇德元年，封衍庆宫淑妃。抚蒙古女,上命睿亲王多尔衮娶焉。顺治九年,加尊封,前懿靖大贵妃薨。

孝庄文皇后,博尔济吉特氏,科尔沁贝勒寨桑女,孝端皇后侄也。天命十年二月,来归。崇德元年,封永福宫庄妃。三年正月甲午,世祖生。世祖即位,尊为皇太后。顺治十一年,赠太后父寨桑和硕忠亲王,母贤妃。十三年二月,太后万寿,上制诗三十首以献。上承太后训,撰内则衍义,并为序以进。圣祖即位,尊为太皇太后。

崇德元年皇太极由大汗而正式称帝,建大清帝国,将布木布泰封为庄妃。崇德二年宸妃(贤妃)为皇太极生了一个儿子,第二年还没来得及命名就夭亡了。同年即崇德三年正月三十日,庄妃为皇太极生了个白白胖胖的儿子。宸妃的儿子排行第八,庄妃的儿子就排行第九——九阿哥福临。他就是《红楼梦》男主角贾宝玉。

李知其的《红楼梦谜》指出:"自一六三六——一七九一,其间一百五十六年,仅一六四二年冬至为十一月三十日。可见此一节气是写实。凤姐戏贾瑞:隐写凤姐孝庄在明清松锦之战中,由于色诱贾瑞洪承畴而大获全胜。时在一六四二年(崇祯十五年)。按书中所叙,凤姐戏贾瑞这一年的冬至是十一月三十日。"李知其认定凤姐隐射孝庄妃。也就是说,在索隐派学者眼里,大荒顽石、贾元春、凤姐都隐射孝庄皇太后。

颜也之的《红楼梦烛隐》第二节《王熙凤——皇太极时期之孝庄》与第三节《王熙凤毒设相思局洪承畴因此而败降》,都直接来源于李知其《红楼梦谜》的索隐。

天聪五年(1631年)十一月,皇太极偕宸妃、多尔衮和小玉儿在关雎宫吃酒闲叙,忽有探子来报,说察哈尔蒙古林丹汗私受明朝白银四万两,而向满洲出兵,大军已开到西剌木伦上源地方。皇太极顿时大怒道:我和林丹汗结盟在先,共拒明朝。如今他们贪利忘义,竟背叛盟约,这可怪不得我们不客气了!

皇太极当即对多尔衮说:朕亲征期间,一切内政均交托给你全权处理。

次早,皇太极即满身披挂地带了八旗军马,浩浩荡荡地向西剌木伦上源地方进发了。这次出征,直打到察哈尔,后金声威大振。天聪六年,皇太极又召集新归附的蒙古诸部，过兴安岭，到达里伯地方。林丹汗逃过归化城，渡过黄河口，到大草滩地方，得了一场急病，便死了。

皇太极余勇未尽，在收兵回师的路上，略绕一个弯子，经过明朝边地，跨进万里长城，在大同府、宣化府一带耀武扬威。

小叔子多尔衮在盛京监国，天天在永福宫当值，与三位嫂子打得火热。

天聪九年（1635年），打听到林丹汗的儿子额哲逃到托里图地方，另立了一个部落，还想再与满洲较量，多尔衮上朝建议应立即发兵，并愿担当此任，带兵征讨。

皇太极任多尔衮为征讨军统帅，立即出发。这一仗不但大获全胜，还将传国玉玺也带了回来。

皇太极早有得此国宝之欲望，这次多尔衮出征，了却了皇太极这个大心愿，所以对多尔衮就越发另眼相看了。

多尔衮带回传国玉玺一事，惊动了满朝文武。皇太极在后宫专备小宴，皇后、宸妃、庄妃都出席，皇太极还特别关照，不拘一切礼仪，要畅叙与多尔衮的兄弟情谊。这就是《贾元春才选凤藻宫 秦鲸卿夭逝黄泉路》隐射的内容之一，也是作者挖苦皇太极是"多官儿"、"多浑虫"、"吴贵"、"说了个男人是乌龟"的原因。

皇太极暴死后，孝端、孝庄与代善确定福临即位既定，多尔衮迫不及待，竟在三官庙召见大臣索尼，讯问册立之事。谁知索尼的答复却是："先帝有皇子在，必立其一，其他的我不知道。"多尔衮听这"必立其一"四字中大有文章，除豪格外，还会立哪位皇子呢？

庄妃单身前往睿王府，开门见山地对多尔衮说："我之所以亲来贵府，是想与睿亲王共商立嗣大事。要论功劳地位，睿亲王首先有资格来继皇兄大位，但先帝有子，豪格决不会答应。诸皇子又怎能答应？代善大贝勒又怎能允许呢？如果我支持了你，天下势必大乱，连安稳日子也过不上了！""为了避免两败俱伤，清宁宫娘娘决意不拥立肃亲王豪格。他虽为先帝之长子，为人忠厚直爽，但好武无文，不足以服众。今后大清国要叩关而入，问鼎中原，这副担子他是挑不起来的。"

庄妃更进一步说：福临今年六岁，聪明睿智，先帝确有立他为储的遗愿。现在我可以传先帝遗命，立他为皇帝，而以睿亲王出任摄政王。

多尔衮当即说：一切均照庄妃安排的去办。一俟新皇帝登基，今后一定全力辅佐皇上！

崇德八年八月二十六日新皇登基，第二年改元为顺治元年。哲哲皇后升为孝端皇太后，孝庄母以子贵，被尊为圣母皇太后。大清国的传位大事，至此总算功德圆满。

皇太极驾崩，多尔衮当上摄政王，辅佐福临小皇帝治理朝政——《贾宝玉路谒北静王》云："那宝玉素日就曾听得父兄亲友人等说闲话时，赞水溶是个贤王，且生得才貌双全，风流潇洒，每不以官俗国体所缚。每思相会，只是父亲拘束严密，无由得会，今日反来叫他，自是喜欢。一面走，一面早瞥见那水溶坐在轿内，好个仪表人才……北静王水溶头上戴着洁白簪缨银翅王帽，穿着江牙海水五爪坐龙白蟒袍（连用两个"白"字，代表两白旗）……""令郎真乃龙驹凤雏，非小王在世翁前唐突，将来'雏凤清于老凤声'，未可量也。"

《贾元春才选凤藻宫　秦鲸卿夭逝黄泉路》是《红楼梦》里最难解的一笔历史糊涂账，必须从根子上说清多尔衮与两位文皇后的那段传奇因缘，才能说清这段糊涂故事。

自多尔衮在宫中小宴上倾慕孝端文皇后，二人不久就水乳交融了。皇太极早已冷落了孝端文皇后，外出征战的时间多，在宫赋闲的时间少。但小玉儿很机敏，多尔衮有了新欢，一位是自己的姑姑，一位是自己的姐姐，还能无所觉察吗？但多尔衮进宫，是名正言顺地替皇兄监国，与皇后庄妃共商大事，皇宫深深深几许，谁也拿不着什么把柄。

皇太极带大军进关，直打到直隶，依然命睿亲王多尔衮监国，这次外出时间既久，带的亲王大臣又多，所以是多尔衮与嫂子们厮混的大好机会。但这次大贝勒豪格留在沈阳宫中，未随皇上亲征，所以弄出了大乱子。这个大乱子，先要了父亲皇太极的命，后要了大阿哥肃亲王豪格的命，从而改变了中国历史的走向。

这就是张新之认为林黛玉（孝庄妃）的个性特点是"暗藏杀机"的原因。

豪格三起三落，而这次倒是皇太极给了他一项光荣而特殊的任务，替皇父操办固伦公主下嫁。因为要新建额驸爷府邸，三天两天不能完工。

崇德皇上一出征，全权交给睿亲王多尔衮监国，凡动用国帑，都要经多尔衮批准，豪格要找到叔叔也真非易事！多尔衮监国多在永福宫西书房办公，而这次皇太极进关时间最长,使他如鱼得水,所以应个卯,便借机溜进后宫中去了。

额驸府工程已毕,豪格去找叔叔。到永福宫西书房扑了个空,豪格先找到睿王府,小玉儿闻声迎接,正憋着一肚子气,又深知大贝勒与多尔衮不对付,而豪格的漂亮福晋又是小玉儿的亲妹妹,豪格既是她的侄子,又是她的妹夫,有这层亲情,干脆借机向他抖搂抖搂心里的苦恼。

小玉儿一席话,激得豪格脸面上搁不住,当即捶着胸脯对小婶娘说:"等父皇回来,我便把这事面奏父皇。现在千万声张不得!"

吉日前夕,御驾亲征的八旗部队回到沈阳城。豪格捉个空把事情捅了出去。

多尔衮听到事情败露,赶紧进永福宫,直奔庄妃与皇后跟前,唧唧哝哝了一番。

五更时分,永福宫传出消息,皇太极驾崩,乃"无疾而终"。

第三节 初入明皇宫

《红楼梦》中通过林黛玉进京,准确地写出了从通州接驾到北京皇城的路线图、从故宫乾清宫广场到后宫交泰殿的路线图、从乾清宫东小院昭仁殿到西三所中宫殿与慈宁宫的路线图,又写了皇家迎接皇太后与皇后的全部礼仪,最后细腻地写了皇太后设宴招待皇后与贵妃的礼仪。时间分别是顺治元年九月十九日、顺治十一年六月与顺治十三年十二月。皇宫内故事发生的地点集中在乾清门、乾清宫、交泰殿、坤宁宫、昭仁殿、养心殿、中宫殿、大佛堂与慈宁宫。

这些皇宫里的细节都是化名曹雪芹的宫内作者写的。他是《红楼梦》主要作者之一,在宫内当差,任务是为宫外文人写的内容核对历史资料,务求准确可靠。

人们读《红楼梦》,读到这些内容就耐不住性子了,觉得拖泥带水,吃喝拉撒,毫无意思,而曹雪芹却非如此写不可,宁肯牺牲艺术性,也要服从历史真实性。只有如此,才能给后人留下宝贵的破解清宫秘史的证据。

下面重点谈一谈林黛玉初进荣国府（隐射孝庄皇太后从沈阳驾临北京明皇宫）。

贾雨村护送林黛玉进京，即隐射多尔衮迎接孝庄进京，因为贾雨村已经从代表皇太极时代，转而代表顺治与多尔衮时代。从这个意义上理解，贾雨村护送林黛玉进京，隐射的是七岁的顺治皇帝与母后孝庄从盛京进入北京城，时间是顺治元年（1644年）九月十九日。

史载孝庄携七岁小儿顺治帝先到达通州城外的行宫（燕郊），多尔衮率领满蒙汉群臣隆重接驾，经由永定门、正阳门进入北京皇城。在《红楼梦》里，贾雨村带领林黛玉从通州码头下船，然后坐骡子大车与轿子由东向西进入北京。这是完全符合历史记载的。

为了让后人索解明白，作者有意让进京的林黛玉是年六岁，比七岁小儿顺治贾宝玉小一岁，算是一个顺治进京年龄的历史参数吧。至于读者看到的小说人物不是六七岁，而是十六七岁，并非作者的疏忽与败笔，而是指后来进宫接受册封的顺治第二位皇后与董鄂氏皇贵妃。作者将三四件历史大事，混写在一起，有意造成一种错乱，以提醒读者思考。

贾雨村提醒道："非也！可惜你们不知道这人来历。大约政老前辈也错以淫魔色鬼看待了。若非多读书识事，加以致知格物之功，悟道参玄之力，不能知也。"

从"无非公子与红妆"的角度看，林黛玉进京还隐射史可法的义子史德威（女扮男装）被护送进京，顺治十一年六月迎娶第二位皇后小博尔济吉特氏（孝庄外孙女，小说中的袭人）进宫，死后追封的"端敬"皇后董鄂氏（小说中的潇湘妃子）于顺治十三年进宫受封。也就是说，林黛玉进京隐射了四个历史事件，按时间顺序分别为：

（1）顺治元年九月十九日，七岁小儿顺治皇帝与三十一岁的孝庄皇太后进京。

（2）顺治二年五月二日，史可法义子史德威由清军护送，从扬州城进京觐见。

（3）顺治十一年六月，迎娶第二位皇后进京。当时顺治十八岁。新皇后是其亲外甥女。

（4）顺治十三年，迎接董鄂氏入宫受封。当时顺治皇帝二十岁，而弟媳妇十九岁。

　　林黛玉是复杂的小说人物,既然隐射四个历史人物,所以林黛玉的言行举止充满了矛盾。下面将逐一分析索解,通过四个历史人物分析林黛玉其人。

　　例如第三回云:"因此步步留心,时时在意,不肯轻易多说一句话,多行一步路,惟恐被人耻笑了他去。"可是到了第七回,就开始出口伤人:"黛玉冷笑道:'我就知道,别人不挑剩下的也不给我。'周瑞家的听了,一声儿也不言语。"到了第八回,竟然"一面悄推宝玉,使他赌气;一面悄悄的咕哝说:'别理那老货!咱们只管乐咱们的!'那李嬷嬷不知黛玉的意思,因说道:'林姐儿,你不要助着他了。你倒劝劝他,只怕他还听些。'林黛玉冷笑道:'我为什么助他?我也犯不着劝他。你这妈妈太小心了,往常老太太又给他酒吃,如今在姨妈这里多吃一口,料也不妨事。必定姨妈这里是外人,不当在这里的也未可定。'李嬷嬷听了,又是急,又是笑,说道:'真真这林姐儿,说出一句话来,比刀子还尖。你这算了什么。'"到了第四十二回甚至说:"当日圣乐一奏,百兽率舞,如今乃一牛耳。黛玉笑道:别的草虫不画罢了,昨儿'母蝗虫'不画上,岂不缺了典!众人听了,又都笑起来。黛玉一面笑的两手捧着胸口,一面说道:'你快画罢,我连题跋都有了,起个名字,就叫作《携蝗大嚼图》。'众人听了,越发哄然大笑,前仰后合。"

　　林黛玉是寄人篱下的孤儿,竟然挖苦宝玉的李嬷嬷为"老货",又谩骂乡下来的刘姥姥为"野牛"与"母蝗虫"。如此出言不逊,死不饶人,让读者如何热爱这样的林妹妹呢?

　　《红楼梦》写得就是这样让人晕头转向,但历史信息准确无误。上引第三回表现史德威将军从扬州抵达通州时的戒备心理。第七回表现太后下嫁前因多尔衮广纳年轻美女,孝庄已经徐娘半老,因而产生顾影自怜的妒恨心态。第八回表现太后对多尔衮严密监视顺治皇帝的强烈不满。四十二回的"乃一牛耳"与"携蝗大嚼图"表现了蒙古后党与满族妃党的尖锐矛盾("母蝗虫"暗喻孝庄)。

　　再看第三回的记叙:

　　"且说黛玉自那日弃舟登岸时,便有荣国府打发了轿子并拉行李的车辆久候了……"——指多尔衮在通州行宫率领文武大臣,隆重接驾。

　　"自上了轿,进入城中从纱窗向外瞧了一瞧,其街市之繁华,人烟之阜盛，自与别处不同。"——指孝庄皇太后初次进入中原古都的真切感受。

林黛玉由东往西行，"又行了半日，忽见街北蹲著两个大石狮子，三间兽头大门，门前列坐著十来个华冠丽服之人。正门却不开，只有东西两角门有人出入。正门之上有一匾，匾上大书'敕造宁国府'五个大字。黛玉想道：这必是外祖之长房了。"——林黛玉孝庄皇太后不是从东长安街向西走，因为当年她没有走东西长安街，那也不是皇家该走的南北正路，而是举行了一个"入城式"。从永定门往北，经大前门、正阳门、大清门、承天门（后改为天安门）、端门、午门，从故宫南北中轴的东线，经太和门东侧门、中和殿东侧门、保和殿东侧门，来到乾清门广场的东头。

林黛玉从故宫乾清门广场东头向西头走，走到保和殿后面中轴线位置，正南是"阶上阶下两丹墀"，正北就是皇宫后廷唯一的正门"乾清门"。

"敕造宁国府"有两个建筑特点：一是门前"蹲著两个大石狮子"；二是只有"三间兽头大门"。如果将《红楼梦》用来蒙人的"大石狮子"还原为本来的"镀金铜狮子"，读者一看就明白：林黛玉首先看到了现在故宫后廷的大门——乾清门。然后经过"西角门"就直接被轿子抬进了乾清门。

"照样也是三间大门，方是荣国府了"——此乃演员"照样"重复表演了一次而已。像拍电影一样，《红楼梦》让女主角林黛玉重拍了一次在乾清门广场由东向西走的动作。

乾清门是皇宫后廷的唯一正门，戒备森严，由乾清门侍卫日夜把守，除非皇帝有旨，任何男人都不能进入。

"门前列坐著十来个华冠丽服之人"——就是威风八面的乾清门侍卫。

"又往西行，不多远，照样也是三间大门，方是荣国府了。却不进正门，只进了西边角门。"——此处就是《红楼梦》玩的那个大花招。他让演员林黛玉重复一遍之后，就从乾清门的"西边角门"坐着轿子进了乾清宫大院。因为乾清宫正门只准许皇帝走，孝庄的权力再大，也没有走正门的资格。

且看第三回的描写：

那轿夫抬进去，走了一射之地（乾清宫南北汉白玉大甬道的距离为"一箭"之地），将转弯时，便歇下退出去了（刚来的女人没有进处理朝政接见大臣的乾清宫，而是向东转了一个小弯子，绕经正殿东穿堂，到达交泰殿前面的中轴线上。要进皇后住的地方坤宁宫了,所以轿夫必须退出)。后面的婆子们(宫女们)已都下了轿,赶上前来。另换了三四个衣帽周全十七八岁的小厮(小太监)上来,复抬起轿子。众婆子布下围(必须布围,因为顺治元年九月十九日坤宁宫正在修复,有不少建筑工人,必须回避),随至一垂花门(交泰殿前面的小门)前落下。众小厮退出,众婆子上来打起轿帘,扶黛玉下轿。林黛玉扶著婆子的手,进了垂花门,两边是抄手游廊(交泰殿两侧游廊),当中是穿堂(交泰殿东西南北可以穿行),当地放著一个紫檀架子大理石的大插屏(现在已经搬走)。转过插屏,小小的三间厅(交泰殿正殿,小巧玲珑,三间见方),厅后就是后面的正房大院(远看坤宁宫的景象)。正面五间上房(坤宁宫主体建筑),皆雕梁画栋,两边穿山游廊厢房(坤宁宫两侧游廊),挂著各色鹦鹉,画眉等鸟雀。台矶之上,坐著几个穿红著绿的丫头(宫女们),一见他们来了,便忙都笑迎上来,说:"刚才老太太(孝端或孝庄皇太后)还念呢,可巧就来了。"于是三四人争著打起帘笼,一面听得人回话:"林姑娘到了。"

林黛玉隐射孝庄皇太后第一次正式入宫,要举行接见或册封仪式,必须先进礼仪殿交泰殿。交泰殿是三间四方形的建筑,清朝册封皇后或皇后诞辰等,均在此举行仪式。所以,林黛玉(孝庄、小博尔济吉特氏与董鄂氏)正式进宫,必须先到交泰殿,觐见贾母(孝端皇太后或孝庄皇太后)。对孝庄来说,拜见了姑母孝端皇太后,就算是名正言顺地入主北京了。对小博尔济吉特氏与"端敬"皇后董鄂氏来说,拜见了皇太后,算是走了明路了。

第四节　叔嫂通奸

第十五回《王凤姐弄权铁槛寺　秦鲸卿得趣馒头庵》与第十六回《贾元春才选凤藻宫　秦鲸卿夭逝黄泉路》写了十一段连续发生的故事:

一是崇德三年多尔衮(秦钟)与孝庄(智能儿)开始叔嫂倾慕,但未上手。

二是崇德八年多尔衮(秦钟)与孝庄(智能儿)调情,被六岁的小福临

(贾宝玉)看见,但他不明白其中利害。

三是多尔衮(贾琏)与孝庄(多姑娘)在皇太极死前就勾搭成奸,给"多浑虫"清太宗戴了绿帽子。

四是多尔衮(秦钟)与孝庄(智能儿)的奸情被皇太极(秦业)知晓,怒火上冲,中风而死。

五是多尔衮与孝庄连手窃取了皇太极的大权,其中得到孔有德的大力支持,吴克善亲王先是反对妹妹乱来,后来只得认输,哑巴吃黄连,而他们的姑姑孝端文皇后虽然与小叔子不清不混,但宫廷政变的事却被完全蒙在鼓里。

六是皇太极得知多尔衮与孝庄的奸情,计划将他俩置于死地,想不到突然暴死,多尔衮与孝庄虚惊一场,反而因祸得福,多尔衮当上了摄政王。

七是皇太极(秦钟)死前一定要见儿子福临(贾宝玉)一面,遗嘱他"以后还该立志功名,以荣耀显达为是"——做一个好皇帝。

八是孝庄皇太后(元妃)手把手地教导儿子(贾宝玉)如何处理朝政。

九是崇德八年九月顺治(贾珍)请孝庄(王熙凤)为皇太极(秦可卿)发丧,国葬沈阳昭陵。

十是残酷的现实使六岁的顺治皇帝(贾宝玉)学会了韬晦之计。

十一是孝庄、顺治(王熙凤)命多尔衮(贾琏)与孔有德厚葬崇祯皇帝(林如海),追谥建陵。

(1)崇德三年后孝庄与多尔衮的关系。第十五回:

原来这馒头庵就是水月庵,因他庙里做的馒头好,就起了这个浑号,离铁槛寺不远。当下和尚工课已完,奠过晚茶,贾珍便命贾蓉请凤姐歇息。凤姐见还有几个姻娌们陪着女亲,自己便辞了众人,带着宝玉、秦钟往水月庵来。原来秦业年迈多病,不能在此,只命秦钟等待安灵罢了。那秦钟便只跟着凤姐、宝玉,一时到了水月庵,净虚带领智善、智能两个徒弟出来迎接,大家见过。凤姐等来至净室更衣净手毕,因见智能儿越发长高了,模样儿越发出息了,因说道:"你们师徒怎么这些日子也不往我们那里去?"净虚道:"可是这几天都没工夫,因胡老爷府里产了公子,太太送了十两银子来这里,叫请几位师父念三日《血盆经》,忙的没个空儿,就没来请奶奶的安。"

"铁槛寺"与"宁府"是一对,隐射以皇太极为代表的后金沈阳故宫。

"水月庵"（馒头庵）与"荣府"是一对，隐射以孝庄为代表的满清时代。两朝相连，自然"不远"。"清"字为"水月主"。"水月庵"主持"净虚"就是孝庄的姑姑孝端文皇后。"智善、智能"隐射宸妃与庄妃——都是"养小叔子"的"水月主儿"。"净虚"隐射宸妃与庄妃的姑姑孝端文皇后。

"馒头庵"指皇太极死后的沈阳故宫，因为"和尚工课已完"（皇太极暴死），沈阳故宫变成了"养小叔子"的"风骚宫"——"奉嫂宫"。

"因他庙里做的馒头好"——是骂人的下流话，隐射"水月主儿"两位嫂子身上的"馒头"白嫩，引诱得"小叔子"多尔衮贾政天天"往东宫（实指西宫永福宫）去了"。

（2）多尔衮、孝庄调情被六岁小福临看见。第十五回：

不言老尼陪着凤姐（孝庄），且说秦钟（多尔衮）、宝玉（小福临）二人正在殿上顽耍，因见智能（孝庄）过来，宝玉笑道："能儿来了。"秦钟道："理那东西作什么？"宝玉笑道："你别弄鬼，那一日在老太太（孝端）屋里，一个人没有，你（多尔衮）搂着他（孝庄）作什么呢（福临看不懂）？这会子还哄我。"秦钟笑道："这可是没有的话（多尔衮矢口否认）。"宝玉笑道："有没有也不管你，你只叫他倒碗茶来我吃，就丢开手。"秦钟笑道："这又奇了，你叫他倒去，还怕他不倒？何必要我说呢。"宝玉道："我叫他倒的是无情意的，不及你叫他倒的是有情意的（小福临看出点儿门道）。"秦钟只得说道："能儿，倒碗茶来给我。"那智能儿（孝庄）自幼在荣府走动（住西宫永福宫），无人不识，因常与宝玉秦钟顽笑（与儿子及小叔子顽笑——清太宗有特旨：多尔衮兄弟可以自由出入宫禁）。他如今大了，渐知风月，便看上了秦钟人物风流（孝庄爱上了小叔子年轻风流），那秦钟也极爱他妍媚（多尔衮爱小嫂子妍媚），二人虽未上手，却已情投意合了（指崇德三年）。今（指崇德八年）智能见了秦钟，心眼俱开，走去倒了茶来。秦钟笑说："给我（叔父有心）。"宝玉叫："给我（小儿无意）！"智能儿抿着嘴笑道："一碗茶也争，我难道手里有蜜（字里行间有秘密）！"

隐写从崇德三年到崇德八年小叔子多尔衮与小嫂子孝庄的感情经历。不是为了写婚外恋，而是分析皇太极最后死于"色上有刀"。

（3）多尔衮、孝庄给皇太极戴绿帽子。第十五回：

第二章 孝庄

谁想秦钟（多尔衮）趁黑无人，来寻智能（孝庄文皇后）。刚至后面房中，只见智能独在房中洗茶碗，秦钟跑来便搂着亲嘴。智能儿急的跺脚说："这算什么！再这么我就叫唤。"秦钟求道："好人，我已急死了。你今儿再不依，我就死在这里。"智能道："你想怎样？除非我出了这牢坑（永福宫），离了这些人（丈夫皇太极的亲信），才依你（小叔子多尔衮）。"秦钟道："这也容易，只是远水救不得近渴（皇太极死期不远）。"说着，一口吹了灯，满屋漆黑，将智能抱到炕上，就云雨起来。那智能百般的挣挫不起，又不好叫的，少不得依他了。

皇太极死前，每次御驾亲征，都让十四弟睿忠亲王多尔衮监国，在孝庄妃的西宫永福宫当值，叔嫂通奸由此而起。

第五回〔飞鸟各投林〕："冤冤相报自非轻，分离聚合皆前定。欲知命短问前生，老来富贵也真侥幸。"——指皇太极逼死了多尔衮的母亲阿巴亥，而多尔衮奸污了皇太极的媳妇，乃"冤冤相报自非轻，分离聚合皆前定"也。

第十五回：

一宿无话，至次日一早，便有贾母王夫人（都隐射孝端皇太后）打发了人来看宝玉（福临），又命多穿两件衣服，无事宁可回去。宝玉那里肯回去（贪玩），又有秦钟恋着智能（多尔衮与孝庄叔嫂贪欢，恋恋不舍也），调唆宝玉（子）求凤姐（母）再住一天。凤姐（孝庄皇太后）想了一想：凡丧仪大事虽妥，还有一半点小事未曾安插，可以指此再住一日（找借口也），岂不又在贾珍（子）跟前送了满情，二则又可以完净虚（母）那事，三则顺了宝玉（子）的心，贾母（孝端皇太后）听见，岂不欢喜？因有此三益，便向宝玉（子）道："我的事都完了，你要在这里逛，少不得索性辛苦一日罢了（托名公事也），明儿可是定要走的了。"宝玉（子）听说，千姐姐万姐姐（母）的央求："只住一日，明儿回去的。"于是又住了一夜。

皇太极尸骨未寒，多尔衮、孝庄叔嫂贪欢已经难解难分，清太宗的灵殿变成了叔嫂的临时洞房，第一回《好了歌》云："世人都晓神仙好，只有姣妻忘不了！君生日日说恩情，君死又随人去了。"——此乃降将孔有德的看法，挖苦绿帽子王皇太极。

《好了歌解注》云:"昨日黄土陇头送白骨,今宵红灯帐底卧鸳鸯。"——此乃南明皇室后裔的看法,讽刺盛京的孝庄不脱孝服就化作"白鸯"。

"凡丧仪大事虽妥,还有一半点小事未曾安插",指崇德八年九月皇太极"丧仪大事"刚刚"妥当"。

(4)多尔衮孝庄奸情被皇太极知晓。第十六回:

谁知近日水月庵的智能(孝庄)私逃进城,找至秦钟家下看视秦钟(多尔衮),不意被秦业(皇太极)知觉,将智能逐出(皇太极曾有休弃孝庄的念头,让她回科尔沁蒙古娘家去,因暴死而作罢。这个念头也是皇太极的死因),将秦钟打了一顿(皇太极曾有处死多尔衮的念头,因暴死而作罢。这个念头也是皇太极的死因),自己气的老病发作,三五日光景呜呼死了(可能是脑溢血)。秦钟(此处指多尔衮)本自怯弱,又带病未愈,受了笞杖,今见老父(指君父皇太极)气死,此时悔痛无及,更又添了许多症候。因此宝玉心中怅然如有所失。虽闻得元春(孝庄妃)晋封(元妃晋封凤骚宫,等于孝庄妃晋封皇太后)之事,亦未解得愁闷。贾母等如何谢恩,如何回家,亲朋如何来庆贺,宁荣两处近日如何热闹,众人如何得意,独他一个皆视有如无,毫不曾介意。因此众人嘲他越发呆了。

关于皇太极的死因,有几种说法:

"脑溢血三五日光景缓死说"——崇德八年八月初,清太宗(秦业、贾赦)闻阿巴泰凯旋,摆酒接风。宴毕回永福宫(所谓"东宫"乃西宫),孝庄妃(贾元春)又陪酒数巡。是夕太宗发起寒热,头眩目晕。次日宣召太医诊视,朝政命郑亲王济尔哈朗(李贵)与睿亲王多尔衮(贾政)代理。又数日太宗(秦业、贾赦)病势越重,多尔衮(贾政)每天入宫问候几回。清太宗自知病已不起,握住庄妃(贾元春)手道:"我已五十二岁了,死不为夭。但不能亲统中原,未免恨恨。现立福临(贾宝玉)为太子,可惜年幼无知,只好委托亲王摄政了。"庄妃闻言,呜咽不已。太宗宣召济尔哈朗、多尔衮道:"我已病入膏肓,将与二王长别,所虑太子年甫六龄,还仗二王同心辅政。"太宗命庄妃挈福临走近床前,以手指示济尔哈朗道:"他母子两人,都托付二王了!"二人道:"如背圣谕,皇天不佑。"多尔衮俯视太子,济尔哈朗早与小太子行礼了。次晨多尔衮奉命趋入,太宗已奄奄一息,济尔哈朗握笔代草遗诏，转呈清太宗。清太宗略略一阅，竟气喘痰涌掷纸而逝。此说未提及皇太极的死因。

"凌晨心肌梗塞暴死说"——大阿哥肃亲王豪格（金荣、焦大）与多尔衮大福晋（赵姨娘）察觉了永福宫监国的秘密奸情，皇太极（秦业、贾赦）从前线归来，豪格向父皇告密。当夜皇太极宿在庶妃处，次晨早朝未完，就怒冲冲地到了永福宫。一个时辰不到，报皇帝晏驾了。此说的关键为前后一个时辰，显然不是死于脑溢血，因为脑溢血一般需要迁延72小时，等中脑导水管阻塞完毕，病人方死于脑疝；只有心肌梗塞才能致人猝死。

"慢性药物中毒说"——张友士（皇太极将有事）那付中药"益气养荣补脾和肝汤"里没有毒性成分，它隐射的内容是朝野舆论不佳，太宗查无实据，养痈遗患，气闷而死。至于"将有事"分析的症状，一是崇祯朝的政治军事形势，二是董鄂氏的妇科病情，都与皇太极无关。

(5) 叔嫂通奸，色上有刀。第十五回：

凤姐（孝庄）因问何事。老尼（孝庄）道："阿弥陀佛！只因当日我先在长安县（盛京）善才庵内出家的时节，那时有个施主姓张（努尔哈赤），是大财主（后金大汗）。他有个女儿小名金哥（后金四阿哥皇太极），那年都往我庙里来进香，不想遇见了长安府太爷的小舅子李衙内（小叔子多尔衮）。那李衙内一心看上（崇德皇帝的皇位），要娶金哥（取代皇太极的皇位），打发人来求亲，不想金哥已受了原任守备（科尔沁蒙古吴克善亲王家）的公子（孝庄布木布泰）的聘定（满蒙联姻）。张家（一僧皇太极的两黄旗）若退亲，又怕守备（吴克善蒙古亲王）不依，因此说已有了人家。谁知李公子（多尔衮）执意不依，定要娶他女儿（定要取代皇太极）。张家（皇太极的两黄旗）正无计策，两处为难。不想守备家（吴克善蒙古亲王家）听了此信，也不管青红皂白，便来作践辱骂，说一个女孩儿（皇太极）许几家，偏不许退定礼，就打官司告状起来。那张家（皇太极的两黄旗）急了，只得着人上京（盛京）来寻门路，赌气偏要退定礼（皇太极两黄旗主张与孝庄解除婚约）。我想如今长安节度云老爷（一道孔有德，后来的定南王）与府上最契，可以求太太（孝端）与老爷（多尔衮）说声，打发一封书去，求云老爷（一道孔有德）和那守备（吴克善蒙古亲王）说声，不怕那守备不依。若是肯行，张家（孝庄说了算的皇家）连倾家孝顺，也都情愿。"

凤姐（孝庄）听了笑道："这事倒不大，只是太太（孝端）再不管这样的事。"老尼道："太太（孝端文皇后）不管，奶奶（孝庄）也可以主张了。"凤姐听说笑道："我也不等银子使，也不做这样的事。"净虚（孝庄）听了，打去妄想，半晌叹道："虽如此说，张家已知我来求府里，如今不管这事，张家（皇太极家）不知道没工夫管这事，不希罕他的谢礼，倒像府里连这点子手段也没有的一般。"

此处隐射历史人物的性别颠倒了。

"太太（孝端文皇后）不管，奶奶（孝庄）也可以主张了。"——是皇太极死后的形势。

孝庄支持小叔子多尔衮，最后下嫁多尔衮，必须解除与皇太极的旧婚约，并得到科尔沁蒙古吴克善亲王家的支持，这在蒙古与满洲地区本来算不得什么，偏偏亲哥哥吴克善亲王不答应，于是请孔有德帮忙做工作。皇太极死后，吴克善亲王转而支持多尔衮摄政，最后不得不支持孝庄下嫁小叔子。这一段历史，尽管隐射得迂回曲折，但眉目清晰，一丝不乱。

第十五回：

凤姐（孝庄）听了这话，便发了兴头，说道："你是素日知道我的，从来不信什么是阴司地狱报的，凭是什么事，我说要行就行。你叫他拿三千银子来（崇德、顺治、康熙三朝的权力），我就替他出这口气。"……凤姐便命悄悄将昨日老尼之事，说与来旺儿（多尔衮正白旗的奴才）。来旺儿心中俱已明白，急忙进城找着主文的相公（汉族九卿——实指范文程与洪承畴），假托贾琏（多尔衮）所嘱，修书一封，连夜往长安县来，不过百里路程，两日工夫俱已妥协。那节度使名唤云光（定南王孔有德），久受贾府（满清政府）之情，这点小事，岂有不允之理，给了回书，旺儿回来。

第十六回：

那凤姐已是得了云光的回信，俱已妥协。老尼达知张家（皇太极的两黄旗），果然那守备（蒙古吴克善亲王家）忍气吞声的受了前聘之物。谁知那张家父母如此爱势贪财，却养了个知义多情的女儿（皇太极），闻得父母退了前夫（老婆要改嫁），他便将一条麻绳悄悄的自缢了（皇太极气死——相当于"秦可卿"上吊）。那守备之子（孝庄）闻得金哥自缢（皇太极死了），他也是个极多情的，遂也投河而死，不负妻义（当时孝庄未敢真的嫁给多尔衮，而是入关了）。张李（皇太极两黄旗与吴克善亲王家）两家没趣，真是人财两空。这里凤姐（孝庄）却坐享了三千两（崇德、顺治、康熙三朝的荣华富贵），王夫人（孝端）等连一点消息也不知道。自此凤姐（孝庄）胆识愈壮，以后有了这样的事，便恣意的作为起来（从此孝庄掌权），也不消多记。

（6）多尔衮、孝庄虚惊一场因祸得福。第十六回：

一日正是贾政（多尔衮）的生辰，宁荣二处（沈阳故宫东西两宫）人丁都齐集庆贺，热闹非常。忽有门吏忙忙进来，至席前报说："有六宫都太监夏老爷来降旨。"唬得贾赦（摄政的"摄"）贾政（摄政的"政"）等一干人不知是何消息，忙止了戏文，撤去酒席，摆了香案，启中门跪接。早见六宫都太监夏守忠（清宁宫都太监）乘马而至，前后左右又有许多内监跟从。那夏守忠也不曾负诏捧敕（皇帝暴死，并无遗诏也），至檐前下马，满面笑容（孝庄已经弄死了皇太极），走至厅上，面南而立，口内说："特旨（懿旨也）：立刻宣贾政（多尔衮）入朝，在临敬殿（清宁宫）陛见。"说毕，也不及吃茶，便乘马去了。贾赦等不知是何兆头，只得急忙更衣入朝。贾母等合家人等心中皆惶惶不定（如果皇太极不暴死，形势极端危险了），不住的使人飞马来往探信（朝野震惊）。

贾赦是一个假设的艺术形象。他在《红楼梦》里起两个作用：一是隐射皇太极，补述皇太极生前在盛京时期（东北院）的历史故事，例如强夺石呆子（袁崇焕）的价值一万两的湘扇（明朝的江山）；二是贾赦、贾政、贾琏连起来隐射摄政王多尔衮入关后的历史故事，主要是东小院（睿王府）里荒淫无耻的故事，例如强娶鸳鸯（苏麻喇姑）不成而买了17岁的刘嫣红为妾，妻妾成群，与贾政联合算计贾母（孝庄皇太后），甚至企图让多尔衮（贾政）的义子多尔博（贾环）继承皇位（"世袭的前程"）。

八月初九凌晨皇太极早朝未完，就匆匆冲向永福宫，但不久即暴死。《红楼梦》作者认为这是老天爷对皇太极纵兵入关掠夺与计杀袁崇焕的报应。第

（贾宝玉福临）这日一早起来才梳洗毕，意欲回了贾母（孝端文皇后）去望候秦钟（父亲皇太极），忽见茗烟（索尼）在二门照壁前探头缩脑，宝玉忙出来问他："作什么？"茗烟道："秦相公（清太宗）不中用了！"宝玉听说，吓了一跳，忙问道："我昨儿才瞧了他来，还明明白白，怎么就不中用了？"茗烟道："我也不知道，刚才是他家的老头子来特告诉我的。"……宝玉听了，忙忙的更衣出来，车犹未备，急的满厅乱转。一时催促的车到，忙上了车，李贵（郑亲王济尔哈朗）、茗烟（索尼）等跟随。来至秦钟门首（清宁宫），悄无一人，遂蜂拥至内室……"

"探头缩脑"、"昨儿还明明白白"与第十三回"彼时合家皆知，无不纳罕，都有些疑心"，皆表明皇太极暴亡属疑案。

"李贵（郑亲王济尔哈朗）、茗烟（索尼）等跟随"福临（宝玉）去见弥留时的皇太极（秦相公），属于历史记实。当时太宗复命博尔济吉特氏挈了福临，走近床前，以手指示济尔哈朗道："他母子两人，都托付二王，二王休得食言！"二人道："如背圣谕，皇天不佑。"

此时秦钟（清太宗）已发过两三次昏了，移床易箦多时矣。宝玉（福临）一见，便不禁失声。李贵（郑亲王济尔哈朗）忙劝道："不可不可，秦相公是弱症，未免炕上挺扛的骨头不受用，所以暂且挪下来松散些。哥儿如此，岂不反添了他的病。"宝玉听了，方忍住近前，见秦钟面如白蜡，合目呼吸于枕上。宝玉忙叫道："鲸兄！宝玉来了。"连叫两三声，秦钟不睬。宝玉又道："宝玉来了。"……那秦钟早已魂魄离身，只剩得一口悠悠余气在胸，正见许多鬼判持牌提索来捉他。那秦钟魂魄那里肯就去，又记念着家中无人掌管家务（朝政），又记挂着父亲还有留积下的三四千两银子（努尔哈赤死于天命十一年八月，次年为天聪元年，掌权三四十年），又记挂着智能（孝庄）尚无下落，因此百般求告鬼判。无奈这些鬼判都不肯徇私，反叱咤秦钟道："亏你还是读过书人，岂不知俗语说的：'阎王叫你三更死，谁敢留人到五更。'我们阴间上下都是铁面无私的，不比你们阳间瞻情顾面，有许多的关碍处。"

"秦钟面如白蜡，合目呼吸于枕上"，符合急性心肌梗塞或中风的症状，此症往往引起猝死，极度冲动，是重要诱因。

正闹着，那秦钟（皇太极）魂魄忽听见"宝玉来了"四字，便忙又央求道："列位神差，略发慈悲，让我回去，和这一个好朋友说一句话就来的。"众鬼道："又是什么好朋友？"秦钟道："不瞒列位，就是荣国公的孙子，小名宝玉。"都判官听了，先就唬慌起来，忙喝骂鬼使道："我说你们放了他回去走走罢，你们断不依我的话，如今只等他请出个运旺时盛的人来才罢。"众鬼见都判如此，也都忙了手脚，一面又抱怨道："你老人家先是那等雷霆电雹，原来见不得'宝玉'二字。依我们愚见，他是阳，我们是阴，怕他们也无益于我们。"都判道："放屁！俗语说的好，'天下官管天下事'，自古人鬼之道却是一般，阴阳并无二理。别管他阴也罢，阳也罢，还是把他放回没有错了的。"众鬼听说，只得将秦魂放回，哼了一声，微开双目，见宝玉在侧，乃勉强叹道："怎么不肯早来？再迟一步也不能见了。"宝玉忙携手垂泪道："有什么话留下两句（指皇太极遗嘱）。"秦钟道："并无别话。以前你我见识自为高过世人，我今日才知自误了。以后还该立志功名，以荣耀显达为是。"说毕，便长叹一声，萧然长逝了。

"好朋友"与"同窗之谊"——是一个对子，隐射福临是孔有德的儿子，一个是关外的满洲皇帝，一个是中原的汉族皇帝，可谓同窗好友也。《红楼梦》对顺治皇帝血缘关系的看法，读者看懂了就行了，不必不信，也不必全信。

"以前你我见识自为高过世人，我今日才知自误了。以后还该立志功名，以荣耀显达为是。"——皇太极的"立志功名"、"荣耀显达"与第五回警幻仙姑孝庄皇太后的"而今后万万解释，改悟前情，留意于孔孟之间，委身于经济之道"都是一个意思："望子成龙"，做一个传统的封建帝王。

（8）孝庄皇太后手把手教导儿子。第十八回：

当日这贾妃（孝庄皇太后）未入宫时，自幼亦系贾母（孝端皇太后）教养。后来添了宝玉（崇德三年元月三十日，顺治皇帝福临降生于盛京），贾妃乃长姊，宝玉为弱弟，贾妃之心上念母年将迈，始得此弟，是以怜爱宝玉，与诸弟待之不同。且同随贾母，刻未离。那宝玉未入学堂之先，三四岁时（三加四为七，指福临入主北京之前），已得贾妃手引口传，教授了几本书、数千字在腹内了（孝庄是福临的启蒙老师）。其名分虽系姊弟（从孝端的辈分论），其情状有如母子（从孝庄的辈分论）。自入宫后，时时带信出来（到达北京后多尔衮让孝庄与福临分开居住，几个月难以见面一次）与父母说："千万好生扶养，不严不能成器，过严恐生不虞，且致父母之忧。"眷念切爱之心，刻未能忘。

"后来添了宝玉，贾妃乃长姊，宝玉为弱弟"——指崇德三年正月三十日孝庄生了福临。孝庄是孝端姑母的大侄女，福临是孝端姑祖母的嫡子。对孝端文皇后来说，等于是大侄女为自己生了小嫡子。侄女与嫡子是平辈关系，所以，贾妃与宝玉"名分虽系姊弟"，但实际是有如"母子"。

顺治元年九月十九日，孝端（贾母——孝庄姑母）、孝庄（元妃——孝端侄女）与顺治（贾宝玉——孝端的侄外孙与嫡子，孝庄的亲儿子）到达北京故宫，多尔衮（贾赦、贾政——孝端、孝庄的小叔子与臣子）在中南海组织了一次水上接驾游园，地点在现在中南海西门内广场。第十八回：

贾赦领合族子侄在西街（府右街）门外，贾母领合族女眷在大门外迎接。半日静悄悄的。忽见一对红衣太监骑马缓缓的走来，至西街门（中南海西门）下了马，将马赶出围幕之外，便垂手面西站住。半日又是一对，亦是如此。少时便来了十来对，方闻得隐隐细乐之声。一对对龙旌凤翣，雉羽夔头，又有销金提炉焚着御香，然后一把曲柄七凤金黄伞（皇后——皇太后仪仗）过来，便是冠袍带履。又有值事太监捧着香巾、绣帕、漱盂、拂尘等类。一队队过完，后面方是八个太监抬着一顶金顶鹅黄绣凤銮舆（皇后——皇太后车驾），缓缓行来。

按照常理，中南海水上接驾游园晚会，母女相见，合家团聚，应该高兴才是，但读者看到的景象却是贾母（孝端皇太后）、王夫人与元春（都隐射孝庄皇太后）抱头痛哭："贾妃满眼垂泪，方彼此上前厮见，一手搀贾母，一手搀王夫人，三个人满心里皆有许多话，只是俱说不出，只管呜咽对泪。邢夫人、李纨、王熙凤、迎、探、惜三姊妹等，俱在旁围绕，垂泪无言。半日，贾妃方忍悲强笑，安慰贾母、王夫人道：'当日既送我到那不得见人的去处，好容易今日回家娘儿们一会，不说说笑笑，反倒哭起来。一会子我去了，又不知多早晚才来！'说到这句，不觉又哽咽起来。邢夫人忙上来解劝。贾母等让贾妃归座,又逐次一一见过,又不免哭泣一番。"

为什么会如此愁云惨雾、生离死别的样子?因为嫡母孝端、生母孝庄与七岁的福临,孤儿寡妇,强烈地感受到来自多尔衮的威胁——皇位之忧,生命之忧也。

(9) 皇太极秦可卿国葬沈阳昭陵。第十四回:

那时官客送殡的,有镇国公牛清之孙现袭一等伯牛继宗,理国公柳彪之孙现袭一等子柳芳,齐国公陈翼之孙世袭三品威镇将军陈瑞文,治国公马魁之孙世袭三品威远将军马尚,修国公侯明之孙世袭一等子侯孝康;缮国公诰命亡故,其孙石光珠守孝不曾来得。这六家与荣宁二家,当日所称"八公"的便是。

隐射满蒙汉八旗部队与八个铁帽子王为清太宗举行了隆重国葬。最初的八个铁帽子王,都是清太宗皇太极(清太祖努尔哈赤第八子)的兄弟子侄,全部进入《红楼梦》,其爵名对照如下:

礼亲王代善(太祖第二子)——赖爷爷、赖大(误抄成来升)、赖尚荣祖孙三代。

睿亲王多尔衮(太祖第十四子)——贾赦、贾政、贾琏(摄政王)。

豫亲王多铎(太祖第十五子)——贾蔷。

郑亲王济尔哈朗(太祖弟舒尔哈齐子)——李贵。

肃亲王豪格(太宗长子)——金荣与焦大。

承泽亲王硕塞(太宗第五子,后改封号为庄亲王)。

克勤郡王岳讬(代善长子,后改封号为延禧郡王,再改为平郡王)——贾芹。

顺承郡王勒克德浑(代善第三子萨哈麟英之子)。

第十五回:

且说宁府(盛京皇宫)送殡,一路热闹非常。刚至城门前,又有贾赦(已经是假设了)、贾政(多尔衮)、贾珍(福临)等诸同僚属下各家祭棚接祭,一一的谢过,然后出城,竟奔铁槛寺大路行来……凤姐儿(孝庄文皇后)因记挂着宝玉(小福临,与贾珍重叠表演),怕他在郊外纵性逞强,不服家人的话,贾政(多尔衮)管不着这些小事,惟恐有个失闪,难见贾母(福临嫡母孝端文皇后），因此便命小厮来唤他。宝玉只得来到他车前。凤姐（孝庄文皇后）笑道："好兄弟（好孩子），你是个尊贵人，女孩儿一样的人品，别学他们猴在马上。下来，咱们姐儿（娘儿）两个坐车，岂不好？"宝玉听说，忙下了马，爬入凤姐车上，二人说笑前进。

此乃崇德八年九月清太宗皇太极殡葬沈阳北陵的历史记实。

其中贾赦、贾政指摄政（王）多尔衮，贾珍、宝玉指福临，贾母指顺治皇帝嫡母孝端文皇后。因孝庄是福临的母亲，孝端是孝庄的姑母，所以孝端乃福临的祖母辈分。此处最值得注意的是，王熙凤与宝玉的关系，已经写成了母子关系。因为贾琏、凤姐开始隐射多尔衮、孝庄的事实婚姻关系，宝玉隐射的福临就低了一辈。

原来这铁槛寺原是宁荣二公（显祖宣皇帝塔克世）当日修造，现今还是有香火地亩布施，以备京中老了人口，在此便宜寄放。其中阴阳两宅俱已预备妥贴，好为送灵人口寄居……即今秦氏（皇太极）之丧，族中诸人皆权在铁槛寺下榻……

皇室宗室按祖制送葬。《清史稿》载："崇德八年，太宗崩。男自亲王讫牛录章京、朝鲜世子，女自公主讫奉国将军妻，集清宁宫前，诣几筵焚香，跪奠酒三，起立，举哀。固山额真、昂邦章京、承政以下官及命妇集大清门外，序立举哀。次日，奉梓宫崇政殿，王公百官朝夕哭临三日。其斋所，王、贝勒、贝子、公归第，部、院官宿署，闲散诸臣赴笃恭殿，固山额真等官及命妇，翌日暮还家。"——"族中诸人皆权在铁槛寺下榻"也。

（10）六岁小顺治学会了韬晦之计。第十六回：

因此宝玉（刚登基的顺治小皇帝）心中怅然如有所失。虽闻得元春晋封之事（孝庄公开"养小叔子"了），亦未解得愁闷。贾母等如何谢恩，如何回家，亲朋如何来庆贺，宁荣两处近日如何热闹（沈阳故宫改朝换代），众人如何得意（人人得到晋升），独他一个皆视有如无，毫不曾介意（他太小，茫然不觉，却心中有数）。因此众人嘲他越发呆了。

崇德八年八月二十五日，六岁的福临贾宝玉在代善大爷（赖爷爷）、济尔哈朗大叔（李贵）、多尔衮小叔（贾赦、贾政）的扶持下，在盛京故宫的清宁宫登基，明年改元为顺治元年。小皇帝学会的第一件事情就是装傻卖呆——说明这个可怜的小福临绝顶聪明，他已经学会伪装了。

后人有《西江月》二词，批宝玉极恰，其词曰：

无故寻愁觅恨，有时似傻如狂。纵然生得好皮囊，腹内原来草莽。潦倒不通世务，愚顽怕读文章。行为偏僻性乖张，那管世人诽谤！

富贵不知乐业，贫穷难耐凄凉。可怜辜负好韶光，于国于家无望。天下无能第一，古今不肖无双。寄言纨绔与膏粱：莫效此儿形状！

这两首《西江月》词，是少年顺治皇帝为了保住生命与皇位而装傻卖呆的假相。因为《风月宝鉴》是镜子，将原词弄成反面，就是聪明睿智的顺治皇帝的真实形象。

（11）孝庄、顺治命多尔衮、孔有德厚葬崇祯帝。

第十三回《秦可卿死封龙禁尉　王熙凤协理宁国府》云："话说凤姐儿自贾琏送黛玉往扬州去后，心中实在无趣，每到晚间，不过和平儿说笑一回，就胡乱睡了。"——隐射多尔衮奉孝庄之命，于崇祯十七年春四月大举伐明。此后有半年多的时间，多尔衮（贾琏）与孝庄（凤姐）未能见面，只能诏书往来，直到当年九月十九日通州接驾，孝庄与顺治入主北京，才又见面。

第十三回记录了多尔衮与孔有德奉顺治皇帝之命，在北京为崇祯皇帝举行追悼与殡葬活动的场面，还记载了多尔衮与孔有德敬献的挽联，孔有德负责修建思陵灵堂并叩拜老主子等具体的历史细节。时间在顺治元年十月孔有德西讨李自成之前。第十三回：

灵前供用执事等物，俱按五品（无品）职例。灵牌疏上皆写"天朝（清代顺治朝）诰授（加谥）贾门秦氏恭人（清太宗恭敬者）之灵位"。会芳园临街大门洞开，旋在两边起了（满汉）鼓乐厅，两班青衣（满汉）按时奏乐，一对对执事摆的刀斩斧齐。更有两面朱红销金（朱明）大字牌对竖在门外，上面大书："防护内廷（醴政廷）紫禁道（紫禁城主）御前侍卫龙禁尉（顺治帝加谥为前龙禁尉＝前金龙位）。"对面高起着宣坛，僧道对坛榜文，榜上大书："世袭宁国公冢孙妇、防护内廷御前侍卫龙禁尉贾门秦氏恭人之丧。四大部洲至中之地（中国），奉天承运太平之国（明朝），总理虚无寂静教门僧录司正堂万虚（多尔衮无子孙也）、总理元始三一教门道录司正堂叶生（穆莳——孔有德）等，（贾）敬谨修斋（修建寺陵祭奠灵堂），朝天叩佛（老主子）"，以及"恭请诸伽蓝、揭谛、功曹等神，圣恩普锡，神威远镇，四十九日消灾洗业平安水陆道场"等语，亦不消繁记。

第十四回云："送殡的镇国公牛清、理国公柳彪、齐国公陈翼、治国公马魁、修国公侯明、缮国公石光珠等六家。"将"六家"理解为牛、虎、鸡、马、猴、蛇等十二地支属相中的六属相——即隐射明朝六部遗臣与半城北京百姓为崇祯皇帝送殡。

第五节　王熙凤代管荣国府

顺治元年到六年二月初八孝庄下嫁多尔衮，共计六年的时间，摄政王独揽朝政，势焰熏天，为什么没有篡位夺权呢？多尔衮与孝庄之间，是情大于势呢？还是势大于情？按林黛玉的说法：家庭里的事，不是西风压倒了东风，就是东风压倒了西风。东风与西风是如何转换风向的呢？

《红楼梦》中贾琏与凤姐、贾政与王夫人这两对同床异梦、貌合神离的"夫妻"，就隐射了上述情与势的微妙关系——贾琏、凤姐隐射"太后下嫁"前多尔衮、孝庄叔嫂搭伙的关系；贾政、王夫人隐射"太后下嫁"后合法的夫妻关系。而贾赦与邢夫人主要隐射多尔衮与原配福晋元妃的合法夫妻关系。

宁国府主要指代皇宫的朝廷中轴线，所谓"九门大开"，还包括御花园（会芳园）与景山即万岁山寿皇亭（天香楼）等建筑结构，除秦可卿殡葬（崇祯皇帝与董鄂氏端敬皇后的国葬）之外，没有多少故事发生在这里。

荣国府重点指代皇宫后廷与北海西苑（中南海），是"金陵"裙钗们活动的主要历史舞台。

满清入关初年，满洲八旗争相圈地。圈地时孝庄、福临孤儿寡母，势孤力单，而摄政王大权独揽，所以孝庄皇太后只能听任多尔衮的正白旗圈占上等好地，而顺治的两黄旗圈占的都是次等薄地。二十年后，多尔衮与顺治皇帝都死了，康熙与孝庄太皇太后又是孤儿寡妇，势孤力单，而四辅政大臣大权独揽，以鳌拜为首的两黄旗，对当年多尔衮、多铎的两白旗反攻倒算，重新夺回两白旗的好地，使两白旗一时流离失所，但允许两白旗圈占汉人的部分好地加以补偿，公开否定顺治皇帝"禁止圈地"的成命，形成了震动朝野的换地风波。

刘姥姥（汤若望），亲身经历了十七世纪中国这两次历史大倒退的圈地风潮。第六回：

刘姥姥听了，罕问道："原来是他！怪道呢，我当日就说他不错呢。这等说来，我今儿还得见他了。"周瑞家的道："这自然的。如今太太事多心烦，有客来了，略可推得去的就推过去了，都是凤姑娘周旋迎待。今儿宁可不会太太，倒要见他一面，才不枉这里来一遭。"

此乃顺治六年三月的事情，孝端皇太后病重，而孝庄有流产先兆，急宣刘姥姥汤若望从宣武门南教堂进宫。由于在乾清门受到侍卫拦阻，绕道故宫北门进宫，上午九到十时，方到达慈宁宫，而胎儿已经流下来了。第五十五回补写了此事：

刚将年事忙过（顺治六年二月的太后下嫁），凤姐儿（孝庄皇太后）便小月了，在家一月，不能理事，天天两三个太医用药。凤姐儿自恃强壮，虽不出门，然筹画计算，想起什么事来，便命平儿（苏麻喇姑）去回王夫人（孝端皇太后），任人谏劝，他只不听。王夫人便觉失了膀臂，一人能有许多的精神（病情日重）？……只说过了一月，凤姐将息好了，仍交与他。谁知凤姐禀赋气血不足，兼年幼不知保养（淫荡过度），平生争强斗智，心力更亏，故虽系小月，竟着实亏虚下来，一月之后，复添了下红之症。他虽不肯说出来，众人看他面目黄瘦，便知失于调养。王夫人只令他好生服药调养，不令他操心。他自己也怕成了大症，遗笑于人，便想偷空调养，恨不得一时复旧如常。谁知一直服药调养到（顺治六年）八九月间，才渐渐的起复过来，下红也渐渐止了。此是后话。

第六回《刘姥姥一进荣国府》：

周瑞家的（多尔衮侧福晋——孝庄最小的妹妹）云："我的姥姥（德国传

教士汤若望），告诉不得你呢。这位凤姑娘年纪虽小，行事却比世人都大呢。如今出挑的美人一样的模样儿，少说些有一万个心眼子。再要赌口齿，十个会说话的男人也说他不过。回来你见了就信了。就只一件，待下人未免太严些个。"……只见周瑞家的回来，向凤姐道："太太说了，今日不得闲，二奶奶陪着便是一样。多谢费心想着。白来逛逛呢便罢，若有甚说的，只管告诉二奶奶，都是一样。"

这里隐射孝庄皇太后入主北京后，后宫的权力逐渐转移。此处的凤姐隐射孝庄皇太后，而"太太"隐射孝庄的姑姑孝端皇太后。

"只管告诉二奶奶，都是一样。"——说明孝庄（凤姐儿）接管了孝端（王夫人）的权限，时在顺治六年三月。

第十六回隐写皇太极刚死，孝庄就让小叔子多尔衮担任摄政王：

一日正是贾政的生辰，宁荣二处人丁都齐集庆贺，热闹非常。忽有门吏忙忙进来，至席前报说："有六宫都太监夏老爷来降旨。"……那夏守忠也不曾负诏捧敕，至檐前下马，满面笑容，走至厅上，面南而立，口内说："特旨：立刻宣贾政入朝，在临敬殿陛见。"

"贾政的生辰"——隐射多尔衮与孝庄开始了新生活。

"宣贾政入朝，在临敬殿陛见"——隐射君臣关系，是孝庄皇太后宣臣子多尔衮"在临敬殿陛见"，然后到"风骚宫"里去"奉嫂"。

此事发生于崇德八年八月初九，皇太极暴亡，多尔衮担任摄政王。所谓"昨日黄土陇头送白骨，今宵红灯帐底卧鸳鸯"。

凤姐笑道："妈妈你放心，两个奶哥哥（赵天栋与赵天梁）都交给我。你从小儿奶的儿子，你还有什么不知他那脾气的？拿着皮肉倒往那不相干的外人身上贴。可是现放着奶哥哥，那一个不比人强？你疼顾照看他们，谁敢说个'不'字儿？没的白便宜了外人。——我这话也说错了，我们看着是'外人'，你却是看着'内人'一样呢。"说的满屋里人都笑了。赵嬷嬷也笑个不住，又念佛道："可是屋子里跑出青天来了。若说'内人''外人'这些混帐原故，我们爷是没有，不过是脸软心慈，搁不住人求两句罢了。"凤姐笑道："可不是呢，有'内人'的他才慈软呢，他在咱们娘儿们跟前才是刚硬呢！"赵嬷嬷笑道:"奶奶说的太尽情了,我也乐了,再吃一杯好酒。从此我们奶奶作了主,我就没的愁了。"

"赵天栋与赵天梁"是派往前线的满洲亲贵,是大清国的栋梁亲信。此事孝庄能做主("我们奶奶作了主"),而多尔衮("我们爷")却做不了主。此事发生于顺治元年九十月,江南战役打响之前。

此处的"内人"与"外人",隐射多尔衮通过裙带关系,拉帮结派,孝庄皇太后转弯抹角地发出了警告。

贾蓉在身旁灯影下悄拉凤姐的衣襟,凤姐会意,因笑道:"你也太操心了,难道大爷(顺治皇帝贾珍)比咱们还不会用人?偏你又怕他不在行了。谁都是在行的?孩子们已长的这么大了,'没吃过猪肉,也看见过猪跑'。大爷派他去,原不过是个坐纛旗儿,难道认真的叫他讲价钱会经纪去呢!依我说就很好。"贾琏道:"自然是这样。并不是我驳回,少不得替他算计算计。"……凤姐忙向贾蔷道:"既这样,我有两个在行妥当人,你就带他们去办,这个便宜了你呢。"贾蔷忙赔笑说:"正要和婶婶讨两个人呢,这可巧了。"因问名字。凤姐便问赵嬷嬷。彼时赵嬷嬷已听呆了话,平儿忙笑推他,他才醒悟过来,忙说:"一个叫赵天梁,一个叫赵天栋。"

"贾蓉"隐射英亲王阿济格,"贾蔷"隐射豫亲王多铎。孝庄皇太后以顺治皇帝的名义派豫亲王多铎为征南大将军,前往江南讨伐南京的福王弘光皇帝,是顺治元年十月一日的事情,江南与西北战役的人员安排由孝庄(凤姐)做主,而多尔衮(贾琏)只好答应。

第二十四回:

凤姐笑道:"怪道你那里没成儿,昨儿又来寻我。"贾芸道:"婶子(母亲)辜负了我的孝心,我并没有这个意思。若有这个意思,昨儿还不求婶子。如今婶子既知道了,我倒要把叔叔丢下,少不得求婶子好歹疼我一点儿。"凤姐冷笑道:"你们要拣远路儿走,叫我也难说。早告诉我一声儿,有什么不成的,多大点子事,耽误到这会子。那园子里还要种花,我只想不出一个人来,你早来不早完了。"

隐射皇宫里的差使也由孝庄皇太后说了算,"谁承望叔叔(多尔衮)竟不能的"。但此处讲的不是种树,而是十年树木、百年树人的帝王之学,隐射顺治皇帝的汉学教育,多尔衮拖延不许,最后还是孝庄皇太后拍板定夺的。此事在顺治亲政之前。此处讲明,顺治与母亲的误会与矛盾,发端于多尔衮执政时期。

第二十回隐写孝庄皇太后(凤姐)与多尔衮原配夫人(贾政的赵姨娘)及其养子多尔博(贾环)的深刻矛盾:

凤姐(孝庄皇太后)道:"亏你还是爷,输了一二百钱就这样!"回头叫丰儿:"去取一吊钱来,姑娘们都在后头顽呢,把他送了顽去。——你明儿再这么下流狐媚子,我先打了你,打发人告诉学里,皮不揭了你的!为你这个不尊重,恨的你哥哥牙根痒痒,不是我拦着,窝心脚把你的肠子窝出来了。"喝命:"去罢!"贾环诺诺的跟了丰儿,得了钱,自己和迎春等顽去。

"赵姨娘"隐射多尔衮大福晋元妃,"贾环"隐射多尔衮养子多尔博。多尔衮大福晋(赵姨娘)与多尔博(贾环)在孝庄(凤姐)的手下,仅是奴才而已。此事在顺治亲政之前。

第六十五回《贾二舍偷娶尤二姨》隐意之一,是摄政王瞒着孝庄皇太后,偷娶朝鲜两公主(尤二姐与尤三姐):

兴儿笑嘻嘻的在炕沿下一头吃,一头将荣府之事备细告诉他母女。又说:"我是二门上该班的人。我们共是两班,一班四个,共是八个。这八个人有几个是奶奶的心腹,有几个是爷的心腹。奶奶的心腹我们不敢惹,爷的心腹奶奶的就敢惹。提起我们奶奶来,心里歹毒,口里尖快。我们二爷也算是个好的,那里见得他。倒是跟前的平姑娘为人很好,虽然和奶奶一气,他倒背着奶奶常作些个好事。小的们凡有了不是,奶奶是容不过的,只求求他去就完了……他说一是一,说二是二,没人敢拦他……如今连他正经婆婆大太太都嫌了他,说他'雀儿拣着旺处飞,黑母鸡一窝儿,自家的事不管,倒替人家去瞎张罗'。若不是老太太在头里,早叫过他去了。"……兴儿连忙摇手说:"奶奶千万不要去。我告诉奶奶,一辈子别见他才好。嘴甜心苦,两面三刀;上头一脸笑,脚下使绊子;明是一盆火,暗是一把刀:都占全了。"

第二章 孝庄

站在睿忠亲王府的立场看，多尔衮福晋（贾赦的邢夫人）应该算"大太太"，是睿王府的"正经婆婆"，但其实她是孝庄的亲妹妹，两人的关系乃"黑母鸡一窝儿"。"大太太"妹妹对后来居上的"令正小太太"姐姐十分不满，抱怨孝庄皇太后已经下嫁小叔子，却又不离开皇宫，"脚踩两只船"，"雀儿拣着旺处飞"，"自家的事不管，倒替人家去瞎张罗"。

孝庄（凤姐）的性格与行事、孝庄（凤姐）的尴尬处境、孝庄因为下嫁小叔子造成的两难境地，此处介绍得活灵活现，跃然纸上。

"奶奶（孝庄）的心腹我们不敢惹，爷（多尔衮）的心腹奶奶的就敢惹。"可见不是多尔衮不想篡位夺权，而是他的势力不够，也得不到大多数满蒙汉八旗的支持。朝廷的大权基本都在孝庄皇太后的掌握之中。《红楼梦》对顺治初年的满清政局，做了准确的记载。

第五回王熙凤的判词为：后面便是一片冰山，上面有一只雌凤。其判曰：

　　凡鸟偏从末世来，都知爱慕此生才；
　　一从二令三人木，哭向金陵事更哀。

"凡鸟"是繁体汉字的""字，乃"凤凰"之义。此处的"凤凰"专指孝庄文皇后。

"都知爱慕此生才"——孝庄惊人的才华，无与伦比的智慧，以一个蒙族"裙钗"的手腕，统治大清国，是所有汉族"须眉"都望尘莫及的。后者"爱慕"前者的才能，但不佩服其德行。

"一从二令三人木"——孝庄先做清太宗皇太极的从妃（一从），后做摄政王多尔衮的令正（二令），最后被儿孙休弃，既不能与皇太极合葬，也不能进入清东陵的围墙内（三休）。

"哭向金陵事更哀"——此处的"金陵"指沈阳努尔哈赤与皇太极等后金大汗与皇帝的陵墓所在地，并非指南京。作者觉得，孝庄死后没有像孝端皇太后那样与皇太极合葬，最后的下场很悲惨，这个女人因改嫁了小叔子，被儿孙排斥在皇家陵园之外，面向沈阳的昭陵哭泣，是一个时代性的悲剧。

《红楼梦》对孝庄的结局是同情的，但又站在封建正统与封建伦理的立场上，将孝庄一生的"淫行"揭露得淋漓尽致，从而暴露出作者世界观与历史观的极大矛盾。

按《红楼梦》的说法，孝庄皇太后在崇德与顺治初年控制政局的主要手段就是一个"淫"字。对"堂堂须眉"而言——"兵者，凶器也，圣人不得已而用之。"对于"若彼裙钗"而言——"淫者，凶器也，女人不得已而用之。"为了阐述这种观点，作者讲述了十个关于孝庄淫荡成性的故事。

（1）孝庄与孔有德苟合而生了顺治皇帝——第三十一回《因麒麟伏白首双星》。其中"国公爷"皇太极的"替身"张道士，隐射定南王孔有德。而贾母隐射孝庄皇太后。其中大"雄麒麟"的持有者贾宝玉，隐射顺治皇帝。小"雌麒麟"的持有者史湘云，隐射孔有德的女儿孔四贞。老"雄麒麟"隐射定南王孔有德，老"雌麒麟"隐射孝庄皇太后。

第三十一回的"玄真观打醮"，隐射顺治七年五月初二，孝庄皇太后带领顺治皇帝及满蒙汉亲贵到北京城西的白云观，为多尔衮与孝庄怀的孩子打平安醮。"麒麟"源于"孔子获麟而亡"的历史典故。老"雄麒麟"、大"雄麒麟"与小"雌麒麟"，都隐射孔子的后裔，而老"雌麒麟"隐射孔门的媳妇。顺治九年七月四日，孔有德败死桂林。顺治十八年正月初七，顺治皇帝驾崩，皆"获麟而亡"也。

（2）孝庄在关外色诱洪承畴投降满清——第十二回《王熙凤毒设相思局 贾天祥正照风月鉴》。其中的王熙凤，隐射崇祯十五年（崇德六年）的庄妃。孝庄（王熙凤）在《风月宝鉴》中，正面看是"美女"，反面看是"骷髅"——这物出自太虚幻境空灵殿上，警幻仙子（孝庄）所制，专治邪思妄动之症，有济世保生之功。所以带他到世上，单与那些聪明俊杰、风雅王孙等看照。千万不可照正面，只照他的背面，要紧，要紧！三日后吾来收取，管叫你好了。

"太虚幻境空灵殿"——既指崇德时代沈阳故宫内的正殿清宁宫，又指顺治时代北京故宫的乾清宫。"清宁"乃"太虚空灵"之意。"乾清"也是"太虚空灵"之意。

"风月宝鉴"乃"警幻仙子所制"——利用高官厚禄与自己的美色，招降纳叛，瓦解收纳明朝的文官武将，稳定满蒙亲贵，是孝庄制定的基本策略。

"聪明俊杰、风雅王孙"——指洪承畴、祖大寿、吴三桂、多尔衮、多铎、阿济格以及"老明公山子野"中的范文程与金之俊等。

（3）孝庄与小叔子多尔衮在关外偷情——第十五回《秦鲸卿得趣馒头

庵》。"秦钟"在标题上写成"秦鲸卿",深意存焉。"秦鲸卿"隐指鲸吞六国、统一中国的秦始皇。"智能儿"隐指聪明绝顶的孝庄皇太后,丈夫皇太极(秦可卿)尸骨未寒,她就与小叔子半推半就,勾搭成奸。

(4) 孝庄与小叔子多尔衮在关外偷情而气死皇太极——第十六回《贾元春才选凤藻宫　秦鲸卿夭逝黄泉路》。"秦鲸卿"隐射清太宗皇太极,"智能"隐射孝庄,"秦邦业"也隐射皇太极。

(5) 孝庄入关后与索尼偷情而稳住满洲亲贵——第十九回《情切切良宵花解语》。"万儿"隐射顺治二年二月初八庆祝入关后第一个圣寿节的孝庄皇太后。

"大不过十六七岁"——十六加十七为三十三,隐射顺治二年孝庄皇太后三十三岁。

"梦见得了一匹锦"——指孝庄十二三岁嫁到后金,当皇太极的侧福晋与庄妃了。

(6) 孝庄与吴三桂偷情而掌握汉族新降的部众——第七十九回《薛文龙悔娶河东狮》。与贾宝玉同一天生日的薛蟠"雪文龙",隐射短寿的顺治皇帝,"河东狮"夏金桂隐射孝庄侄女,所以第七十八回特意交代夏金桂颇似"泼皮破落户王熙凤"——两人都指博尔济吉特氏废皇后。《薛文龙悔娶河东狮》还捎带着隐射平西王吴三桂与孝庄不清不混的裙带关系:

那夏金桂(孝庄)见了这般形景,便也试着一步紧似一步。一月之中,二人气概还都相平;至两月之后,便觉薛蟠(吴三桂)的气概渐次低矮了下去……金桂见婆婆(姑母孝端)如此说丈夫,越发得了意,便装出些张致来,总不理薛蟠。薛蟠没了主意,惟自怨而已,好容易十天半月之后,才渐渐的哄转过金桂的心来,自此便加一倍小心,不免气概又矮了半截下来(平西王毕竟是归降的汉将)。那金桂见丈夫旗蠢渐倒,婆婆良善,也就渐渐的持戈试马起来……于是宁荣二宅之人,上上下下,无有不知,无有不叹者。

此处的夏金桂隐射孝庄,而"到南方行商"去了的薛蟠隐射割据云南的吴三桂。

(7) 孝庄与多尔衮在盛京偷情而稳住摄政王——第十五回《王凤姐弄权铁槛寺　秦鲸卿得趣馒头庵》。"智能儿"与"秦钟"的故事,与第八回发生了矛盾。第八回"那边小蓉大爷带了秦相公来拜"——说秦相公第一次到荣府，而第十五回又说"智能儿自幼在荣府走动，无人不识，因常与宝玉秦钟顽笑"，显然"智能儿"自幼就认识"秦钟"。

从隐射的历史故事看，第八回与第十五回的秦钟指清太宗皇太极，写孝庄（贾母）与皇太极（秦相公）"文星和合"的夫妻关系——"贾母又与了一个荷包并一个金魁星，取'文星和合'之意。又嘱咐他道：'你家住的远，或一时寒热饥饱不便，只管住在这里，不必限定了。'"以及皇太极（秦钟）弥留期间对福临（贾宝玉）的遗嘱。第十五回的秦钟与智能儿"偷欢"，指多尔衮与孝庄在皇太极刚死就发生的苟且关系。

（8）孝庄与多尔衮在北京偷情而稳住摄政王——第七回《送宫花贾琏戏熙凤》。第七回的"七"，指多尔衮与孝庄从崇德八年到顺治六年，共计七年的事实婚姻关系。由于不是正式夫妻，多尔衮（贾琏）也不是皇帝，没有资格住在皇宫里。他只能利用到乾清宫处理朝政的机会，到慈宁宫后面的中宫殿小院里，与皇嫂（凤姐）白昼宣淫，而让孝庄亲妹妹、原豪格福晋（周瑞家的与平儿）陪伴着做掩护：

走至堂屋，只见小丫头丰儿坐在凤姐房中门槛上，见周瑞家的来了，连忙摆手儿叫他往东屋里去。周瑞家的会意，忙蹑手蹑足往东边房里来，只见奶子正拍著大姐儿（童年顺治）睡觉呢。周瑞家的悄问奶子道："姐儿睡中觉呢？也该醒了。"奶子摇头儿。正说著，只听那边一阵笑声，却有贾琏的声音。接著房门响处，平儿（孝庄亲妹妹原豪格福晋）拿著大铜盆出来，叫丰儿舀水进去。

（9）孝庄下嫁多尔衮而克死最危险的政敌——第五十四回《王熙凤效戏彩斑衣》。其中的贾母与王熙凤在密切配合演双簧。贾母（孝庄）举办家宴（太后下嫁的婚庆国宴），王熙凤（孝庄）穿上了再嫁的新衣裳。时在顺治六年二月初八。作者提醒读者，"凤求鸾"故事就发生在"本朝本地本年本月本日本时"，并非说谎也。"王熙凤效斑衣戏彩"等于"甚荒唐，到头来都是为他人做嫁衣裳"。"斑"者，孝庄左右两个国王也：一是清太宗崇德皇帝皇太极，一是"成宗义皇帝"多尔衮。

（10）孝庄临床考试天下才俊而稳住汉族士子——第三十五回《黄金莺巧

结梅花络》。顺治元年十一月，孝庄母子进京后不久，就举行了简单的科举考试。廷试贡生，上卷以知州用，中次卷以州判县丞教职用。顺治三年三月，殿试天下贡士，"清承明制"的科举制度形成规模。此即《红楼梦》里反复出现的"傅试"与"傅秋芳"。"傅试"者，"赴试"也。"傅秋芳"者，赴徐娘半老、风韵犹存的一个女人的考试也。

傅秋芳与傅试，隐射汉族男人"赴秋芳试"——考试的过程就是贾琏与多姑娘现场示范的那样。雍容华贵的孝庄皇太后不是"二十三岁"，而是三十二岁，正是徐娘半老，风韵犹存，秋色秋香也。顺治元年十一月举行第一次廷试，孝庄皇太后恰好三十二岁。

孝庄在顺治元年九月十九日到达北京，清廷于顺治元年十一月即廷试贡生。这种考试在顺康年代似乎没有停止过，所以，傅秋芳老是不字人，傅试家两个婆子老是来请安，天下贡士老是来"傅试"。而孝庄皇太后到顺治六年二月初八之前，还确实没有嫁人，乃"待字闺中"也。

历史事实已经无法考证，不像武则天女皇那样，能找出薛怀义、张易之、张昌宗等一大群面首来，但《红楼梦》作者就是这样写的，读者姑妄听之吧。

第七十七回关于多姑娘有一段评语："这媳妇遂恣情纵欲，满宅内便延揽英雄，收纳材俊，上上下下竟有一半是她考试过的。若问他夫妻姓甚名谁，便是上回贾琏所接见的多浑虫多姑娘儿的便是了。"

贾府是满清朝廷，所谓"满宅内"考试，其实是指全国的科举考试。目的是为满清的政治军事需要而延揽"英雄"、收纳"材俊"，试题已由多姑娘与贾琏苟合做了交代。考谁呢？显然是考沦为亡国奴的汉族知识分子。当然，首先是满蒙亲贵。

一个女人偷情，说成"延揽英雄、收纳材俊"与"考试"，引人遐思。多姑娘和夏金桂都隐射孝庄皇太后。因为小说人物的身份低微，不易引起朝廷文化检查官的注意，所以作者放胆使用兵家与政治术语。"自树旗帜"、"持戈试马"、"宋太祖灭南唐之意"、"卧榻之侧岂容他人酣睡之心"等等，几乎是肆无忌惮地谩骂孝庄皇太后。作者知道，反正无人能够看懂，因而洋洋得意地说：

> 过去未来，莫谓智贤能打破。
> 前因后果，须知亲近不相逢。

入关之后，两宫皇太后与顺治朝廷处于孤儿寡妇的相对劣势状态。孝庄（元春、王熙凤、王夫人、贾母）通过利用孔有德（贾敬、张道士、一道）、吴三桂（薛蟠）、范文程（贾代修与卜顾修）、洪承畴（贾瑞）、佟养性与佟养真的后人佟图赖（李守中，国子监祭酒，隐射"佟半朝"）这六股势力，形成对付多尔衮的牵制力量。

孝庄充分利用满蒙联姻，巩固蒙古八旗的后方实力，使蒙古四十九旗成为满清皇室的半边天（九省统制）。《红楼梦》里的王子腾就隐射吴克善科尔沁蒙古亲王，"升了九省统制"，对当时十八省的中国来说，正是"半边天"。这是牵制多尔衮的重要势力。

孝庄皇太后（王夫人）更利用多尔衮（贾政、贾琏），听任他打击豪格（焦大），然后又听任他打击削弱多铎（贾蔷）与阿济格（贾蓉），最后下嫁多尔衮（有凤来仪），用感情笼络与亲自监督来控制他，直到他猝死，才算保住了顺治的皇位与性命。

最后，豪格（焦大）死了，阿济格（贾蓉死封龙禁尉）死了，多铎（贾蔷）死了，多尔衮（赵国基，"忠义亲王老千岁坏了事"）死了，孔有德（贾敬）死了，吴三桂（薛蟠被冯渊勾魂而死）死了，上三旗统归皇太后与顺治（康熙）皇帝，满清的局面才稳定下来。

第五十回是为孝庄下嫁多尔衮做舆论准备。

第一谜——"观音未有世家传"，打四书一句。

谜面双解：观音因未出嫁而未能传宗接代。第八十八回惜春对鸳鸯说："老太太作了观音，你就是龙女了。"观音实指贾母孝庄皇太后。湘云猜是"在止于至善"。宝钗笑道："你也想一想'世家传'三个字的意思再猜。"黛玉猜是"虽善无征"。征，一为征验，一为纳征。观音虽善，但因无人纳征而未再传宗接代。意谓贾母孝庄虽然善淫，但因无有《世家传记》记载而无从证实，即"上焉者虽善无征"之意。所以众人说"这句是了"。此话的意思是说，孝庄淫荡无比，但无历史文献记载。

第二谜："一池青草草何名"，打四书一句。

谜面双解：此解要点在"草何名"。"草"者，乱草杂交也。"一池青草"指清朝后宫里"脏唐烂汉"。"草何名"？"后宫里乱伦者何人"？湘云猜是"蒲芦也"。语出《礼记·中庸》："夫政也者，蒲芦也。""一池青草"都是蒲芦在乱伦。"夫政也者",意谓孝庄皇太后觅偶交配的对象是贾"政"多尔衮。贾母指国母,贾政指臣子,属于君臣乱伦之举。

第三谜:"水向池边流出冷",打一古人名。

谜面双解:水乃清。冷乃二令,池乃蒲芦池。于是构成了"清出二令"。二令乃二次令正,二次嫡室,为孝庄皇太后再嫁之意,隐射清朝国母下嫁臣子多尔衮。探春猜是山涛。甚合。山涛为竹林七贤之一,猜作山涛即牵出竹林七贤。意为孝庄再嫁后的男人,足以构成竹林七贤,但只做了皇父摄政王的令正夫人。

第四谜:"萤",打一字。

谜面双解:指萤火虫。虫指贾母孝庄及其男人这一类腐化者。萤乃草化。宝琴猜是"花"。古人认为萤乃腐草所化。花字从草从化;从草从七从人。隐射孝庄与多尔衮先有七年的事实婚姻(花),然后成为光明正当的夫妻(萤火虫)。

第五谜:湘云编了一谜《点绛唇》:"溪壑分离,红尘游戏,真何趣?名利犹虚,后事终难继。"

谜面双解:谜底是没有尾巴的猴儿。指贾母孝庄与其男人,为树倒猢狲散的猢狲,和猴子身轻站树梢的猴子,贾母孝庄是母猴,满汉臣子是公狲。

上述五个谜语的结论为:

(1)"观音未有世家传",但"虽善无征"——隐射孝庄是清太宗的妻子,却没有为爱新觉罗传宗接代,而是为孔有德传宗接代了。孝庄下嫁臣子多尔衮,留下一个女孩子(探春与巧姐儿隐射的格格),仍然没有为爱新觉罗传宗接代,而为多尔衮生的女孩子,正史中也没有文字记载。

(2)"一池青草草何名",孝庄(贾母)觅偶交配的对象是多尔衮(贾政)。"贾"隐射爱新觉罗氏。"政"字从正从文——隐射摄政王(正)与孝庄(文皇后)是两口子,属于君臣乱伦之举。多尔衮(贾政)使清朝后宫变成了"一池青草"。

(3)"水向池边流出冷"——隐射多尔衮与孝庄是合法夫妻。"冷"字为二令。二令为令正,令正为正妻。强调孝庄已经是多尔衮的合法妻子,不应该再算是皇太极的妻子了。

(4)"萤"猜为"花"字是正解。隐射除多尔衮之外,孝庄至少有七个野男人，只与多尔衮算是有萤火之光的合法夫妻。

（5）"后事终难继"——隐射孝庄"世家传"的孔家的儿子，与爱新觉罗的女儿远嫁外番，又上不了正史与玉牒，所以叫"后事终难继"。孝庄下嫁之后，顺治皇帝以下的皇室子孙在宗法上，就与孝庄脱离了关系。

《红楼梦》里隐写着"太后下嫁"，索隐派前辈有十分精辟的见解。

王梦阮《红楼梦索隐》对"世上至大莫如'孝'字"评论道："一桩古今未有的奇事，却拿'孝'字来作骨。世传当时因大婚典礼，颁有恩诏誊黄，其略曰：太后盛年寡居，春花秋月，悄然不怡。朕贵为天子，以天下养，乃独能养口体而不能养志，使圣母以丧偶之故，日在愁烦抑郁之中，其何以教天下之孝。皇父摄政王现方鳏居，其身份容貌，皆为中国第一人。太后颇愿纡尊下嫁，朕仰体慈怀，敬谨遵行，一应典礼，着所司豫办。"

第五十三回《宁国府除夕祭宗祠　荣国府元宵开夜宴》，开始隐写"太后下嫁"，一直持续到五十四回《史太君破陈腐旧套　王熙凤效戏彩斑衣》，才是最后的结论：

> 原来绣这璎珞的也是个姑苏女子，名唤慧娘……每一枝花侧皆用古人题此花之旧句，或诗词歌赋不一，皆用黑绒绣出草字来，且字迹勾踢、转折、轻重、连断皆与笔草无异，亦不比市绣字迹板强可恨。他不仗此技获利，所以天下虽知，得者甚少，凡世宦富贵之家，无此物者甚多，当今便称为"慧绣"。竟有世俗射利者，近日仿其针迹，愚人获利。偏这慧娘命夭，十八岁便死了，如今竟不能再得一件的了。凡所有之家，纵有一两件，皆珍藏不用。有那一干翰林文魔先生们，因深惜"慧绣"之佳，便说这"绣"字不能尽其妙，这样笔迹说一"绣"字，反似乎唐突了，便大家商议了，将"绣"字便隐去，换了一个"纹"字，所以如今都称为"慧纹"。若有一件真"慧纹"之物，价则无限。

"慧纹"者，孝庄下嫁的"秽闻"也。"慧纹"是"秽闻"，"慧娘"便是"秽娘"。所谓秽娘者，淫秽的孝庄皇太后也。明白了"慧娘"（秽娘）的"慧绣"如何变成了"慧纹"（秽闻），就好理解孝庄与多尔衮结婚的隐写了。

《红楼梦》不但写了孝庄与多尔衮的婚礼，还写了孝庄（顺治六年八九月）为多尔衮小产了一个孩子，第二年（顺治七年八月初三）又为多尔衮生了一个早产的女儿——贾探春与巧姐儿的艺术原形。

《红楼梦》第五十四回是多尔衮与孝庄成婚后房事的直接记录：

正说着，可巧见一个老婆子提着一壶滚水走来。小丫头便说："好奶奶，过来给我倒上些。"那婆子道："哥哥儿，这是老太太泡茶的，劝你走了舀去罢，那里就走大了脚。"秋纹道："凭你是谁的，你不给？我管把老太太茶吊子倒了洗手。"那婆子回头见是秋纹，忙提起壶来就倒。秋纹道："够了。你这么大年纪也没个见识，谁不知是老太太的水！要不着的人就敢要了。"

宝玉便要了一壶暖酒，也从李婶薛姨妈斟起，二人也让坐。贾母便说："他小，让他斟去，大家倒要干过这杯。"说着，便自己干了。邢王二夫人也忙干了，让他二人。薛李也只得干了。贾母又命宝玉道："连你姐姐妹妹一齐斟上，不许乱斟，都要叫他干了。"宝玉听说，答应着，一一按次斟了。

王梦阮索隐云："以重孙媳妇之团圆，反射太上皇皇太后之团圆，以文为戏，狡狯至不可思议。"接着写到贾母听戏的剧目，演唱《寻梦》、《惠民下书》时，王梦阮索隐："《惠民下书》为张、莺撮合之第一功臣，此处唱《寻梦》、《下书》两出极有意思。"

演唱《听琴》等戏文时，王梦阮索隐："《听琴》是张、莺调情之始，《琴挑》是相如、文君淫奔之始，《胡笳十八拍》则文姬再嫁也，若非有所寓意，何至凑集一处。"

实际上，《红楼梦》中提到的明妃、西施、红拂、朝云、薛涛、武则天、杨贵妃、蔡文姬、卓文君、杜丽娘、陈妙常等大凡再嫁之孀闺，都是隐射孝庄下嫁多尔衮。

在第五十四回末，王梦阮总评云："此篇为皇太后下嫁摄政王之一篇正文。妇人从一而终，本是迂腐套语，皇国母高出群伦，礼岂为我辈设耶？回目中特揭其旨曰：'史太君破陈腐旧套　王熙凤效戏彩斑衣。'……书中点睛之处曰凤求鸾、曰王熙凤、曰寻梦、曰惠民下书、曰听琴、曰琴挑、曰胡笳十八拍、曰灯月圆、曰春喜上眉梢，无一不暗合巧切。"

由此可见，这个元宵之夜非同小可。它隐射顺治六年二月初八日，孝庄皇太后下嫁小叔子多尔衮。至于为什么要将婚宴写在元宵节？一是为了隐瞒文化检查官，二是元宵即上元，而上元即上圆。上圆者，孝庄皇太后在北京再次圆婚也。

凤姐儿笑道:"再说一个过正月半的。几个人抬着个房子大的炮仗往城外放去,引了上万的人跟着瞧去。有一个性急的人等不得,便偷着拿香点着了。只听'噗哧'一声,众人哄然一笑都散了。这抬炮仗的人抱怨卖炮仗的的不结实,没等放就散了"。湘云道:"难道他本人没听见响?"凤姐儿道:"这本人原是聋子。"

孝庄皇太后(凤姐)对婚礼的态度是"聋子放炮仗——散了吧"。既然汉族臣民认为是"秽闻",朝廷又何必张扬?

顺治皇帝对婚礼的态度是——难道他本人没听见响?凤姐儿道:"这本人原是聋子。"隐射当时的顺治皇帝对"太后下嫁"装聋作哑。

朝野百姓的惊愕态度是——只听"噗哧"一声,众人哄然一笑都散了。不能公开嘲笑。

《红楼梦》作者在嬉笑怒骂中,补写了大清国当年最令人啼笑皆非的皇家婚礼。对这件全国最大秽闻的态度,从孝庄皇太后、顺治皇帝、王公大臣,到平头百姓的态度,都写到了。

第六节 贾元春

索隐派前辈认为大荒顽石、元春、凤姐等都隐射孝庄皇太后。

(1)邓狂言《红楼梦释真》云:"托于女娲者,何也?女娲为汉族初代之君主,并为初代之女主,而程子以娲为皇,为天地间之奇变,为孝庄写照也。"

(2)王伯沆对大荒顽石的观点为:"顽者忽灵,天下从此多事矣。顽石当代表一位于整个天下有极大影响的反面人物。"

(3)李知其《红楼梦谜》云:"凤藻谐奉嫂。"并将《贾元春才选凤藻宫》解释为《孝庄后才选奉嫂宫》。"自一六三六~一七九一,其间一百五十六年,仅一六四二年冬至为十一月三十日。可见此一节气是写实。凤姐戏贾瑞:隐写凤姐孝庄在明清松锦之战中,由于色诱贾瑞洪承畴而大获全胜。时在一六四二年(崇祯十五年)。按书中所叙,凤姐戏贾瑞这一年的冬至是十一月三十日。"

孝庄文皇后是科尔沁蒙古博尔济吉特氏大贝勒寨桑的小女儿，她和姑妈孝端文皇后、姐姐宸妃三人，一同嫁给了清太宗皇太极。后来，孝庄的小妹妹嫁给了睿亲王多尔衮，最小的妹妹嫁给了皇太极长子肃亲王豪格。这种辈分混乱的姻缘关系，说明满蒙联姻是当时一种急迫的需要，已经到了不顾伦理的程度。由于这种婚姻联系，科尔沁蒙古始终支持皇太极统一满洲、夺取天下的战争。当年，孝庄是个有名的蒙古美人，草原上远近闻名。她自幼气宇不凡，敏慧练达，娴于蒙文，爱读书史，通大略，善词令，所谓"巾帼不让须眉"者也。

第五十二回借薛宝琴之口，记述了博尔济吉特氏·布木布泰的风采，还写了她的血缘关系：

我八岁时节，跟我父亲到西海沿子上买洋货，谁知有个真真国的女孩子，才十五岁，那脸面就和那西洋画上的美人一样，也披着黄头发，打着联垂，满头带的都是珊瑚、猫儿眼、祖母绿这些宝石；身上穿着金丝织的锁子甲洋锦袄袖；带着倭刀，也是镶金嵌宝的，实在画儿上的也没他好看。有人说他通中国的诗书，会讲五经，能作诗填词，因此我父亲央烦了一位通事官，烦他写了一张字，就写的是他作的诗。

"八岁"与"十五岁"，——隐射郑克塽（薛宝琴）于康熙二十三年回到祖国大陆。

"有个真真国的女孩子"与"那脸面就和那西洋画上的美人一样，也披着黄头发，打着联垂，满头带的都是珊瑚、猫儿眼、祖母绿这些宝石"，——隐射郑克塽（薛宝琴）察觉出孝庄皇太后有外族血统。

成吉思汗的子孙们在欧亚大陆建立了四个汗国，统治伊斯兰与斯拉夫民族地区长达三个世纪。蒙古骑士娶当地的美女为妻妾，这种欧亚民族的通婚关系持续了十几代，于是孝庄文皇后就"和那西洋画上的美人一样"了。但她是真正的"母仪天下"的中国太皇太后——真真国的女孩子。

据说在孝庄七岁那年，随兄弟们到草原牧场上巡视，一个精通相术的喇嘛见了她大为惊异，说她是大贵人，当与大国君王为偶，母仪天下。当时人们都当是一句笑话，谁知二十五年后，皇太极（一僧）病死，她与孔有德（一道）

偷情而得的儿子福临即位。满洲入主中原，福临成了清朝入关后的第一个皇帝，尊生母孝庄为圣母皇太后，正应了喇嘛"为华夏兆民之母"的预言。

这个故事传布得很广。作者将这个故事写进了第十八回："元春入室，更衣毕复出……此时自己（大荒顽石）回想当初在大荒山中，青埂峰下，那等凄凉寂寞；若不亏癞僧（皇太极）、跛道（孔有德）二人携来到此（北京中南海），又安能得见这般世面（元妃省亲）。"

《红楼梦曲子》（元春）云：只见画着一张弓，弓上挂着香橼。也有一首歌词云：

  二十年来辨是非，榴花开处照宫闱。
  三春争及初春景，虎兕相逢大梦归。

"弓"者，盘马弯弓以骑射得天下的清太宗皇太极，《红楼梦》中的长弓老大也。"香橼"者，皇太极的爱妃孝庄也。"木"者，孝庄布木布泰也。"缘"者，与皇太极的因缘也。"香"者，婚姻也。"榴"者，"留"有子孙的"木"也。"开"者，执掌后宫大权也（照宫闱）。"初春"指天聪朝。"三春"指崇德、顺治、康熙朝。

民间传说中的庄妃（王熙凤）是皇太极（秦可卿与秦钟）身边的一位女诸葛（智能儿）。明崇祯十五年，蓟辽总督洪承畴（贾瑞）在锦州战役被清军生俘。皇太极看重他的才干，极想收降他。但范文程（贾代儒）等群臣费尽心机，洪承畴不仅不降，还采取了绝食行动，表白他不事二主的忠心（贾天祥，假的文天祥）。正当无计可施之时，庄妃自告奋勇，亲自出场上阵。这位妩媚少妇，装扮成汉族侍女，手捧人参汤进入囚所，极尽温柔地晓以利害，洪承畴在她婉言相劝之下，终于降了。

皇太极（秦可卿与秦鲸卿）死后，庄妃（贾元春、王熙凤与智能儿）为了帮助儿子福临（贾宝玉）当皇帝，笼络皇太极之弟摄政王多尔衮（贾赦、贾政、贾琏、秦钟），后来民间一直有"太后下嫁"的传说，并把它与"世祖出家"、"世宗夺嫡"并列为清初三大疑案。由于乾隆皇帝命令纪晓岚篡改了《东华录》与皇宫所有关于"太后下嫁"的文献与礼仪记录，使后人没有了确凿的证据，但人们对这一对叔嫂间的关系一直议论纷纷。

作者站在朱明皇室与遗民的立场上，在第十五回《王凤姐弄权铁槛寺秦鲸卿得趣馒头庵》毫无保留地揭露了孝庄与多尔衮之间的这些丑事,甚至不无加油添醋之嫌。

第十六回《秦鲸卿夭逝黄泉路　贾元春才选凤藻宫》也是说皇太极(秦鲸卿)刚死,孝庄皇太后(贾元春)的永福宫就变成了"凤骚宫",而贾元春宣贾政入的不是"东宫",而是"东宫"在《风月宝鉴》里的镜影:西宫永福宫——第一回里的"赤瑕宫"。

对漂亮嫂子孝庄皇太后来说,西宫永福宫是"凤骚宫"。对风流小叔子多尔衮来说,西宫永福宫是"奉嫂宫"。"凤藻宫"三个字选用得很妙。

作者用《送宫花贾琏戏熙凤》这个标题,说贾琏(多尔衮)与王熙凤(孝庄皇太后)根本就不是合法夫妻,而是在皇宫大内公开"养小叔子"的事实婚姻,并且指出多尔衮的小妾(周瑞家的)眼睁睁地看着,却毫无办法,并借贾蓉(豫亲王阿济格)之口,在第六十三回大骂孝庄皇太后为首的满清皇室淫乱无耻。

孝庄皇太后入主北京的皇宫大权独揽。"三春"的含义为崇德朝是一春,顺治朝是一春,康熙朝是一春。对孝庄来说,崇德朝才是初春。

《红楼梦》认为,三春之后,大清国就完了,所以秦可卿(皇太极)临死对凤姐(孝庄)说:"三春过后诸芳尽,各自须寻各自门。"

"大荒顽石"孝庄在丈夫皇太极(一僧)、小叔子多尔衮与情夫孔有德(一道)的帮助下,从一个科尔沁蒙古草原的小姑娘,成了大清国的国母,因此她充满了感激之情,在"元妃省亲"的那天晚上,"大荒顽石"干脆开口说起话来(第十八回):

元春入室,更衣毕复出,上舆进园。只见园中香烟缭绕,花彩缤纷,处处灯光相映,时时细乐声喧,说不尽这太平景象,富贵风流。此时自己回想当初在大荒山中,青埂峰下,那等凄凉寂寞;若不亏癞僧、跛道二人携来到此,又安能得见这般世面。

这是《红楼梦》中赤裸裸地暴露元春("大荒顽石")身份就是孝庄皇太后的直接证据。作者将元春与大荒顽石的身份合二为一了。

孝端(贾母)、孝庄(元妃)与顺治(贾宝玉)到达北京故宫,多尔衮(贾赦、贾政)在中南海组织了一次水上接驾游园会,《红楼梦》说是正月十五,当然属于"假语村言"。因为正月十五北京的所有海子都结了冰,如何划船做水上游?但第十八回写得很真实——从皇宫到"假府"没有多远。从皇宫慈宁宫到中南海,确实没有多远。天黑了,晚饭后,从皇宫出来,到达中南海西门,举行礼仪,游了园,划了船,娘儿们为皇位不稳、身家性命与前途未卜,还抱头哭了一阵子,然后作诗,听戏,赏赐物件,最后起驾回宫。如果去掉路上摆谱的工夫,在中南海最多也就是两个时辰——第十八回云:"太监道:'早多着呢!未初刻用过晚膳,未正二刻还到宝灵宫拜佛,酉初刻进大明宫领宴看灯方请旨,只怕戌初才起身呢。'"

中海水面宽阔,以高大的紫光阁和万善殿作为东西两岸的主体建筑,水云榭为湖心亭,使东西建筑相互呼应,北边以琼华岛白塔山为背景,南面碧波万顷,西面菱荷成片,疏朗的建筑和辽阔的水面,伴以阵阵荷菊花香,形成了一个颇为平远的景观。

紫光阁原建于明代正德年间,清代历经改建,使紫光阁成为中海最高建筑。

万善殿在明代名蕉园、崇智殿,清代顺治年间修葺改名为万善殿,原是一座禅宗寺庙,殿后还建有圆盖穹窿的千圣殿,殿内供千佛塔,以紫檀木雕刻而成。周围有配殿、佛楼、僧舍等,形成一个寺庙建筑群。每年中秋元宵节在此举行法事,放河灯。

水云榭为联结紫光阁和万善殿的湖心亭,伫立水中。

南海水面形成封闭式内湖,沿岸以楼阁亭台、山石树木环境烘托着以瀛台为中心的景区,环境玲珑精巧,幽静深邃。这就是元妃省亲的原址。

第八十六回说元妃出生于甲申年(1644年)正月初一,"只怕遇着寅年卯月"。贾元春与"太祖太爷"都是"大年初一"的生日,是什么意思呢?"太祖太爷"指清太祖努尔哈赤,贾元春隐射孝庄皇太后,两个历史人物的生日,都不是正月初一。但以四春分析,四春代表清太祖的天命朝(初春)、清太宗的天聪与崇德朝(迎春)、清世祖的顺治朝(探春)、清圣祖的康熙朝(惜春)。那么,贾元春与"太祖太爷"都是"大年初一"的生日,就可以理解了——努尔哈赤的后金王朝建国于1616年——明万历四十四年,后金天命元年的正月初一也。

作者估计,康熙时代一过,大清国就完蛋了。这是第一批作者对大清国的预言。到了第三批作者曹雪芹等人，看到了康熙盛世的曙光，认识到反清复明，不符合历史发展的规律，作者没有改动第一批作者的宗旨，但《红楼梦》的主题却升华为民族和解与国家统一的新的高度了。曹雪芹对第一批作者表现了极大的同情，但不同意他们最初的主题。这是《红楼梦》全书主题思想充满矛盾的主要原因。第九十五回说：贾娘娘薨逝，是年甲寅年（1674年）十二月十八日立春，元妃薨日是十二月十九日，已交卯年寅月，存年四十三岁。

实际情况是：孝庄生于明万历四十一年（1613年）二月初八，死于康熙二十六年十二月二十五日。第九十五回故意写的差了几天，年份月份一点不差，日子前后错落几天，是有意避嫌。因为在第一百十八回又专门交代了孝庄逝世的月份与日子。

生于猴年甲申（1644年），卒于虎年甲寅（1674年），只有三十一岁，并非四十三岁。原来元妃寿限以甲申之变（崇祯十七年、顺治元年）为界，分成了前三十一和后四十三两段，合起来是七十四岁。因为十八日立春，十九日死，多活了一天，就算多增了一岁，进入兔年了。所以说，贾元春（孝庄皇太后）享年七十五岁。三十一年隐射甲申（1644年）之前，四十三隐射甲申（1644年）之后。

第一百十八回又专门交代孝庄真实的"冥寿"日——康熙二十六年十二月二十五日。原文只有一句话："八月初三这一日，正是贾母的冥寿。"如何推算出"十二月二十五日"呢？

具体算法为——"八三一"隐指十二月。"三八二十四，加一"，隐射二十五日——总起来的隐意为：十二月二十五日是孝庄太皇太后"贾母的冥寿"。

李知其在《红楼梦谜》中认定贾元春隐射孝庄皇太后。也就是说，大荒顽石与贾元春都隐射孝庄皇太后。但"孝庄后才选奉嫂宫"的历史背景在崇德八年八月皇太极暴死时的沈阳故宫，并非顺治元年九月的北京故宫。

孝庄皇太后下嫁多尔衮，是一种政治交易，也是双方妥协的表现。其中并非没有感情基础，但皇家婚姻的感情基础是绝对服从于政治的。第十六回《贾元春才选凤藻宫》就是这场政治交易最早的表现。

从崇德八年《贾元春才选凤藻宫》，到顺治六年《王熙凤效戏彩斑衣》，正好七年。多尔衮与孝庄入关前后长达七年的事实婚姻，演绎在贾琏与王熙凤貌合神离的夫妻关系中。

第七回《送宫花贾琏戏熙凤》写的是顺治六年摄政王多尔衮与嫂子孝庄偷情的情景。平儿、周瑞家的都隐射多尔衮霸占的肃亲王豪格的福晋。她在伺候孝庄与小叔子白昼宣淫。而白昼宣淫者为凤姐与小蓉大奶奶隐射的孝庄皇太后。所以，凤姐要了四支花，小蓉大奶奶秦可卿戴了两支花，总共六支花。顺治六年二月初八，徐娘半老的孝庄皇太后要披红戴花的下嫁小叔子。

入关之后多尔衮派遣豪格到西北与中原远征数年，豪格回到北京立即进了大狱，终被折磨致死。豪格的福晋是名动京师的美女，在丈夫离京期间，始终被小叔父多尔衮霸占，住在睿亲王府或皇宫内，公开的理由是陪伴两位姐姐，实际是陪伴小叔父多尔衮。朝野皆知，但万人三缄其口，孝庄本来就在"养小叔子"，她与妹妹多尔衮福晋，睁一只眼，闭一只眼。

顺治五年三月肃亲王豪格死。顺治六年四月孝端皇太后死。孝庄与多尔衮的婚姻扫除了皇室内部的最大障碍，只有十二三岁的顺治皇帝耿耿于怀，人小志大，随时准备翦除多尔衮，但力不从心，处处受气。

第二十九回《享福人福深还祷福》隐写了顺治皇帝企图翦除多尔衮（剪蜡花），孝庄皇太后（凤姐与贾母）对这个冒冒失失的小皇帝，采取了又打又拉的保护措施——但多尔衮与孝庄的婚姻好景不长，顺治七年腊月，多尔衮未等顺治皇帝动手，就暴死了。

第二十九回写了顺治七年的这段小插曲：

可巧有个十二三岁（顺治六七年，福临恰好十二三岁）的小道士儿（张道士孔有德的儿子顺治皇帝——自取法号"痴道人"），拿着剪筒，照管剪各处蜡花（剪蜡花——准备剪除将要在顺治七年腊月暴死的多尔衮），正欲得便且藏出去，不想一头撞在凤姐儿（表演黑脸的孝庄皇太后）怀里。凤姐便一扬手，照脸一下，把那小孩子打了一个筋斗，骂道："野牛的（野牛，指定南王孔有德），胡朝那里跑！"那小道士也不顾拾烛剪，爬起来往外还要跑（不杀叔父誓不休）。正值宝钗等下车，众婆娘媳妇正围随的风雨不透，但见一个小道士滚了出来，都喝声叫："拿，拿，拿！打，打，打！"（隐射当时满蒙亲贵对未亲政的顺治小皇帝的恶劣态度。）

贾母（表演红脸的孝庄皇太后）听了忙问："是怎么了？"贾珍（接受皇帝礼遇的顺治皇帝）忙出来问。凤姐上去搀住贾母，就回说："一个小道士儿

（四处受气的顺治皇帝），剪灯花的，没躲出去，这会子混钻呢。"贾母听说，忙道："快带了那孩子来，别唬着他。小门小户的孩子，都是娇生惯养的，那里见的这个势派。倘或唬着他，倒怪可怜见的，他老子娘岂不疼的慌？"（老子娘心疼，但无奈）说着，便叫贾珍去好生带了来。贾珍只得去拉了那孩子来（贾珍与"痴道人"，是二是一也）。那孩子还一手拿着蜡剪，跪在地下乱战（顺治胆小）。贾母命贾珍拉起来，叫他别怕。问他几岁了。那孩子通说不出话来。贾母还说"可怜见的"，又向贾珍道："珍哥儿，带他去罢。给他些钱买果子吃，别叫人难为了他。"贾珍答应，领他去了（是二是一，一起去了）。这里贾母带着众人，一层一层的瞻拜观玩。外面小厮们见贾母等进入二层山门，忽见贾珍领了一个小道士出来，叫人来带去，给他几百钱，不要难为了他。家人听说，忙上来领了下去。

当时孝端皇太后已经死了一年多，孝庄下嫁多尔衮也已经一年。孝庄怀了多尔衮的孩子，率领后宫嫔妃到北京西郊的白云观（清虚观），为新丈夫多尔衮与未出生的孩子打"平安醮"。原文暗示顺治皇帝（贾宝玉）是孔有德（张道士）与孝庄（贾母）的孩子，贾宝玉顺治与史湘云孔四贞都是孔子的后代，是同父异母的亲兄妹。《因麒麟伏白首双星》隐射孔有德张道士与孝庄贾母是"白首双星"，而顺治贾宝玉与孔四贞史湘云乃是"双麒麟"——孔子"获麟于巨野"的亲兄妹。

孝端皇太后系清太宗皇太极的正宫娘娘、顺治皇帝之嫡母，她平生不预政治，所以宫内大权统由孝庄皇太后独揽（《红楼梦》中凤姐独揽大权，王夫人与贾母隐射孝端皇太后）。孝庄皇太后前时虽握大权，与摄政王苟且成奸，但总不免有些顾忌姑姑孝端皇太后。孝端皇太后崩，孝庄始毫无障碍，可以随心所欲了，朝廷的谋臣们也好说话了。野史记载，汉臣中出力最多者，当数范文程与洪承畴。他们以生花妙笔，将"太后下嫁"写得合情合理，锦上添花——"顺治六年二月八，六朵宫花头上插"。

第七节 《悲题五美吟》

《红楼梦》是正反两面的《风月宝鉴》，第一女主角林黛玉正面看是"潇湘妃子"，反面看究竟是个什么样子呢？

第六十三回揭示了林黛玉的另一面——孝庄皇太后埋藏极深的一个内心秘密，是"假做真时真亦假"的"贾宝玉"的名讳的起源，也是宁荣二府一切罪恶的渊薮。故事情节平淡如水，但读后令人瞠目结舌。

"寿怡红群芳开夜宴"是五月初三晚上，丫环小姐们为贾宝玉庆祝生日。第二天应该是五月初四。当日上午，突然说贾敬死了——"正顽笑不绝，忽见东府中几个人慌慌张张跑来说：'老爷宾天了。'"第六十四回偏偏让贾宝玉说这一天不是五月初四，而是七月初四——定南王孔有德桂林殉国的日子。而林黛玉在自己的房间里祭奠一个人，还写了《幽淑女悲题五美吟》——"大约必是七月因为瓜果之节，家家都上秋祭的坟，林妹妹有感于心，所以在私室自己奠祭，取《礼记》：'春秋荐其时食'之意，也未可定。"

日子忽然从五月初四变成了七月初四，而且不做任何解释，你说怪也不怪？

单从小说文字看，一个寄居亲戚的未字少女，起一个"潇湘妃子"的别号，已经令人迷惑难解，为何还要吟咏历史上五位红杏出墙的风流少妇呢？更令人不解的是，父亲林如海死了，林黛玉没事人似的。桃花落了，却当着情人贾宝玉的面，哭得死去活来（第二十七回）。如果完全相信了《红楼梦》的假语村言，认为林黛玉是一个无家可归的纯情女孩儿，因而无限同情，甚至将她气度狭窄、死不饶人的毛病都当成了优点来回护，就算糊涂到家了。要想不糊涂，只能透过假语村言，去研究真事隐去。也就是说，要透过小说的假象，窥破历史的真实。

（1）《幽淑女悲题五美吟》是"假做真时真亦假"，林黛玉孝庄皇太后题五美是假的，悲自己是真的。怀念古代美女是假的，悼念顺治九年七月四日死去的情夫定南王孔有德是真的。

（2）林黛玉四月二十五日的《惜花荫》与四月二十六日的《葬花吟》是假的，史德威将军悼念义父史可法殉国与扬州八十万死难同胞是真的。

（3）"潇湘妃子"——"小襄"亲王博穆博果尔的"妃子"是真的，林黛玉不是黄花处女，她隐射顺治皇帝娶的二婚人、弟媳妇董鄂氏，进宫后加封皇贵妃。"潇湘妃子"是假，"小襄妃子"是为真。

（4）林"黛玉葬花"与"痛哭花荫"是假的，董鄂氏皇贵妃葬的不是落花,而是她为顺治皇帝生的两个夭折的儿子。

其实,林黛玉一方面要与贾宝玉谈恋爱,一方面要隐射孝庄皇太后博尔济吉特氏、女扮男装的史德威将军、顺治皇帝的孝惠章皇后小博尔济吉特氏,还有顺治皇帝的端敬孝献皇后董鄂氏。

林黛玉一进荣国府,见了外祖母就抱头大哭,她当时的身份是孝庄的亲外孙女、顺治的第二位皇后孝惠章皇后。第三回《接外孙贾母惜孤女》云:"黛玉方进入房时,只见两个人搀着一位鬓发如银的老母迎上来,黛玉便知是他外祖母。方欲拜见时,早被他外祖母一把搂入怀中,心肝儿肉叫着大哭起来。当下地下侍立之人,无不掩面涕泣,黛玉也哭个不住。"——小博尔济吉特氏的母亲死了,自己从科尔沁草原远嫁到北京来,给亲舅舅顺治皇帝当新皇后,初次进宫,见到"鬓发如银的"外祖母,老太太抱着外孙女,想起短命的闺女来,"心肝儿肉叫着大哭起来"。这完全是写实。

林黛玉不是一个纯情少女的艺术化身,她演绎了三个经历不同、年龄不同的已婚女人,其内心世界是十分复杂的。

清人张新之说林黛玉的个性特点是"暗藏杀机",并非无稽之谈。林黛玉隐射的孝庄皇太后在六十年的政治生涯里,不仅对政敌们"暗藏杀机",自己与儿孙也是人家"暗藏杀机"的目标。林黛玉隐射的董鄂氏皇贵妃,发出了"一年三百六十日,风刀霜剑严相逼"的惊恐呼号,难道不是后宫里"暗藏杀机"的最好证明吗?林黛玉隐射的孝惠章皇后也许没有"暗藏杀机",她的打小报告的作风,都让袭人表演了,但作为史可法的义子,其义父当了"一年三百六十日"兵部尚书,在马士英与昏君弘光帝朱由崧(甄宝玉)的两面夹击下,真可谓是"风刀霜剑严相逼"了。——林黛玉隐射的历史故事里"暗藏杀机",林黛玉吟咏的诗词里自然也"暗藏杀机"。张新之说得一点儿不错。

林黛玉确实是一个少妇与人母的美丽形象。而在《风月宝鉴》这个双面镜里,"美丽"是一分为二、又合而为一的。当隐射孝庄皇太后的时候,林黛玉也像王熙凤一样,正面看是"美女",反面看是"骷髅"。

第六十三回《死金丹独艳理亲丧》中的林黛玉,与第十二回《贾天祥正照风月鉴》中的凤姐,都指一个"美女"。她俩都以第一女主角的身份,隐射大清国第一夫人孝庄皇太后。

贾敬死的那天上午,林黛玉在私下里祭奠一个男人,一个恰好于七月四日死去的男人——顺治皇帝的父亲定南王孔有德。这是《红楼梦》记载的最惊人的清宫绝密之一。

《五美吟》回忆了孝庄文皇后与定南王孔有德的情史。孝庄皇太后用五位历史上著名的女人，来说明自己行为的合情合理，表现了"从来不信什么是阴骘司地狱报的，凭是什么事，我说要行就行"的女皇个性。

"死金丹"是指贾敬（孔有德）之死。"独艳理亲丧"似乎是指贾珍外出，尤氏在家独自处理了丧事。作者先写贾敬的灵柩"用软轿抬至铁槛寺来停放"（明修栈道），接着就大段介绍起妙玉的来历与脾气来（暗度陈仓）。

妙玉说："古人中自汉晋五代唐宋以来皆无好诗，只有两句好，说道：'纵有千年铁门槛，终须一个土馒头。'"……宝玉听了，如醍醐灌顶，嗳哟了一声，方笑道："怪道我们家庙说是'铁槛寺'呢，原来有这一说。"——强调贾敬（孔有德）虽然永远不敢住进宁国府（皇宫），但他有资格停灵于皇家的家庙（故宫太庙或社稷坛）里。他名义上不是大清国的皇上，但在当朝皇上顺治的心里却认为他是真正的太上皇。所以贾敬死了，大叫"老爷宾天了"。"宾天"是皇帝驾崩的专用语。

第六十三回《死金丹独艳理亲丧》原文：

且说贾珍（顺治）闻了此信，即忙告假，并贾蓉（玄烨）是有职之人（幼稚之人，康熙当时仅出生三个月）。礼部见当今隆敦孝弟，不敢自专，具本请旨。原来天子（顺治皇帝）极是仁孝过天的，且更隆重功臣之裔，一见此本，便诏问贾敬何职。礼部代奏："（贾敬孔有德）系进士出身，祖职已荫其子贾珍（顺治皇帝）。贾敬因年迈多疾，常养静于都城之外玄真观。今因疾殁于观中，其子珍（顺治），其孙蓉（康熙），现因国丧随驾在此，故乞假归殓。"

"都城之外玄真观"，指桂林东北漓江边伏波山的定粤庙，因唐代在山上修建汉朝伏波将军马援祠而得名。孔有德封定南王，镇广西，顺治八年（1651年）创建定粤寺。十五年后，其婿孙延龄、女孔四贞至桂林任广西将军和仪卫执事，扩建定粤禅寺，并铸钟以纪战功。钟顶部有《多心经》一卷，四周各栏用"皇图巩固"、"帝道遐昌"、"佛日增辉"、"法轮常转"做铭文的引首。钟体有"本旗功德主金名"铭文。就是《死金丹独艳理亲丧》最好的注脚。汉军正红旗旗主孔有德因为"主金名",最后败死桂林而"死金丹"。"丹"者,红也。孔有德以汉军正红旗旗主的身份,为后金战死。

"贾敬因年迈多疾,常养静于都城之外玄真观(桂林定粤庙)",指顺治九年春孔有德那封要求离休养闲的奏折。孔有德产生了厌战情绪,要求解甲归田,颐养天年。《清史稿》云:"九年四月,有德疏言:……臣生长北方,与南荒烟瘴不习。解衣自视,刀箭瘢痕,宛如刻划。风雨之夕,骨痛痰涌,一昏几绝。臣年迈子幼,乞恩敕能臣受代,俾臣得早觐天颜,优游终老。疏入,得旨:览王奏,悉知功苦。但南疆未尽宁谧,还须少留,以俟大康。"

也许是由于顺治七年十二月读了大学士瞿式耜的绝命诗"一月悲歌待此时,成仁取义有天知"而良心发现,也许是由于金堡法师冒死为瞿式耜殓葬的义举,使他觉得对不起老祖宗孔圣人;也许是由于张献忠败亡后,义子李定国捐弃前嫌归附朱由榔,并英勇反清的凛然行动使他有所启悟,总而言之,定南王的锐气突然丧失。

此事被《红楼梦》作者忠实地记录了下来,变成了"跛足道人"吟唱的《好了歌》的起源。那苍凉悲观的落寞情怀,正是顺治九年定南王的内心写照。

《红楼梦》的文笔飘忽游移,让人觉得文不对题。似乎不是尤氏在"理亲丧",而是妙玉(孔四贞)与宝玉(顺治皇帝——两玉两兄妹)在谈论贾敬停灵铁槛寺的丧事,而林黛玉(孝庄)在祭奠一个与"铁槛寺"和"土馒头"有关的人,但不是小说人物林黛玉的父母。

如果将贾敬隐射孔有德、林黛玉隐射孝庄皇太后、贾珍与贾宝玉隐射顺治皇帝、尤氏隐射顺治的孝惠章皇后(顺治十一年六月册封,与袭人一样的角色)、史湘云与妙玉两人隐射孔四贞等联系在一起,问题就能搞明白了。

原来是孔有德的情妇孝庄皇太后(贾母)、孔有德的儿子顺治皇帝(贾珍宝玉)、孙子玄烨(贾蓉)、儿媳妇顺治新皇后(尤氏)与女儿孔四贞(史湘云与妙玉),共同为孔有德(贾敬)料理丧事。

这哪里是什么"独艳理亲丧"?而且,孔有德死于顺治九年七月四日,顺治十一年六月孔四贞扶灵归京,康熙十八年孔四贞从桂林回到北京(当年吴三桂已死)。这几件事情相差二十五年,竟然都写在《寿怡红群芳开夜宴 死金丹独艳理亲丧》一回里。真是"天外书传天外事,两番人作一番人"也。

下面分析一下孝庄皇太后（林黛玉与贾母）祭奠与缅怀情夫孔有德（贾敬）的内容。第六十四回：

（1）雪雁方说道："我们姑娘（姑奶奶孝庄皇太后）这两日方觉身上好些了。今日饭后，三姑娘（多尔衮四岁的女儿）来会着要瞧二奶奶（找母亲）去，姑娘（孝庄）也没去。又不知想起了甚么来，自己伤感（孔有德两周年忌日）了一回，提笔写了好些，不知是诗是词。叫我传瓜果（祭品）去时，又听叫紫鹃将屋内摆着的小琴桌上的陈设搬下来，将桌子挪在外间当地，又叫将那龙文鼐（供皇帝使用的小周鼎）放在桌上，等瓜果来时听用。若说是请人呢，不犯先忙着把个炉摆出来（不是请人）。若说点香呢，我们姑娘素日屋内除摆新鲜花果木瓜之类，又不大喜熏衣服（不是熏衣服）；就是点香，亦当点在常坐卧之处。……"说毕，便连忙的去了（作者在布置八卦阵，东也不是，西也不是，逐一排除爱情小说的表面现象）。

宝玉（顺治皇帝）这里不由的低头心内细想道："据雪雁说来，必有原故（顺治聪明）。若是同那一位姊妹们闲坐，亦不必如此先设馔具。或者是姑爹姑妈的忌辰，但我记得每年到此日期老太太都吩咐另外整理肴馔送去与林妹妹私祭，此时已过（不是皇家历年祭奠崇祯皇帝的定例）。大约必是七月因为瓜果之节，家家都上秋祭的坟，林妹妹（孝庄皇太后）有感于心，所以在私室自己（秘密）奠祭，取《礼记》：'春秋荐其时食'之意，也未可定。"

"必是七月因为瓜果之节，家家都上秋祭的坟，林妹妹有感于心，所以在私室自己奠祭。"强调是七月初四日，林黛玉孝庄皇太后祭奠两年前死于七月初四的孔有德，并非祭奠父亲林如海（君父崇祯）或母亲贾敏（孝庄嫁给蒙古王爷的女儿，孝惠章皇后的母亲）。

（2）黛玉（孝庄皇太后）一面让宝钗（侄女废皇后静妃）坐，一面笑说道："我曾见古史中有才色的女子，终身遭际令人可欣可美可悲可叹者甚多。今日饭后无事，因欲择出数人，胡乱凑几首诗以寄感慨，可巧探丫头（四岁的女儿）来会我瞧凤姐姐去，我也身上懒懒的没同他去。才将做了五首，一时困倦起来，撂在那里，不想二爷（顺治）来了就瞧见了，其实给他看也倒没有什么，但只我嫌他是不是的写给人看去（怕他泄密）。"

林黛玉孝庄皇太后借古喻今，写诗缅怀故情夫，不愿意让别人看，害怕让外人知道，却专门等待贾宝玉顺治皇帝看，深意存焉。此处的"探丫头"隐射孝庄皇太后与多尔衮生的早产女儿。"二爷"隐射孝庄皇太后与孔有德生的儿子顺治皇帝。当时孝庄皇太后身边就只有这亲生的一儿一女，另外三位亲生女儿都大了，远嫁蒙古多年了。林黛玉的话，真是"王顾左右而言他"，"无为有处有还无"也。

（3）黛玉笑道："既如此说，连你也可以不必看了。"又指着宝玉笑道："他早已抢了去了（儿子总也长不大的淘气样子）。"宝玉（顺治皇帝）听了，方自怀内取出，凑至宝钗（表姐静妃）身旁，一同细看。只见写道：

西 施
一代倾城逐浪花，吴宫空自忆儿家。
效颦莫笑东村女，头白溪边尚浣纱。

西施是范蠡的情夫，后献给吴王夫差，吴王死后，又跟随范蠡隐居江湖，是个暗藏杀机的女人。林黛玉孝庄皇太后以越国的美女西施自喻，认为自己倾国倾城，才嫁给皇太极为妃。但"吴王"皇太极偏爱姐姐宸妃，使自己独守空房，所以才会红杏出墙，与降将孔有德有了婚外恋情。自己是"一代倾城"，难免"水性杨花"（"逐浪花"）。吴宫空守，寂寞难耐，"满院春色锁不住，一枝红杏出墙来"，这是合乎世道人情的。总不能学那个东施，一辈子无人问津，头发白了，还在溪边浣纱吧。此处的"空自忆儿家"，乃日夜思念儿子的真正父亲孔家也。

虞 姬
肠断乌骓夜啸风，虞兮幽恨对重瞳。
黥彭甘受他年醢，饮剑何如楚帐中。

林黛玉孝庄皇太后以虞姬自喻，以失败的英雄西楚霸王隐射死于桂林的孔有德。认为黥彭为义而殉国，虞姬为情而殉难，足为后人之楷模。孔有德虽然战死了，但像西楚霸王一样，仍不失为一个悲剧英雄。自己恨不得学虞姬，与他一起赴死。

明 妃

绝艳惊人出汉宫，红颜命薄古今同。

君王纵使轻颜色，予夺权何畀画工？

林黛玉孝庄皇太后以汉朝的王昭君自喻，从心里赞扬王安石的诗句"仪态由来画不成，当时枉杀毛延寿"。慨叹自己的一生与王昭君一样悲惨，也是红颜薄命。王昭君没有得到汉天子的垂爱，是由于小人从中作祟，汉天子将选美的大权给了宫廷画师毛延寿，致使王昭君汉宫冷落，远嫁匈奴，为匈奴呼和邪单于生了孩子。老汗王死了，王昭君又转嫁他的儿子，又为小汗王生了孩子。而孝庄皇太后的遭遇与王昭君差不多，由于皇太极专宠姐姐宸妃，庄妃因受冷落而红杏出墙，与孔有德野合而生了顺治皇帝。

皇太极死了，自己与顺治孤儿寡妇执掌朝政，为了得到摄政王多尔衮的支持，先让他进了"奉嫂宫"，又下嫁了这个小叔子，还为他生了一个女儿。结果是：第一个丈夫皇太极（一僧）死了——自己没有为他留下儿子，只生了三个女儿，都远嫁蒙古。第二个合法男人小叔子多尔衮（贾政与贾琏）又死了——自己为他生了一个女儿（探春）。第三个非法男人孔有德（一道）如今也死了——自己为他生了一个顺治皇帝（贾宝玉）。想不到后来自己的亲儿子也死了，亲生的女儿又像当年的王昭君一样远嫁匈奴（蒙古）。

绿 珠

瓦砾明珠一例抛，何曾石尉重娇娆。

都缘顽福前生造，更有同归慰寂寥。

林黛玉孝庄皇太后以晋朝的绿珠自喻，认为自己是女人中的珍珠，而丈夫清太宗皇太极远不如当年的石崇那样有情有义。他专宠姐姐宸妃——"见了姐姐就忘了妹妹"，连个先来后到也顾不得了，冷落了自己这颗"绿珠"。"痴心女子负心汉"，古今皆然。绿珠为石崇跳楼而死，自己当年也想为皇太极殉葬。但是，男人们了解女人的这一片痴情吗？幸亏早遇孔有德（贾敬）这个知冷知热的男人，安慰了自己的"寂寥"，但也为子孙后代造了孽啊。

红 拂

长揖雄谈态自殊，美人巨眼识穷途。

尸居余气杨公幕，岂得羁縻女丈夫？

林黛玉孝庄皇太后以隋朝的红拂自喻，认为自己私通孔有德，像当年红拂对李靖投怀送抱一样，也是敬其才华，慕其潇洒，所以一见钟情，情不自禁。孔有德年轻有为，像李靖那样"长揖雄谈态自殊"。而自己独守空帏，不甘寂寞，才像红拂那样"美人巨眼识穷途"。丈夫比自己大二十一岁，日理万机，又纵欲过度，像隋朝的杨素一样活不了几天了，而自己正年轻美貌，风骚欲流，还想利用满汉势力登上皇太后与国母的宝座，入主中原，纵横天下。

一个行将就木的男人，岂能拴住自己的心（"尸居余气杨公幕，岂得羁縻女丈夫"）？

贾敬被《红楼梦》说成贾府的罪魁祸首，隐射孔有德是明亡清兴的罪魁祸首，这是《红楼梦》的基本观点，也是明朝遗老的观点。贾敬问题是无法回避的红学死结。至于作者观点的是非曲直，历史自有公论。

第八节　背水一战

贾母（孝庄皇太后）巾帼不让须眉的女政治家本色，在《红楼梦》中有两次惊心动魄的表演，时在顺治五年，福临亲政之前。这是多尔衮与孝庄母子的生死之争。

顺治小皇帝（贾宝玉）即位仅四个月，摄政王多尔衮（贾赦、贾政）即以"盈庭聚设，纷纷不决，反误国家政务"为借口，宣布限制诸王权力，将国政大权集中于两位摄政王之手，剥夺了诸亲王议政的权力。而郑亲王济尔哈朗（李贵）早已看出多尔衮独揽朝纲的意图，自知无力与之抗衡，便提出"嗣后凡各衙门办理事务……皆先启知睿王"，将权力拱手让给了多尔衮。同时，礼部特为摄政王议定了居内及出猎行军的仪礼，明确规定诸王不得平起平坐，从此清廷的所有政令皆出自摄政王，他成了实际上的皇帝。

多尔衮的集权措施，旨在逼近帝位。年不足十岁的福临自然毫无知觉，首先感到朝不保夕的则是孝庄皇太后，但她一时还拿不出办法，只能静观事态发展。

顺治四年（1647年）以后，多尔衮专横跋扈，已到无以复加的地步，在后宫也干出许多荒唐透顶、悖理乱伦之事。

多尔衮当时虽只有三十几岁，但他素患风疾，入关后病势日见沉重，加上多年淫欲无度和繁重的政务，使他未老先衰，体弱神疲。这种状况更使他急于早登帝位。他对孝庄皇太后母子的种种挑衅和无礼行为，并非简单的好色之类，而是一种试探。

《红楼梦》将顺治五年摄政王多尔衮的篡权阴谋，与孝庄、顺治的险恶处境，写在第二十五回《魇魔法姊弟逢五鬼　红楼梦通灵遇双真》与第三十三回《手足眈眈小动唇舌　不肖种种大承笞挞》两回里。前者是阴谋，后者是阳谋。生死较量的敌对双方，排开了严阵以待的架势。

摄政王多尔衮一方出场的演员为贾赦、贾政（摄政多尔衮）、赵姨娘（老婆出面代表多尔衮）、马道婆（参谋长范文程）与贾环（多尔衮义子多尔博）。

皇太后孝庄与顺治皇帝一方出场的演员为贾宝玉（顺治皇帝）、凤姐（姐姐出面代表孝庄）、王夫人（顺治六年二月初八，成为多尔衮正妻）、贾母（国母孝庄皇太后）。在第二十五回里，孝庄与顺治的母子关系，隐写成凤姐与宝玉的"姊弟"关系。在第三十三回里，孝庄与顺治的母子关系，隐写成贾母与宝玉的"祖孙"关系。为了不至于过分暴露自己的"狼子野心"，作者竭力隐瞒孝庄与顺治的母子关系。凤姐、宝玉如果真是姊弟关系与嫂子、小叔子关系，"将他二人安在一室之内，除亲身妻母外，不可使阴人冲犯。三十三日之后，包管身安病退，复旧如初"，就违背了男女授受不亲的封建伦理。贾母、宝玉既是祖孙，父亲严教儿子，祖母横加干涉，甚至要带媳妇孙子回祖籍，变相宣布与儿子贾政断绝母子关系，就违背了"疏不间亲"的封建传统。但《红楼梦》不顾"败笔"与"矛盾"之嫌，而强行隐射历史。

让贾政、赵姨娘夫妻，不论性别地去隐射摄政王多尔衮，让贾赦、贾政甚至贾琏连起来隐射摄政王，让贾母、王夫人、凤姐祖孙三代共同隐射孝庄皇太后，这种写法在古今中外的小说中，也是空前绝后的。第二十五回：

那赵姨娘（多尔衮）素日虽然常怀嫉妒之心，不忿凤姐宝玉两个（孝庄与顺治），也不敢露出来；如今贾环（多尔博）又生了事，受这场恶气，不但吞声承受，而且还要走去替宝玉收拾……

让继子多尔博承袭睿亲王爵位，多尔衮晋封"皇父摄政王"与"成宗义皇帝"，是这场政治厮杀的导火线，即贾赦（摄政）所谓"将来这世袭的前程，少不得就由你（贾环多尔博）袭了"，但终于没有得逞。

多尔衮（赵姨娘）表面上"吞声承受"，但阴谋诡计由此开始。顺治五年，孝庄、福临母子危在旦夕——第二十五回《魇魔法姊弟逢五鬼》：

当下众人七言八语，有的说请端公送祟的，有的说请巫婆跳神的，有的又荐玉皇阁的张真人（向孔有德的汉军正红旗求救），种种喧腾不一。也曾百般医治祈祷，问卜求神，总无效验。堪堪日落。王子腾（科尔沁蒙古吴克善亲王）夫人告辞去后，次日王子腾也来瞧问。接着小史侯家（孔有德部队）、邢夫人弟兄辈（蒙古八旗各部）并各亲戚眷属（各汉军八旗）都来瞧看，也有送符水的，也有荐僧道的，总不见效。他叔嫂二人（孝庄母子）愈发糊涂，不省人事，睡在床上，浑身火炭一般，口内无般不说。到夜晚间，那些婆娘媳妇丫头们都不敢上前。因此把他二人都抬到王夫人（孝庄）的上房内，夜间派了贾芸（未亲政的福临）带着小厮们挨次轮班看守（多次协商对策）。贾母、王夫人、邢夫人、薛姨妈等寸地不离，只围着干哭（但束手无策）。

此时贾赦、贾政又恐哭坏了贾母，日夜熬油费火，闹的人口不安，也都没了主意（摄政王没事儿偷着乐）。贾赦还各处去寻僧觅道。贾政见不灵效，着实懊恼，因阻贾赦道："儿女之数，皆由天命，非人力可强者。他二人之病出于不意，百般医治不效，想天意该如此，也只好由他们去罢。"贾赦也不理此话，仍是百般忙乱，那里见些效验（摄政做秀）。看看三日光阴，那凤姐和宝玉躺在床上，亦发连气都将没了。合家人口无不惊慌，都说没了指望，忙着将他二人的后事的衣履都治备下了（孝庄娘儿俩朝不保夕）。贾母、王夫人、贾琏、平儿、袭人这几个人更比诸人哭的忘食废寝，觅死寻活（孝庄娘儿们惟哭而已）。赵姨娘、贾环等自是称愿（多尔衮父子称愿）。

到了第四日早晨，贾母等正围着宝玉哭时，只见宝玉睁开眼说道："从今以后，我可不在你家了！快收拾了，打发我走罢。"（顺治皇帝企图回盛京）

贾母听了这话,如同摘心去肝一般。赵姨娘(多尔衮)在旁劝道:"老太太也不必过于悲痛。哥儿已是不中用了,不如把哥儿的衣服穿好,让他早些回去,也免些苦(多尔衮同意顺治回盛京降为亲王);只管舍不得他,这口气不断,他在那世里也受罪不安生。"这些话没说完,被贾母照脸啐了一口唾沫(孝庄拼死抵抗),骂道:"烂了舌头的混帐老婆,谁叫你来多嘴多舌的(多嘴多舌,就是多尔衮)!你怎么知道他在那世里受罪不安生?怎么见得不中用了?你愿他死了,有什么好处?你别做梦!他死了,我只和你们要命。素日都不是你们调唆着逼他写字念书,把胆子唬破了,见了他老子不象个避猫鼠儿?都不是你们这起淫妇调唆的!这会子逼死了,你们遂了心,我饶那一个!"(孝庄皇太后点名声讨摄政王多尔衮)一面骂,一面哭。贾政在旁听见这些话,心里越发难过,便喝退赵姨娘,自己上来委婉解劝(多尔衮欲盖弥彰)。一时又有人来回说:"两口棺椁都做齐了,请老爷出去看。"(出关的计划都拟好了)贾母听了,如火上浇油一般,便骂:"是谁做了棺椁?"一叠声只叫把做棺材的拉来打死(孝庄皇太后声言决不出关)。

顺治皇帝企图回盛京躲避多尔衮的锋芒。多尔衮拟订了护送孝庄回原籍的计划,而孝庄皇太后破釜沉舟,决定背水一战。最后,由于一僧(满洲八旗)一道(汉军八旗)及时出面,劝说多尔衮要丢掉幻想,起用了通灵宝玉(国家玉玺),才算逢凶化吉——意思是两黄旗与汉军势力出面,阻止多尔衮阴谋,动用国家权力,才粉碎了摄政王公开篡夺皇权的阴谋。此次灾难结束于顺治五年十一月。

《清史稿》云:顺治五年"十一月甲子……戊辰,祀天于圜丘,以太祖武皇帝配。追尊太祖以上四世:高祖泽王为肇祖原皇帝,曾祖庆王为兴祖直皇帝,祖昌王为景祖翼皇帝,考福王为显祖宣皇帝;妣皆为皇后。上诣太庙上册宝。辛未,以配天及上尊号礼成,御殿受贺,大赦"。第三十三回:

贾政冷笑道:"倒休提这话。我养了这不肖的孽障,已不孝;教训他一番,又有众人护持;不如趁今日一发勒死了,以绝将来之患!"说着,便要绳索来勒死。王夫人连忙抱住哭道:"老爷虽然应当管教儿子,也要看夫妻分上。我如今已将五十岁的人,只有这个孽障,必定苦苦的以他为法,我也不敢深劝。今日越发要他死,岂不是有意绝我。既要勒死他,快拿绳子来先勒死我，再勒死他。我们娘儿们不敢含怨，到底在阴司里得个依靠。"说毕，爬在宝玉身上大哭起来。

一句话未了，只听窗外颤巍巍的声气说道："先打死我，再打死他，岂不干净了！"

贾母便冷笑道："你也不必和我使性子赌气的。你的儿子，我也不该管你打不打。我猜着你也厌烦我们娘儿们。不如我们赶早儿离了你，大家干净！"说着便令人去看轿马，"我和你太太宝玉立刻回南京去！"……贾政听这话不象，忙跪下含泪说道："为儿的教训儿子，也为的是光宗耀祖。母亲这话，我做儿的如何禁得起？"

这是《红楼梦》记载的最凶险的一次宫廷斗争。孝庄、顺治母子与多尔衮的关系，已经达到崩溃的边缘。"王夫人"与"贾母"联合演出孝庄皇太后。前者表演有限的妥协，后者表演强硬的斗争；前者表演情妇令正的无奈，后者表演国家权力的凛然不可侵犯。

"我和你太太宝玉立刻回南京去！"——等于宣布多尔衮逼宫，两宫皇太后与皇帝被逼回沈阳去了。

《红楼梦》隐写了顺治五六年孝庄皇太后对多尔衮的篡权阴谋，采取了破釜沉舟、背水一战的强硬手段。后来她才改用"太后下嫁"，以柔克刚的温和手段，一直到多尔衮病死为止。

第九节　西府海棠开

《红楼梦》不断暗示：清朝是"女儿国"，来自女儿国的"西府海棠"是入主中原的孝庄皇太后的艺术化身。广义的"西府"指崇祯崇德年间，中国的长城东西同时并列着两个政权：盛京的满清政权为"东府"；北京的朱明政权为"西府"。狭义的"西府"指顺治时代的皇宫，多尔衮在东华门南大街的睿忠亲王府，则是威胁孝庄、顺治皇宫的"东府"。顺治初年，"东府"与"西府"的矛盾，是中国政坛的主要矛盾，满清与南明的矛盾，是次要矛盾。当时摄政王多尔衮在英武殿或乾清宫处理朝政，孝庄皇太后居住在慈宁宫或慈宁宫正北的中宫殿小院落,这也是一个"东府"与"西府"的关系。

第九十四回"西府海棠"违时而开：

(紫鹃)回来说道："怡红院里的海棠本来萎了几棵,也没人去浇灌他。昨日宝玉走去瞧,见枝头上好象有了朵儿似的。人都不信,没有理他。忽然今日开的很好的海棠花,众人诧异,都争着去看,连老太太、太太都哄动了,来瞧花儿呢。"

……探春虽不言语,心里想道："必非好兆。大凡顺者昌,逆者亡;草木知运,不时而发,必是妖孽。"但只不好说出来。

……宝玉恐袭人直告诉出来,便说道："太太,这事不与袭人相干,是我前日到临安伯府里听戏在路上丢了(通灵宝玉)。"

……探春便问："测的是什么字?"林之孝家的道："他的话多,奴才也学不上来。记得是拈了个赏人东西的'赏'字。"

……过了几日,元妃停灵寝庙,贾母等送殡去了几天。岂知宝玉一日呆似一日,也不发烧,也不疼痛,只是吃不象吃,睡不象睡,甚至说话都无头绪。

……贾母道："……我便叫琏儿来,写出赏格,悬在前日经过的地方,便说:'人有捡得送来者,情愿送银一万两……'"

上引故事情节归结起来的意思是：海棠违时而开,隐射孝庄太皇太后回光返照。元妃死隐射孝庄太皇太后之死。贾宝玉拜会临安伯隐射汉族政权东山再起。贾宝玉失玉隐射孝庄代表的清朝玉玺已经失效。"一万两"代表"万岁",隐射"宝玉"是国家神器,贾宝玉是清帝。

第九十五回：

朝门内官员有信。不多时,只见太监出来,立传钦天监。贾母便知不好,尚未敢动。稍刻,小太监传谕出来,说："贾娘娘薨逝。"是年甲寅年十二月十八日立春,元妃薨日,是十二月十九日,已交卯年寅月,存年四十三岁。

元春生于甲申"正月初一",卒于甲寅年十二月十九日,得岁三十一。而孝庄实际卒于康熙二十六年,从甲申年(1644年)到康熙二十六年十二月二十五日为四十三年,乃立春后"多一天",就是多一岁。所以,孝庄享年应为三十一岁加上四十四岁,计七十五岁。

从甲申年（1644年）倒退三十一年为1613年，即万历四十一年，二月初八，博尔济吉特·布木布泰出生于蒙古科尔沁部。孝庄相当于满清入主中原的开国者。作者说她"猴子身轻站树梢"，并以《西游记》中孙悟空七十二变的手法，将她分身为元妃、智能儿、王熙凤、万儿、警幻仙姑、秦可卿、真真国女儿、王夫人、薛姨妈、后廊上五嫂子、多姑娘、傅秋芳、贾母等多人，以致论者不复识其真面貌矣，读者也被弄得晕头转向。

《红楼梦》与孝庄生死相始终，孝庄死，则"飞鸟各投林"。"树倒猢狲散"是指崇祯十七年猴年的"甲申之变"明朝皇帝吊死，明朝群臣"树倒猢狲散"。"猴子身轻站树梢"中的"猴子"指孝庄皇太后。她的结局为"后事终难继"。大清国在孝庄逝世后，将要"难以为继"。

她临终遗嘱云："太宗奉安久，不可为我轻动，况我心恋汝父子，当于孝陵（顺治帝陵）近地安厝，我心始无憾。"短短三十五个字，写尽了一个改嫁女人临终时的无限辛酸——对原配丈夫皇太极的歉疚，对儿孙后代的尴尬！

康熙皇帝玄烨是个孝子贤孙，祖母在康熙二十六年薨逝，到康熙六十一年玄烨谢世，长达三十五年的时间，他都拿不定主意，究竟以什么礼节让祖母入土为安？埋葬在什么位置才算合适？

关于孝庄的最后归宿，《红楼梦》第一批作者估计，孝庄死，大清国必亡，她应当随同满清政府，而归葬后金本土的盛京。由此可见，作者们生前见到了孝庄太皇太后之死，但十几年后（"凤姐停灵十几天"）却未见孝庄太皇太后之葬。等到雍正三年孝庄就地取穴下葬的时候，《红楼梦》作者们早都去世了，否则就不会出现孝庄（凤姐与贾母）归葬后金本土的故事情节。第一百二十回：

且说贾政扶贾母灵柩，贾蓉送了秦氏、凤姐、鸳鸯的棺木到了金陵，先安了葬……贾政料理坟墓的事……宝玉未及回言，只见船头上来了两人，一僧一道，夹住宝玉道："俗缘已毕，还不快走。"说着，三个人飘然登岸而去。

作者估计，清朝皇室可能不会同意将孝庄归葬沈阳北陵，并与皇太极合葬在一起的。所以故事情节变成了贾政（多尔衮的灵魂）单独护送贾母（孝庄）的灵柩回归故里。而"一僧一道"与"宝玉"仅仅是来道别。也就是说，皇太极血统的后人与孔有德血统的后人，都没有护送孝庄回归故里，只有多尔衮一个人的灵魂护送她。

康熙二十六年（1687年）腊月，孝庄太皇太后病症愈加严重。康熙皇帝停了朝，昼夜守在慈宁宫，大赦天下，亲赴天坛致祭，甚至许愿宁减自己的寿限，也企求苍天增延太皇太后之年。药道神道百计不灵，腊月二十三过了小年，申正时牌，这位历尽政争艰险的孝庄文皇后终于命归西天，终年七十五岁。一百回：

却说贾母坐起说道："我到你们家已经六十多年了，从年轻的时候到老来，福也享尽了。自你们老爷起，儿子孙子也都算是好的了。就是宝玉呢，我疼了他一场，"说到那里，拿眼满地下瞅着，王夫人便推宝玉走到床前。贾母从被窝里伸出手来拉着宝玉，道："我的儿，你要争气才好！"宝玉嘴里答应，心里一酸，那眼泪便要流下来，又不敢哭，只得站着。听贾母说道："我想再见一个重孙子，我就安心了。我的兰儿在那里呢？"李纨也推贾兰上去。贾母放了宝玉，拉着贾兰道："你母亲是要孝顺的。将来你成了人，也叫你母亲风光风光。凤丫头呢？"凤姐本来站在贾母旁边，赶忙走到跟前说："在这里呢。"贾母道："我的儿，你是太聪明了，将来修修福罢。我也没有修什么，不过心实吃亏。那些吃斋念佛的事我也不大干，就是旧年叫人写了些《金刚经》送送人，不知送完了没有？"

贾母又瞧了一瞧宝钗，叹了口气，只见脸上发红。贾政知是回光返照，即忙进上参汤。贾母的牙关已经紧了，合了一回眼，又睁着满屋里瞧了一瞧。王夫人、宝钗上去，轻轻扶着，邢夫人、凤姐等便忙穿衣。地下婆子们已将床安设停当，铺了被褥。听见贾母喉间略一响动，脸变笑容，竟是去了。享年八十三岁。

贾母实际岁数应该按她自己提供的说法计算——"我到你们家已经六十多年了"，乃准确的数字。孝庄十三岁嫁给皇太极。如果"六十多年"是指六十一二年，那么贾母死时应该为七十四五岁。"享年八十三岁"乃假语村言耳。

当天晚上，太皇太后的灵榻移到慈宁宫大殿。谕旨云：皇上要持服守孝二十七个月，以表孝心。大学士明珠跪地独奏：皇上不可弃朝政而不顾，请求皇上遵照太皇太后遗诏"免自节哀，以万机为重，按旧制，以日易月，持服二十七日,才不负太皇太后在天之灵"。明珠几乎获罪撤差。次日,李光地上奏,遭康熙严旨拒绝。越日,张英冒死上奏,跪阶半日,得见。奏曰:皇上不孝有二,连日不进食龙体欠安,大清江山何托?不遵先人遗训,一不孝也。持服二十七月只顾家理,弃国事于不顾,国将不国,让先人受责,二不孝也。皇上心有难处,奴才明白,但此事决不可再在宫中拖延。可尊太皇太后遗训,在孝陵近地起建宫殿,供奉梓宫,停棺不葬。既尊太皇太后遗言,不附葬昭陵,顾全皇室尊严,又可拖延时日,寻机而定。不安葬就不违制,既可免受群臣非议,又可维护太皇太后名誉。康熙皇帝只得收回成命,二十七月的守孝旨意作罢。只守孝二十七日,就将孝庄太皇太后生前夙喜居住的五间慈宁宫,移建于遵化昌瑞山清东陵的孝陵附近,为孝庄举行了简朴的葬礼。

三十七年"停棺不葬",成为孝庄殡葬的第一个历史隐秘。"围墙之外"又成为孝庄殡葬的第二个历史隐秘。顺治"痘亡"还是"出家"成为第三个历史隐轮。

《红楼梦》对这两个历史隐秘都做了明确的回答——平儿云:"纵在这屋里操上一百分的心,终久咱们是那边屋里去的。"

所谓"那边屋里去的",其一是指贾赦、贾琏(多尔衮)的"东小院",即东华门南大街的睿亲王府。"太后下嫁"了,孝庄皇太后(凤姐)虽然仍然在慈宁宫(凤姐院)主持清后宫(荣国府)事务,但已经"名不正而言不顺",借调代管家务,仅是一个自欺欺人的托词。因为从封建伦理的名分上,孝庄已经是多尔衮的令正妻子(凤姐),肃亲王豪格原福晋早就是多尔衮的侧福晋(平儿)。博尔济吉特氏姐妹俩,是废黜摄政王多尔衮的妻与妾,她们早就应该到睿亲王府"那边屋里去的"。但贾赦除隐射多尔衮之外,还隐射清太宗皇太极。贾赦的"黑油大门"的"东小院",代表崇德时代的沈阳故宫与沈阳昭陵。"那边屋里去的"隐指孝庄死后本来应该与皇太极合葬于沈阳昭陵,但因为改嫁而丧失了崇德"文皇后"的资格,最后的下场是就地埋葬在遵化清东陵围墙外之东的"昭西陵"。所谓"一从(从妃)二令(令正)三人木(休弃),哭向金陵(盛京的昭陵)事更哀"。

第三章　顺治皇帝

第一节　贾芸的尴尬

顺治六年前，福临正当十二三岁的时候，受尽了满蒙亲贵与多尔衮的冷落与欺凌，他不得不巴结多尔衮，对母亲也甚为怀疑，感情上隔膜得很。

在满蒙汉八旗、汤若望与孝庄皇太后的呵护下，顺治皇帝才保住了皇位。此事隐写在贾芸、卜世仁、醉金刚、凤姐与宝玉的关系中。第二十四回：

见过贾母，出至外面，人马俱已齐备。刚欲上马，只见贾琏请安回来了，正下马，二人对面，彼此问了两句话。只见旁边转出一个人来，"请宝叔安"。宝玉看时，只见这人生的容长脸，长挑身材，年纪只好十八九岁（顺治当了十八九年皇帝），着实斯文清秀，倒也十分面善，只是想不起是那一房的，叫什么名字。贾琏笑道："你怎么发呆，连他也不认得？他是后廊上住的五嫂子的儿子芸儿（"后廊上住的五嫂子"指盛京后宫第五位后妃庄妃，"儿子"指福临）。"宝玉笑道："是了，是了，我怎么就忘了。"因问他母亲好，这会子什么勾当。贾芸指贾琏道："找二叔说句话。"宝玉笑道："你倒比先越发出挑了，倒像我的儿子。"贾琏笑道："好不害臊！人家比你大四五岁呢，就替你作儿子了？"宝玉笑道："你今年十几岁了？"贾芸道："十八岁（福临死于顺治十八年）。"……原来这贾芸最伶俐乖觉，听宝玉这样说，便笑道："俗语说的，'摇车里的爷爷，拄拐的孙孙'。虽然岁数大，山高高不过太阳。只从我父亲没了（指皇太极死于崇德八年），这几年也无人照管教导。如若宝叔不嫌侄儿蠢笨，认作儿子，就是我的造化了。"

"十八岁"，三个时间坐标，限定了贾芸的身份——未亲政的顺治皇帝福临。此处的贾琏与贾宝玉共同隐射摄政王多尔衮。以双簧戏的形式表演皇叔父多尔衮。"宝叔"者,贾宝玉的叔叔也,根本不是指贾宝玉。福临的叔叔乃"皇叔父摄政王"也。此处话里有话,意思是说:如果多尔衮将我这个侄子真的"认作儿子",就是大家的造化了。此话表明,当时的孝庄皇太后尚未下嫁多尔衮,故事在顺治六年二月初八之前。

贾琏笑道:"你听见了?认儿子不是好开交的呢。"说着就进去了。宝玉笑道:"明儿你闲了,只管来找我,别和他们鬼鬼祟祟的。这会子我不得闲儿。明儿你到书房里来,和你说天话儿,我带你园里顽耍去。"说着扳鞍上马,众小厮围随往贾赦这边来。

贾赦、贾政、贾琏——连起来隐射摄政王。此处贾琏与宝玉兄弟通过双簧戏的形式,从玉字辈提高到文字辈,合演贾政——摄政王多尔衮。而贾芸是草字头辈分,比玉字辈小,宝玉是他的叔伯辈。所以,此处等于是贾政"扳鞍上马,众小厮围随往贾赦这边来"——就是贾赦、贾政到了一起,而"赦政"者,摄政王也。

"这会子我不得闲儿。明儿你到书房里来,和你说天话儿,我带你园里顽耍去。"——隐射当时的多尔衮,对顺治皇帝采取了尽量拉拢亲近的政策。

见了贾赦,不过是偶感些风寒,先述了贾母问的话,然后自己请了安。贾赦先站起来回了贾母话,次后便唤人来:"带哥儿进去太太屋里坐着。"宝玉退出,来至后面,进入上房。邢夫人见了他来,先倒站了起来,请过贾母安,宝玉方请安。邢夫人拉他上炕坐了,方问别人好,又命人倒茶来。一钟茶未吃完,只见那贾琮来问宝玉好。邢夫人道:"那里找活猴儿去!你那奶妈子死绝了,也不收拾收拾你,弄的黑眉乌嘴的,那里象大家子念书的孩子!"

贾琮是《红楼梦》里最莫名其妙的人物。这是他唯一公开露面的一次。基本形象是一个"黑眉乌嘴的""活猴儿","那里象大家子念书的孩子!"——一个活脱脱的贾环。贾琮与贾环都隐射多尔衮的义子多尔博——多铎将他过继给了二哥多尔衮。贾琏与贾宝玉隐射不同年龄段的顺治皇帝。贾赦除了隐射关外时期的皇太极之外,还与贾政共同隐射摄政王多尔衮——因为"赦政"就是摄政。邢夫人与王夫人都隐射下嫁了多尔衮的孝庄皇太后。

从小说文字看,既然贾琏是贾赦家的"琏二爷",贾琮应该是贾赦家的"琮大爷"才对。但此时的贾琏正在荣国府代理家务,而贾琮还是一个"黑眉乌嘴的""活猴儿","那里象大家子念书的孩子",显然不像贾赦家的老大。

由此可见,贾赦家的贾琮,与贾政家的贾环,都隐射多尔衮的义子多尔博。"琮"者,王宗也,摄政王多尔衮的继子也。"贾环"者,"家还"也。顺治八年因多尔衮贬为庶民,多尔博"还宗"到多铎名下。

贾芸进去见了贾琏,因打听可有什么事情。贾琏告诉他:"前儿倒有一件事情出来,偏生你婶子再三求了我,给了贾芹了。他许了我,说明儿园里还有几处要栽花木的地方,等这个工程出来,一定给你就是了。"

大观园里"栽花木",是"十年树木,百年树人"的意思。"树木树人"隐射顺治(贾芸)想要亲政。贾琏(多尔衮)口头上答应了。

贾芸出了荣国府回家,一路思量,想出一个主意来,便一径往他母舅卜世仁家来。原来卜世仁现开香料铺,方才从铺子里来,忽见贾芸进来,彼此见过了,因问他这早晚什么事跑了来。贾芸道:"有件事求舅舅帮衬帮衬。我有一件事,用些冰片麝香使用,好歹舅舅每样赊四两给我,八月里按数送了银子来。"

冰片麝香"每样赊四两"——是"八两"。"八月里按数送了银子来"——强调"八月"。"八两"与"八月"指顺治八年福临要与多尔衮算总账,同时报答未亲政期间真诚帮助过自己的满蒙亲贵们。而卜世仁(不是人)亲舅舅竟然不帮这个忙。所以,顺治皇帝亲政后,蒙古王爷的地位一落千丈。

母舅卜世仁即后文的王仁,隐射顺治的母舅科尔沁蒙古亲王吴克善家族。卜世仁奚落外甥贾芸,还哭穷,隐射吴克善亲王等满蒙亲贵奚落小顺治皇帝。多尔衮时代,蒙古四十九旗处境艰难,帮不了顺治多少忙,也不愿意帮忙,简直不是人。顺治皇帝一生不喜欢蒙古后妃与蒙古亲戚,由此而起。

贾芸笑道:"舅舅说的倒干净。我父亲没的时候,我年纪又小,不知事(六岁丧父)。后来听见我母亲说,都还亏舅舅们在我们家出主意,料理的丧事(蒙古王爷帮助孝庄)。难道舅舅就不知道的,还是有一亩地两间房子,如今在我手里花了不成?"

"一亩地两间房子"——隐射长城南北一统天下,盛京与北京两处皇宫。此乃顺治童年的写实之笔。

第二节 潇湘妃子

顺治十年秋选秀女,顺治皇帝曾见过董鄂氏一面。后来阴差阳错,董鄂氏虽被选中,却未能入选皇宫,竟被孝庄皇太后指婚给了福临的十一弟博穆博果尔,因而成为襄亲王的福晋。

清朝宫廷选美,重视的不是汉瘦唐肥,而是血统纯正的八旗女子,以保持满蒙贵族的尊严和特权。在保证血缘和社会地位的情况下,才讲女子的美貌与素质。挑选秀女,是为皇帝做妃嫔或为亲王、王子指婚,所以必须形体健美、品行端正。

凡届选秀之期,由户部行文各旗都统,将应阅女子年岁等,由参领、佐领、骁骑校、领催及族长,逐一具结呈报都统,然后汇咨户部,上奏皇帝。皇帝批准何日选看秀女,户部马上再行文各旗都统,造具秀女清册。由参领、佐领、骁骑校、领催、族长及本人父母或亲伯叔父母兄弟之妻,亲自带秀女送至紫禁城神武门,依次排列,由户部交内监引阅。这算是第一次挑选。

凡经太监挑选记名的,须再行选阅。这是第二次挑选。凡未记名者,听任本家自行聘嫁。如各旗官员女子因故不及与选者,下次补送选阅。未经阅看之女子,私相嫁聘者,自都统、参领、佐领及本人父母族长,都要分别议处。被选秀女必须是十三岁至十七岁的未婚女子。经太监两次挑选后,最后报皇帝选定,或被纳为妃嫔,或指婚给亲王或王子为妻。慈禧太后就是以秀女身份进宫,被咸丰帝选中封为贵人,随后晋升为嫔,再升为妃的。

《国朝宫史》载:皇帝的女人中,第一位是皇后,只许一个,主持内宫事务。第二位是妃,其中皇贵妃一人、贵妃二人、妃四人。第三位是嫔六人。皇后居中宫,妃嫔居东西十二宫。第四位是贵人。第五位是常在。第六位是答应,这就不限数额了。

大观园里的替身——《红楼梦》索隐之二

皇帝选美，三年一次，还有一年一次选秀的补充形式。后者主要挑选宫女，以服侍内宫各位后妃。挑选的范围是内务府所属上三旗一般人家的女子。内务府上三旗，即皇帝自领的镶黄、正黄、正白三旗。内务府上三旗所有年满十三岁的女子，都要经过挑选，凡选定的，大部分到宫中做宫女。如果被皇帝看中，还可升为妃嫔。如果皇帝看不上，须要服役至二十五岁，然后才能放出宫，自行婚嫁。被选入宫的秀女，少数被选为妃嫔，就身价百倍了。但是除个别得到皇帝宠幸，其他多是久居冷宫，守活寡过日子。

在紫禁城内的隆宗门外，有一组以慈宁宫为主体的建筑群，有人称之为紫禁城中的寡妇院。因为这里的主人都是先皇的后、妃、嫔们。她们主要是通过选秀女而入宫的。明清两代皇帝虽不像唐代"后宫佳丽三千"，但人数并不算少。当朝皇后、皇贵妃、妃、嫔、贵人、常在、答应等，都住在乾清宫两侧的东西六宫。一旦皇帝驾崩，她们都要按祖制搬到慈宁宫寡妇院居住，在"红颜暗老白发新"的单调生活中了此一生。慈宁宫偶尔也有欢乐，如给皇太后上徽号、册立后妃，以及元旦、冬至、皇太后圣寿节等举行盛大的庆祝活动。这时清王朝的遗孀们济济一堂，饮酒作乐。但这样的活动一年只有几天。慈宁宫建筑群中的佛堂很多，这些太后、太妃、太嫔们在百无聊赖的守寡期间，焚香礼佛，试图从那虚无缥缈的佛界中寻求精神安慰和寄托。

林黛玉是董鄂氏的主要艺术化身，《红楼梦》里贾宝玉与林黛玉的爱情故事，主要隐射顺治皇帝与董鄂妃的爱情悲剧。从小说文字上看，林黛玉因为父母双亡，从小就寄养在荣国府，应该是一个纯洁的黄花大闺女才是。但从性心理学上分析，谁都可以看出，她是一位感情容易外露的有着热烈情愫的春怨少妇。

一个未婚少女，偏偏要取名"潇湘妃子"，自己安之若素，别人习以为常，就是为了说明她曾是"小襄妃子"——顺治皇帝十一御弟襄亲王博穆博果尔的福晋。

在连汉语都不大懂的众多蒙满后妃中，她的父亲是满族中下级武官，母亲是苏州汉族才女，被称为"半个南蛮子"。她才华横溢，鹤立鸡群，但又是一个没有背景的二婚女人，因为怀了身孕才低调进宫，又连续死了两个孩子（《葬花吟》中的所谓"鸟魂与花魂"），其感情自然是极端复杂的——猜疑、小性儿、神经过敏，"惟恐被人耻笑"，"步步留心，时时在意"，又想处处抓尖儿,得到皇帝的专宠,除了关心丈夫的爱,关心丈夫对其他女人的情,还有自己孩子的生死,世界上的一切她都不放在心上。因为顺治皇帝的爱情,是她活在人间的唯一依托。林黛玉对董鄂氏的内心世界与言谈举止,做了淋漓尽致的表演。爱是自私的、专一的,而这样的爱恰恰是皇宫里绝对没有的,这就造成了"木石前缘"悲剧的必然性。

《红楼梦》里的林黛玉、林红玉、尤氏二姐妹与晴雯,隐射了董鄂氏的一生。而第一女主角林黛玉既隐射董鄂氏的爱情悲剧,又隐射孝庄的感情世界,还表演过顺治新皇后与女扮男装的史德威将军。这里主要分析林黛玉隐射的襄亲王大福晋董鄂氏——顺治贤妃——顺治皇贵妃——顺治追封的端敬孝献皇后。

早在顺治十年(1653年)夏秋之交,内务府选秀告示就发到京城各满族王爷府,皇太后要为皇上和皇子们选媳妇。按照清代的八旗制度,正黄、镶黄和正白三旗等上三旗是八旗中的贵族。而镶白、正蓝、镶蓝、正红和镶红则属下五旗。皇族选儿媳妇,当然首重上三旗贵族。

北京西城的鄂硕府里一片愁云。鄂硕年届五旬,官拜巴牙喇纛章京。鄂硕的哥哥罗硕为大理寺卿,主管诉讼刑狱。罗硕对鄂硕说:能和皇上结亲是好事,封侯拜相指日可待。鄂硕生性唯唯诺诺,但儿子费扬古和女儿董鄂氏却格外出众。

野史记载,董鄂氏原为杨文骢之女,随母为鄂硕所获,娘儿俩都是鄂硕南下江南的战利品。董鄂氏嫁皇太极十一子前,或曾为鄂硕长子的侍妾,或已有婚约,或者与鄂硕父子二人均有不清不混的关系。所谓"潇湘妃子",所谓"二木黛玉",都隐射玉则玉也,但有黛点。清世祖亲撰的《孝献皇后行状》颇令人生疑:

初后(董鄂妃)父病故,闻讣哀惧,朕慰之,泪对曰:"妾岂敢过悲廑陛下忧,所以痛悼者,答鞠育恩耳。今既亡,妾衷愈安。何者?妾父性凤愚不达大道,有女获侍,至尊荣宠已极,恐自谓复何惧,所行或不慎,每用忧念。今幸以时终,荷陛下恩恤,礼至备,妾复何恸哉?"因遂辍哀。后复有兄之丧。时后属疾未使闻。后谓朕曰:"妾兄其死矣。曩月必再遣妾嫂来问,今久不至,可知也。"朕以后疾,故仍不语以实慰安之。后曰:"妾兄心矜傲,在外所行多不以理,恃妾母家,恣要胁,容有之。审尔诋止辱妾名,恐举国谓陛下以一微贱女致不肖者肆行罔忌,故夙夜忧惧,寝食未敢安,今幸无他故,殁足矣,妾宁用悲为?"

顺治要赞扬董鄂妃识大体,无意中披露了一个发人深思的疑点:鄂硕父子二人先后逝世,此一可疑之处也。如果董鄂妃原本为汉女,鄂硕非其生父,并与费扬古有染,则鄂硕父子当有欺君之罪,一经查实,则必死无疑。董鄂妃担心父兄所行不轨,甚至希望二人早死,免得生事,其兄所行为何会有辱董鄂妃名声,还会使举国认为是顺治宠爱董鄂妃所致,此二可疑之处也。《清史稿·后妃传》云:"董鄂氏,内大臣鄂硕女,年十八入侍,上眷之特厚,宠冠三宫,十三年八月立为贤妃,十二月进为皇贵妃,行册立礼,颁赦。"——选秀最大不超过十七岁,而董鄂氏为何"年十八入侍"?此三可疑之处也。

襄亲王博穆博果尔系顺治皇帝的同父异母弟,久闻鄂硕之女才貌出众,遂借故到鄂硕府过访。汉族官僚家的千金深藏闺阁,秘不见人,但满族人没有这些规矩,亲王给脸,岂能推拒?相见之下,襄亲王发誓非董鄂氏不娶。

罗硕、鄂硕兄弟大喜,与皇族结亲自然是通达之道;费扬古和董鄂氏兄妹却有些踌躇。费扬古告诉妹妹,襄亲王是清太宗皇太极的第十一子,为人刚愎暴烈,是满蒙的混血儿,其母是太宗征服察哈尔蒙古时抢来的战俘。这个阿霸垓部的女人格外妖冶,在皇太极后宫中排位第三,她只为皇太极生了一个儿子——襄亲王博穆博果尔。

董鄂氏见过襄亲王几次,但不喜欢他。她雍容大度,温文尔雅,像个饱学的儒生。朝廷理政的是满族男人,后宫当家的却是蒙古女人。有头有脸的蒙古女人,大多都是博尔济吉特氏——成吉思汗的贵族姓氏。

襄亲王府也在城西,母亲懿靖皇太妃正与儿子博穆博果尔商议婚事。崇德元年(1636年)清太宗封她为麟趾宫贵妃。当时皇太极有两个爱妃,一是关雎宫宸妃,一是永福宫庄妃。在这对姊妹花中太宗更钟情姐姐宸妃。宸妃生子在先,但孩子只活了两岁,否则即位的绝不会是福临。

皇太极死后,懿靖大贵妃也曾经属意于摄政王多尔衮,她觉察出多尔衮意欲称帝,但他没有亲生子女。如果能以色相取悦这个小叔子,博穆博果尔或许能立为皇储。她的美人计还未实施,孝庄皇太后已捷足先登了。多尔衮堕入了孝庄布下的"风骚宫"（即《贾元春才选奉嫂宫》）。这是一场彼此心照不宣的争斗，结果是庄妃获胜。第十六回《贾元春才选凤藻宫》与《好了歌》所谓"昨日黄土陇头送白骨，今宵红灯帐底卧鸳鸯"，就是迂回曲折地隐射这些故事。

野史说，多尔衮与孝端、宸妃、孝庄、懿靖贵妃都有暧昧关系。第十六回就含沙射影地隐射此事。博穆博果尔眼下的当务之急，是让孝庄皇太后同意自己的婚配选择。于是孝庄皇太后不仅让已经"逾岁"的董鄂氏通过了严格的审查，而且直接指配给了襄亲王。

顺治的皇后于顺治十年八月被废为静妃，一时间流言四起。懿靖皇太妃隔岸观火，甚至幸灾乐祸。她做梦都没有想到，这场大火烧来烧去，竟然烧到了襄亲王府，最后要了她儿子的命。

《红楼梦》中贾宝玉与林黛玉的"木石前缘"爱情悲剧，就来自顺治皇帝与弟媳妇董鄂氏的故事。而整个清代，民间流传着顺治与两个董氏少妇的故事。

明末清初"秦淮八艳"的故事风靡文坛，如"倾国名姬陈圆圆"，"冠压群芳李香君"，"艳艳风尘董小宛"，"风骨嶙峋柳如是"，"长斋绣佛卞玉京"，"风流女侠寇白门"，"侠骨芳心顾眉生"等等。其中影响最大的是吴梅村《圆圆曲》的故事，最有传奇色彩者莫过于董小宛与顺治皇帝的传说。吴梅村的《清凉山赞佛诗》写了顺治出家五台山的传说。吴梅村"恸哭六军俱缟素，冲冠一怒为红颜"诗句中的陈圆圆，乃薛蟠（吴三桂）与冯渊（李自成）争夺的甄英莲。吴梅村与"长斋绣佛卞玉京"同居了很久，与"秦淮八艳"有关的文人骚客关系密切。吴梅村的"聘就蛾眉未入宫，待年长罢主恩空"写了孔四贞（史湘云）与顺治皇帝的纠葛。吴梅村的诗还涉及过顺治废皇后（薛宝钗）、汤若望（刘姥姥）、董鄂妃（林黛玉）等红楼人物。而陈圆圆、李香君、董小宛、柳如是、卞玉京的故事，都与《红楼梦》有着蛛丝马迹的联系。董小宛与情夫冒辟疆、李香君与情夫侯方域、柳如是与情夫陈子龙、钱谦益的诗词歌赋，都与《红楼梦》的诗词风气相近。

据说董小宛与顺治皇帝有过一段缠绵凄婉的爱情故事。顺治皇帝为董小宛而剃度出家。这就是清代有名的"顺治帝五台山出家"的传说。传说一代名媛董小宛于江南沦陷后被清兵掳走，辗转进入顺治后宫。顺治帝为其倾倒，以皇妃之礼待之。而董小宛心念故国，怀念情郎冒辟疆，对顺治皇帝的爱慕誓死不从。后来为顺治帝的真情所感，相约可有夫妻之名，而不可有夫妻之实。后来董小宛忧郁而死，顺治皇帝万念俱灰，出家五台山。这一传说流传极广，但谁也不敢妄下定论。名妓董小宛几乎被渲染成了《桃花扇》中的李香君，或者说顺治皇帝与名妓董小宛的故事，简直就是《桃花扇》的皇宫版。

董小宛的传说固然美丽，但属无稽之谈。顺治皇帝纵然是一位多情天子，但以皇帝的尊贵身份，绝不可能和董小宛这样的风尘女子有什么瓜葛。实际上，董小宛在清兵南下后嫁与名士冒辟疆，死于顺治八年，年二十八岁。这些记载都可见于冒辟疆的文集。而当时的顺治皇帝只有十四岁，二人之间不可能有什么恋情。

顺治皇帝确实钟情于一个妃子董鄂氏，这个董鄂妃，却不是董小宛。

董鄂妃和董小宛并不同姓。据汤若望回忆录记载，她是内大学士鄂硕之女、顺治异母弟襄亲王博穆博果尔的福晋，满族人，姓董鄂氏。据纪晓岚《阅微草堂笔记》记载，应为东鄂洛氏，董鄂是汉语音译。据王国维《吴梅村清凉山赞佛诗与董小宛无涉》一文考证，应为栋鄂氏。《清史稿》也记载为栋鄂氏。顺治十四年十月初七，董鄂妃生皇四子，两个月后皇子夭折，董鄂妃亦于顺治十七年八月十九日去世，年仅二十二岁。

"顺治帝为董小宛出家五台山"的传说，是清初好事文人的附会。这一传说，除了一个"董"字外，和顺治皇帝都毫无关系。而这个"董"字，指的是董鄂氏"端敬孝献皇后"。

顺治帝与董鄂妃感情极好，其削发出家之心，也和思念董鄂妃不无关系。在顺治帝遗诏中，曾多次提到董鄂妃。顺治承认在董鄂妃死后"丧祭典礼，过从优厚，不能以礼止情"。顺治皇帝追封董鄂氏皇贵妃为"端敬孝献皇后"，可见两人感情之深。在对董鄂妃的描述中，顺治皇帝用"倪静"二字形容皇贵妃的仪态，意指妩媚娴静，仪态万方。蒙族与满族都有欧洲与蒙古血统，妇女多高大丰满，娇小妩媚的确不是满族妇女的特征。正是由于这两个不起眼的字，引来了好事文人的猜测与附会。

董小宛身为"秦淮八艳"之一，生逢明清易代乱世，其遭遇自然是文人骚客们关注的对象。曾与董小宛交契深厚的"明末四公子"之一的冒辟疆，在其《影梅庵忆语》中记载，辛卯年（顺治八年，1651年）三月底，他梦见董小宛被人抢去，又说在同一天夜里，董小宛自己也梦见被人抢走。文人们将这些只言片语的传闻与董鄂妃事迹结合，就成为了董小宛被清兵掳走，先为博穆博果尔之妻，后为顺治帝之妃的动人传说。

这一传说荒诞不经，之所以流传广泛，不能不说是明末清初著名诗人吴伟业（梅村）的一些诗歌作品为编造这一传说的好事文人提供了"证据"。

吴伟业是清初著名诗人，与钱谦益、龚鼎孳并称"国朝三大家"。他与"秦淮八艳"有较为密切的往来，他的一些诗作，被认为是寻找秦淮八艳下落的"明证"。吴伟业题有"冒辟疆名姬董白（即小宛）小像"八首，其中有"乱梳云髻下妆楼，尽室仓黄过渡头，钿合金钗浑弃却，高家兵马在扬州"的诗句。而"欲吊薛涛怜梦断，墓门深更阻侯门"更暗示了董小宛的下落——大约是被清兵掳走卖给满蒙亲贵豪门。其"古意"第六首曰："珍珠十斛买琵琶，金谷堂深护绛纱，掌上珊瑚怜不得，却教移作上阳花。""上阳"两字不可能不引起文人们的猜测，进而认为董小宛进入了皇宫大内。

吴伟业的《清凉寺赞佛诗》连很多严肃的史学家也认为可信。"顺治帝五台山出家"传说的全部情节，在诗中都有暗示。其中"王母携双成，玉盖云中来"二句中的双成，全名为董双成，是传说中王母娘娘的侍女。"可怜千里草，萎落无颜色"明确点出了"董"字——草下千里重也。

吴伟业的诗并非无意为之，但所指的并不是董小宛，而是董鄂妃。吴伟业不懂满语，因而误会其姓董，好事文人们将这些暗示说成了顺治皇帝为董小宛而出家。王国维先生就曾经专门撰文《吴梅村清凉山赞佛诗与董小宛无涉》辩驳此事。文人骚客们又将吴诗中的"房星竟未动，天降白玉棺"，附会为董小宛与顺治虽有夫妻之名而无夫妻之实，董小宛最终因思念冒辟疆忧郁而死。

仅仅由一个"董"字，和一些闪烁不清的词句，就附会出荒诞美丽的传说，由此不难想见明末清初知识分子的精神状态——那是一个"满纸荒唐言，一把辛酸泪"的时代。明末知识分子虽有过人的才华与丰富的想象力，但只尚清谈，而不通实务。

吴伟业很早就归降了满清朝廷，说他是多情才子吧，似乎也不尽然。名妓卞玉京几次变卖家当欲从良，吴伟业因为惧内而拒绝再三，害得卞玉京一生漂泊烟花丛中。钱谦益、龚鼎孳均是臭名昭著的软骨头文人。钱谦益的情人是"秦淮八艳"之首的柳如是。她以烟花女子的身份，卖尽家当资助南明政府，钱谦益也想自尽以殉国，居然害怕水冷而不敢投井。龚鼎兹先降李自成，清兵入关后又归降多尔衮，后背叛清廷，投降南明政府，沽名钓誉，反复无常。如此一班有才华却无耻的文人，或许可以兴盛情爱文化，却绝不可能保全国家。

顺治十一年（1654年）二月初一，顺治皇帝废黜皇后已经半年，内心孤寂落寞。御弟襄亲王的新婚大典，他都推辞没有出席。

太监吴良辅说：明天是皇太后的圣寿节，又是宁南靖寇大将军陈泰出征的日子，太后说趁着送行，把命妇们也召到南苑……顺治皇帝答应参加南苑行宫的送行与宴会。顺治皇帝对隆重的出征钱行心不在焉，与襄亲王博穆博果尔握别时，没有说上几句话，便打发将士上路了。回到行宫，命妇们正等着皇上开宴。酒席上的座位是依照命妇与皇上的亲疏关系而定的。懿靖太妃和孝庄皇太后都是长辈，同处首席。董鄂氏是亲王福晋，又是懿靖太妃的儿媳妇，傍着婆母而坐，离皇上很近。

满蒙女人们没有汉族那些规矩，大家格外兴奋和放肆。在那群人高马大的蒙满命妇中，董鄂氏（林黛玉）亭亭玉立，袅娜多姿，简直是万绿丛中一点红。第二十四回《痴女儿遗帕惹相思》云："宝玉一面吃茶，一面仔细打量那丫头：穿着几件半新不旧的衣裳……容长脸面，细巧身材，却十分俏丽干净。"——这是《红楼梦》中"痴公子"（顺治皇帝）第一次见到"痴女儿"（董鄂氏）的情景。

顺治皇帝目不转睛地盯住弟妹，真是"一见钟情"了。这情景全被太监吴良辅看在眼里。酒至半酣，顺治进入了"酒不醉人人自醉"的境界。吴良辅觉得时机已到，便与皇上耳语几句。皇上旋即离席而去。不一会儿吴良辅到懿靖太后身边说——皇上宣董鄂福晋到书房问话。懿靖太妃盼咐儿媳说，头一回见皇上，礼节要周全。孝庄皇太后说，兄长不去赴弟弟的婚宴，是皇上缺了礼，让皇上多给弟媳妇补些贺礼。谁也没料到，董鄂福晋与皇上的初晤，竟演成了巫山云雨之会。

《红楼梦》第三回写贾宝玉与林黛玉第一次见面，说："这个妹妹我曾见过的。"而"黛玉一见，便吃一大惊，心下想道：好生奇怪，倒像在那见过一般，何等眼熟到如此！"——就是两人在回忆南苑云雨。

第五回写贾宝玉到侄媳妇秦可卿房间里睡午觉，显然不是第一回了。所以，贾宝玉在梦中大声呼喊秦可卿的乳名——而作者故意让秦可卿觉得"莫名其妙"。这是《红楼梦》的传神之笔。顺治皇帝与董鄂氏的初次幽会,就写了这么一点点。写在三处地方,写在三个人物身上——林红玉、林黛玉、秦可卿,采用了意识流的笔法。

顺治皇帝贾宝玉多次与董鄂氏(兼美)偷情,书中只详细记载了在"太虚幻境"即"冬宫"北海别墅行宫那次的经过。从袭人已经跟随宝玉来看,当时已经是第二次大婚(顺治十一年六月)之后。顺治皇帝与董鄂氏偷情,兴犹未足,又到坤宁宫(怡红院)与新皇后(袭人)交欢——就是《贾宝玉初试云雨情》的故事。

现存史料有两种说法,一说顺治十一年二月八日在南苑偷情致董鄂氏怀孕,当年春与襄亲王闹翻,七月四日,襄亲王自杀。二十七天后(八月)董鄂氏封贤妃,顺治十一年十二月晋升皇贵妃。此说比《红楼梦》早两年。

一说顺治十三年二月八日在养心殿偷情怀孕,当年春与襄亲王闹翻,七月四日襄亲王自杀,八月董鄂氏封贤妃。此说比《红楼梦》晚一年。

用《红楼梦》与《汤若望传》加以校正,历史真相发生的顺序应该是:

(1) 顺治十一年二月八日在南苑偷情,但未怀孕(第二十四回《痴女儿遗帕惹相思》与第六十五回《尤三姐思嫁柳二郎》)。为了阻止儿子的荒唐行为,当年三月孝庄下旨,停止命妇入宫当值。于是顺治与董鄂氏的交往一度转入半秘密状态。顺治患了相思病,母亲不得不妥协让步,甚至密令苏麻喇姑为他们拉皮条。

(2) 顺治十二年二月八日在北海孝庄的秘密卧室欢媾怀孕(第五回《饮仙醪曲演红楼梦》——太虚幻境与兼美"如胶似漆")。

(3) 顺治十二年春,孝庄妥协,让苏麻喇姑安排董鄂氏到养心殿与顺治幽会(第七十一回《嫌隙人有心生嫌隙 鸳鸯女无意遇鸳鸯》)。

(4) 顺治十二年春夏之交,与襄亲王闹翻,宣召董鄂氏,一乘小轿接进宫(第六十五回《贾二舍偷娶尤二姨》、第七十二回《来旺妇倚势霸成亲》)。

(5) 董鄂氏低调入宫,没有名分,又小产(第六十八回《苦尤娘赚入大观园 酸凤姐大闹宁国府》)——迫使"张华退婚")。七月四日襄亲王自杀(张华父子"死于边界",其实并没有真死,《红楼梦》的这一说法发人深思)。

(6) 第六十九回《弄小巧用借剑杀人》隐射孝庄皇太后借刀杀人,借以保住皇家的脸面。低调入宫的董鄂氏寄居在康妃佟佳氏的景仁宫,一年没有名分。顺治与孝庄为此而矛盾加深。

（7）顺治十三年八月董鄂氏得封贤妃，顺治十三年十二月晋封皇贵妃（第七十回《林黛玉重建桃花社》林黛玉称"桃花社主"）。

（8）顺治十四年十月生四阿哥，产后流血，顺治十五年正月四阿哥夭亡（第二十七回《埋香冢飞燕泣残红》林黛玉"哭花荫"与"葬花吟"）。

（9）顺治十五年正月，姑姑孝庄设宴祝贺废皇后静妃恢复为长春宫主位，不顾儿子与董鄂氏的丧子之痛，亲自主持侄女的"十五岁"（指顺治十五年）生日庆典（第二十二回《听曲文宝玉悟禅机 制灯谜贾政悲谶语》），引发顺治皇帝削发出家的念头。

（10）顺治十七年八月董鄂氏皇贵妃病死（第十三回《秦可卿死封龙禁卫》，第六十九回《觉大限吞生金自逝》尤二姐死，第六十六回《情小妹耻情归地府》尤三姐死、司棋死）。

（11）顺治十七年九月追封董鄂氏皇贵妃为"端敬孝献皇后"（第十三回《秦可卿死封龙禁卫》）。

（12）顺治十七年九月底，贞妃小董鄂氏殉葬（第七十七回《俏丫鬟抱屈夭风流》晴雯死，第一百九回《候芳魂五儿承错爱》）。实为顺治十八年春贞妃为福临"殉葬"。

（13）顺治十七年九月底，顺治皇帝读《端敬皇后诔文》（第七十八回《痴公子杜撰芙蓉诔》应该是《痴道人哀读端敬皇后诔》）。顺治与孝庄母后的矛盾上升为仇恨，这是顺治削发与死亡的主要原因——"窃思女儿自临浊世，迄今凡十有六载（实有六载——指从顺治十一年二月八日巫山云雨，到顺治十七年八月董鄂氏死）。其先之乡籍姓氏，湮沦而莫能考者久矣。而玉得于衾枕栉沐之间，栖息宴游之夕，亲昵狎亵，相与共处者，仅五年八月有畸（从顺治十二年二月八日，到顺治十七年八月，恰好为"五年八月有畸"）……剖悍妇之心，忿犹未释！""悍妇"指母亲孝庄皇太后。顺治或出家，或忧郁而死，命运定矣。"逆子"与"悍妇"不可调和的矛盾，改写了顺治、康熙交接时期的中国历史，是《红楼梦》揭露的最大的清宫秘密。

（14）顺治十七年冬，顺治皇帝在中南海削发（第六十六回《冷二郎一冷入空门》）。

（15）顺治十八年正月初七，顺治皇帝"驾崩"（第二回《冷子兴演说荣国府》云贾珠"一病死了")。李庄令贞妃董鄂氏(晴雯)殉葬。

(16)顺治十八年正月初四到初七日,在福临弥留之际,大学士王熙起草的"秘密奏折"被孝庄篡改为十四条《顺治罪己诏》——这就是王熙凤设计的"掉包儿计",这就是移花接木的"黛死钗嫁"。这幕悲剧的总导演,就是贾母孝庄皇太后。以后的故事,就进入康熙时代了。顺治"痘亡"还是度黜出宫成了谜团。

此处的"宝二爷"、"琏二爷"、"芸二爷"、"柳二爷"、"冷二郎"、"潘二郎(又安)"、贾珍、贾珠统统隐射顺治皇帝,而林红玉、林黛玉、尤二姐、尤三姐、司棋、喜鸾、四姐儿、彩霞等都隐射董鄂氏。大家联合演出顺治皇帝与董鄂氏的婚恋悲剧。

第二十四回《痴女儿遗帕惹相思》中,林红玉与林黛玉皆隐射董鄂氏。此处利用贾芸与林红玉的故事,隐写顺治皇帝与董鄂氏初识后的倾慕与思恋。

第五回《饮仙醪曲演红楼梦》是孝庄对儿子妥协让步,将错就错,企图让他悬崖勒马,回头是岸,但结果是姑息迁就,错上加错,顺治皇帝与董鄂氏双双跌入了"迷津"。

秦氏听了笑道:"这里还不好,可往那里去呢?不然往我屋里去吧。"宝玉点头微笑。……秦氏笑道:"我这屋子大约神仙也可以住得了。说着亲自展开了西子浣过的纱衾,移了红娘抱过的鸳枕……只留袭人,媚人,晴雯,麝月四个丫鬟为伴。

"秦氏"指孝庄,"我这屋子"隐射"冬宫"北海孝庄的秘密卧室,内有密锁机关,是顺治童年时代孝庄与满汉臣子偷情的地方。儿子顺治爱上了弟媳妇董鄂氏,母亲反对,儿子患上了相思病,死去活来,并且开始纵欲无度,身体迅速垮了下来。汤若望劝说也失败了,万般无奈,只好让步,安排他们在自己的秘密卧室幽会。此日是孝庄的圣寿节,襄亲王大福晋(兼美)正好进宫来了。此事只有孝惠章皇后(袭人)、董鄂氏(媚人)、小董鄂氏(晴雯)、淑惠妃(麝月)了解内情,苏麻喇姑(鸳鸯)担任场外总指挥。

"瑶池不二,紫府无双"——是北海琼华岛的特名。北京在辽代建为"南京",将北海挖的土,堆成景山,北海称"瑶屿行宫"("瑶池无二")。金代在景山下建中都紫禁城"太宁宫"("紫府无双")。忽必烈以景山为中心建

"大都"（"大都长安"）。从"紫府无双"到"瑶池不二"，指从故宫御花园乾清宫，到北海孝庄的秘密卧室。这是第五回故事的外景地。

转过牌坊，便是一座宫门，上面横书四个大字，道是："孽海情天"——此处就是"情天情海幻情身，情既相逢必主淫"的孝庄造孽之处也。

第七十一回与第七十二回，隐写孝庄利用皇宫国宴的机会，再次对儿子姑息纵容，将董鄂氏留在皇宫，由苏麻喇姑（鸳鸯）安排，接送她到养心殿与顺治幽会。这一部分写得极其复杂难懂，是一个连环套与迷魂阵：

> 因今岁八月初三日乃贾母八旬之庆，又因亲友全来，恐筵宴排设不开，便早同贾赦及贾珍贾琏等商议，议定于七月二十八日起至八月初五日止荣宁两处齐开筵宴，宁国府中单请官客，荣国府中单请堂客，大观园中收拾出缀锦阁并嘉荫堂等几处大地方来作退居。

此乃顺治十二年八月初三日宫中国宴的安排情况。贾母隐射孝庄皇太后（"嫌隙人"）。"嫌隙人有心生嫌隙"是指下面发生的一切，都是孝庄皇太后有意安排的。而苏麻喇姑（"鸳鸯女"）是被动的执行者。此时的董鄂氏已经有孕在身。

> 贾母独见喜鸾和四姐儿生得又好，说话行事与众不同，心中喜欢，便命他两个也过来榻前同坐。宝玉却在榻上脚下与贾母捶腿……贾母方进来歇息，命他们取便，因命凤姐儿留下喜鸾四姐儿顽两日再去。凤姐儿出来便和他母亲说，他两个母亲素日都承凤姐的照顾，也巴不得一声儿。他两个也愿意在园内顽耍，至晚便不回家了。

贾母命凤姐儿留下喜鸾四姐儿玩两日，至晚便不回家了。隐射孝庄有意留下了董鄂氏，这是顺治母子妥协的结果。"喜鸾四姐儿"是临时演员，借演一场董鄂氏的戏。演完了就不再出场，从此再无消息了。

> 刚转过石后，只听一阵衣衫响，吓了一惊不小。定睛一看，只见是两个人在那里，见他来了，便想往石后树丛藏躲。鸳鸯眼尖，趁月色见准一个穿红裙子梳头高大丰壮身材的，是迎春房里的司棋……且说鸳鸯出了角门，脸上犹红，心内突突的，真是意外之事。因想这事非常，若说出来，奸盗相连，关系

人命，还保不住带累了旁人。横竖与自己无干，且藏在心内，不说与一人知道。回房复了贾母的命，大家安息。

苏麻喇姑（鸳鸯）导演了顺治（潘又安）与董鄂氏（司棋）的幽会，回去向孝庄皇太后（贾母）交了差。"回房复了贾母的命"是这段故事的要紧句。原来这都是孝庄皇太后预先安排的。目的是明确的——既然阻挡不住儿子要娶弟媳妇的荒唐行为，干脆抓住他们的把柄，将错就错，粉碎顺治将来册封弟媳妇为皇后的如意算盘。甚至是将来凌黜福临抉玄玄烨的伏笔。

那司棋因从小儿和他姑表兄弟在一处顽笑起住时，小儿戏言，便都订下将来不娶不嫁。近年大了，彼此又出落的品貌风流，常时司棋回家时，二人眉来眼去，旧情不忘，只不能入手。又彼此生怕父母不从，二人便设法彼此里外买嘱园内老婆子们留门看道，今日趁乱方初次入港。虽未成双，却也海誓山盟，私传表记，已有无限风情了。忽被鸳鸯惊散，那小厮早穿花度柳，从角门出去了。

"不娶不嫁"、"海誓山盟"、"私传表记"、"无限风情"，是顺治与弟媳妇初次幽会后的实际情况，都一股脑儿写在司棋与潘又安身上。

司棋一夜不曾睡着，又后悔不来。至次日见了鸳鸯，自是脸上一红一白，百般过不去。心内怀着鬼胎，茶饭无心，起坐恍惚。挨了两日，竟不听见有动静，方略放下了心。这日晚间，忽有个婆子来悄告诉他道："你兄弟竟逃走了，三四天没归家。如今打发人四处找他呢。"司棋听了，气个倒仰，因思道："纵是闹了出来，也该死在一处。他自为是男人，先就走了，可见是个没情意。"因此又添了一层气。次日便觉心内不快，百般支持不住，一头睡倒，恹恹的成了大病……"我又不是管事的人，何苦我坏你的声名，我白去献勤。况且这事我自己也不便开口向人说。你只放心。从此养好了，可要安分守己，再不许胡行乱作了。"司棋在枕上点首不绝。

隐射董鄂氏（司棋）的态度坚定，而顺治皇帝倒顾虑重重，主要是害怕朝野舆论。这是一场"捉放曹"的闹剧。孝庄皇太后安排苏麻喇姑抓奸又放纵，深意存焉。

鸳鸯因悄问:"你奶奶这两日是怎么了?我看他懒懒的。"平儿见问,因房内无人,便叹道:"他这懒懒的也不止今日了,这有一月之前便是这样。又兼这几日忙乱了几天,又受了些闲气,从新又勾起来。这两日比先又添了些病,所以支持不住,便露出马脚来了。"……平儿见问,又往前凑了一凑,向耳边说道:"只从上月行了经之后,这一个月竟沥沥渐渐的没有止住。这可是大病不是?"

顺治十二年八月,董鄂氏入宫不久,就流产了。此处隐射此事,却写在王熙凤的身上了。

贾琏未语先笑道:"因有一件事,我竟忘了,只怕姐姐还记得。上年老太太生日,曾有一个外路和尚来孝敬一个蜡油冻的佛手,因老太太爱,就即刻拿过来摆着了。因前日老太太生日,我看古董帐上还有这一笔,却不知此时这件东西着落何方。古董房里的人也回过我两次,等我问准了好注上一笔。所以我问姐姐,如今还是老太太摆着呢,还是交到谁手里去了呢?"鸳鸯听说,便道:"老太太摆了几日厌烦了,就给了你们奶奶。你这会子又问我来。我连日子还记得,还是我打发了老王家的送来的。你忘了,或是问你们奶奶和平儿。"平儿正拿衣服,听见如此说,忙出来回说:"交过来了,现在楼上放着呢。奶奶已经打发过人出去说过给了这屋里,他们发昏,没记上,又来叨登这些没要紧的事。"

隐射董鄂氏怀了孕,请"外路和尚"(汤若望)来流了产,流产后经血淋漓不止。"外路和尚"(汤若望)来流产,与胡太医给尤二姐流产,都隐射董鄂氏流产了一个男婴。此处借凤姐来演董鄂氏,让贾琏来演顺治皇帝,平儿来演小董鄂氏。

贾琏道:"正是,提起这话我想起了一件事来。我们旺儿的小子要说太太房里的彩霞。他昨儿求我,我想什么大事,不管谁去说一声去。这会子有谁闲着,我打发个人去说一声,就说我的话。"林之孝听了,只得应着,半晌笑道:"依我说,二爷竟别管这件事。旺儿的那小儿子虽然年轻,在外头吃酒赌钱,无所不至。虽说都是奴才们,到底是一辈子的事。彩霞那孩子这几年我虽没见,听得越发出挑的好了,何苦来白糟踏一个人。"……晚间凤姐已命人唤了彩霞之母来说媒。那彩霞之母满心纵不愿意,见凤姐亲自和他说,何等体面,便心不由意的满口应了出去……且说彩霞因前日出去,等父母择人,心中虽是与贾环有旧,尚未作准。今日又见旺儿每每来求亲,早闻得旺儿之子酗酒赌博,而且容颜丑陋,一技不知,自此心中越发懊恼。

"来旺儿"倚仗凤姐的势力霸占贾环的丫头彩霞,隐射顺治倚仗孝庄皇太后的势力霸占弟媳妇董鄂氏。此处的"凤姐"隐射孝庄皇太后,"彩霞"隐射董鄂氏,"贾环"隐射襄亲王,"赵姨娘"隐射懿靖皇太妃,"彩霞之母"隐射董鄂氏的母亲。整个故事还是隐射顺治皇帝(来旺儿)霸占弟媳妇。

第六十五回《贾二舍偷娶尤二姨》,隐射顺治十二年夏初,听说襄亲王鞭打了董鄂氏一顿,顺治皇帝一纸诏书,就将怀孕的弟媳妇接进了皇宫。第六十八回《苦尤娘赚入大观园》隐射孝庄皇太后答应接纳董鄂氏,但有一个条件:一年后才给予名分,因为董鄂氏尚未与襄亲王脱离婚姻关系。《酸凤姐大闹宁国府》是借题发挥之笔,隐射孝庄皇太后对儿子胡闹的愤怒与顺治第一位皇后争风吃醋的泼辣性格,是对《薛文龙悔娶河东狮》的补充,进一步说明顺治母子成仇及顺治废黜第一位皇后的原因。顺治十二年董鄂氏进宫,顺治已经废黜皇后两年,所以,此处的凤姐儿以隐射孝庄皇太后为主,以隐射废皇后为副。

(1)于是催着尤二姐(顺治弟媳妇董鄂氏)穿戴了,二人携手上车,又同坐一处,又悄悄的告诉他:"我们家的规矩大(皇宫规矩大)。这事老太太一概不知,倘或知二爷孝中娶你,管把他打死了。如今且别见老太太,太太(都隐射孝庄皇太后)。我们有一个花园子极大(后宫与林苑),姊妹住着,容易没人去的。你这一去且在园里住两天,等我设个法子回明白了,那时再见方妥。"……下了车,赶散众人。凤姐便带尤氏进了大观园的后门(故宫神武门),来到李纨处(寄居景仁宫)相见了。彼时大观园中十停人已有九停人知道了,今忽见凤姐(指孝庄与静妃)带了进来,引动多人来看问。尤二姐一一见过。众人见他标致和悦,无不称扬(董鄂氏为人)。凤姐一一的吩咐了众人:"都不许在外走了风声,若老太太、太太知道,我先叫你们死。"园中婆子丫鬟都素惧凤姐的,又系贾琏(顺治皇帝)国孝家孝中(指定南王孔有德之丧,乃父丧国丧)所行之事,知道关系非常,都不管这事。凤姐悄悄的求李纨收养几日,"等回明了,我们自然过去的。"李纨见凤姐那边已收拾房屋,况在服中,不好倡扬,自是正理,只得收下权住。

(2) 凤姐一面使旺儿在外打听细事,这尤二姐之事皆已深知。原来已有了婆家的,女婿现在才十九岁(顺治十二年,襄亲王十六岁,才为三划,十九减三为十六岁),成日在外嫖赌,不理生业,家私花尽,父亲撵他出来,现在赌钱厂存身。父亲得了尤婆十两银子退了亲的,这女婿尚不知道。原来这小伙子名叫张华(华字的繁体字为十一划,隐射张大的十一子博穆博果尔)。凤姐都一一尽知原委,便封了二十两银子与旺儿,悄悄命他将张华勾来养活,着他写一张状子,只管往有司衙门中告去,就告琏二爷"国孝家孝之中,背旨瞒亲,仗财依势,强逼退亲,停妻再娶"等语。这张华也深知利害,先不敢造次(襄亲王不敢状告顺治皇帝)。旺儿回了凤姐,凤姐气的骂:"癞狗扶不上墙的种子(癞头和尚的种子)。你细细的说给他,便告我们家谋反也没事的。不过是借他一闹,大家没脸。若告大了,我这里自然能够平息的(都是孝庄与静妃的阴谋)。"

"张"是皇太极在《红楼梦》中的代号。"华"为"不正"之意,乃庶出也。

"便告我们家谋反也没事的。不过是借他一闹,大家没脸。若告大了,我这里自然能够平息的。"——隐射以孝庄与静妃(凤姐与夏金桂)为首的蒙古后党,坚决抵制满族后妃进入后宫的立场。

(3) 凤姐儿(只指静妃大博尔济吉特氏)滚到尤氏(新皇后小博尔济吉特氏,相当于袭人与平儿)怀里,嚎天动地,大放悲声,只说:"给你兄弟娶亲我不恼。为什么使他违旨背亲,将混帐名儿给我背着?咱们只去见官,省得捕快皂隶来。再者咱们只过去见了老太太,太太和众族人,大家公议了,我既不贤良,又不容丈夫娶亲买妾,只给我一纸休书,我即刻就走。"……说了又哭,哭了又骂,后来放声大哭起祖宗爹妈来,又要寻死撞头。把个尤氏揉搓成一个面团,衣服上全是眼泪鼻涕。

"只给我一纸休书,我即刻就走。"——隐射顺治废黜皇后的事实。顺治皇后废为静妃,住在孝庄慈宁宫后小院(现存的中宫殿),仍然帮着姑姑处理后宫事务，主要是慈宁宫事务，与苏麻喇姑是左右手。《红楼梦》写得很有分寸。而凤姐儿（只指静妃大博尔济吉特氏）大闹宁国府，与《薛文龙悔娶河东狮》中夏金桂的大闹薛家，是同一件事情的两种写法。凤姐儿与夏金桂的表演，都是顺治皇帝第一位蒙古皇后的真实表现。

第六十九回《弄小巧用借剑杀人》隐射孝庄太后逼死了襄亲王：

（1）正值贾母（唱红脸的孝庄皇太后）和园中姊妹们说笑解闷，忽见凤姐（唱白脸的孝庄与静妃）带了一个标致小媳妇（董鄂氏）进来，忙觑着眼看，说："这是谁家的孩子！好可怜见的。"凤姐上来笑道："老祖宗倒细细的看看，好不好？"说着，忙拉二姐说："这是太婆婆，快磕头。"二姐忙行了大礼，展拜起来。又指着众姊妹说：这是某人某人，你先认了，太太瞧过了再见礼。二姐听了，一一又从新故意的问过，垂头站在旁边。贾母上下瞧了一遍，因又笑问："你姓什么？今年十几了？"凤姐忙又笑说："老祖宗且别问，只说比我俊不俊。"贾母又戴了眼镜，命鸳鸯琥珀："把那孩子拉过来，我瞧瞧肉皮儿。"众人都抿嘴儿笑着，只得推他上去。贾母细瞧了一遍，又命琥珀："拿出手来我瞧瞧。"（相妾的法子）鸳鸯又揭起裙子来（但不写女人的脚，因为满人都是天足，写出来，就露馅了）。贾母瞧毕，摘下眼镜来，笑说道："更是个齐全孩子，我看比你俊些。"（兼美比宝钗俊）凤姐听说，笑着忙跪下，将尤氏那边所编之话，一五一十细细的说了一遍，"少不得老祖宗发慈心，先许他进来，住一年后再圆房。"（从顺治十二年八月，到顺治十三年八月，正好一年）贾母听了道："这有什么不是。既你这样贤良，很好。只是一年后方可圆得房（董鄂氏入宫一年没有名分，到顺治十三年八月才册封为贤妃）。"凤姐听了，叩头起来，又求贾母着两个女人一同带去见太太们，说是老祖宗的主意。贾母依允，遂使二人带去见了邢夫人（孝庄）等。王夫人（孝庄）正因他（指废皇后）风声不雅（"河东狮"博尔济吉特氏的风声不雅），深为忧虑（为侄女被废黜皇后而深为忧虑），见他今行此事，岂有不乐之理。于是尤二姐自此见了天日，挪到厢房住居。

此处的贾母、王夫人、邢夫人都隐射孝庄皇太后。凤姐儿隐射唱白脸的孝庄与静妃，这是双簧戏的表演方法。

(2)贾蓉（正白旗势力）深知凤姐之意，若要使张华领回，成何体统，便回了贾珍（顺治皇帝），暗暗遣人去说张华（襄亲王）："你如今既有许多银子，何必定要原人。若只管执定主意，岂不怕爷们一怒，寻出个由头，你死无葬身之地。你有了银子，回家去什么好人寻不出来。你若走时，还赏你些路费。"张华听了，心中想了一想，这倒是好主意，和父亲（母亲懿靖皇太妃）商议已定，约共也得了有百金（按《大清律》，"百金"为皇贵妃聘礼），父子次日起个五更，回原籍去了（史料记载：懿靖皇太妃回蒙古故乡去了）。贾蓉打听得真了，来回了贾母凤姐，说："张华父子（母子）妄告不实，惧罪逃走，官府亦知此情，也不追究，大事完毕。"凤姐听了，心中一想：若必定着张华带回二姐去，未免贾琏（顺治皇帝）回来再花几个钱包占住，不怕张华不依。还是二姐不去，自己相伴着还妥当，且再作道理（再设阴谋）。只是张华此去不知何往，他倘或再将此事告诉了别人，或日后再寻出这由头来翻案，岂不是自己害了自己（怕历史记录）。原先不该如此将刀靶付与外人去的。因此悔之不迭，复又想了一条主意出来，悄命旺儿（正白旗奴才）遣人寻着了他，或说他作贼，和他打官司将他治死，或暗中使人算计，务将张华治死，方剪草除根，保住自己的名誉（害死襄亲王，保住孝庄与顺治皇帝的名誉）。旺儿领命出来，回家细想：人已走了完事，何必如此大作，人命关天，非同儿戏，我且哄过他去，再作道理。因此在外躲了几日，回来告诉凤姐，只说张华是有了几两银子在身上，逃去第三日在京口地界五更天已被截路人打闷棍打死了（襄亲王确实死了，但不是顺治皇帝与孝庄直接杀死的）。他老子唬死在店房，在那里验尸掩埋。

"务将张华治死，方剪草除根，保住自己的名誉。"——隐射孝庄处理此事的基本政策。《红楼梦》作者认为襄亲王是孝庄皇太后逼死的。

"旺儿领命出来，回家细想：人已走了完事，何必如此大作，人命关天，非同儿戏，我且哄过他去，再作道理。"——隐射顺治皇帝并无杀害十一弟襄亲王的意思。

(3)尤二姐（董鄂氏）惊醒，却是一梦。等贾琏（顺治皇帝）来看时，因无人在侧，便泣说："我这病便不能好了。我来了半年，腹中也有身孕，但不能预知男女。倘天见怜，生了下来还可，若不然，我这命就不保，何况于他。"贾琏亦泣说:"你只放心,我请名人来医治。"于是出去即刻请医生……胡太医道:"不是胎气,只是淤血凝结。如今只以下淤血通经脉要紧。"于是写了一方,作辞而去。贾琏命人送了药礼,抓了药来,调服下去。只半夜,尤二姐腹痛不止,谁知竟将一个已成形的男胎打了下来。于是血行不止,二姐就昏迷过去。

隐射董鄂氏入宫两个多月,就流产一成型男胎,此后患了"血行不止"的疾病。林黛玉《哭花荫》中的"鸟魂"就指这个胎儿。"胡太医"与"外路和尚"都隐射德国传教士汤若望。顺治皇帝临死都不见"玛法"汤若望,认为他是孝庄的死党,原因在此。"血行不止"与"血山崩"都隐射董鄂氏的慢性失血性贫血,此乃她后来的死因。

第七十回《林黛玉重建桃花社》称林黛玉为"桃花社主",隐射顺治十三年十二月董鄂氏晋升皇贵妃,重建桃花社是顺治十四年春天的事情:

宝玉(顺治皇帝)看了并不称赞,却滚下泪来。便知出自黛玉,因此落下泪来,又怕众人看见,又忙自己擦了。因问:"你们怎么得来?"宝琴(此处隐射静妃的蒙古堂妹)笑道:"你猜是谁做的?"宝玉笑道:"自然是潇湘子稿。"宝琴笑道:"现是我作的呢。"宝玉笑道:"我不信。这声调口气,迥乎不像蘅芜(静妃)之体,所以不信。"宝钗笑道:"所以你不通。难道杜工部首首只作'丛菊两开他日泪'之句不成!一般的也有'红绽雨肥梅''水荇牵风翠带长'之媚语。"宝玉笑道:"固然如此说。但我知道姐姐断不许妹妹有此伤悼语句,妹妹虽有此才,是断不肯作的。比不得林妹妹曾经离丧,作此哀音(丧子的悲痛)。"

"林妹妹曾经离丧,作此哀音。"——隐射董鄂氏流产了一个男婴。

流产的男婴,父亲、母亲的悲痛,心照不宣,一切均在《桃花行》中。《桃花行》决非初恋少年男女的无病呻吟。

顺治十七年八月十九日董鄂氏皇贵妃病死。第六十六回《情小妹耻情归地府》云:

(1)尤三姐道:"姐姐信他胡说,咱们也不是见一面两面的,行事言谈吃喝,原有些女儿气,那是只在里头惯了的。若说糊涂,那些儿糊涂?姐姐记得,穿孝时咱们同在一处,那日正是和尚们进来绕棺,咱们都在那里站着,他只站在头里挡着人(指顺治十一年孔有德贾敬的殡葬)。人说他不知礼,又没眼色。过后他没悄悄的告诉咱们说:'姐姐不知道,我并不是没眼色。想和尚们脏,恐怕气味熏了姐姐们。'接着他吃茶,姐姐又要茶,那个老婆子就拿了他的碗倒。他赶忙说:"我吃脏了的,另洗了再拿来。"这两件上,我冷眼看去,原来他在女孩子们前不管怎样都过的去,只不大合外人的式,所以他们不知道。"尤二姐听说,笑道:"依你说,你两个已是情投意合了。竟把你许了他,岂不好?"三姐见有兴儿,不便说话,只低头嗑瓜子。兴儿笑道:"若论模样儿行事为人,倒是一对好的。只是他已有了,只未露形。将来准是林姑娘定了的。因林姑娘多病,二则都还小,故尚未及此。再过三二年,老太太便一开言,那是再无不准的了。"

尤二姐、尤三姐与林姑娘三个人都隐射董鄂氏皇贵妃。与顺治皇帝(贾宝玉)"情投意合","若论模样儿行事为人,倒是一对好的"。这是尤二姐、尤三姐的双簧戏。

(2)二姐笑道:"说来话长。五年前我们老娘家里做生日,妈和我们到那里给老娘拜寿。他家请了一起串客,里头有个作小生的叫作柳湘莲,他看上了,如今要是他才嫁。"

"柳湘莲"、"贾琏"与"贾宝玉"都隐射顺治皇帝。这段双簧戏发生在顺治十七年,因为"对食儿"的事,顺治皇帝先抄检了董鄂氏皇贵妃的承乾宫,又抄检了全部后宫(第七十四回《惑奸谗抄检大观园》)。事后不久,董鄂氏就死了。尤三姐之死,所谓"你们东府里只怕狗儿猫儿也不干净"是主要原因,就隐射董鄂氏的死因之一。

"五年前我们老娘家里做生日,妈和我们到那里给老娘拜寿。"——指顺治十一年二月八日孝庄皇太后圣寿节,刚与襄亲王结婚的董鄂氏大福晋随同婆婆懿靖皇太妃前去给老佛爷"拜寿",顺治与董鄂氏一见钟情的往事。

《红楼梦》用两个人的双簧戏隐射同一件历史事实,借以帮助读者解读。

(3)二人正说之间,只见尤三姐走来说道:"姐夫,你只放心。我们不是那心口两样人,说什么是什么。若有了姓柳的来,我便嫁他。从今日起,我吃斋念佛，只伏侍母亲，等他来了，嫁了他去，若一百年不来，我自己修行去了。"说着，将一根玉簪，击作两段，"一句不真，就如这簪子！"说着，回房去了，真个竟非礼不动，非礼不言起来。

隐射董鄂氏大福晋与顺治定情之后，就决心要进宫做个好娘娘。柳湘莲隐射孔有德的儿子、孔四贞的哥哥——顺治皇帝也。

（4）尤三姐从外而入，一手捧着鸳鸯剑，一手捧着一卷册子，向柳湘莲泣道："妾痴情待君五年矣，不期君果冷心冷面，妾以死报此痴情。妾今奉警幻之命，前往太虚幻境修注案中所有一干情鬼。妾不忍一别，故来一会，从此再不能相见矣。"

董鄂氏于顺治十二年八月入宫，到顺治十七年八月十九日死，恰好"待君五年"。

"妾今奉警幻之命，前往太虚幻境修注案中所有一干情鬼。"——隐射董鄂氏死在孝庄为首的蒙古后党的"风刀霜剑"之下。当时，她必须应付来自三方面的压力：一是孝庄皇太后和博尔济吉特氏皇后为首的蒙古后党；二是人数众多关系复杂的妃嫔姻党，她们是朝中不同政治派别的代表人物；再就是十三衙门的太监，他们囊括了皇宫内部的一切大权。而董鄂妃所可凭恃的全部资本，仅仅是自己的才智和顺治皇帝那一点儿可怜的飘忽不定的爱情。一旦顺治皇帝对自己起了疑心。她只有死路一条。

第十三回《秦可卿死封龙禁卫》隐射顺治皇帝于顺治十七年九月追封董鄂氏皇贵妃为"端敬"皇后：

（1）（贾宝玉）如今从梦中听见说秦氏死了，连忙翻身爬起来，只觉心中似戳了一刀的不忍，哇的一声，直奔出一口血来……贾珍哭的泪人一般……众人忙劝："人已辞世，哭也无益，且商议如何料理要紧。"贾珍拍手道："如何料理，不过尽我所有罢了！"

贾宝玉与贾珍都隐射顺治皇帝。他已经因内心痛苦而失态、失仪，要不顾一切，举行违反祖制的国丧。

(2) 可巧薛蟠来吊问，因见贾珍寻好板，便说道："我们木店里有一副板，叫做什么樯木，出在潢海铁网山上，作了棺材，万年不坏。这还是当年先父带来，原系义忠亲王老千岁要的，因他坏了事，就不曾拿去。现在还封在店内，也没有人出价敢买。你若要，就抬来使罢。"贾珍听说，喜之不尽，即命人抬来。

吴三桂（薛蟠）吊丧，提到已死多年的多尔衮（"义忠亲王老千岁要的，因他坏了事，就不曾拿去"），仅仅为了说明此处隐射董鄂氏皇贵妃的死葬与追封——其谥曰"孝献庄和至德宣仁温惠端敬皇后"，其中"端敬"二字是皇后应有的谥字，共计十二字，而清太宗皇太极初谥也不过十五字，以后孝惠皇后死时的谥号仅十字。此时显然不再是指当年皇太极的国葬了。

(3) 秦氏之丫鬟名唤瑞珠者，见秦氏死了，他也触柱而亡。此事可罕，合族人也都称叹。贾珍遂以孙女之礼殓殡，一并停灵于会芳园中之登仙阁（景山寿椿殿，明朝为永寿殿，今景山公园永思殿）。

隐射顺治同意让承乾宫三十名宫女太监为董鄂氏殉葬。瑞珠的"珠"字可破解为"三十朱"。"朱"者，碧血也。后因和尚劝阻，乃作罢。

第七十八回《痴公子杜撰芙蓉诔》应该是《痴道人哀读端敬皇后诔》，因为顺治皇帝当年请玉林通大和尚接受自己出家。身为高僧，焉敢接受皇帝出家？所以他婉言拒绝，顺治退一步说："不出家也罢，老和尚收朕为弟子吧！"玉林推辞半天，终于同意。顺治忧伤地说：师父赐朕法号，必得拣一个最丑的字才好……玉林书写了十多个字进呈皇上御览。顺治选择了"痴"字，上一字则是禅宗龙池派第五代的"行"。于是，顺治皇帝的法号便是"行痴"，他又自称"痴道人"。《红楼梦》称贾宝玉为"痴公子"，是隐射顺治皇帝本来就叫"痴道人"。

于是夜月下，命那小丫头捧至芙蓉花前。先行礼毕，将那诔文即挂于芙蓉枝上，乃泣涕念曰：……而玉得于衾枕栉沐之间，栖息宴游之夕，亲昵狎亵，相与共处者，仅五年八月有畸……高标见嫉，闺帏恨比长沙；贞烈遭危，巾帼惨于羽野。自蓄辛酸，谁怜夭折！仙云既散，芳趾难寻……自为红绡帐里，公子情深；始信黄土垄中，女儿命薄！……剖悍妇之心，忿犹未释！在君之尘缘虽浅，然玉之鄙意岂终。

"芙蓉"专指林黛玉。表明"明诔晴雯,暗诔黛玉",即顺治皇帝不是在诔为自己殉葬的小董鄂氏贞妃。

"玉得于衾枕栉沐之间,栖息宴游之夕,亲昵狎亵,相与共处者。"——表明诔的是妻子。从顺治十二年二月八日在养心殿得到母亲的认可,正式与董鄂氏弟媳妇欢合,到顺治十七年九月读《端敬皇后诔》,恰好"五年八月有畸",一天也不差。

第六十六回《冷二郎一冷入空门》记录了顺治十七年冬,顺治皇帝经不住董鄂氏死亡的精神打击,万念俱灰,在中南海削发。顺治十五年后,他初承佛教即将孔孟老庄与佛学相比较,可见儒典庄玄传统文化对他影响至深。他苦读儒书完全是为了统治需要,但孔孟学说可用来"治国平天下",却无法医治他的精神痼疾。他幼年失父,遭宗室奚落与多尔衮欺凌,朝内倾轧不休、天下战乱频仍,连母亲也那样冷酷无情,偌大一个中国就像"有了你,没了我;有了我,没了你"(木陈法师语)。于今董鄂妃死了,顺治连生趣都没有了。

上述一连串的故事,其实写的都是顺治皇帝与董鄂氏总计六年的婚恋史。

第三节 一局输赢料不真

从顺治三年到五年,清军对李自成与张献忠的农民军给予了毁灭性的打击,对南明政权的扫荡犹如风卷残云,摧枯拉朽。战场迅速缩小至东南与西南一隅。中国政治斗争的焦点逐渐集中到皇宫内部——多尔衮的篡位阴谋与孝庄、顺治的反篡位斗争。

《红楼梦》第二回诗云:"一局输赢料不真,香销茶尽尚逡巡。欲知目下兴衰兆,须问旁观冷眼人。"——这是对当时满清政局的高度概括。《清史稿》对当时的宫廷斗争做了谨慎的记载,一方面南方与漠北打得热火朝天,一方面皇宫内部暗斗明争,斗转星移。

顺治三年夏四月戊戌,摄政王多尔衮谕停诸王大臣启本(贾赦、贾政、贾琏——摄政王大权独揽)。五月丁未,命德豫亲王多铎(贾蔷)为扬威大将军,同承泽郡王硕塞等率师会外藩蒙古兵讨之(贾蔷征北)。辛酉,豪格(焦大)遣巴颜、李国翰败贼于延安,豪格遣贝勒尼堪等败贼贺珍于鸡头关,遂克汉中（焦大征南）。丁巳，多铎破腾机思等，又败喀尔喀部土谢图汗二子于查济布喇克上游。八月，以孔有德为平南大将军，同耿仲明、沈志祥、金砺、佟代率师征湖广、广东、广西。癸巳，命尚可喜率师从孔有德南讨（贾敬征南）。冬十月己卯，和硕德豫亲王多铎师还，上郊劳之（贾蔷得胜）。十一月己巳，豪格师至南部，时张献忠列寨西充，拜等兼程进击，大破之，斩献忠于阵，复分兵击余贼，破一百三十余营（焦大的丰功伟绩）。

（顺治四年）五月己酉，故明在籍通政使侯峒曾遣谍致书鲁王，伪许洪承畴、土国宝以公、侯，共定江南，为反间计，柘林游击获之以闻。上觉其诈，命江宁昂邦章京巴山等同承畴穷治其事（贾瑞受信任）。秋七月辛丑，加封和硕德豫亲王多铎为辅政叔德豫亲王（贾蔷受提拔）。八月乙酉，豪格遣贝勒尼堪等先后克遵义、夔州、茂州、内江、荣昌、富顺等县，斩故明王及其党千余人。四川平（焦大得胜）。

（顺治五年）三月己亥，贝子吞齐、尚善等讦告和硕郑亲王济尔哈朗，罪连莽加、博博尔岱、鳌拜、索尼等，降济尔哈朗为多罗郡王（多尔衮排斥异己，李贵降级降辈）。辛丑，和硕肃亲王豪格有罪，论死。上不忍置之法，幽系之（多尔衮重点打击，焦大遭殃）。四月，佟图赖（康妃佟佳——李纨的父亲）为定南将军，驻防宝庆。丁亥，吴三桂（薛蟠）自锦州移镇汉中。闰四月戊戌，复济尔哈朗爵为和硕郑亲王（李贵被贾政"先揭了你的皮"，但无法要他的命）。八月，命和硕英亲王阿济格（贾蓉出力）等讨天津土贼。壬子，令满、汉官民得相嫁娶（贾家甄家又联姻）。九月甲子，和硕英亲王阿济格（贾蓉出力）讨曹县土贼，平之。

（顺治五年）冬十月壬寅，和硕礼亲王代善薨（赖爷爷死）。甲辰，佟图赖复宝庆（李纨之父得胜，汉军八旗地位上升）。十一月戊辰，祀天于圜丘；上诣太庙上册宝。辛未，以配天及上尊号礼成，御殿受贺，大赦（在多尔衮"黑云压城城欲摧"的形势下，"通灵宝玉"显灵——"一除邪祟，二疗冤疾，三知祸福"）。

（顺治六年）二月癸卯，摄政王多尔衮征（贾赦、贾政、贾琏立功）大同。辛亥，故明宗室森釜等犯阶州，吴三桂击斩之（薛蟠立功）。三月癸亥，多尔衮拔浑源州。多尔衮旋师，留阿济格于大同（贾蓉守边）。丁丑，辅政和硕德豫亲王多铎薨（贾蔷，第一只大螃蟹早死），摄政王多尔衮师次居庸，还京临丧。丙戌，博洛遣鳌拜等大破姜于大同北山。吴三桂击败王永强，复宜君、同官。夏四月乙巳，皇太后崩。五月丁丑，改封孔有德为定南王（贾敬），耿仲明为靖南王（潘三保之一），尚可喜为平南王（潘三保之一）。命孔有德征广西，耿仲明、尚可喜征广东，各挈家驻防（史湘云去桂林）。秋七月戊午朔，摄政王多尔衮复征大同。八月癸巳，摄政王多尔衮还京。丙午，郑亲王济尔哈朗等克湘潭，获何腾蛟，不屈，杀之（李贵立功）。壬子，遣英亲王阿济格、贝子巩阿岱等征大同。乙卯，大同贼被围久，饥死殆尽，伪总兵杨震威斩姜及其弟琳来献。十一月甲戌，多尔衮自喀吞布喇克旋师。免宣府灾赋。壬午，耿仲明（老潘三保之一）军次吉安，畏罪自杀。

（顺治七年春正月）丁丑，和硕郑亲王济尔哈朗师还（李贵得胜）。二月丁亥，上太后谥曰孝端正敬仁懿庄敏辅天协圣文皇后（专为太后下嫁一年大庆而上谥号）。夏四月甲午，孔有德擒故明将黄顺、林国瑞于兴宁，降其众五万（贾敬立功）。乙卯，摄政王多尔衮议建边城避暑，加派直隶、山西、浙江、山东、江南、河南、湖广、江西、陕西九省钱粮二百五十万两有奇（阴谋幽系顺治小皇帝于此，被汤若望刘姥姥粉碎）。秋七月辛酉，幸摄政王多尔衮第（因良儿偷玉，临幸睿王府戏中有戏，谣传多尔衮制成龙袍也）。九月甲寅，故明将郑成功（薛宝琴的爷爷）寇潮州。十一月。壬戌，摄政王多尔衮有疾，猎于边外。十二月戊子，摄政和硕睿亲王多尔衮薨于喀喇城（第一百十二回《死雠仇赵妾赴冥曹》——顺治的"雠仇"多尔衮赴冥曹——赵国基死了）。壬辰，赴闻，上震悼，臣民为制服。丙申，丧至，上亲奠于郊。己亥，诏曰："太宗文皇帝升遐，诸王大臣拥戴摄政王。王固怀谦让，扶立朕躬，平定中原，至德丰功，千古无二。不幸薨逝，朕心摧痛。中外丧仪，合依帝礼。"庚子，收故摄政王信符，贮内库（多尔衮具有国家印信也。收回良儿偷去的玉）。甲辰，尊故摄政王为懋德修道广业定功安民立政诚敬义皇帝，庙号成宗（"成宗义皇帝"，即薛蟠所谓"义忠亲王老千岁"）。

（顺治）八年春正月甲寅，和硕英亲王阿济格谋乱，幽之（先收拾贾蓉，摸着石头过河——第二只大螃蟹死），命和硕睿亲王多尔衮子多尔博袭爵（贾环袭爵，欲擒先纵——处理贾赦、贾政的阴谋。"这世袭的前程少不得由你袭了"——指贾环）。庚申，上亲政，御殿受贺，大赦。孔有德克桂林，斩故明靖江王及文武官四百七十三人，余党悉降（桂林是湘江的源头，孔有德的女儿"史湘云"，儿子顺治皇帝"柳湘莲"命名的"湘"字，源于桂林）。追尊故摄政王多尔衮为成宗义皇帝，于太庙（"义忠亲王老千岁"）。癸巳，苏克萨哈、麟英、詹岱、穆济伦首告故摄政王多尔衮逆节皆实，籍其家，诛其党何洛会、胡锡。己亥，暴多尔衮罪于中外，削其尊号及母妻追封，撤庙享（薛蟠所谓"义忠亲王老千岁坏了事"）。壬寅，命孔有德移驻桂林……乙巳，封和硕肃亲王豪格子富寿为和硕显亲王（为焦大平反）。

第三十八回《林潇湘魁夺菊花诗　薛蘅芜讽和螃蟹咏》隐写摄政王暴死后顺治亲政，后宫庆祝多尔衮三兄弟（三只死螃蟹）不得好死：

贾母听了，又抬头看匾，因回头向薛姨妈道："我先小时，家里也有这么一个亭子，叫做什么'枕霞阁'。我那时也只象他们这么大年纪，同姊妹们天天顽去。那日谁知我失了脚掉下去，几乎没淹死，好容易救了上来，到底被那木钉把头碰破了。如今这鬓角上那指头顶大一块窝儿就是那残破了。众人都怕经了水，又怕冒了风，都说活不得了，谁知竟好了（隐射"太后下嫁"，一失足而成千古恨）。"

豫亲王多铎死于顺治六年，睿亲王多尔衮死于顺治七年，英亲王阿济格死于顺治八年，顺治皇帝于顺治八年正月初二日亲政。

第四节　贾宝玉出家

第二十二回《听曲文宝玉悟禅机》中贾母亲自张罗着为薛宝钗过"十五岁"生日，规格还要高于林妹妹，结果惹得贾宝玉产生了削发出家的念头——这段故事情节里究竟隐藏着什么历史信息呢？

话说贾琏听凤姐儿说有话商量，因止步问是何话。凤姐道："二十一是薛妹妹的生日，你到底怎么样呢？"贾琏道："我知道怎么样！你连多少大生日都料理过了，这会子倒没了主意？"凤姐道："大生日料理，不过是有一定的则例在那里。如今他这生日，大又不是，小又不是，所以和你商量。"贾琏听了，低头想了半日道："你今儿糊涂了。现有比例，那林妹妹就是例。往年怎么给林妹妹过的,如今也照依给薛妹妹过就是了。"凤姐听了,冷笑道:"我难道连这个也不知道?我原也这么想定了。但昨儿听见老太太说,问起大家的年纪生日来,听见薛大妹妹今年十五岁,虽不是整生日,也算得将笄之年。老太太说要替他作生日。想来若果真替他作,自然比往年与林妹妹的不同了。"

"今年十五岁"——点明故事发生在顺治十五年正月二十一日。《红楼梦》里以年龄代表年号的例子很多,这是一种数字隐射方法。

凤姐说正月二十一是"薛妹妹的生日"——究竟是不是冷美人"长春宫主位"博尔济吉特氏的真实生日,已经无从考证,但这一天,恰好是董鄂氏(林黛玉)所生的四阿哥(荣亲王)死去的日子。这是董鄂氏(林黛玉)入宫后死的第二个儿子。偏偏在这个时候,贾母(孝庄皇太后)要为薛宝钗("长春宫主位")做生日,实际上是祝贺她由贬黜的"静妃"恢复为"长春宫主位"。

博尔济吉特氏是孝庄皇太后的亲侄女,顺治皇帝的表姐,于顺治八年八月册封为大清国入主北京后的第一位皇后。由于夫妻不和,于顺治十年八月被废黜为静妃(冷美人)。直到顺治十四年十月,董鄂氏生了四阿哥"荣亲王",顺治皇帝兴奋得"大赦天下",宣称四阿哥为"朕第一子",同时将静妃恢复为长春宫主位("留得残荷听雨声")。谁知乐极生悲,顺治十五年正月,四阿哥莫名其妙地死于天花。顺治皇帝与董鄂氏痛不欲生,而孝庄皇太后(贾母)却张罗着为薛宝钗(博尔济吉特氏)过"十五岁"生日,规格还要高于林妹妹(董鄂氏皇贵妃)。

这件事情对贾宝玉(顺治皇帝)与林黛玉(董鄂氏皇贵妃)的打击太大了。从此,到顺治十八年正月初七顺治皇帝驾崩,孝庄与顺治母子的真实感情(怨恨)应当是清史的最大疑案。这个史学界忽视的疑案的根子是"太后下嫁",它又派生出清史的第二大疑案——"顺治是死于天花,还是出家五台山"?弄不清孝庄与顺治母子的感情疑案,就不明白顺治何以要削发为僧,当然更读不懂《痴公子杜撰芙蓉诔》里何以突然冒出一句"剖悍妇之心,忿犹未释"了。

孝庄要为侄女晋升祝贺,虽然"长春宫主位"的品级低于董鄂氏,但祝寿的规格却要超过皇贵妃。这是蒙古族后党对满汉族帝党的反攻倒算。长春宫主位的生日（晋升日）规格，要超过承乾宫皇贵妃的生日规格，在皇宫里的政治影响是巨大的：满蒙联姻（金玉良缘）胜于满汉联姻（木石姻缘）——就像悬在董鄂氏皇贵妃头上的尚方宝剑——"一年三百六十日，刀光剑影严相逼"。

顺治皇帝（贾宝玉）与第一位蒙古皇后（薛宝钗）的婚姻，是皇太极时代满蒙联姻（金玉良缘）的继续，乃多尔衮（贾政）与孝庄皇太后（王夫人）一手包办的。政治婚姻，亲上加亲，但酿造的却是一杯苦酒——皇后孑然一身，顾影自怜，两年后被废黜，贬入冷宫（冷美人，服冷香丸，住梨香院与蘅芜院）。

第二十二回：

谁想贾母自见宝钗来了，喜他稳重和平，正值他才过第一个生辰，便自己蠲资二十两，唤了凤姐来，交与他置酒戏。凤姐凑趣笑道："一个老祖宗给孩子们作生日，不拘怎样，谁还敢争，又办什么酒戏。既高兴要热闹，就说不得自己花上几两。巴巴的找出这霉烂的二十两银子来作东道，这意思还叫我赔上。果然拿不出来也罢了，金的、银的、圆的、扁的，压塌了箱子底，只是勒我们。举眼看看，谁不是儿女？难道将来只有宝兄弟顶了你老人家上五台山不成吗？那些梯己只留于他，我们如今虽不配使，也别苦了我们。这个够酒的？够戏的？"说的满屋都笑起来。

"难道将来只有宝兄弟顶了你老人家上五台山不成？"——凤姐一语道破天机，此乃顺治皇帝后来要出家的起因也。

此处的贾母（老）、王夫人（中）与凤姐（青）都隐射孝庄皇太后。凤姐同时扮演两个角色，为宝钗做生日的凤姐隐射孝庄皇太后。巴结奉承贾母与王夫人的凤姐隐射孝庄侄女"长春宫主位"博尔济吉特氏。

贾母又命宝钗点。宝钗点了一出《鲁智深醉闹五台山》……宝玉道："我从来怕这些热闹。"宝钗笑道："要说这一出热闹，你还算不知戏呢。你过来，我告诉你，这一出戏热闹不热闹。——是一套北《点绛唇》，铿锵顿挫，韵律不用说是好的了；只那词藻中有一支《寄生草》，填的极妙，你何曾知道。"宝玉见说的这般好，便凑近来央告："好姐姐，念与我听听。"宝钗便念道：

漫搵英雄泪,相离处士家。谢慈悲剃度在莲台下。没缘法,转眼分离乍。赤条条,来去无牵挂。那里讨,烟蓑雨笠卷单行?一任俺,芒鞋破钵随缘化!

"长春宫主位"(宝钗)通过一套北《点绛唇》,回顾了入宫七年来痛苦愧悔的心情,希望得到表弟的谅解但又毫无信心的复杂感情,觉得自己就是走投无路的鲁智深。当年大婚时由于脾气不好,在坤宁宫里又打又闹,像鲁智深大闹东京大相国寺一样,得罪了皇上,落了个打入冷宫、"一任俺,芒鞋破钵随缘化"的下场。

"漫搵英雄泪,相离处士家。"——指顺治十年被废黜。

"谢慈悲剃度在莲台下。"——指被打入冷宫,进了"寡妇村"。那里的女人们只能以吃斋念佛打发日子。

"没缘法,转眼分离乍。"——指成婚当夜就闹翻了。

"赤条条,来去无牵挂。"——写尽了博尔济吉特氏皇后的悲惨的一生。

宝玉听了,喜的拍膝画圈,称赏不已,又赞宝钗无书不知。林黛玉道:

"安静看戏罢,还没唱《山门》,你倒《妆疯》了。"说的湘云也笑了。于是大家看戏。至晚散时,贾母深爱那作小旦的与一个作小丑的,因命人带进来,细看时益发可怜见。因问年纪,那小旦才十一岁,小丑才九岁,大家叹息一回。贾母令人另拿些肉果与他两个,又另外赏钱两串。凤姐笑道:"这个孩子扮上活象一个人,你们再看不出来。"宝钗心里也知道,便只一笑不肯说。宝玉也猜着了,亦不敢说。史湘云接着笑道:"倒象林妹妹的模样儿。"宝玉听了,忙把湘云瞅了一眼,使个眼色。众人却都听了这话,留神细看,都笑起来了,说果然不错。一时散了。

顺治皇帝听了宝钗的《寄生草》很感动,不禁"见了姐姐,就忘了妹妹"起来。董鄂氏(林黛玉)语带双敲,话里有话。孔四贞(史湘云)一笑置之,但快人快语,无意中伤了黛玉(董鄂氏)的自尊。台上台下,戏中有戏。贾宝玉在大观园女儿面前作小伏低,曲意奉承,隐射着顺治皇帝在后宫佳丽面前的苦恼——不能"专情",更不能"无情",只能"情不情"。

后宫里蒙古后党与满汉妃党的矛盾,已经发展成满清王朝的主要矛盾。薛宝钗(长春宫主位)与林黛玉(董鄂氏皇贵妃)的矛盾,反映了以孝庄皇太后为首的满蒙亲贵与顺治帝党的矛盾。林黛玉（董鄂氏皇贵妃）与史湘云（孔四贞格格）的矛盾，反映了满洲贵族与汉族贵族的矛盾。贾母王夫人（孝庄皇太后）与贾宝玉（顺治皇帝）的矛盾，反映了后金旧贵族与满清少壮派的矛盾。

袭人（孝惠章皇后）深知原委，不敢就说，只得以他事来解释，因说道："今儿看了戏，又勾出几天戏来。宝姑娘（长春宫主位）一定要还席的。"宝玉冷笑道："他还不还，管谁什么相干。"袭人见这话不是往日的口吻，因又笑道："这是怎么说？好好的大正月里，娘儿们姊妹们都喜喜欢欢的，你又怎么这个形景了？"宝玉冷笑道："他们娘儿们姊妹们欢喜不欢喜，也与我无干（顺治死了心爱的儿子四阿哥，情绪极坏）。"袭人笑道："他们既随和，你也随和，岂不大家彼此有趣。"宝玉道："什么是'大家彼此'！他们（蒙古后党）有'大家彼此'，我是'赤条条，来去无牵挂'（帝党孤立无援）。"谈及此句，不觉泪下。袭人见此光景，不肯再说。宝玉细想这句趣味，不禁大哭起来（痛心疾首一大哭耳），翻身起来至案，遂提笔立占一偈云：

你证我证，心证意证。
是无有证，斯可云证。
无可云证，是立足境。

……黛玉听说，便要回去。袭人笑道："姑娘请站住，有一个字帖儿，瞧瞧是什么话。"说着，便将方才那曲子与偈语悄悄拿来，递与黛玉看。黛玉（董鄂氏皇贵妃）看了，知是宝玉一时感忿而作，不觉可笑可叹，便向袭人（孝惠章皇后）道："作的是顽意儿，无甚关系。"说毕，便携了回房去，与湘云（孔四贞）同看。次日又与宝钗（长春宫主位）看。宝钗看其词曰：

无我原非你，从他不解伊。肆行无碍凭来去。茫茫着甚悲愁喜，纷纷说甚亲疏密。从前碌碌却因何，到如今回头试想真无趣！

袭人将新皇后博尔济吉特氏的个性与涵养，表演得淋漓尽致。世祖孝惠章皇后在历史舞台上是什么样子，袭人在《红楼梦》中就是什么样子，简直维妙维肖，毫无二致。她不像姑姑、世祖废后（夏金桂与薛宝钗）那样，先泼辣疯狂,后深藏不露。她甚至连说汉语都费了几年工夫,幸亏顺治皇帝精通满蒙汉三种语言,对这位外甥女皇后关心体贴,虽然谈不到知己知心,却有平凡淡泊的夫妻恩情。操心、唠叨、体谅、谦让,就是孝惠章皇后(袭人)与淑惠妃(麝月)亲姐妹的一生写照。

董鄂氏皇贵妃死的时候,顺治皇帝要按皇后的名号与礼仪为她发丧,太后为难,孝惠章皇后(袭人)跪地叩头请求外祖母答应舅舅的要求,说自己早就想将皇后的位置让给董鄂氏皇贵妃。顺治皇帝死的时候,孝惠章皇后(袭人)与淑惠妃(麝月)二十岁左右,又没有孩子,还不大懂得人生的真正滋味。康熙二十六年外祖母去世的时候,孝惠章皇后(袭人)与淑惠妃(麝月)姐妹俩哭得死去活来。那哭声里,包含着多少寡居女人的痛苦与辛酸啊。

顺治皇帝出家的念头,就开始于顺治十五年正月二十一。贾宝玉将顺治何以要出家,表演得活灵活现。三大原因中,究竟哪一个最重要,已经没有追究的必要了。顺治皇帝与母亲的恶劣关系、爱子的死、爱妃的死,是促使他撒手人寰的最主要的三大原因。

顺治出家的念头,首先震撼了董鄂氏皇贵妃(林黛玉)。历史记载,她大惊失色,嘴唇颤抖,泪水"刷"地落了下来。顺治皇帝说自己实在是心里太苦了,或许只有空门能赐给他片刻宁静。他神色惨淡,声音中含着悲愤:"天覆吾,地载吾,天地生吾有意无?不然绝粒升天衢,不然抚世安民踞帝都!"

他的平生总想有为,奈何力不从心,步步维艰!叔父多尔衮这只拦路虎清除了,母后与后妃又在面前堵了一道高墙。死在里面与破墙而出,都不是好办法。"走来名利无双地,打出樊笼第一关。"——也许是解脱烦恼最好的出路吧。

在皇帝生死攸关的出家问题上,蒙古族新旧皇后姑侄与满汉族混血的皇贵妃三个女人,终于捐弃前嫌,组成了统一战线:

三人果然都往宝玉屋里(乾清宫)来。一进来,黛玉(董鄂氏)便笑道:"宝玉,我问你:至贵者是'宝',至坚者是'玉'。尔有何贵?尔有何坚?"宝玉竟不能答。三人(蒙古、满汉族后妃)拍手笑道:"这样钝愚,还参禅呢。"黛玉又道:"你那偈末云,'无可云证,是立足境'(神秀的水平),固然好了,只是据我看,还未尽善。我再续两句在后。"因念云:"无立足境,是方干净（禅宗六祖惠能的水平）。"宝钗（长春宫主位）道："实在这方悟彻。当日南宗六祖惠能，初寻师至韶州，闻五祖弘忍在黄梅，他便充役火头僧。五祖欲求法嗣，令徒弟诸僧各出一偈。上座神秀说道：'身是菩提树，心如明镜台，时时勤拂拭，莫使有尘埃。'彼时惠能在厨房碓米，听了这偈，说道：'美则美矣，了则未了。'因自念一偈曰：'菩提本非树，明镜亦非台，本来无一物，何处染尘埃？'五祖便将衣钵传他。今儿这偈语，亦同此意了。只是方才这句机锋，尚未完全了结，这便丢开手不成？"黛玉笑道："彼时不能答，就算输了，这会子答上了也不为出奇。只是以后再不许谈禅了。连我们两个所知所能的，你还不知不能呢，还去参禅呢。"宝玉自己以为觉悟，不想忽被黛玉一问，便不能答；宝钗又比出"语录"来，此皆素不见他们能者。自己想了一想："原来他们比我的知觉在先，尚未解悟，我如今何必自寻苦恼。"想毕，便笑道："谁又参禅，不过一时顽话罢了。"说着，四人仍复如旧。

平素里貌合神离的三位后妃，团结一致，出奇制胜，运用禅宗六祖惠能和尚的佛教偈语，一举粉碎了贾宝玉顺治皇帝出家参禅的念头。此后，林黛玉（董鄂氏皇贵妃）称袭人（孝惠章皇后）为"亲嫂子"，称薛宝钗（长春宫主位）为"宝姐姐"，三人的关系得到了很大的改善。

第五节　贾珠之死

第二回《冷子兴演说荣国府》将顺治皇帝死于天花写成"头胎生的公子，名唤贾珠，十四岁进学（顺治皇帝十四岁亲政），不到二十岁就娶了妻生了子，一病死了"。顺治十八年正月初七，顺治帝染上了天花，爱情破灭，成佛未遂，带着满腔遗憾离开了人间。

汤若望与孝庄皇太后、顺治帝渊源颇深，且深得信赖。福临与汤若望像朋友、像祖孙，他频繁地莅临汤若望寓所，长谈闲聊，知识考问，治国治民，修身养性，天文历法，宗教神灵，无话不谈。文献记载，在顺治十三、十四两年间，福临竟有二十四次访问宣武门教堂。

顺治亲政之初求学若渴（贾珠"十四岁进学"）。汤若望凭借广博的学识和"玛法"（爷爷）的特殊关系，可以随时出入宫禁，而且经常与皇帝共进饭食，"欢洽有如家人父子"。他向顺治传授大量自然科学和社会科学知识，也灌输西方的文艺复兴新思潮。顺治帝被汤若望那些海阔天空的自然和社会知识深深吸引住了。

与汤若望的真诚帮助形成尖锐对比的是，亲政前的顺治皇帝受尽了满蒙亲贵、多尔衮甚至孝庄皇太后的冷落、歧视与欺凌（贾芸），亲政后满蒙汉族大臣对他又极尽吹捧、奉承、巴结之能事，人情冷暖，世态炎凉，全为一个名利（"走来名利无双地"也）。

顺治皇帝（贾宝玉）对男人的如此行径深恶痛绝，认为此乃"国贼"、"禄蠹"的无耻行为。一经发现朋党为祸，结党营私，无论满汉，一律严惩不贷，江南科场案就是最好的说明。顺治皇帝自幼丧父，母亲与他一墙之隔，却远隔天涯。亲政后忽然妻妾成群，百鸟朝凤，女人们像众星捧月般地护卫着他，低眉敛眼，百依百顺，成了他的知己与信赖，所以他认为男人是"浊臭"的泥土，女人是"干净"的清水，这是一种变态的恋母情结。所以对身边的女人他爱则爱得死去活来，须臾难离，不爱也相敬如宾，敬而远之，甚至作小伏低，曲意呵护（"意淫"）。

顺治十八年（1661年）正月初二，顺治皇帝因出家未遂，特命近侍太监吴良辅在悯忠寺作为替身出家为僧。悯忠寺在宣武门西南，乃香火鼎盛的古刹，历为秉受法戒者所依止。顺治特令于寺内建造戒坛，亲临寺内观看吴良辅祝发仪式。正月初四，文武官员上朝奏事，突然听说皇帝有病不能临朝。正月初五日，大臣们一早便至皇宫请安，见宫殿各门上悬贴的门神和对联全部揭掉，便预感到大事不妙。

正月初七，宫内传谕："京城内，除十恶死罪外，其余死罪及各项罪犯，悉行释放。"同时，又下令民间"毋炒豆"、"毋燃灯"、"毋泼水"，这是宫中或民间家中有人出天花时的习俗，于是，朝内外以及百姓皆知皇帝正在出痘，而且病势不轻——《红楼梦》二十一回中，"凤姐听了，登时忙将起来：一面打扫房屋供奉痘疹娘娘，一面传与家人忌煎炒等物"，就反映了当时宫中与民间的做法。

正月初七半夜子时，顺治皇帝辞世于养心殿内，卒年二十四虚岁。有人根据福临生前多次吐血，推测他主要死因是肺结核，在德国弗赖堡教会的汤若望档案中也有记载。正月初八日，城门俱闭，列卒戒严，九衢寂寂，气势森严。午饭时分，百官们突然接到谕令"携朝服入宫"，入宫后即至户部各领取折帛一条，人们始信皇上已经归天。朝中一阵动乱，当得知顺治皇帝已指定佟妃所生的皇三子玄烨为嗣帝之后，众人"心乃安"，时已至夜分二鼓。

顺治皇帝患天花而死——进入《红楼梦》变成了"都中在古董行中贸易的号冷子兴者"的一句话："这政老爹的夫人王氏，头胎生的公子，名唤贾珠，十四岁进学，不到二十岁就娶了妻生了子，一病死了。"

"十四岁进学"是确定"贾珠"身份的重要依据。一般贵族世家的子弟不可能拖延到十四岁才进学，只有顺治皇帝受到多尔衮愚儿政策的严重阻挠，直到十四岁亲政以后，才得以系统地学习汉学。此处的"进学"还有更重要的意思。"学"乃"家学学堂"，隐射满清朝廷。"进学"则隐射顺治皇帝十四岁时亲政。

顺治十八年正月初九日康熙（贾兰）即位，尊奉祖母孝庄皇太后（贾母）为太皇太后。尊嫡母孝惠章皇后博尔济吉特氏（袭人与平儿）为慈和皇太后，生母孝康章皇后佟佳氏（李纨与凤姐）为慈仁皇太后，统领后宫。

顺治十八年正月初二顺治皇帝从悯忠寺返宫，发现已染上天花。当时成年人出天花，几乎很难幸存。据《汤若望传》记载，顺治皇帝本来就患有肺结核，突然病上加病，身体极度虚弱，自知难以痊愈，便于次日密旨召大学士王熙（此人当了一回"移花接木"的王熙凤）至养心殿内，特于病榻前相谈。王熙深知这次谈话内容关系国家前途与身家性命，至死也未敢泄露，仅在晚年自撰年谱中记下此事："是日（正月初三），奉天语而论者关系重大，并前此屡有面奏，及奉谕询问密封奏折，俱不敢载。"

那么，福临究竟在临终前"天语"何事？"密封奏折"是什么内容？从现存清史资料里无从知晓，只有《汤若望传》透露出一些有关线索。

"在这个消息传出宫外之后，汤若望立即亲赴宫中，流着眼泪，请求容许他觐见万岁。"顺治皇帝派人委婉地向汤若望转达，说自己有"许多罪恶，他觉得他是没有见上帝的资格了。如果他恢复健康时，他一定要信奉汤若望的宗教，可是现在的病症是不容许他做这件事情的"。汤若望未能面圣，却直接参与了嗣君人选的重大决策。

魏特在《汤若望传》中也披露了嗣君选定时的内幕："一位即位的皇子尚未诏封，皇太后立促皇帝做这一件事情。皇帝想到了一位从兄弟，但是皇太后和亲王们见解，都是愿意皇帝由皇子中选择一位继位者。皇帝使人问汤若望的意见，汤若望完全立于皇太后的一方面，而提出被皇太后所选择的一位太子为最合适的继位者。这样，皇帝最后受到汤若望的劝促，舍去一位年龄较长的皇子，而封一位庶出的、还不到七岁的皇子为帝位之承继者。当时为促成这一个决断所提出的理由，是因为这位年龄较幼的太子，在髫龄时已经出过天花，不会再受到这种病症的伤害。而那位年龄较长的皇子（福全），尚未出过天花，时时都得小心着这种可恐怖的病症。"

《汤若望传》中谈到福临先是选中一位"从兄弟"，但这是孝庄皇太后万万不能接受的。顺治十八年正月初三日召王熙议立即位之君等事，提出"从兄弟"嗣位，并写有"密封奏折"。王熙是一介汉官，不敢在此重大事情上隐讳，便向孝庄皇太后如实禀告。孝庄皇太后闻讯，立即召集诸亲王会议，并通知汤若望入宫参议，坚决反对顺治皇帝的成命。福临孤木难支，遂改立"一位年龄较长的皇子"。福临共有八子，四个早夭，当时除康熙外尚有福全、常宁和隆禧，俱非蒙古族母亲所生。因皇后无子，孝庄皇太后提出让已出过天花的玄烨即位。汤若望坚决支持，福临无奈，只得首肯。

接着出现了孝庄皇太后私改遗诏之历史疑案——这是《红楼梦》中最重要的历史大事，不写此事，何称隐史？若写此事，无法下笔。万般无奈，《红楼梦》里平添了王熙凤"移花接木"、荣国府"黛死钗嫁"的戏剧化的一幕，将宝黛悲剧的故事情节突然推向了高潮，成了《红楼梦》最惊心动魄的场面——用七个主角参与的婚姻大事（"黛死钗嫁"），隐射孝庄朝廷篡改顺治皇帝"密封奏折"的历史事件。

（1）以"偷梁换柱"的设计者王熙凤隐射"密封奏折"的起草者与删改者大学士王熙。

（2）用贾母与王夫人隐射"偷梁换柱"阴谋的总后台孝庄皇太后。

（3）以贾宝玉隐射病入膏肓的顺治皇帝。

（4）以袭人隐射胁从者孝惠章皇后小博尔济吉特氏。

（5）以林黛玉（已经死去的董鄂氏皇贵妃）隐射顺治皇帝钦定的"密封奏折"。

(6) 以薛宝钗（复辟为长春宫主位的废皇后静妃）隐射孝庄皇太后篡改而成的"顺治罪己诏"。

顺治十八年正月初六日夜分三鼓，太监将大学士王熙再次引入养心殿。此刻，顺治皇帝感觉病势已重，恐再难支，忙召王熙入殿商议遗诏之事。福临在榻上强撑病体嘱道："朕患痘，势将不起，尔可详听朕言。速撰诏书，即就榻前书写。"

王熙闻言泪满脸颊，泣不成声。福临催促道："朕平日待尔如何优渥，训尔如何详切，今事已至此，皆有定数。君臣遇合，缘尽则离，尔不必如此悲痛。此何时，尚可迁延从事，致误大事？"王熙心中暗暗叫苦，未曾料到顺治皇帝特令"就榻前书写"，这却如何是好？

王熙早已在孝庄皇太后的控制之下，他与顺治皇帝间的任何言谈举动，太后皆悉知无遗。王熙既知皇帝秉性固执，更惧太后权势威严，而遗诏一经盖上玉玺，就万难更改一字，那么在孝庄皇太后面前如何交代？想到此，王熙握笔踟蹰，进退维谷。当写完遗诏首段后，他见顺治皇帝已倦容满面，连忙奏道："恐过劳圣体，容臣奉过面谕，详细拟就进呈。"顺治皇帝已气息奄奄，便将遗诏大意说明。王熙忙卷起诏书，退出养心殿。

从王熙入殿承谕拟诏，遗诏中经三次大的改动，再经麻勒吉和贾卜嘉二人之手，最后于初九日清晨才在天安门外宣读，历时几个昼夜。这就是说，孝庄皇太后等满蒙亲贵，完全有时间按照自己的意图修改遗诏，然后让命如游丝、神志恍惚的顺治皇帝认可，并加盖玉玺（如同第九十七回给神志昏迷的贾宝玉娶亲，告诉他娶的是黛玉，实际上娶的是宝钗，而贾宝玉不辨真假）。

从遗诏运作程序上看，似乎都得到了顺治皇帝的同意，但现今清代官书上公布的"罪己诏"，颇像一纸大兴问罪之师的檄文。孝庄皇太后等人在福临弥留之际，偷梁换柱，移花接木，遗诏变成"罪己"。

"罪己诏"共开列了十四款"大罪"，从不敬祖宗、不孝母后、内宠（董鄂妃）逾制、疏懒政事、昵近阉宦、崇汉抑满等施政之罪，到生活糜费、自恃聪明、厚己薄人等生活和品质上的过失，把"自己"骂得一无是处。若按《大清律》，顺治皇帝简直是个十恶不赦、千刀万剐的犯人！很清楚，"罪己诏"实际上是"问罪檄"。进入《红楼梦》，林黛玉就成了薛宝钗。第九十六回：

贾母哽咽着说道:"我所疼的只有宝玉,偏偏的又病得糊涂,还不知道怎么样呢!我昨日叫赖升媳妇出去叫人给宝玉算算命,这先生算得好灵,说:'要娶了金命的人帮扶他,必要冲冲喜才好,不然只怕保不住。'……还是要宝玉好呢?还是随他去呢?……姨太太曾说:'宝丫头的金锁也有个和尚说过,只等有玉的便是婚姻。'焉知宝丫头过来,不因金锁倒招出他那块玉来,也定不得。从此一天好似一天,岂不是大家的造化?"

凤姐道:"这件事,只有一个'掉包儿'的法子。"贾母道:"怎么'掉包儿'?"凤姐道:"如今不管宝兄弟明白不明白,大家吵嚷起来,说是老爷做主,将林姑娘配了他了,瞧他的神情儿怎么样。要是他全不管,这个包儿也就不用掉了。若是他有些喜欢的意思,这事却要大费周折呢。"王夫人道:"就算他喜欢,你怎么样办法呢?"凤姐走到王夫人耳边,如此这般的说了一遍。王夫人点了几点头儿,笑了一笑,说道:"也罢了。"

第九十七回:

凤姐笑道:"给你娶林妹妹过来,好不好?"

李纨想着:"偏偏凤姐想出一条偷梁换柱之计,自己也不好过潇湘馆来,竟未能少尽姊妹之情,真真可怜可叹!"

贾母请贾政进来,与王夫人一起的这次谈话,隐射顺治十八年正月初六与初七由孝庄皇太后召集的几次议政王大臣会议,讨论的问题有三个:一是修改确定顺治遗嘱;二是确定皇位继承人;三是确定顾命大臣名单。

遗诏由汉大学士王熙、满大学士麻勒吉起草,据说在顺治驾崩前草就誊正,由顺治过目,并嘱请皇太后示下再用宝箱收藏。正月初七日夜,顺治去世,在其灵前颁布的遗诏内容主要是玄烨即位和索尼、苏克萨哈麟英、遏必隆、鳌拜共同辅政——只是正月初九康熙登基后在天安门颁布的顺治遗诏最后一段内容。令人疑惑的是,既然是顺治遗诏,为什么先后不一?为什么《红楼梦》将顺治《罪己诏》写成"黛死钗嫁"、"偷梁换柱"与"移花接木"?

玄烨继嗣是孝庄皇太后与顺治皇帝同意的,辅政四大臣也得到了顺治皇帝的认可。而孝庄坚决反对太后垂帘,本来已经十分紧张的母子关系,在顺治弥留期间总算缓和了下来。

上三旗辅政四大臣，就是《红楼梦》里贾宝玉的四个小书童——一名茗烟，一名锄药，一名扫红，一名墨雨。当时贾宝玉的大跟班济尔哈朗大叔（李贵）已经作古了。顺治遗诏中托孤上三旗四大臣辅政，基本反映了顺治皇帝和孝庄皇太后的共同意愿。也就是说，对辅政四大臣，顺治皇帝是认可的。顺治皇帝"罪己诏"列举的十四大罪状，其中十罪似乎与顺治的本意吻合，另外四罪就另当别论了。

第一罪"渐习汉俗"，更张旧制，绝非顺治原意。顺治皇帝之所以能在亲政的时间里政绩斐然，其重要原因之一，就是不墨守成规，不因循陋习，他不会为习汉俗、用汉官而罪责自己。

第五罪是不信任满洲诸臣，委任汉官，致满臣无心任事，则更不是顺治原意。顺治倾心汉化，擢用汉官，倚重汉大学士，命洪承畴经略五省，依靠三藩平定南方，成效卓著，怎么会自责呢？

第十罪说端敬皇后之丧祭典礼过于优厚，这更不可能出于世祖之口。顺治与董鄂妃情投意合，生死与共。爱妃仙逝，顺治帝悲痛欲绝，寻死未遂又剃发出家，置生死于不顾，视皇位如草芥，难道顺治帝会自责吗？

第十一罪是设立内宫十三衙门，重用明遗宦官，不会是顺治帝本意。顺治宠信的吴良辅，就是鼓动设立十三衙门的魁首，吴虽以交结外臣收受贿赂曾遭斥责，但圣眷未减，还替皇帝在悯忠寺出家。在顺治临终的前五天，还临幸悯忠寺，"观内吴良辅祝发"，可见对吴之偏爱，他怎能将十三衙门的设立视为大罪呢？

顺治引咎自责的种种表现，都曲折地反映在贾宝玉的身上。

孝庄皇太后在慈宁宫里召见满大学士麻勒吉和汉大学士王熙，将顺治遗诏推倒重来，除玄烨继嗣和四大臣辅政以外，加入修身养性治国平天下的内容，用顺治皇帝惯常的调子，对做人与治国方面的失德之处，予以自责。这是一次"移花接木"的政治大手术，是孝庄太皇太后为维持大清国长治久安的历史杰作。顺治《罪己诏》为大清国未来的立国方针奠定了法律基础。

顺治《罪己诏》进入《红楼梦》，就是贾宝玉"通灵宝玉"上的二十个字，与薛宝钗金锁上的八个字。二者加起来总共二十八个字，一分为二恰好十四个字。"十四个字"就是顺治《罪己诏》的十四条！这是大清国历代皇帝的清规戒律，是大清国的皇帝必读。二十八个字，没有任何歌功颂德粉饰太平的意思，都是告戒与警示。第八回：

（宝玉）项上挂著长命锁、记名符，另外有那一块落草时衔下来的宝玉。宝钗因笑说道："成日家说你的这玉，究竟未曾细细的赏鉴，我今儿倒要瞧瞧。"说著便挪近前来。宝玉亦凑了上去，从项上摘了下来，递在宝钗手内。宝钗托于掌上，只见大如雀卵，灿若明霞，莹润如酥，五色花纹缠护。这就是大荒山中青埂峰下的那块补石的幻相，后人曾有诗嘲云：

女娲炼石已荒唐，又向荒唐演大荒。
失去幽灵真境界，幻来亲就臭皮囊。
好知运败金无彩，堪叹时乖玉不光。
白骨如山忘姓氏，无非公子与红妆。

那顽石亦曾记下他这幻相并癞僧所镌的篆文，今亦按图画于后。但其真体最小，方能从胎中小儿口内衔下。今若按其体画，恐字迹过于微细，使观者大废眼光，亦非畅事。故今只按其形式，无非略展些规矩，使观者便于灯下醉中可阅。今注明此故，方无胎中之儿口有多大，怎得衔此狼蠢大之物等语之谤。

通灵宝玉正面图式——莫失莫忘，仙寿恒昌

通灵宝玉反面图式——一除邪祟，二疗冤孽，三知祸福

宝钗看毕，又重新翻过正面来细看，口内念道："莫失莫忘，仙寿恒昌。"念了两遍，乃回头向莺儿笑道："你不去倒茶，也在这里发呆作什么？"莺儿嘻嘻笑道："我听这两句话，倒像和姑娘的项圈上的两句话是一对儿。"宝玉听了，忙笑道："原来姐姐那项圈上也有八个字？我也赏鉴赏鉴。"宝钗道："你别听他的话，没有什么字。"宝玉笑央："好姐姐，你怎么瞧我的了呢。"宝钗被缠不过，因说道："也是人给了两句吉利话儿，所以錾上了，叫天天带著；不然，沉甸甸的有什么趣儿。"一面说，一面解了排扣，从里面大红袄上将那珠宝晶莹黄金灿烂的璎珞掏将出来。宝玉忙托了锁看时，果然一面有四个篆字，两面八个，共成两句吉谶，亦曾按式画下形相："不离不弃，芳龄永继。"

宝玉看了，也念了两遍，又将自己的念了两遍，因笑问："姐姐这八个字倒真与我的是一对。"莺儿笑道："是个癞头和尚送的，他说必须錾在金器上——"

《红楼梦》对贾宝玉隐射的顺治皇帝是赞赏的,对顺治《罪己诏》是否定的。"失去幽灵真境界,幻来亲就臭皮囊。"——是说顺治皇帝的一生是"真境界",而执行顺治《罪己诏》的继位者则为孝庄皇太后造就的"臭皮囊"。"好知运败金无彩,堪叹时乖玉不光。"——是说天聪崇德的后金时代毫无光彩,而顺治时代颇有光彩,顺治的时运不佳,此后就每况愈下了。

"两句话是一对儿"——表面上是指"莫失莫忘,仙寿恒昌"与"不离不弃,芳龄永继"是"一对儿",其实是指顺治十八年的顺治《罪己诏》与天命十年的《科尔沁盟约》是维护满清统治的"一对儿"。

"莫失莫忘,仙寿恒昌"——隐射顺治《罪己诏》那十四条清规戒律。

"不离不弃,芳龄永继"——隐射孝庄皇太后坚持的满蒙联姻基本国策。

"那顽石亦曾记下他这幻相并癞僧所镌的篆文"与"是个癞头和尚送的,他说必须錾在金器上"——隐射天命十年的《科尔沁盟约》,是后金与科尔沁蒙古签定的同盟条约。

天命十年(1625年)皇太极在娶科尔沁莽古思贝勒的女儿博尔济吉特氏(孝端文皇后)十一年之后,又娶了她的侄女桑寨贝勒的女儿博尔济吉特氏(孝庄文皇后)。天聪八年,又娶了孝庄的姐姐宸妃博尔济吉特氏(敏惠恭和元妃)。皇太极还有三位博尔济吉特氏贵妃或妃子,即懿靖大贵妃、康惠淑妃、侧妃扎鲁特。

天命十年,努尔哈赤与科尔沁鄂巴洪台吉盟誓:同心合意,益寿延年(相当于"莫失莫忘,仙寿恒昌"),子孙万世,永享荣昌(相当于"不离不弃,芳龄永继")。

薛宝钗的金锁篆文,就是《科尔沁盟约》的标志,也就是满蒙联姻的标志。贾宝玉的宝玉篆文,就是顺治《罪己诏》的标志,也就是满清玉玺的主题。

"顺治罪已诏"是假的,"顺治遗诏"是真的。"顺治痘亡"是真的还是假的?贾珠"死了"是真的还是假的?贾宝玉与柳湘莲出家是真的还是假的?从红楼梦看,顺治痘亡是假的。顺治离宫出来是真的。顺治要削发出家,不理朝政要传位给从兄弟,被母后废黜是真的 2006 年石景山出土的"龙袍干尸",就是没有痘亡的贾宝玉顺治皇帝——"皇清诰授中宪大夫拙吾黄出之灵柩"。"黄出"乃皇公也。"拙吾"乃母后"废黜了我"也。

第四章　董鄂氏

第一节　初进荣国府

林黛玉进京隐射四个历史事件，其中写得最动人的是贾母孝庄皇太后会见亲外孙女博尔济吉特氏，因为这是自己的小女儿的亲骨肉。小女儿固伦端献长公主（贾敏）死了，她这个可怜的小闺女被外祖母接进了皇宫，并且选为顺治皇帝贾宝玉的第二位皇后。第二回：

子兴道："便是贾府中，现有的三个也不错。政老爹（多尔衮老丈人）的长女，名元春，现因贤孝才德，选入宫作女史去了。二小姐乃赦老爹之妾所出，名迎春，三小姐乃政老爹之庶出，名探春，四小姐乃宁府珍爷（贾珍顺治皇帝）之胞妹（孔四贞），名唤惜春。因史老夫人极爱孙女，都跟在祖母这边一处读书，听得个个不错。"

此处的宁荣二府姊妹联合大排行，是根据小说的需要，而并非历史的真实。元春隐射孝庄皇太后，表面上似乎是说她是贾政的长女，其实不是，而是多尔衮的"政老爹"的"长女"。"老爹"并非指多尔衮的父亲努尔哈赤，而是指多尔衮"老丈人爹"。因为多尔衮的正福晋博尔济吉特氏，是孝庄皇太后的亲妹妹。两位博尔济吉特氏的"老爹"，都指多尔衮的"老丈人爹"——科尔沁蒙古贝勒寨桑。《红楼梦》记载历史的笔法确实极为狡猾。

迎春隐射皇太极（贾赦）庶出的第十四格格，孝庄皇太后是她的嫡母。入主北京后，第十四格格按照孝庄皇太后的意思，嫁给了吴三桂的大公子吴应熊，成了满汉联姻的一枚棋子（司棋），成了羁縻算计汉族藩王的算盘珠。

探春隐射孝庄下嫁多尔衮后亲生的第四位女儿，是多尔衮唯一的亲骨肉。

惜春是定南王孔有德的女儿，被孝庄皇太后收为义女，在皇宫里都称她为"四姑娘"。她是顺治皇帝同母异父的亲妹妹，所以说是"宁府珍爷（贾珍顺治皇帝）之胞妹（孔四贞）"。贾珍珠宝玉都是孔四贞的同父异母兄长。

"上一辈的，却也是从兄弟而来的。现有对证：目今你贵东家林公之夫人，即荣府中赦、政二公之胞妹，在家时名唤贾敏。不信时，你回去细访可知。"雨村拍案笑道："怪道这女学生读至凡书中有'敏'字，皆念作'密'字，每每如是，写字遇着'敏'字，又减一二笔，我心中就有些疑惑。今听你说的，是为此无疑矣。怪道我这女学生言语举止另是一样，不与近日女子相同，度其母必不凡，方得其女，今知为荣府之孙，又不足罕矣，可伤上月竟亡故了。"子兴叹道："老姊妹四个，这一个是极小的，又没了。长一辈的姊妹，一个也没了。只看这小一辈的，将来之东床如何呢。"

《清史稿》云，孝庄"女三，下嫁弼尔塔哈尔、色布腾、铿吉尔格"。此处的贾敏即指孝庄第三女，下嫁科尔沁蒙古的铿吉尔格者。布木布泰接连为皇太极生下三个女儿。天聪三年（1629年）生皇四女，后来封为固伦雍穆长公主；天聪六年（1632年）生皇五女，后来封为固伦淑慧长公主；次年（1633年）又生下皇七女，后来受封为固伦端献长公主。三位公主，成年后分别嫁与蒙古贵族弼尔塔哈尔、色布腾和铿吉尔格。顺治皇帝的第二位皇后博尔济吉特氏是孝庄皇太后娘家的侄孙女，又是亲外孙女。她是铿吉尔格与固伦端献长公主的女儿。

"子兴叹道：'老姊妹四个，这一个是极小的，又没了。'"——这句话中，重要的是"老姊妹四个"。在历史档案中，孝庄皇太后与皇太极只有三个亲生的女儿，而按《红楼梦》的说法，孝庄皇太后与多尔衮成婚后一年，即顺治七年八月初三生了一个女儿（贾探春与巧姐儿），于是成了"老姊妹四个，这一个是极小的"。

读者是相信《清史稿》呢？还是相信《红楼梦》？如果相信《清史稿》，那么孝庄一生中只与皇太极生过三个女儿。如果相信《红楼梦》，那么孝庄除了与皇太极生过三个女儿之外，还与多尔衮生过一个女儿。

新皇后（小博尔济吉特氏）与追封"端敬"的皇后董鄂氏，第一次正式入宫，要举行接见或册封仪式，不能直接进坤宁宫（小博尔济吉特氏袭人住的怡红院）或承乾宫（董鄂氏皇贵妃林黛玉住的潇湘馆），必须先进礼仪殿——交泰殿。交泰殿是三间四方形的建筑，清朝册封皇后或皇后诞辰等，均在此举行仪式。所以，林黛玉（小博尔济吉特氏皇后与董鄂氏皇贵妃）正式进宫，必须先来到交泰殿，觐见贾母（孝庄皇太后）。

顺治新皇后小博尔济吉特氏的出身与孝庄的血缘关系，完全符合《红楼梦》里贾母与林黛玉的关系：她的父亲绰尔济是孝庄皇太后的哥哥吴克善之子。她的母亲是孝庄皇太后的女儿固伦端献长公主。她既是孝庄的侄孙女，又是外孙女，现在又是孝庄的儿媳妇，可谓亲上加亲。不过错了辈分：顺治皇帝福临是她的亲舅父。所以第二回里说：林黛玉小博尔济吉特氏的母亲"贾氏"固伦端献长公主，是孝庄"贾母"的女儿，即林黛玉是贾母的外孙女，这是完全符合历史事实的。

《红楼梦》将三十一岁入主北京的孝庄皇太后、江南才女董鄂氏皇贵妃的经历及文化素养，与小博尔济吉特氏新皇后与孝庄的血缘关系结合在一起，创作出林黛玉这个三位一体的小说人物。

由此可见，林黛玉进荣国府，蕴涵了多么丰富的历史内容！

第三回中"鬓发如银"的贾母隐射老年的孝庄，王夫人隐射中年的孝庄，王熙凤隐射崇德与顺治两个时期的孝庄，还隐射被顺治皇帝废黜的第一位皇后——孝庄王夫人的内侄女博尔济吉特氏。林黛玉同时隐射顺治的小博尔济吉特氏新皇后与董鄂氏皇贵妃（死后被顺治追封为"端敬"皇后）。

《红楼梦》采用时间与空间压缩法、历史人物的分身与合身法，将崇德、顺治两代皇帝（皇太极与福临）的四个皇后（孝庄文皇后、清世祖废皇后、孝惠章皇后、追封的孝献端敬皇后）集于一堂，读者不容易读懂《红楼梦》，就是因为作者使用了人物重叠、故事重复的模糊写法。第三回：

只见一个丫鬟来回："老太太那里传晚饭了。"王夫人忙携黛玉从后房门（乾清宫东小院昭仁殿的后门）由后廊往西（指乾清宫后面向西的路），出了角门（乾清宫大院西墙的长寿右门，在交泰殿正西方位），是一条南北宽夹道（乾清宫西面的南北宽夹道，即西一长街）。南边是倒座三间小小的抱厦厅（慈宁宫正北有三个小殿院落，为东宫殿、中宫殿、西宫殿，都是小殿小院落。废皇后静妃的艺术化身王熙凤，就住在中宫殿的小院里），（该（小院

❖ 大观园里的替身——《红楼梦》索隐之二

北边立着一个粉油大影壁，后有一半大门，小小一所房室。王夫人笑指向黛玉道："这是你凤姐姐的屋子（慈宁宫后的中宫殿），回来你好往这里找他来，少什么东西，你只管和他说就是了。"这院门上也有四五个才总角的小厮（小太监），都垂手侍立。王夫人遂携黛玉穿过一个东西穿堂（现存大佛堂，王夫人一行由北往南走），便是贾母的后院了（慈宁宫后院）。于是，进入后房门（慈宁宫后门），已有多人在此伺候，见王夫人来了，方安设桌椅。

王夫人携黛玉（两个皇后的化身）从自己的住处（乾清宫东边的昭仁殿）到贾母（老年孝庄）住处（慈宁宫）所走的路线，是《红楼梦》主要人物活动的生命线，是《红楼梦》描写顺治年间清皇宫的直接证据。

王夫人隐射顺治十一年以后的孝庄皇太后，当时她的第二位丈夫多尔衮已经死了四年多了，儿子顺治废黜了第一位皇后，现在又娶了第二位皇后，接着又娶了一位皇贵妃。孝庄刚入北京时她的姑姑孝端皇太后居住慈宁宫，她居住坤宁宫，顺治被单独闭锁在养心殿，母子几个月才准见一次面。孝端死了以后，顺治也长大了，大婚后皇后居住在坤宁宫，孝庄则搬进了慈宁宫。

从坤宁宫到慈宁宫有一条便道，经坤宁宫西边的长寿右门出去，是一条南北方向的宽夹道，即西一长街。顺路向南二十米，经龙光门向西，拐进一条东西夹道，途经永寿门前、启祥门前、春华门前，就到达慈宁宫大院的北墙外。从后门进慈宁宫，须从中宫殿穿过，首先是一个倒座三间的抱厦厅，迎面是一个粉油大影壁，其南就是中宫殿。穿过一个小院落（王熙凤小院），出小院就是现存的东西穿堂大佛堂。穿过大佛堂就是慈宁宫后院。从后门可以进入慈宁宫。王夫人携林黛玉走的正是这条路线。这是《红楼梦》记载的皇宫"西线"。

贾珠（顺治）之妻李氏捧饭，熙凤安箸，王夫人进羹。贾母正面榻上独坐，两边四张空椅，熙凤忙拉了黛玉在左边第一张椅上坐了（新皇后之位），黛玉十分推让。贾母笑道："你舅母你嫂子们不在这里吃饭。你是客，原应如此坐的。"黛玉方告了座，坐了。贾母命王夫人坐了。迎春姊妹三个告了座方上来。迎春便坐右手第一，探春左第二，惜春右第二。旁边丫鬟执着拂尘、漱盂、巾帕。李、凤二人立于案旁布让。外间伺候之媳妇丫鬟虽多，却连一声咳嗽不闻。寂然饭毕，各有丫鬟用小茶盘捧上茶来。当日林如海教女以惜福养身，云饭后务待饭粒咽尽，过一时再吃茶，方不伤脾胃。今黛玉见了这里许多事情不合家中之式，不得不随的，少不得一一改过来，因而接了茶。

"贾珠之妻李氏捧饭"——李纨隐射顺治康妃佟佳氏，即康熙皇帝的母亲。"贾珠"隐射死于天花的顺治皇帝，贾宝玉隐射后来要削发出家的顺治皇帝。

"熙凤安箸"——王熙凤隐射顺治的废皇后，孝庄娘家的"内侄女"，不认识汉字的"泼皮破落户"博尔济吉特氏，当时已被贬为静妃。

"王夫人进羹"——王夫人隐射下嫁贾政多尔衮的孝庄，在家里按家法，乃是摄政王夫人。在顺治十一年，王夫人与贾母都隐射孝庄皇太后，但在顺治元年刚入主北京的时候，贾母隐射孝端皇太后，而王夫人隐射与多尔衮事实婚姻关系的摄政王夫人。

"贾母正面榻上独坐"——贾母隐射"母仪天下"的孝端或孝庄皇太后的法定身份。在顺治十一年，她只隐射孝庄皇太后，因为孝端在顺治六年四月已经去世了。

"黛玉在左边第一张椅上坐了"——很有讲究。林黛玉无论隐射新皇后小博尔济吉特氏，还是隐射顺治追封的——"端敬"皇后董鄂氏，都应该坐"左边第一张"椅子。

"迎春便坐右手第一"——迎春隐射皇太极的十四格格和硕公主，她不是孝庄的亲女儿，所以被写成贾赦（皇太极）的女儿。后来嫁给中山狼孙绍祖（吴三桂的大公子吴应熊），当然应该"坐右手第一"。

"探春左第二"——探春是多尔衮的女儿，后下嫁察哈尔蒙古，是"王妃"，所以探春自然应该坐在"左第二"，因为"左边第一张椅上"坐着有两位皇后身份的林黛玉。

"惜春右第二"——惜春是贾家四春之四，隐射定南王孔有德（贾敬）的女儿孔四贞（与史湘云、带发修行的妙玉是一个人，可谓三位一体），自然坐"右第二"。

"李，凤二人立于案旁布让"——此乃本段最重要的一句话，画龙点睛地交代了这次家宴的地点、时间与事件。地点是孝庄皇太后的慈宁宫。时间在顺治废黜第一位皇后博尔济吉特氏之后。隐射的历史事件：顺治迎娶新皇后小博尔济吉特氏，她是吴克善大儿子的女儿，孝庄娘家的侄孙女，又是亲外孙女。李纨隐射名分仅为康妃的汉族人佟佳氏，凤姐隐射被贬黜的名分更低的静妃博尔济吉特氏，所以"李，凤二人"只有"立于案旁布让"的资格，而不能与之平起平坐。

"饭后务待饭粒咽尽，过一时再吃茶，方不伤脾胃"——蒙古族吃牛羊肉与奶酪之后，再喝"茶砖"茶帮助消化，否则会"伤脾胃"。小博尔济吉特氏进了北京的宫殿，不大吃肉奶之类了，当然"少不得一一改过来"了。因为这是孝庄皇太后在慈宁宫为新皇后专设的家宴，所以庄严隆重，坐次分明，秩序井然，"外间伺候之媳妇丫鬟虽多，却连一声咳嗽不闻。寂然饭毕"。

黛玉只带了两个人来：一个是自幼奶娘王嬷嬷，一个是十岁的小丫头，亦是自幼随身的，名唤作雪雁。贾母见雪雁甚小，一团孩气，王嬷嬷又极老，料黛玉皆不遂心省力的，便将自己身边的一个二等丫头，名唤鹦哥者与了黛玉……当下，王嬷嬷与鹦哥陪侍黛玉在碧纱橱内。宝玉之乳母李嬷嬷，并大丫鬟名唤袭人者，陪侍在外面大床上。

"林黛玉"的"林"字，有隐射她代表布木布泰孝庄两个儿媳妇之意。此处的"黛玉"并不隐射董鄂氏，而是隐射新皇后小博尔济吉特氏。"自幼奶娘王嬷嬷"，指明是蒙古王爷家的奶妈。"雪雁"指明来自蒙古雪域草原之意。"王嬷嬷"与"雪雁"，就限定了此处的"林黛玉"，隐射来自科尔沁的小博尔济吉特氏新皇后。袭人乃薛宝钗之副，隐射顺治的新皇后。

"原来……是贾母之婢"，隐射袭人博尔济吉特氏原是孝庄的外孙女。"遂与了宝玉"，隐射孝庄因"宝玉之婢无竭力尽忠之人"（暗示原皇后博尔济吉特氏与顺治夫妻不和），又将亲外孙女给顺治做了新皇后。

由此可见，袭人、黛玉同时隐射小博尔济吉特氏新皇后，所以她们几乎同时来到贾宝玉顺治身边，同一天生日，像是一个女人。但袭人仅隐射小博尔济吉特氏新皇后，黛玉还隐射董鄂氏等，宝钗还隐射博尔济吉特氏前皇后，他们又是三个女人。一个是新皇后（袭人），一个是死后追封的皇后（黛玉），一个是前皇后（宝钗）。

明故宫后宫修葺一新（大观园）之后，大家都住进了自己的宫院里。袭人住怡红院（坤宁宫），黛玉住潇湘馆（承乾宫），宝钗住蘅芜院（杜蘅等杂草丛生的荒芜的冷宫)。

　　按职务与感情分,小博尔济吉特氏新皇后(袭人)距离贾宝玉顺治最近,董鄂氏皇贵妃(黛玉)距离贾宝玉顺治也较近,博尔济吉特氏前皇后"静妃"(宝钗)距离贾宝玉顺治最远。《红楼梦》对远近亲疏写得一丝不苟。

　　袭人与薛宝钗,一副一正,在《红楼梦》三层楼的三个舞台上表演得最充分,演技也最好。在一层艺术舞台上,袭人演小侍妾,宝钗演少奶奶。在二层历史舞台上,袭人演顺治的新皇后博尔济吉特氏,宝钗串演顺治的废皇后博尔济吉特氏(静妃),还表演宸妃与皇太极两口子,又与林黛玉合演孝庄。在三层政治舞台上,袭人演满清皇帝的龙袍——龙衣="袭",宝钗演后金的传国金玺——金锁。袭人与宝钗都变成了纯粹的政治概念。

第二节　黛玉葬花

　　顺治十五年正月,董鄂氏(林黛玉)生的皇四子被顺治皇帝(贾宝玉)破例晋封为荣亲王,并宣布为"朕第一子",还为此"大赦天下"——等于向朝野暗示,皇四子就是太子了。孝庄皇太后对此"不置一词"。这暴露了孝庄蒙古后党与顺治满汉帝党的矛盾。

　　但未过"百岁"的皇四子荣亲王忽然原因不明地死了(变成了"花魂"),朝野一片狐疑。有资料记载是蒙古嫔妃谨贵人(金钏儿)博尔济吉特氏——废皇后静妃(薛宝钗)的妹妹有意害死的。还有资料认为这是孝庄皇太后(王夫人、王熙凤)预谋的,旨在扫除满族妃子对蒙古后党地位的威胁。

　　传言云:谨贵人(金钏儿)向康妃佟佳氏(李纨)游说,企图加害荣亲王四阿哥("花魂")。因为顺治皇帝宣布四阿哥为"朕第一子",粉碎了皇三子玄烨做储君的可能性。康妃佟佳氏(李纨——"人生莫受老来贫,也须要阴骘积儿孙。")于心不忍。谨贵人(金钏儿)表示:宁可近支宗派继位,也不能让董鄂氏(林黛玉)的儿子(第二个男孩儿)当太子!

　　皇三子玄烨(贾兰、巧哥儿)正在出痘,按宫里的规矩,只有生母(李纨、凤姐)可以探视。康妃佟佳氏带领几名宫女往西华门外福佑寺看望,宫女中就有化了装的谨贵人(金钏儿)。谨贵人没有自己的宫殿,一直住在康妃

◆ 大观园里的替身——《红楼梦》索隐之二

佟佳氏的景仁宫（稻香村）里。她将三阿哥玄烨（贾兰）的衣物玩具带到承乾宫（潇湘馆），给了董鄂氏（林黛玉）的四阿哥。两三天后，四阿哥（"花魂"）浑身发热，染上了天花。

顺治十五年（1658年）正月，皇四子（"花魂"）莫明其妙地夭殇。太医宣布董鄂妃已失去生育能力（"明年花发虽可啄，却不道人去梁空巢也倾"）。

第九十七回有一段令人深思的文字：

只见黛玉（董鄂妃）微微睁眼，看见贾母在他旁边，便喘吁吁的说道："老太太！你白疼了我了。"贾母（孝庄）一闻此言，十分难受，便道："好孩子，你养着罢！不怕的。"黛玉微微一笑，把眼又闭上了。外面丫头进来回凤姐道："大夫来了。"于是大家略避。王大夫同着贾琏进来，诊了脉，说道："尚不妨事。这是郁气伤肝，肝不藏血，所以神气不定。如今要用敛阴止血的药，方可望好。"王大夫说完，同着贾琏出去开方取药去了。贾母（孝庄）看黛玉神气不好，便出来告诉凤姐（孝庄）等道："我看这孩子的病，不是我咒他，只怕难好。你们也该替他预备预备，冲一冲，或者好了，岂不是大家省心？就是怎么样，也不至临时忙乱。咱们家里这两天正有事呢。"凤姐儿答应了。贾母又问了紫鹃（庶妃董鄂氏）一回，到底不知是那个说的。贾母心里只是纳闷，因说："孩子们从小儿在一处儿玩，好些是有的。如今大了，懂的人事，就该要分别些，才是做女孩儿的本分，我才心里疼他。若是他心里有别的想头（当皇后），成了什么人了呢，我可是白疼了他了。你们说了，我倒有些不放心。"因回到房中，又叫袭人（孝惠章皇后）来问，袭人仍将前日回过王夫人（孝庄）的话并方才黛玉（董鄂氏皇贵妃）的光景述了一遍。贾母（孝庄）道："我方才看他却还不至糊涂。这个理我就不明白了！咱们这种人家，别的事自然没有的，这心病也是断断有不得的。林丫头若不是这个病呢，我凭着花多少钱都使得，就是这个病（想当皇后），不但治不好，我也没心肠了。"

……李纨（康妃佟佳氏）连忙出来，只见紫鹃（庶妃董鄂氏）在外间空床上躺着，颜色青黄，闭了眼，只管流泪，那鼻涕眼泪把一个砌花锦边的褥子已湿了碗大的一片。李纨连忙唤他，那紫鹃才慢慢的睁开眼，欠起身来。李纨道："傻丫头，这是什么时候，且只顾哭你的。林姑娘（董鄂氏皇贵妃）的衣裘，还不拿出来给他换上，还等多早晚呢？难道他个女孩儿家，你还叫他失身露体，精着来，光着去吗？"紫鹃听了这句话，一发止不住痛哭起来。李纨一面也哭，一面着急，一面拭泪，一面拍着紫鹃的肩膀说："好孩子！你把我的心都哭乱了！快着收拾他的东西罢，再迟一会子就了不得了。"

这个情节，力透纸背，入木三分。

孝庄皇太后（贾母）对董鄂氏皇贵妃（林黛玉）的态度是冷若冰霜的。康熙皇帝的母亲康妃佟佳氏（李纨）对董鄂氏皇贵妃的死，表现出真挚的同情："难道他个女孩儿家，你还叫他失身露体，精着来，光着去吗？"——第五回判词云："虽说是，人生莫受老来贫，也须要阴骘积儿孙。"

"好孩子！你把我的心都哭乱了！快着收拾他的东西罢，再迟一会子就了不得了。"——这是董鄂氏皇贵妃（林黛玉）在人间听到的最后的声音。她以弟媳妇的身份，怀着顺治皇帝的孩子，趁着夜色灰溜溜从后门入宫的时候（尤二姐），寄宿在康妃佟佳氏（李纨）的景仁宫一年有余，受到过这位大嫂子的多方关照。五年后，当她撒手人寰的时刻，他倾心钟爱的顺治皇帝，并不在身边，守在她身边的人仍然是这位汉族大姐姐。

董鄂妃连续死了两个孩子，引出了林黛玉的两首诗：《哭花荫》、《葬花吟》。《葬花吟》中花魂与鸟魂隐射那两个"鸟魂无言"（流产男胎像无毛的小鸟）与"花魂自羞"（早夭儿子像枯萎自闭的羞花）的孩子。《哭花荫》里哭的也是"花魂与鸟魂"。第二十六回：

……越想越伤感起来，也不顾苍苔露冷，花径风寒，独立墙角边花阴之下，悲悲戚戚呜咽起来。

原来这林黛玉秉绝代姿容，具希世俊美，不期这一哭，那附近柳枝花朵上的宿鸟栖鸦一闻此声，俱忒楞楞飞起远避，不忍再听。真是：

花魂（四阿哥）默默无情绪，鸟梦（流产儿）痴痴何处惊。

因有一首诗道：

颦儿（林黛玉小襄妃子）才貌世应希，独抱幽芳（爱上皇帝大伯）出绣闺；呜咽一声犹未了（痛心疾首一大哭），落花（四阿哥）满地鸟（流产儿）惊飞。

除了母亲痛哭夭折的儿子，世界上没有十几岁的女孩，有如此复杂痛苦的感情，"只听山坡那边有呜咽之声，一行数落着，哭的好不伤感"。失恋的女孩子也会哭，但不是这个哭法。况且，当时的林黛玉并没有失恋，情侣贾宝玉不是天天跟在屁股后面赔礼道歉吗？——林黛玉绝对不是为失恋而哭，也不是为情敌的得宠而哭，因为贾宝玉赌咒发誓地说自己只爱林妹妹。一个女人死了儿子，才会如此撕心裂肺地哭泣。

第二十七回《滴翠亭杨妃戏彩蝶　埋香冢飞燕泣残红》的标题就极为醒目，一个女人为复辟而愉快地"戏彩蝶"，一个女人为死葬儿子而痛苦地"泣残红"。此事发生在顺治十五年"四月二十六日"：

（宝玉）因低头看见许多凤仙石榴等各色落花，锦重重的落了一地，因叹道："这是他心里生了气，也不收拾这花儿来了。待我送了去，明儿再问着他。"说着，只见宝钗约着他们往外头去。宝玉道："我就来。"说毕，等他二人去远了，便把那花兜了起来，登山渡水，过树穿花，一直奔了那日同林黛玉葬桃花的去处来。将已到了花冢（儿冢），犹未转过山坡，只听山坡那边有呜咽之声，一行数落着，哭的好不伤感。宝玉心下想道："这不知是那房里的丫头，受了委曲，跑到这个地方来哭。"一面想，一面煞住脚步，听他哭道是……

董鄂妃（林黛玉）虽是二婚女人（小襄妃子），仍有当皇后的奢望与可能，因为皇帝（贾宝玉）情有独钟，但孝庄皇太后（贾母）还是让自己的侄孙女与外孙女为新皇后（袭人），并且恢复了静妃的地位（长春宫主位）。所以她抱怨说："三月香巢已垒成，梁间燕子太无情！"

董鄂妃觉得在宫里难熬，儿子刚死，太后就为晋升"长春宫主位"的亲侄女（"十五岁的薛宝钗"）祝寿庆贺。这只是庆祝侄女复位吗？难道不是在庆祝荣亲王四阿哥的夭折吗？如果不是如此，长春宫主位在顺治与董鄂妃祭奠儿子（埋香冢）的日子，至于高兴得"戏彩蝶"吗？这年四月二十六日是芒种节，"尚古风俗：凡交芒种节的这日，都要设摆各色礼物，祭饯花神，言芒种一过，便是夏日了，众花皆卸，花神退位，须要饯行"——在顺治皇帝的心里，董鄂氏皇贵妃就是后宫的"花神"。林黛玉董鄂氏了解自己患了功能性子宫出血的慢性贫血症，太医说不可能生育了，但小命能保住吗？董鄂妃在后宫的处境，难道不是"一年三百六十日，风刀霜剑严相逼"吗？"风刀霜剑"难道只是在写一个表妹的失恋吗？

董鄂妃想与儿子一起去死，但害怕违反宫规，更无葬身之地，还是体面地埋葬了儿子为好："愿奴胁下生双翼，随花飞到天尽头。天尽头，何处有香丘？未若锦囊收艳骨，一净土掩风流。"董鄂妃怀疑皇帝感情的专一与持久，废皇后（薛宝钗）复位了，新皇后（袭人）恢复了"中宫笺表"，皇帝对孔四贞（史湘云）也藕断丝连。她对未来毫无信心，因为自己的美貌不过为一时的春花："试看春残花渐落，便是红颜老死时。一朝春尽红颜老，花落人亡两不知！"——真是一语成谶。

一场人间悲剧，在后庭深宫内悄然化为乌有。在皇四子仙逝时，孝庄皇太后降谕："（对皇后）如旧制封进。"在这场历时几年的后妃母子的争斗中，真正遭受无情打击的是董鄂妃，她失掉了爱子和半条命。至于孝庄皇太后，每日在慈宁宫后的大佛堂里参禅礼佛，她知道董鄂妃不可能再次受孕生子，死神在向她招手！"春恨秋悲皆自惹，花容月貌为谁妍。"

孝庄皇太后对董鄂氏的态度，进入《红楼梦》就表现为贾母、王夫人对林黛玉晚期病情的冷漠态度。两个儿子夭折，自己身患绝症，再无生育能力，太后视如仇敌，皇帝有情无心。除了死，潇湘妃子董鄂氏还有生路吗？

第三节　痴女儿遗帕惹相思

林红玉与林黛玉皆隐射董鄂氏，都是"痴女儿"。贾芸与贾宝玉皆隐射亲政前后的顺治皇帝，都是"痴道人"。贾芸与林红玉的故事，隐写顺治皇帝与董鄂氏初识后的倾慕与思恋。这段风流佳话，分别写在贾芸与林红玉、贾宝玉与林黛玉，还有贾琏与尤二姐三对男女身上。

从顺治十一年二月八日初次偷情，到顺治十三年八月册封为贤妃，董鄂氏与顺治皇帝并不能随心所欲地相爱，经历过一段名不正而言不顺的尴尬阶段。这为期两年的感情纠葛，在《红楼梦》里很难写成贾宝玉与林黛玉的故事，于是出现了贾宝玉、贾芸、贾琏与林黛玉、林红玉、尤二姐的六人双簧戏——按时间先后，分段描写了顺治与弟媳妇从初试云雨、倾慕相思，偷娶寄居到后门入宫的全过程。第二十四回：

> 话说红玉心神恍惚，情思缠绵，忽朦胧睡去，遇见贾芸要拉他，却回身一跑，被门槛绊了一跤，唬醒过来，方知是梦。因此翻来覆去，一夜无眠。至次日天明，方才起来，就有几个丫头子来会他去打扫房子地面，提洗脸水。这红玉也不梳洗，向镜中胡乱挽了一挽头发，洗了洗手，腰内束了一条汗巾子，便来打扫房屋。谁知宝玉昨儿见了红玉，也就留了心。若要直点名唤他来使用，一则怕袭人等寒心；二则又不知红玉是何等行为，若好还罢了，若不好起来，那时倒不好退送的。因此心下闷闷的，早起来也不梳洗，只坐着出神。一时下了窗子，隔着纱屉子，向外看的真切，只见好几个丫头在那里扫地，都擦胭抹粉，簪花插柳的，独不见昨儿那一个。宝玉便了鞋晃出了房门，只装着看花儿，这里瞧瞧，那里望望，一抬头，只见西南角上游廊底下栏杆上似有一个人倚在那里，却恨面前有一株海棠花遮着，看不真切。只得又转了一步，仔细一看，可不是昨儿那个丫头在那里出神。待要迎上去，又不好去的。

贾芸与贾宝玉皆隐射顺治皇帝。他看中了董鄂氏，想纳为妃子，但因她是弟媳妇，仍然有些顾虑。这是顺治十一年二月八日初次偷情以后的情景。董鄂氏极想成为顺治的皇妃，顺治皇帝极想纳董鄂氏为妃子。当时除太监吴良辅之外，连皇太后都不知道。顺治十二年五月董鄂氏入宫后，顺治皇帝想宠幸她，但因为没有名分，无法宣招，两个人还是干着急。第二十六回：

> 且说近日宝玉（顺治）病的时节，贾芸（顺治）带着家下小厮坐更看守，昼夜在这里，那红玉（林黛玉董鄂氏）同众丫鬟也在这里守着宝玉，彼此相见多日，都渐渐混熟了。那红玉见贾芸手里拿的手帕子（即林黛玉的那块手帕子），倒象是自己从前掉的，待要问他，又不好问的。不料那和尚道士来过，用不着一切男人，贾芸仍种树去了（顺治皇帝念书去了）。这件事待要放下，心内又放不下，待要问去，又怕人猜疑，正是犹豫不决神魂不定之际，忽听窗外问道："姐姐在屋里没有？"红玉闻听，在窗眼内望外一看，原来是本院的个小丫头名叫佳蕙的，因答说："在家里，你进来罢。"佳蕙听了跑进来，就坐在床上，笑道："我好造化！才刚在院子里洗东西，宝玉叫往林姑娘那里送茶叶，花大姐姐交给我送去。可巧老太太那里给林姑娘送钱来，正分给他们

的丫头们呢。见我去了，林姑娘就抓了两把给我，也不知多少。你替我收着。"便把手帕子打开，把钱倒了出来，红玉替他一五一十的数了收起。

写贾芸就是写贾宝玉，写林红玉就是写林黛玉。这是在写当时社会常见的现象：先结婚（此处是先奸后娶）后恋爱。

"林姑娘就抓了两把（钱）给"佳蕙，佳蕙转手给了红玉，"红玉替他一五一十的数了收起"——林姑娘、佳蕙、红玉，乃一人耳。贾宝玉顺治皇帝曾经口没遮拦地说："什么秽香烂气的，别辱没了好名好姓的。"——挑明"潇湘妃子"原来是二婚头

佳蕙道："你这一程子心里到底觉怎么样？依我说，你竟家去住两日，请一个大夫来瞧瞧，吃两剂药就好了。"红玉道："那里的话，好好的，家去作什么！"佳蕙道："我想起来了，林姑娘生的弱，时常他吃药，你就和他要些来吃，也是一样。"红玉道："胡说！药也是混吃的。"佳蕙道："你这也不是个长法儿，又懒吃懒喝的，终久怎么样？"红玉道："怕什么，还不如早些儿死了倒干净！"佳蕙道："好好的，怎么说这些话？"红玉道："你那里知道我心里的事！"

写林红玉得了相思病，就是写林黛玉得了相思病。所以林姑娘的药，林红玉也吃得。"家去做什么！"——董鄂氏已经无脸回家。"还不如早些儿死了倒干净！"——这是董鄂氏真实的想法。

红玉听了冷笑了两声，方要说话，只见一个未留头的小丫头子走进来，手里拿着些花样子并两张纸，说道："这是两个样子，叫你描出来呢。"说着向红玉掷下，回身就跑了。红玉向外问道："倒是谁的？也等不得说完就跑，谁蒸下馒头等着你，怕冷了不成！"那小丫头在窗外只说得一声："是绮大姐姐的。"抬起脚来咕咚咕咚又跑了。红玉便赌气把那样子掷在一边，向抽屉内找笔，找了半天都是秃了的，因说道："前儿一枝新笔，放在那里了？怎么一时想不起来。"一面说着，一面出神，想了一会方笑道："是了，前儿晚上莺儿拿了去了。"便向佳蕙道："你替我取了来。"佳蕙道："花大姐姐还等着我替他抬箱子呢，你自己取去罢。"红玉道："他等着你，你还坐着闲打牙儿？我不叫你取去，他也不等着你了。坏透了的小蹄子！"说着，自己便出房来，出

了怡红院,一径往宝钗院内来。

林红玉董鄂氏虽然入了宫,因为没有名分,谁都可以任意驱使她,而无人听她使唤。

一时,只见一个小丫头子跑来,见红玉站在那里,便问道:"林姐姐,你在这里作什么呢?"红玉抬头见是小丫头子坠儿。红玉道:"那去?"坠儿道:"叫我带进芸二爷来。"说着一径跑了。这里红玉刚走至蜂腰桥门前,只见那边坠儿引着贾芸来了。那贾芸一面走,一面拿眼把红玉一溜;那红玉只装着和坠儿说话,也把眼去一溜贾芸:四目恰相对时,红玉不觉脸红了,一扭身往蘅芜院去了。不在话下。

贾芸"拿眼把红玉一溜",红玉"也把眼去一溜贾芸:四目恰相对时,红玉不觉脸红了"——皇帝与宫中没有名分女人的所谓爱情,只能偷偷摸摸,眉目传情。

说着,只见有个丫鬟端了茶来与他。那贾芸口里和宝玉说着话,眼睛却溜瞅那丫鬟:细挑身材,容长脸面,穿着银红袄儿,青缎背心,白绫细折裙。——不是别个,却是袭人(顺治新皇后)。那贾芸自从宝玉病了几天,他在里头混了两日,他却把那有名人口认记了一半。他也知道袭人在宝玉房中比别个不同,今见他端了茶来,宝玉又在旁边坐着,便忙站起来笑道:"姐姐怎么替我倒起茶来。我来到叔叔这里,又不是客,让我自己倒罢。"宝玉道:"你只管坐着罢。丫头们跟前也是这样。"贾芸笑道:"虽如此说,叔叔房里姐姐们,我怎么敢放肆呢。"一面说,一面坐下吃茶。

那宝玉便和他说些没要紧的散话。又说道谁家的戏子好,谁家的花园好,又告诉他谁家的丫头标致,谁家的酒席丰盛,又是谁家有奇货,又是谁家有异物。那贾芸口里只得顺着他说,说了一会,见宝玉有些懒懒的了,便起身告辞。宝玉也不甚留,只说:"你明儿闲了,只管来。"仍命小丫头子坠儿送他出去。

这段双簧戏似乎不知所云,却透漏了一个重要信息——顺治皇帝即使在自己的皇宫里,也不能与心爱的女人卿卿我我。碍于祖制与礼法,宝玉与贾芸两个演员也觉得很别扭,尽"说些没要紧的散话"。

原来上月贾芸进来种树之时,便拣了一块罗帕,便知是所在园内的人失落的,但不知是那一个人的,故不敢造次。今听见红玉问坠儿,便知是红玉的,心内不胜喜幸。又见坠儿追索,心中早得了主意,便向袖内将自己的一块取了出来,向坠儿笑道:"我给是给你,你若得了他的谢礼,不许瞒着我。"坠儿满口里答应了,接了手帕子,送出贾芸,回来找红玉,不在话下。

贾芸与红玉之间关于一块罗帕的故事,与宝玉与黛玉关于罗帕的故事,是二是一也。

如今且说宝玉(顺治)打发了贾芸(顺治)去后,意思懒懒的歪在床上,似有朦胧之态。袭人(新皇后)便走上来,坐在床沿上推他,说道:"怎么又要睡觉?闷的很,你出去逛逛不是?"宝玉见说,便拉他的手笑道:"我要去,只是舍不得你(顺治言不由衷)。"袭人笑道:"快起来罢!"一面说,一面拉了宝玉起来。宝玉道:"可往那去呢?怪腻腻烦烦的。"袭人道:"你出去了就好了。只管这么葳蕤,越发心里烦腻。"

此处贾芸与宝玉在联合表演同一个故事。第二次大婚之后,顺治对新皇后仍不满意,因为她不懂汉学,没有文化,最多算一个伺候自己生活起居的大丫头。顺治心里思念知音,就是江南才女董鄂氏。见不到近在咫尺却不能日夕相守的女人,顺治皇帝就"意思懒懒的","怪腻腻烦烦的",新皇后越关心他,他就"越发心里烦腻"。

说着,顺着脚一径来至一个院门前,只见凤尾森森,龙吟细细。举目望门上一看,只见匾上写着"潇湘馆"三字。宝玉信步走入,只见湘帘垂地,悄无人声。走至窗前,觉得一缕幽香从碧纱窗中暗暗透出。宝玉便将脸贴在纱窗上,往里看时,耳内忽听得细细的长叹了一声道:"每日家情思睡昏昏。"宝玉听了,不觉心内痒将起来,再看时,只见黛玉在床上伸懒腰。宝玉在窗外笑道:"为甚么'每日家情思睡昏昏'?"一面说,一面掀帘子进来了。

林黛玉自觉忘情,不觉红了脸,拿袖子遮了脸,翻身向里装睡着了。宝玉才走上来要搬他的身子，只见黛玉的奶娘并两个婆子却跟了进来说："妹妹睡觉呢，等醒了再请来。"刚说着，黛玉便翻身坐了起来，笑道："谁睡觉呢。"那两三个婆子见黛玉起来，便笑道："我们只当姑娘睡着了。"说着，便叫紫鹃说："姑娘醒了，进来伺候。"一面说，一面都去了。

黛玉坐在床上，一面抬手整理鬓发，一面笑向宝玉道："人家睡觉，你进来作什么？"宝玉见他星眼微饧，香腮带赤，不觉神魂早荡，一歪身坐在椅子上，笑道："你才说什么？"黛玉道："我没说什么。"宝玉笑道："给你个榧子吃！我都听见了。"

二人正说话，只见紫鹃进来。宝玉笑道："紫鹃，把你们的好茶倒碗我吃。"紫鹃道："那里是好的呢？要好的，只是等袭人来。"黛玉道："别理他，你先给我舀水去罢。"紫鹃笑道："他是客，自然先倒了茶来再舀水去。"说着倒茶去了。宝玉笑道："好丫头，'若共你多情小姐同鸳帐，怎舍得叠被铺床？'"林黛玉登时撂下脸来，说道："二哥哥，你说什么？"宝玉笑道："我何尝说什么。"黛玉便哭道："如今新兴的，外头听了村话来，也说给我听；看了混账书，也来拿我取笑儿。我成了爷们解闷的。"一面哭着，一面下床来往外就走。宝玉不知要怎样，心下慌了，忙赶上来，"好妹妹，我一时该死，你别告诉去。我再要敢，嘴上就长个疔，烂了舌头。"

此情此景，乃顺治十二年夏，董鄂氏低调入宫初期的情况。林黛玉"每日家情思睡昏昏"，与林红玉"正是犹豫不决神魂不定之际"，是一个意思。因为没有名分，董鄂氏寄居在康妃佟佳氏的景仁宫，顺治皇帝来看望，听到她少妇思春的话头，也情欲难耐。

第四节　香菱

香菱与兼美、尤二姐、尤三姐、林黛玉、林红玉、彩霞七个演员一起，联合隐写董鄂氏皇贵妃在清皇宫的经历。

顺治皇帝霸占弟媳妇董鄂氏，用一乘小轿将董鄂氏抬进宫。于是"小襄妃子"成了"潇湘妃子"林黛玉。所以，书中突然冒出"薛蟠一眼看见林黛玉风流婉转，早酥倒在那里"这样一句没头没脑的话来。

这是含沙射影。这是告诉读者，薛蟠临时隐射顺治皇帝——此时的薛蟠如果继续代表吴三桂，他贸然闯进皇宫御花园，是要被杀头的。

薛蟠从冯渊手中夺取香菱，贾琏从张华手中夺娶尤二姐，贾宝玉热恋潇湘妃子（小襄亲王的福晋），冷二郎因误解尤三姐而削发出家，来旺儿倚势霸娶彩霞丫鬟，贾宝玉梦淫兼美，统统隐射顺治皇帝先奸后娶弟媳妇这一件事情。

草蛇灰线，伏脉千里。这就是第四回《葫芦僧乱判葫芦案》中薛蟠（顺治皇帝）为香菱（董鄂氏）打死冯渊（小襄亲王博穆博果尔）的另一个历史故事。让香菱、秦可卿蓉大奶奶、彩霞同时隐射董鄂氏大福晋，让冯渊、贾蓉、贾环共同隐射襄亲王博穆博果尔，让薛蟠、贾宝玉、来旺儿共同隐射霸占弟媳妇的顺治皇帝。如此一来，顺治皇帝就由文质彬彬的贾宝玉，变成了霸占弟媳妇、打死亲弟弟的呆霸王薛蟠了。

正反两面，一美一丑，一善一恶，顺治皇帝的真实形象就栩栩如生了。

说薛蟠隐射吴三桂，冯渊隐射李自成，香菱隐射陈圆圆，读者不难接受，因为正史、野史与传奇小说，有关资料，不胜枚举。但说薛蟠隐射顺治皇帝，冯渊隐射小襄亲王博穆博果尔，香菱隐射弟媳妇董鄂氏，让人很难理解。因为正史上没有记载，《清史稿》将襄亲王之死从顺治十二年篡改为顺治十三年，野史上又误传顺治皇帝与妓女董小宛的故事，真真假假，鱼目混珠。

《红楼梦》记录了真实的历史，而且用五个故事互相印证，给后人留下了足够的证据。

冯渊（小襄亲王博穆博果尔）先买了香菱（先娶董鄂氏为妻），薛蟠（顺治皇帝）后来强抢了香菱，还派人打死了冯渊，与《汤若望传》中的记载相合。张华（小襄亲王博穆博果尔）与尤二姐（董鄂氏）早订了亲，贾琏（顺治皇帝）娶了一个带"淫"字的二婚头（弟媳妇），凤姐（孝庄皇太后）派人务必要害死张华，与《汤若望传》中的记载也相符。而"张""华"二字，繁体都是十一划，表明是指顺治十一弟小襄亲王博穆博果尔。

书上说香菱长得与"东府里蓉大奶奶"秦可卿"一个品格儿"。又说"秦可卿"就是"兼美"，而将"乳名兼美字可卿者，许配于汝"。又说"那宝玉忙止歌姬不必再唱，自觉朦胧恍惚，告醉求卧。警幻便命撤去残席，送宝玉至一香闺绣阁之中，其间铺陈之盛，乃素所未见之物。更可骇者，早有一位女子在内,其鲜艳妩媚,有似乎宝钗,风流袅娜,则又如黛玉"。转弯抹角,说甄英莲、秦可卿与林黛玉都隐射小襄亲王妃子。

那薛老大(顺治皇帝)也是"吃着碗里看着锅里"的,这一年来的光景("一年后方圆的房"),他为要香菱不能到手,和姨妈(孝庄皇太后)打了多少饥荒。——董鄂氏入宫一年没有名分,寄居在康妃佟佳氏的景仁宫里。顺治皇帝为了给董鄂氏争取合法的妃子地位,与母亲孝庄皇太后进行了一年不屈不挠的斗争。此处的"香菱"隐射董鄂氏。

也因姨妈(孝庄皇太后)看着香菱(董鄂氏)模样儿好还是末则,其为人行事,却又比别的女孩子不同,温柔安静,差不多的主子姑娘也跟他不上呢,故此摆酒请客的费事,明堂正道的与他做了妾。——顺治十三年八月,孝庄又为皇帝儿子妥协,同意晋封董鄂氏为贤妃,至同年十二月孝庄皇太后再次对皇帝儿子妥协,董鄂氏晋封为皇贵妃。此处对香菱的评价,就是对董鄂氏的正面描写。

第四回《薄命女偏逢薄命郎》隐射三个皇帝的爱情纠葛。大顺皇帝李自成与后来的大周皇帝吴三桂争夺陈圆圆。顺治皇帝与十一弟博穆博果尔争夺董鄂氏。

就满汉战争而言,第一个故事为主;就皇帝皇妃的爱情而言,第二个故事为主。第四回中第二个故事的"薄命女"香菱指董鄂氏,"薄命郎"冯渊指顺治十一弟小襄亲王博穆博果尔。

第五节 焚稿断痴情

董鄂妃入宫五年余,顺治十七年(1660年)八月十九日,在后宫"风刀霜剑严相逼"的争斗中,耗尽了心血,在承乾宫内薨逝,年仅二十二岁。

顺治皇帝写道:"崩时言动不乱,端坐呼佛号,嘘气而化,颜貌安整,俨如平时。"死者意态安详,无法掩饰生者难以名状的悲愤。董鄂妃之死,真正的不幸者只有顺治皇帝。

董鄂妃病中,顺治帝宣诏天下,征求各地名医来京师为皇贵妃调治,派内外大臣,广祀百神,为皇贵妃祈祷,大赦天下十恶以外的罪犯,为皇贵妃祈福,并亲自往西山碧云寺礼佛,为皇贵妃祈祷。得知董鄂妃病危,顺治飞马从西山赶回皇宫。孝庄皇太后告诉他:"皇儿,你来晚了!她已经……"

顺治皇帝发出一声惨烈的哀号,仿佛有人在他心窝上捅了一刀,他朝天喷出一口鲜血,仰面一倒,失去了知觉——宝玉"如今从梦中听见说秦氏死了,连忙翻身爬起来,只觉心中似戳了一刀的不忍,哇的一声,直喷出一口血来"。

顺治皇帝醒过来,第一个念头就是自杀。他从腰间抽出短刀,然后掉转刀锋,刺向自己的咽喉。孝庄皇太后和孝惠章皇后都不顾身份地扑了上去。最靠近皇上的太监矫健地夺走了短刀。两个宫女抱住了他,使他动弹不得。自杀被拦住了,他如疯狂了一般,飞起一脚踢倒了身边的太监,大叫:"谁敢拦我,我叫他立地就死!我就是不想活了!……"他甩开众人,猛力撞向墙壁。太监、宫女一窝蜂地拥上去,一起摔倒在地上。孝庄皇太后不顾一切地冲到面前,哭着大叫道:"福临!你就先杀了我吧!"

后来的两天两夜,二十四名强壮的宫女、太监轮班昼夜看守皇上,防止他再行自杀。董鄂妃去世的当天,孝庄皇太后见皇帝死去活来,一切不顾,也深为动心,所以代皇帝传谕:"辍朝五日,亲王以下,满汉四品以上并公主、王妃等哭临。"

第九十八回描写了顺治十七年八月十九日顺治皇帝的真实情况。《苦绛珠魂归离恨天 病神瑛泪洒相思地》——"苦绛珠"隐射董鄂氏皇贵妃,如今死了。"病神瑛"隐射顺治皇帝,眼看也活不成了。

孝庄皇太后料定不会再有自杀的危险后,便答应儿子:但凡合理合礼,皇儿只管令行就是。顺治皇帝请求说:儿要以皇后之礼为她发丧。孝庄皇太后很为难:这是从来没有先例!孝惠章皇后明明在,董鄂氏明明是皇贵妃,要待以皇后之礼,这妥当吗?

顺治皇帝坚持己见:儿今万念俱灰,母后若不准儿所请,儿愿削发披缁入山学佛,不再参预人间之事了!在场的孝惠章皇后向皇太后说:董鄂妹妹侍奉皇上五年,贤孝和顺,实在能代儿妇之职,儿妇本有心以皇后之位相让,不想她竟仙逝……以皇后之礼丧葬,实在与儿妇初衷相合。朝中诸臣若有异议,可以儿妇本意晓谕。就是后世史臣,也不能将此举议为皇帝之过了……顺治皇帝十分感激。孝庄皇太后说:皇后既然体贴皇帝之心,不生妒忌,自己何必拂违皇后的好意呢?她让顺治皇帝把皇后的意思谕示朝廷诸臣。诏书可称奉皇太后的旨意。

次日，皇帝降谕礼部："奉皇太后懿旨：皇贵妃董鄂氏孝敬性成，淑仪素著，才德兼备，足毗内政。今忽尔薨逝，予心甚为轸惜，应追封为皇后，以示宠褒，钦此。朕谨遵慈命，追封皇贵妃董鄂氏为皇后，应行典礼尔部即议以闻。"

礼部不敢怠慢，在董鄂妃死后的第四天，便在停灵的承乾宫举行了隆重的追封典礼，追封董鄂妃为"端敬孝献"皇后。这个历史情节进入《红楼梦》，就是第十三回《秦可卿死封龙禁卫》与晴雯追封为芙蓉花神。董鄂妃尸骨火化后，"三十名太监与宫中女官，悉行赐死，免得皇妃在另一世界中缺乏服侍者"。

当日满蒙大员们抬着棺柩往承乾门移动，承乾宫的宫女、太监拦道痛哭，攀着棺木绳索，不许抬出宫去。福临看着这些哭得如丧考妣的奴婢，心里十分感慨，半晌无言。他非常和蔼地问："你们为什么拦路？"一名太监哭着回答："奴才们舍不得董鄂娘娘！"一个宫女惊惶地哭道："那还不如跟了她去呢！"

"哦，好丫头！朕想跟着她去而不得……好，你们暂且让开，朕有话对你们说！"宫女太监们不敢违命，棺柩终于顺利地出了承乾门。

茆溪森在承乾门外追上福临道："我佛大慈大悲，上天有好生之德，敢请朝廷免去多人殉葬。"福临说："殉葬乃国家旧俗，不然董皇后有何人服侍？况且，朕想随她同去，尚且不能，奴婢们自愿殉主，忠义可嘉，朕岂能不成全他们？"第十三回：

因忽又听得秦氏之丫鬟名唤瑞珠者，见秦氏死了，他也触柱而亡。此事可罕，合族人也都称叹。贾珍遂以孙女之礼殓殡，一并停灵于会芳园中之登仙阁。小丫鬟名宝珠者，因见秦氏身无所出，乃甘心愿为义女，誓任摔丧驾灵之任。贾珍喜之不尽，即时传下，从此皆呼宝珠为小姐。那宝珠按未嫁女之丧，在灵前哀哀欲绝。

瑞珠与宝珠的"珠"字，从王从朱。"王"，"三十"也。"朱"，鲜血也。"瑞"者，吉祥也。"宝"者，宝爱也。三十人殉葬，顺治皇帝认为是董后在地下的吉祥之兆，也表达了自己对爱妃的"宝爱"。

顺治十七年九月初十，是董皇后的三七，将按国礼焚化大行皇后的梓宫。

第四章 董鄂氏

三十名殉葬者呐喊嚎叫，福临在和尚劝阻下收回了殉葬的成命。

大火终于烧起来了！妃嫔、公主、福晋、命妇、王公贵族、文武百官，黑压压地跪了一大片，匍伏着恭送大行皇后归天。几百名和尚诵经祝福的巨大声浪，都被熊熊大火的呼啸声音压倒了，其中夹杂着大大小小的爆炸，那是冥宅中珍奇物品迸碎破裂的响声。火焰腾起数十丈高，五颜六色，喷出的沉香檀木的特殊香味，飘散到十数里之外。

董后丧事花费之巨、仪礼之隆，远远超出丧仪规定，全国均须服丧，官吏一月，百姓三日。为殡葬事务，曾耗费巨量国帑。两座装饰辉煌的宫殿，专供自远地僻壤召来的僧徒做馆舍。按照满族习俗，皇妃的尸体连同棺椁，并那两座紫檀宫殿，连同其中的珍贵陈设，俱都被焚烧。顺治帝在临终前的《罪己诏》中也承认："（董后）丧祭典礼，过从优厚，不能以礼止情，诸事逾滥不经，是朕之罪一也。"

董鄂氏火化了。火熄烟尽，顺治帝请茆和尚收"灵骨"（骨灰），白椎和尚（茆和尚弟子）突然冒出一句："上来也请师接？"岂知一语成谶，仅四个月后顺治帝即步爱妃后尘而去，果然也是茆溪森为其主持丧仪，秉炬火化。

白椎和尚经常斡旋于内廷的太监中，对顺治帝的身体状况了如指掌，已推知其不久于世。顺治皇帝过早地纵欲，成年后又多年苦读至呕血，加上繁重的政务和更为沉重的心理负担，已经未老先衰了。

顺治十七年七月，礼部侍郎兼翰林院掌院学士王熙，陪顺治皇帝往西苑万善殿，与玉林国师谈禅。王熙提到"临去秋波悟禅"，是禅宗的一件趣事。

顺治皇帝说："虽是游戏文字，才情之高，令人钦佩。应付八股，游刃有余。""财宝妻妾，是人生最贪恋摆脱不下的。朕于财富固然不在意中，即妻妾亦觉风云聚散，没甚关情。若非皇太后一人挂念，便可随老和尚出家去！"

董鄂氏端敬皇后的丧礼一直持续到顺治皇帝"驾崩"。其间，顺治皇帝削发出家，是这场悲剧的高潮。

持续四个月的丧礼，加深了清初宫廷内外的政治矛盾，大大跳出了爱情的狭小范畴。董鄂妃死后，顺治皇帝心中的爱情之火完全泯灭，他更加强烈地追求精神解脱。完美的人生境界既然在世间根本不存在，只能遁入佛门。于是，削发出家，就成了他爱情悲剧的续篇。说是皇帝想出家，其实是顺治根本不想活了。

从皇宫出西华门，入西苑门，便是"人间蓬莱"中南海。这里是皇帝避痘（天花）与休闲时处理政务的处所。顺治皇帝驾崩前，对佛教逐渐着迷，西苑的万善殿，成了"佛心天子"礼佛参禅的仙界。万善殿内高悬两副楹联：一联是"万象证圆通，金轮妙转；三乘皈定慧，华海长涵"；另一联是"了悟彻声闻，花拈妙谛；净因空色相，月印明心"。

第一联上阙"金轮妙转"四字，乃禅师们揣摩"骨相"，瞎说顺治皇帝乃"金轮王转世"，他竟信以为真，亲笔将"金轮"字样恭楷联内，可见他"走火入魔"之深。

万善殿后面是圆盖穹窿的千圣殿，内供七级千佛浮屠一座，左右配殿挂满了楹联或条幅。中南海内终日烟缠雾绕，诵经之声，不绝于耳。

董鄂氏殡丧期间，文武百官，群龙无首，惶惶不可终日。顺治十七年十月八日，西苑万善殿内法器齐鸣，正进行着一场人们做梦也想不到的剃度具戒仪式。落发者竟然是当今天子——二十三的顺治皇帝。

茆溪森在中南海万善殿前苍郁的古松柏下，迎接顺治皇上。使他吃惊的是，哀愁悲凄已从皇上眉目间一扫而光，他神态从容，目光里含着冷峻，仿佛两个月中长大了十岁（《冷二郎—冷入空门》）。

福临的举动平静尊贵，不动声色，极合身分。他摘了帽子，悲怆地大笑着说：千万根烦恼丝顷刻断绝，何等容易！从此后赤条条来去无牵挂！师兄，你还不肯剃度朕吗？茆溪森吩咐徒弟备香案、呈戒刀，就在万善殿内，他双手颤抖，为大清帝国皇帝净发。

万善殿上，法事有条不紊地进行着。既入佛门为僧，首先得脱去龙袍，换上僧衣和芒鞋……半个时辰后，顺治皇帝已成为一个光头泛青、新披大红袈裟的小和尚了——贾宝玉披上了"大红猩猩毡"。

皇上削发出家的消息，像晴天霹雳，震惊了朝廷。大清天子竟会这样荒谬绝伦！真是做梦也想不到。议政王大臣紧急会议，第一项决定就是严格封锁消息，议论透露者斩。第二项决定是所有臣子轮流叩见皇上，求他还俗回宫。后宫哭声不停，皇后和妃嫔们都恐惧万分。

入关后第一位满族皇帝削发出家，是清王朝的奇耻大辱。对此朝中权臣们态度各异。作壁上观者多是中原士民骂为"贰臣"的汉官。连范文程、洪承畴这些开国功臣和三朝元老,也都不置一言。真正如坐针毡的是一班满族勋戚大僚。皇帝的越轨举动,不仅关系着他们个人的荣辱,而且危及清王朝的命运,可谓"牵一发而动全身"。

只有两个人一丝不乱,一个是福临自己,另一个是孝庄皇太后。她既不去万善殿,也不表示悲哀忧愁。来叩谒的,她一概接见,但不对儿子出家发表任何看法。"国不可一日无君。"倘若皇上轻入禅关,刚刚定鼎立足未稳的大清帝国怎么办?自努尔哈赤、皇太极以数十年苦战流血创建的累代功业,岂不一朝毁于汉族僧人的剃刀之下?

此时,郑成功拥兵东南海隅,大西民军在西南仍有强大的军事武装,中原抗清斗争此伏彼起。凡此种种都时刻威胁着清政权,而朝廷内部更是诸务未善,百端待举。总揽清王朝大权的顺治皇帝,却偏在此时轻将龙袍换衲衣。何况诸位皇子尚年幼,再立新帝势必重演摄政王多尔衮揽权擅政的历史,那又将是一场你死我活的争斗……

行痴和尚在上书中,告不孝之罪,表示断绝红尘,要岳乐主持国政,如果太后认可,他将禅位给岳乐。解铃还须系铃人!皇太后召进玉林国师。玉林一进万善殿,立刻命他的徒子徒孙们把茆溪森捆绑在石柱上,四周架起柴禾,准备点火烧他。随后,玉林进了行痴即福临的方丈室。

福临默然沉思。殿外堆起的柴薪已经点着了火,茆溪森的念佛声,盖过了所有的嘈杂。福临走到窗前看了一眼道:"师父不要怪罪师兄,是朕命他净发的。"

"怪不怪,无需细究。除非皇上蓄发,茆溪森不能无罪。"

烟火腾起,茆溪森被裹在其中。福临终于妥协了,他无可奈何地笑道:"饶了师兄吧!朕静听师决就是。"

茆溪森得救了。代价便是福临蓄发还俗。

第六十六回《冷二郎一冷入空门》隐射顺治皇帝削发出家的历史事实:

湘莲反扶尸大哭一场。等买了棺木,眼见入殓,又俯棺大哭一场,方告辞而去……忽听环叮当,尤三姐从外而入,一手捧着鸳鸯剑,一手捧着一卷册子,向柳湘莲泣道:"妾痴情待君五年矣,不期君果冷心冷面,妾以死报此痴情。妾今奉警幻之命,前往太虚幻境修注案中所有一干情鬼。妾不忍一别,故来一会，从此再不能相见矣。"说着便走。湘莲不舍，忙欲上来拉住问时，那尤三姐便说："来自情天，去由情地。前生误被情惑，今既耻情而觉，与君两无干涉。"说毕，一阵香风，无踪无影去了……湘莲警觉，似梦非梦，睁眼看时，那里有薛家小童，也非新室，竟是一座破庙，旁边坐着一个跏腿道士捕虱。湘莲便起身稽首相问："此系何方？仙师仙名法号？"道士笑道："连我也不知道此系何方，我系何人，不过暂来歇足而已。"柳湘莲听了，不觉冷然如寒冰侵骨，掣出那股雄剑，将万根烦恼丝一挥而尽，便随那道士，不知往那里去了。

小说中关于顺治的隐写与正史的记载，真的，还是假的？
——"顺治罪己诏"可以弄虚作假，"顺治死于天花"难道不能弄虚作假吗？
——贾珠隐写的顺治皇帝死了，贾宝玉隐写的福临做了"十九年"皇帝出家为僧，柳湘莲隐写的顺治皇帝出家为道了。这是不是隐写顺治没有死，而是假死，然后出走边关隐居了？
——顺治皇帝死后在景山九举牌楼大广场火化，然后骨灰坛葬入孝陵。如果福临根本没有死于天花，而是主动或被迫离宫出走，那他后来的结局如何？死后葬于何处？
他是穿着龙袍以皇帝的身份国葬，还是身着龙袍以臣工的身份秘密安葬？毕竟继位的康熙是他的儿子，孝庄是他的母亲。他的衣食住行、生老病死，肯定受到皇家的关照。
2006年6月在北京石景山玉泉路出土的龙袍干尸，是否就是离家出走的顺治皇帝？干尸身着上衣下裳的金丝龙袍，又陪葬一件金丝大龙袍——标志着清代皇帝的身份。外裹一件麒麟补子的一品武官官服，道士发型——标志着父辈是一品武官，"麒麟送子"隐射是汉族子孙（贾宝玉自诩为"大舜之正裔"）。麒麟生而孔子降生，麒麟死而孔子归天也。棺头工笔书写"皇清授中宪大夫拙吾黄公之灵柩"——黄拙吾，不就是"大清皇室废黜了我"吗？

顺治痘亡于二十四岁。如果活到五十岁，应该是康熙二十七年。福临的母亲孝庄太皇太后死于康熙二十六年阴历十二月二十五日。顺治入关初期，满清保留火葬的旧习俗，到康熙时代汉化日深，改为土葬了。

第四章 董鄂氏

　　石景山龙袍干尸的真实身份，应该是正史记载的顺治十八年正月初七"痘亡"火化的顺治皇帝。但福临没有死，也没有火化，而是像贾宝玉与柳湘莲一样，离家出走，隐居边关了。理由如下：

　　（1）清太祖努尔哈赤建国定都于盛京，开创历史，可以称"太祖皇帝"。

　　（2）清世祖福临从盛京迁都北京，定鼎中原，开创历史，可以称"世祖"。

　　（3）清圣祖康熙继承顺治的皇位，既非定鼎中原，又非开创历史，妄称圣祖，不合乎昭穆制度，是对父亲顺治皇帝的不忠不孝，或者说是大逆不道，逆天悖祖。开国的孝庄皇太后死于康熙二十六年，死后 38 年不能入土为安，而是寄存在东陵风水墙外的暂奉安殿，直到雍正三年才就地深挖，建陵入土，美其名曰昭西陵。康熙皇帝对祖母孝庄，也是不忠不孝，犯下了忤逆之罪。

　　只有一种可能，玄烨可以名正言顺地称为清圣祖，那就是顺治皇帝犯下了忤逆之罪，被圣母皇太后孝庄废黜，贬为庶民，流放边关，朝廷重新拥立皇帝，康熙开创了大清国的新局面，因而称为圣祖。

　　（4）被皇太后与清皇室废黜的福临出家为道，与世隔绝，50 岁左右去世，剃发但脑后盘着道士的发髻，乃出家的痴道人也。在干旱寒冷的流放地，死后经过处理，变成干尸，身着上衣下裳的金丝五爪龙袍礼服，外裹一件麒麟补子的一品武官朝服，加以掩饰。再陪葬一件金丝五爪大龙袍，放置棺内。福临活着的时候，在棺材头上自嘲的书写"皇清诰授中宪大夫拙吾黄公之灵柩"，旨在掩人耳目，又合乎法度。死后从流放地秘密运回北京，在石景山公墓处秘密浅葬，准备伺机秘密入土清孝陵。但考虑到无法与天下交代，所以康熙迟迟没有办成此事。孝庄也不能入土为安。雍正皇帝将孝庄暂奉安殿深挖入土，建成昭西陵，但仍然没有办法将顺治的干尸葬入孝陵。也是害怕舆论汹涌，甚至影响到自己即位的合法性。于是，就这么拖延下来了。

第五章 多尔衮

第一节 贾赦、贾政、贾琏

贾赦在荣国府的地位实在让人觉得奇怪。贾赦是长子，又"袭了官"，而贾政是次子，只蒙皇恩"额外赐了个主事之衔"，贾赦的政治地位当然比贾政高得多，但是荣国府正堂却由次子贾政住着，贾赦只能屈居"东小院"，进出荣国府还要坐车。贾母只跟贾政住，贾赦认为贾母对贾政"偏心"，但贾赦的儿子贾琏与儿媳妇凤姐却掌握着荣国府的大权，贾母、贾政与王夫人十分信任他们。

矛盾百出，却言之凿凿。如果仅从小说文字中找答案，肯定"越研究越糊涂"。

"天外书传天外事，两番人作一番人。"是《红楼梦》隐史的基本写法。意思是说：一个演员可以演义两朝两代的人和事，但也可以利用几个演员来演义同一个历史人物。民初王梦阮指出："盖上下数百人中，不必一一派定角色，或以此言彼，或数人合演一人，或一人分扮数人，或先演后半部再演前半部，或但用之此一场即不复问下一场。"王梦阮将"天外书传天外事，两番人作一番人"解释得入木三分。

按第二回《冷子兴演说荣国府》排列的贾府族谱，贾赦隐射清太宗皇太极，贾政隐射摄政王多尔衮，贾琏隐射皇太极的儿子与多尔衮的侄子顺治皇帝。第二回：

长子贾赦，次子贾政（多尔衮）。如今代善（努尔哈赤）早已去世，太夫人尚在，长子贾赦袭着官（崇德皇帝），次子贾政（睿忠亲王），自幼酷喜读书，祖父最疼，原欲以科甲出身的，不料代善临终时遗本一上，皇上因恤先臣，即时令长子袭官外，问还有几子，立刻引见，遂额外赐了这政老爹一个主事之衔（摄政王），令其入部习学，如今现已升了员外郎（孝庄皇太后的编外丈夫了）。

崇德皇帝皇太极死后，摄政王多尔衮与孝庄开始了为期七年的事实婚姻——所以《冷子兴演说荣国府》将多尔衮（贾政）与孝庄皇太后（王夫人）又配成了正式夫妻。他们名义上的儿子就是顺治皇帝（贾珠与贾宝玉）。而从小说行文中不难看出：贾政与贾宝玉根本不是亲情父子，否则，政老爷不会想将亲儿子"活活打死"（《手足眈眈小动唇舌 不肖种种大承笞挞》）。

这政老爹（多尔衮）的夫人王氏（孝庄皇太后），头胎生的公子，名唤贾珠（顺治皇帝），十四岁进学（顺治十四岁亲政，在顺治八年），不到二十岁就娶了妻生了子（指康熙皇帝玄烨），一病死了（顺治二十四岁死于天花，时在顺治十八年正月初七）……不想后来又生一位公子，说来更奇，一落胎胞，嘴里便衔下一块五彩晶莹的玉来（天生的皇帝，继承了唐宋元朝的传国玉玺），上面还有许多字迹，就取名叫作宝玉（将演员贾珠换成宝玉，还是演义顺治皇帝与元顺帝遗留的玉玺——"通灵宝玉"）。

贾珠、贾琏、贾宝玉，还有贾芸与柳湘莲，都隐射顺治皇帝一个人。但他是皇太极（贾赦）假设的假儿子，又是多尔衮（贾政）抚养的假儿子，所以成为假宝玉（贾宝玉）。贾琏是假连的意思——将几个爱新觉罗血统的假儿子（贾珍、贾珠、贾宝玉）联系到一起的人。贾琏又是将贾赦、贾政、贾琏连在一起的人——摄政王多尔衮也。

宁国府与荣国府其实是一家一府，都隐射满清皇家。宁荣二府既指沈阳的清故宫，又指北京的清新宫。但无论沈阳与北京，宁国府都是老大，荣国府都是老二。因为从顺治王朝的皇权上看，皇太极（贾赦）是老大，多尔衮（贾政）是老二。而从顺治皇帝的血统上看，孔有德（贾敬）是老大，皇太极（贾赦）是老二，多尔衮（贾政）是老三。但入关之后，皇太极（假设的贾赦）已经死了，而孔有德（贾敬）没有资格住在皇宫里，所以贾敬"如今一味好道（道教隐射汉族），只爱烧丹炼汞，余者一概不在心上。幸而早年（崇德三年正月三十日）留下一子，名唤贾珍（顺治皇帝），因他父亲一心想做神仙，把官倒让他袭了（崇德八年八月二十五日在沈阳登基）。他父亲又不肯回原籍来（不可能住在皇宫里），只在都中城外和道士们胡羼"。

满清皇室的血统，由于孔有德与孝庄的苟合而发生了变化。贾敬的"敬"字，由"苟"与"文"组成，就是假爱新觉罗血统的孔有德，与孝庄文皇后"苟合"的意思。从崇德八年，满清皇室的爱新觉罗血统转化了（家代化，贾代化也），转化为汉族孔氏血统了。

宁公（塔克世）死后，贾代化（努尔哈赤）袭了官，也养了两个儿子：长名贾敷（在血统上敷衍了事的皇太极），至八九岁（崇德八年八月九日）上便死了（爱新觉罗的血统死了），只剩了次子贾敬（孔有德）袭了官（其后人承袭了爱新觉罗氏的皇位）。

孝庄入关时，只有三十一岁，名义上是皇太极（贾赦）的妻子（形同夫人，邢夫人），事实上是多尔衮（贾政）的妻子（王夫人）。"赦政王琏"——摄政王由贾赦、贾政、贾琏三人联合演出的意思。于是，贾琏与王熙凤开始联合演出多尔衮与孝庄皇太后的事实婚姻。

若问那赦公（假设的公参），也有二子，长名贾琏，今已二十来岁了（多尔衮与孝庄相恋二十余年了），亲上作亲（兄死弟续），娶的就是政老爹夫人王氏之内侄女，今已娶了二年（入关时，乃是皇太极死后第二年）。这位琏爷身上现捐的是个同知（与皇太极同样是孝庄的丈夫），也是不肯读书，于世路上好机变，言谈去的，所以如今只在乃叔政老爷家住着，帮着料理些家务（摄政王）。谁知自娶了他令夫人之后，倒上下无一人不称颂他夫人的（孝庄掌实权），琏爷倒退了一射之地（多尔衮办实事）：说模样又极标致，言谈又爽利，心机又极深细，竟是个男人万不及一的。

顺治元年到顺治六年二月初八孝庄下嫁多尔衮，共计六七年的时间，摄政王独揽朝政，势焰熏天，为什么没有篡位夺权呢？多尔衮与孝庄之间，是情大于势呢？还是势大于情？《红楼梦》中贾琏与凤姐、贾政与王夫人这两对同床异梦、貌合神离的"夫妻"，就隐射了上述情与势的微妙关系。第六十五回：

兴儿笑嘻嘻的在炕沿下一头吃，一头将荣府之事备细告诉他母女。又说："我是二门上该班的人。我们共是两班，一班四个，共是八个。这八个人有几个是奶奶的心腹，有几个是爷的心腹。奶奶的心腹我们不敢惹，爷的心腹奶奶的就敢惹。提起我们奶奶来，心里歹毒，口里尖快。我们二爷也算是个好的，那里见得他。倒是跟前的平姑娘为人很好，虽然和奶奶一气，他倒背着奶奶常作些个好事。小的们凡有了不是，奶奶是容不过的，只求求他去就完了。……他说一是一，说二是二，没人敢拦他……如今连他正经婆婆大太太都嫌了他，说他'雀儿拣着旺处飞，黑母鸡一窝儿，自家的事不管，倒替人家去瞎张罗'。若不是老太太在头里，早叫过他去了。"……兴儿连忙摇手说："奶奶千万不要去。我告诉奶奶，一辈子别见他才好。嘴甜心苦，两面三刀；上头一脸笑，脚下使绊子；明是一盆火，暗是一把刀；都占全了。"

孝庄（凤姐）的性格与行事，在此处描画得活灵活现。"奶奶（孝庄）的心腹我们不敢惹，爷（多尔衮）的心腹奶奶的就敢惹。"可见不是多尔衮不想篡位夺权，而是他的势力不够。朝野大权都在孝庄皇太后的掌握之中。《红楼梦》对顺治初年的满清政局，做了准确的记载。

贾赦、贾政、贾琏组成了演义摄政王多尔衮的完整体系。邢夫人、王夫人、王熙凤、贾母组成了演义孝庄皇太后的完整体系。此时的贾母还时常演义孝庄的姑母孝端皇太后，直到顺治五年四月去世为止。

贾敬隐射的孔有德与孝庄文皇后曾经是苟合的夫妻关系。"苟"与"文"。

贾赦隐射的皇太极与孝庄文皇后，原来是赤诚的夫妻关系。"赤"与"文"。

贾政隐射的多尔衮与孝庄文皇后，后来是正式的夫妻关系。"正"与"文"。

贾琏与王熙凤隐射多尔衮与孝庄文皇后搭伙的夫妻关系——貌合神离，又联合又斗争，由王权连系着感情。贾琏的"琏"，由"王"与"连"组成，是摄政王与皇太后的连合。由贾赦、贾政、贾琏三人连起来演义摄政王多尔衮，就天衣无缝了。

《红楼梦》故意将荣国府的家庭关系写得漏洞百出，借以启发读者思索。最明显的地方就是贾赦、贾政都不像贾母的亲儿子。红学家周汝昌考证的结果为：贾政是贾母过继的儿子，而贾赦连儿子也不是，很令人信服。

贾赦（摄政的摄）主要隐射东北时代的皇太极，进关后已经死了，所以住在"黑油大门"中。"三层仪门"与"小巧别致，不似方才那边轩峻壮丽"则隐射沈阳故宫与北京故宫相比，有些小家子气。

贾政（摄政的政）还隐射多尔衮，他居住的睿忠亲王府，当然更比不得明故宫。睿亲王府共有两处：一在东华门大街迤南普渡寺一带（也是一个"东小院"）；一在旧外交部街。前者是睿亲王进北京后的住所，后者则是乾隆年间恢复睿亲王世爵后的新府。睿亲王（贾赦、贾政与贾琏）即清初的摄政王多尔衮，清太宗崇德元年（1636年）晋封睿忠亲王，是清初开国八大铁帽子王之一。进京后，选明南宫为王府，遗址在东华门大街南侧。顺治八年（1651年）多尔衮死后被夺爵位，王府废除。其义子多尔博为多铎之子，过继给了伯父多尔衮。他于顺治十四年（1657年）封贝勒，在石大人胡同（今外交部街）设贝勒府。乾隆四十三年（1778年）恢复睿亲王爵位，其后裔嗣袭，贝勒府为睿亲王新府。

第二回："遂额外赐了这政老爹一个主事之衔，令其入部习学，如今现已升了员外郎了。"贾政没有"袭着官"，却堂而皇之地住在荣府正堂正室里。其实是隐射摄政王多尔衮堂而皇之地在乾清宫处理朝政（最初在武英殿）。

第三回：

黛玉便知这方是正经正内室（多尔衮与孝庄处理朝政的乾清宫），一条大甬路，直接出大门的。进入堂屋中，抬头迎面先看见一个赤金九龙青地大匾，匾上写着斗大的三个大字，是"荣禧堂"（乾清宫正殿），后有一行小字："某年月日，书赐荣国公贾源"（强调顺治皇帝姓氏血统的来源），又有"万几宸翰之宝"。大紫檀雕螭案上，设着三尺来高青绿古铜鼎，悬着待漏随朝墨龙大画，一边是金蜼，一边是玻璃。地下两溜十六张楠木交椅，又有一副对联，乃乌木联牌，镶着錾银的字迹，道是：

座上珠玑昭日月，堂前黼黻焕烟霞。

下面一行小字，道是："同乡世教弟勋袭东安郡王穆莳拜手书"。

原来王夫人（孝庄皇太后）时常居坐宴息，亦不在这正室（乾清宫），只在这正室东边的三间耳房内（三间昭仁殿）。

王夫人（孝庄皇太后）"正室东边的三间耳房内"，指乾清宫之东小巧的昭仁殿。

赐了"主事"与"升了员外郎"，指多尔衮在皇太极死后成为摄政王。

"正经正内室"，指乾清宫正殿。

"一条大甬路"，指乾清宫到乾清门"一箭之地"的汉白玉大甬道。

"赤金九龙青地大匾"，隐射清朝皇室是后金"九龙之尊"的继承者。

"书赐荣国公贾源"——输赐给假皇帝血统的血缘（源）。

"万几宸翰之宝"，指万岁宸翰之宝，即国家玉玺。

"墨龙大画"与"金彝"，指来自黑龙江流域的后金皇室。

"座上珠玑昭日月"——皇帝宝座的珠玑，堪与日月争辉。

"堂前黼黻焕烟霞"——百官朝服的图案，堪与烟霞媲美。

"同乡"——顺治皇帝与孔子后裔是曲阜同乡。

"世教"——不写"世交"而写"世教"，强调孔门为万世师表之后。

"弟勋袭东安郡王"——历代世袭的山东衍圣公，与郡王平级。而"弟东安郡王"直接隐射定南王孔有德，可以与皇太极与多尔衮兄弟称。

"穆莳"——"穆"者，《康熙字典》云："穆穆，敬也。注：容仪敬谨也。"说明"穆"可以用来隐射贾敬。而第十三回"总理元始三一教门道录司正堂叶生（穆莳——孔有德）等，敬谨修斋，朝天叩佛"中的"敬谨修斋"，则隐射穆莳与敬修——孔有德为崇祯皇帝督修了斋堂，并且对老主子行"朝天叩佛"的臣子大礼。

《康熙字典》云："《礼·曲礼》天子穆穆。疏：威仪多貌。"孔有德为顺治父亲，堪称父皇。孔有德威仪多貌，博得了孝庄文皇后的青睐与垂爱，因而私生了顺治皇帝——所谓"长揖雄谈态自殊，美人巨眼识穷途。尸居余气杨公幕，岂得羁縻女丈夫"。

《康熙字典》云："又昭穆，庙序也……注：穆，子姓也。疏：父昭，子穆，姓生也。"说明昭穆为父子关系。

《康熙字典》云："《说文》：禾也。"——说明"穆"可以用来隐射植物与庄稼。总之，穆为子为禾也，又有"威仪多貌"之意。

"莳"者，《康熙字典》云："《博雅》：立也。扬子《方言》：更也。疏：为更种也。"说明"莳"为变更种姓的意思。而"穆莳"为替儿子变更姓氏也。《新华大字典》云:"莳"为"移植(秧苗)"。

由此可见,"穆莳"这个人为山东曲阜孔子后裔——定南王孔有德。

多尔衮(贾政)过继了弟弟豫亲王多铎的儿子多尔博(贾环),他有推倒顺治皇帝、自己当皇帝的野心,第三十三回就隐射贾政多尔衮想打死顺治皇帝贾宝玉:

> 贾政便问:"该死的奴才!你在家不读书也罢了,怎么又做出这些无法无天的事来!那琪官现是忠顺王爷驾前承奉的人,你是何等草芥,无故引逗他出来,如今祸及于我。"宝玉听了唬了一跳,忙回道:"实在不知此事。究竟连'琪官'两个字不知为何物,岂更又加'引逗'二字!"说着便哭了……那长史官冷笑道:"……既云不知此人,那红汗巾子怎么到了公子腰里?"宝玉听了这话,不觉轰去魂魄,目瞪口呆,心下自思:"这话他如何得知?他既连这样机密事都知道了,大约别的瞒他不过,不如打发他去了,免的再说出别的事来。"因说道:"大人既知他的底细,如何连他置买房舍这样大事倒不晓得了?听得说他如今在东郊离城二十里有个什么紫檀堡,他在那里置了几亩田地几间房舍。想是在那里也未可知。"

"忠顺王爷"——隐射称帝一天的李自成。"忠顺"者,忠于李自成的大顺王朝也。

"琪官"——隐射暂时投降李自成的明朝掌印官。"琪"为"一种玉","玉"指明朝的传国玉玺。

"琪官现是忠顺王爷驾前承奉的人"——李自成进京后,"琪官"归顺了李自成,成了李自成的掌印官。李自成是大顺皇帝,所以称"驾前"。王爷哪里敢称"驾"?

"东郊离城二十里有个什么紫檀堡"——应当写成"用紫檀匣子装着明朝的玉玺,离开京城,到'东郊'迎接顺治皇帝去了"。

"红汗巾子"——隐射明朝皇帝的龙袍,"琪官"将它献给了贾宝玉顺治皇帝,意思是将明朝的政权献给了顺治小皇帝。因为贾政多尔衮摄政,所以小皇帝紧贴肚皮穿在里面,没有敢显露出来。

贾宝玉和蒋玉菡交换汗巾,李知其《红楼梦谜》云:"'汗'是……'可汗大点兵'的汗,况北方天子……掌玉函解下原裹之朱明'大红汗巾子'缴与满帝，满帝随即把象征清虏的'松花汗巾'系于掌玉函的函上……交待了明亡清继的场景。"

绕来绕去，意思是说顺治皇帝秘密策划着想要提前亲政。所以多尔衮要"今日一发勒死了，以绝将来之患"！顺治皇帝"听了这话，不觉轰去魂魄，目瞪口呆"。

众门客仆从（范文程、洪承畴等汉族九卿）见贾政这个形景，便知又是为宝玉了，一个个都是啖指咬舌，连忙退出。那贾政（多尔衮）喘吁吁直挺挺坐在椅子上，满面泪痕，一叠声"拿宝玉（顺治皇帝）！拿大棍！拿索子捆上！把各门（乾清宫各门、慈宁宫后门）都关上！有人传信往里头去（慈宁宫），立刻打死！"

多尔衮得知小顺治皇帝秘密策划着提前亲政，想将他秘密处死，幸亏有汉族九卿在侧，敢怒不敢言。"便知又是为宝玉了"——说明多尔衮与顺治帝的矛盾朝野尽知。

贾赦（摄）与贾政（政）联合表演摄政王，想让自己的义子多尔博（贾环）继承自己的位子。在第七十五回里完全暴露了其狼子野心：

不料这次花却在贾环（多尔博）手里。贾环近日读书稍进，其脾味中不好务正也与宝玉（顺治皇帝）一样，故每常也好看些诗词，专好奇诡仙鬼一格。今见宝玉作诗受奖，他便技痒，只当着贾政不敢造次。如今可巧花在手中，便也索纸笔来立挥一绝与贾政。贾政看了，亦觉罕异，只是词句终带着不乐读书之意，遂不悦道："可见是弟兄了。发言吐气总属邪派，将来都是不由规矩准绳，一起下流货。妙在古人中有'二难'，你两个也可以称'二难'了。只是你两个的'难'字，却是作难以教训之'难'字讲才好。哥哥是公然以温飞卿自居，如今兄弟又自为曹唐再世了。"说的贾赦（摄）等都笑了。贾赦乃要诗瞧了一遍，连声赞好，道："这诗据我看甚是有骨气。想来咱们这样人家（爱新觉罗皇家），原不比那起寒酸，定要'雪窗萤火'，一日蟾宫折桂，方得扬眉吐气。咱们的子弟都原该读些书，不过比别人略明白些，可以做得官时就跑不了一个官的。何必多费了工夫，反弄出书呆子（痴道人顺治皇帝）来。所以我爱他这诗，竟不失咱们侯门的气概（后金的气概）。"因回头吩咐人去取了自己的许多玩物来赏赐与他。因又拍着贾环（多尔博）的头，笑道："以后就这么做去，方是咱们（满族）的口气，将来这世袭的前程（皇位）定跑不了你袭呢。"贾政听说，忙劝说："不过他胡诌如此，那里就论到后事了。"

这是贾赦、贾政（摄政王多尔衮）合演的一出双簧戏，时在顺治八年福临亲政之前。"一日蟾宫折桂，方得扬眉吐气"是第九回里的话，隐射孝庄皇太后（林黛玉）望子成龙，规劝顺治皇帝（贾宝玉）亲政后方得扬眉吐气的意思。原文为："彼时黛玉（孝庄皇太后）才在窗下对镜理妆，听宝玉说上学去，因笑道：'好！这一去，可定是要蟾宫折桂去了。我不能送你了。'"——读者不要误解为女朋友嘱咐男朋友的话头，而是母亲叮嘱儿子要发奋图强，到朝堂里为皇家争一口气。

"以后就这么做去，方是咱们（满族）的口气，将来这世袭的前程（皇位）定跑不了你袭呢。"——摄政王多尔衮（贾赦与贾政）对贾环（多尔博）的寄托，与孝庄（林黛玉）对顺治皇帝（贾宝玉）的寄托，简直是针锋相对，寸权必争。

这种严峻的政治形势，在第七十六回里立刻反映了出来。汉族郡王孔四贞（史湘云）一针见血地说："倒是他们父子叔侄（指多尔衮父子）纵横起来。你可知宋太祖说的好：'卧榻之侧，岂许他人酣睡。'他们不作，咱们两个竟联起句来，明日羞他们一羞。"

史湘云（孔四贞）心里"爱哥哥"贾宝玉顺治皇帝，她敏感地察觉出贾赦、贾政（摄政王多尔衮）的阴险用心，借用宋太祖赵匡胤与弟弟赵光义的历史纠葛，隐射顺治八年前北京皇宫里暗藏杀机的残酷斗争。而孔四贞掌握的汉军正红旗部队，显然站在顺治皇帝一边。

第二节　贾政其人

贾政隐射大清国摄政王与睿忠亲王多尔衮，是他从察哈尔蒙古林丹汗长子手里，获得了元顺帝废弃在内蒙古大青山的传国玉玺（大荒顽石）。

第五章 多尔衮

"贾政,字存周"源于顺治元年五月初二多尔衮在天安门(承天门)金水桥的著名讲话:"王曰:予法周公以周公尝负,固请,乃命以卤簿列王仪仗前,奏乐,拜天,复拜阙。谓辅冲主,不当乘。"(《清史稿》)

多尔衮"身自端方,体自坚硬。虽不能言,有言必应"。第二回:

(荣公)生了两个儿子:长子贾赦,次子贾政。如今代善早已去世,太夫人尚在,长子贾赦袭着官,次子贾政,自幼酷喜读书,祖父最疼,原欲以科甲出身的,不料代善临终时遗本一上,皇上因恤先臣,即时令长子袭官外,问还有几子,立刻引见,遂额外赐了这政老爷一个主事之衔,令其入部习学,如今现已升了员外郎了。这政老爷的夫人王氏,头胎生的公子,名唤贾珠,十四岁进学,不到二十岁就娶了妻生了子,一病死了……不想后来又生一位公子,说来更奇,一落胎胞,嘴里便衔下一块五彩晶莹的玉来,上面还有许多字迹,就取名叫作宝玉。

"长子贾赦"隐射清太宗皇太极。"次子贾政"则隐射"皇叔父摄政王"与"皇父摄政王"多尔衮。"员外郎"有两层隐意:一隐射多尔衮为孝庄皇太后的第二位丈夫,即"郎外郎";二隐射多尔衮为顺治皇帝的第二位父亲,即"父外父"——由"皇叔父"而为"皇父"。

此处的贾珠隐射十四岁亲政、二十四岁"死去"的顺治皇帝。"一落胎胞,嘴里便衔下一块五彩晶莹的玉来,上面还有许多字迹,就取名叫作宝玉"者,还是隐射七岁就当了皇帝的顺治。而宁府家长"幸而早年留下一子,名唤贾珍"者,也隐射七岁就当了皇帝的顺治。

如此一来,"假"的"珍珠宝玉"三位《红楼梦》男演员,都隐射顺治皇帝一个人,宁荣二府都隐射一个清皇宫。因为贾代化隐射努尔哈赤,他"也养了两个儿子:长名贾敷,至八九岁上便死了"——隐射皇太极于崇德八年八月九日"便死了",所以,宁荣二府隐射的同一个清皇宫里,只有一个"员外郎"代理家长,即"次子贾政",而"贾宝玉"就成了他的"假儿子"。

《红楼梦》利用"长子贾赦(皇太极)袭着官……次子贾政(多尔衮),自幼酷喜读书,祖父最疼……现已升了员外郎(孝庄第二位丈夫)……政老爷的夫人王氏(太后下嫁为多尔衮夫人)……后来又生一位公子……取名叫作宝玉(假儿子)"等人名与数字,摆了一个八卦阵,揭示了入关前后满清皇宫里的关系。

既然满清入关时皇太极已经死了一年，他就不再是《红楼梦》的主角，虽然"长子贾赦袭着官"，却无法让他居住在荣国府"正经正内室（多尔衮与孝庄处理朝政的乾清宫）"，"员外郎"贾政倒成了代理家长。

第一回《贾雨村风尘怀闺秀》隐写了孝庄当上多尔衮令正夫人的经过：

"这人生的这样雄壮，却又这样褴褛，想他定是我家主人常说的什么贾雨村了，每有意帮助周济，只是没甚机会。我家并无这样贫窘亲友，想定是此人无疑了。怪道又说他必非久困之人。"如此想来，不免又回头两次。……原来雨村自那日见了甄家之婢曾回顾他两次，自为是个知己，便时刻放在心上。今又正值中秋，不免对月有怀，因而口占五言一律云：

> 未卜三生愿，频添一段愁。
> 闷来时敛额，行去几回头。
> 自顾风前影，谁堪月下俦？
> 蟾光如有意，先上玉人楼。

"怪道又说他必非久困之人。"隐射睿忠亲王多尔衮。

"又回头两次……见他回了头"，隐射孝庄二婚，下嫁小叔子。

"蟾光如有意，先上玉人楼。"隐射多尔衮对小嫂子先奸后娶，早上了"大玉儿"的绣楼。

至次日，早有雨村遣人送了两封银子，四匹锦缎，答谢甄家娘子，又寄一封密书与封肃，转托问甄家娘子要那娇杏作二房。封肃喜的屁滚尿流，巴不得去奉承，便在女儿前一力撺掇成了，乘夜只用一乘小轿，便把娇杏送进去了。雨村欢喜，自不必说，乃封百金赠封肃，外谢甄家娘子许多物事，令其好生养赡，以待寻访女儿下落。封肃回家无话。

却说娇杏这丫鬟，便是那年回顾雨村者。因偶然一顾，便弄出这段事来，亦是自己意料不到之奇缘。谁想他命运两济，不承望自到雨村身边，只一年便生了一子，又半载，雨村嫡妻忽染疾下世，雨村便将他扶侧做正室夫人了。正是：

> 偶因一着错，便为人上人。

"雨村遣人送了两封银子,四匹锦缎……雨村欢喜,自不必说,乃封百金赠封肃",隐射顺治六年二月初八,太后下嫁多尔衮,但一年后,多尔衮暴死。

"只一年便生了一子",隐射太后下嫁一年后,于顺治七年八月初三,为多尔衮生下一个女儿(贾探春隐射的格格——"日边红杏倚云栽")。

"又半载,雨村嫡妻忽染疾下世"——半载为六个月。化月为年,隐射顺治六年十二月,多尔衮大福晋元妃博尔济吉特氏薨,为太后下嫁后"又半载"余。

"雨村便将他扶侧作正室夫人了"——多尔衮大福晋死了,孝庄就是多尔衮的令正妻子。"一从二令三人木"中的"令",即令正的意思。

"娇杏作二房"——"娇杏"者,侥幸也。一隐射福临在孝庄与多尔衮的色权交易中侥幸做了皇帝;二隐射因为太后下嫁,而使顺治母子侥幸保住了性命与皇位。

第三回:

二内兄名政,字存周,现任工部员外郎,其为人谦恭厚道,大有祖父遗风,非膏粱轻薄仕宦之流。

有日到了都中,进入神京,雨村先整了衣冠,带了小童,拿着宗侄的名帖,至荣府的门前投了。彼时贾政已看了妹丈之书,即忙请入相会。见雨村相貌魁伟,言语不俗,且这贾政最喜读书人,礼贤下士,济弱扶危,大有祖风,况又系妹丈致意,因此优待雨村,更又不同,便竭力内中协助,题奏之日,轻轻谋了一个复职候缺,不上两个月,金陵应天府缺出,便谋补了此缺,拜辞了贾政,择日上任去了。

"字存周"源于周公辅助侄子周成王的故事。"谦恭厚道,大有祖父遗风","礼贤下士,济弱扶危",源于"周公恐惧流言日,王莽谦恭下士时,假如当时身便死,一生真伪有谁知"。

按之史实,顺治元年、崇祯十七年四月二十九日,李自成在武英殿登基,当了一天大顺皇帝。第二天即放一把火烧了明故宫,落荒而逃。五月初二(或曰初三),多尔衮由通州进入北京。曾投降李自成的明朝官僚武将视镇压李自成的清军为"仁义之师",到朝阳门外五里地去迎接多尔衮入城。明宫太监更在皇城外摆上明朝皇帝使用的卤簿,跪伏道旁等待多尔衮的到来。

多尔衮兵权在握，但他不敢贸然接受这种破格的皇帝式的礼遇。他声称要效法周公，辅佐幼主顺治皇帝，不能接受天子礼仪。他对宫阙行了三跪九叩大礼，然后才在仪仗的引导下，以摄政王的名义，进入明皇宫武英殿。这就是《红楼梦》里"贾政，字存周（效法周公）"的含义。

关于多尔衮入主北京的情况，同时进京的朝鲜世子李淫在给朝鲜国王的报告中写道："九王以皇帝前所授黄仪仗前导，乘轿鼓吹而行，入自朝阳门至阙门，近处则锦衣卫官以皇帝屋车仪仗迎之。九王乘黄屋轿，排仪仗于前路，入自长安门，到武英殿下轿升榻，以金爪玉节罗列殿前。臣于九王幕官列东西，招宦官问贼中形势，皇城失守之由……九王入城，都民燃香拱手，至有呼万岁者。城中大小人员及宦官七八千人亦皆投帖来拜。"

《红楼梦》是隐史，实事求是乃是其第一要义。所谓"谦恭厚道，大有祖父遗风"、"礼贤下士，济弱扶危"，并非向壁虚构，而是基于多尔衮入主北京后的政绩说的。

（1）《朝鲜李朝实录》云：李自成放火烧了明故宫，紫禁城里"宫殿悉皆烧尽，惟武英殿岿然独存，内外禁川玉石桥亦宛然无缺。烧房之燕，蔽天而飞"。多尔衮暂时在武英殿摄政，并开始了将近五个月的修复工程——即"修建大观园"。

（2）决定由盛京迁都北京，防止了大规模的抢掠。清朝是否定都北京，曾有很大的争论。代表旧势力的满洲贵族反对迁都，主张"今宜乘此兵威，大行屠戮，留置诸王以镇燕都，而大兵则或还守沈阳，或退保山海"（《朝鲜李朝实录》）。多尔衮力排众议："先帝尝言：若得北京，当即徙都，以图进取。况今人心未定，不可弃而东还。"（《朝鲜李朝实录》）他上奏顺治皇帝云："燕京势踞形胜，乃自古兴王之地，有明建都之所。今既蒙天畀，皇上迁都于此，以定天下，则宅中图治，宇内朝宗，无不通达，可以慰天下仰望之心，可以赐四方和恒之福，伏祈皇上熟虑俯纳焉。"（《清实录》）同时，派辅国公等前往盛京接驾。

（3）大批起用汉官，招降纳叛，笼络汉族地主阶级与士大夫。入京第六天多尔衮就下令："在京内阁、六部、都察院等衙门，俱以原官同满官一体办事。"（《清实录》）并再三强调，凡明朝"各衙门官员，俱照旧录用……其避贼回籍，隐居山林者，亦具以闻，仍以原官录用。"于是明朝官将纷纷投诚。连依附魏忠贤的冯诠也保住了大学士头衔。东林党的陈名夏曾投降李自成，仍委以吏部尚书与弘文院大学士。汉官们提出的"议定崇祯庙号……四海可传檄而定"、"蠲租三年，与民生息"、豁免明代加派钱粮，安抚民心（《宋权传》）等，均为多尔衮采纳，混乱局面迅速安定下来。

（4）优待明朝宗室，为崇祯皇帝与后妃发丧。多尔衮打出"吊民伐罪"的旗号，矛头只对李自成的农民军。

多尔衮入京的第三天，就下令为崇祯皇帝办丧事："今令官民人等，为崇祯帝服丧三日，以展舆情。"谕书下后，"官民大悦（《东华录》)"。这种做法满足了汉族人对明王朝的怀念之情，减轻了他们对新政权的敌视。五月二十二日，多尔衮下令照皇帝的礼仪将崇祯帝葬入昌平十三陵田贵妃园寝，称为思陵。对于明宗室，多尔衮更是宽大为怀，入京第二天就宣布"至朱姓各王归顺者，亦不夺其王爵，仍加恩养"（《清实录》）。明朝宗室，除南方拥有军事力量的诸王尚在抵抗清军，北方皇族在多尔衮的这种政策感召下，都偃旗息鼓，做起了顺民。第十四回云：

正闹着，人回："苏州去的人昭儿来了。"凤姐急命唤进来。昭儿打千儿请安。凤姐便问："回来做什么的？"昭儿道："二爷打发回来的。林姑老爷是九月初三日巳时没的。二爷带了林姑娘同送林姑老爷灵到苏州，大约赶年底就回来。二爷打发小的来报个信请安，讨老太太示下，还瞧瞧奶奶家里好，叫把大毛服带几件去。"凤姐道："你见过别人了没有？"昭儿道："都见过了。"说毕，连忙退去。凤姐向宝玉笑道："你林妹妹可在咱们家住长了。"宝玉道："了不得，想来这几日他不知哭的怎样呢！"说着，蹙眉长叹。

第十六回云：

且喜贾琏与黛玉回来，先遣人来报信，明日就可到家，宝玉听了，方略有些喜意。细问原由，方知贾雨村也进京陛见，皆由王子腾累上保本，此来后补京缺，与贾琏是同宗弟兄，又与黛玉有师从之谊，故同路作伴而来。林如海已葬入祖坟了，诸事停妥，贾琏方进京的。

第十四回与第十六回这两段小插曲，说明多尔衮（贾琏）在北京为崇祯皇帝（林姑老爷）发表，曾经汇报了远在沈阳的孝庄皇太后（凤姐）与顺治皇帝（宝玉），而且得到满清朝廷的全力支持。此处的"昭儿"隐射来往于北京与盛京的朝廷信使。"苏州"即"姑苏"。姑苏者，故都北京也。此处的"林姑娘"隐射两宫皇太后派往北京参加崇祯皇帝丧礼的代表。所以，林黛玉从姑苏回来，毫无悲戚之态，完全是例行公务的样子。

第七回还涉及满清朝廷对明朝宗室的宽容政策：

至掌灯时分，凤姐已卸了妆，来见王夫人回话："今儿甄家送了来的东西，我已收了。咱们送他的，趁着他家有年下进鲜的船回去，一并都交给他们带了去罢？"王夫人点头。凤姐又道："临安伯老太太生日的礼已经打点了，派谁送去呢？"王夫人道："你瞧瞧谁闲著，就叫他们去四个女人就是了，又来当什么正经事问我。"

这里的王夫人隐射姑母孝端皇太后，而"内侄女"凤姐隐射孝庄皇太后。甄家隐射明朝皇室。贾家与甄家的这种交往，就是指满清朝廷对朱明皇室宽大为怀的政策。虽不是"什么正经事"，但对于缓解满汉民族的矛盾却有事半功倍的作用。

（5）开科取士，恢复中原地区的科举考试，吸纳汉族士大夫。顺治元年十一月，清开科取士，廷试贡生，上卷以知州用，中次卷以州判县丞教职用。顺治二年七月，浙江总督张存仁上书云："速遣提学，开科取士，则读书者有出仕之望，而从逆之念自息。"（《清实录》）多尔衮遂下令举行全国乡试，在北京举行廷试。顺天府乡试的秀才达三千余名，轰动大江南北，大大缓和了民族矛盾。

（6）缓和与孝庄、顺治皇帝的矛盾。多尔衮为人严肃，又大权在握，与两宫及小皇帝的矛盾在所难免。《红楼梦》第二十二回云：

往常间只有宝玉长谈阔论，今日贾政在这里，便惟有唯唯而已。余者湘云虽系闺阁弱女，却素喜谈论，今日贾政在席，也自缄口禁言。黛玉本性懒与人共，原不肯多语。宝钗原不妄言轻动，便此时亦是坦然自若。故此一席虽是家常取乐，反见拘束不乐。贾母亦知因贾政一人在此所致之故，酒过三巡，便撵贾政去歇息。贾政亦知贾母之意，撵了自己去后，好让他们姊妹兄弟取乐的。

第五章 多尔衮

贾政忙赔笑道:"今日原听见老太太这里大设春灯雅谜,故也备了彩礼酒席,特来入会。何疼孙子孙女之心,便不略赐以儿子半点?"贾母笑道:"你在这里,他们都不敢说笑,没的倒叫我闷。你要猜谜时,我便说一个你猜,猜不着是要罚的。"贾政忙笑道:"自然要罚。若猜着了,也是要领赏的。"贾母道:"这个自然。"说着便念道:

　　　　猴子身轻站树梢。

　　　　　　　　　　　　——打一果名。

贾政已知是荔枝,便故意乱猜别的,罚了许多东西;然后方猜着,也得了贾母的东西。然后也念一个与贾母猜,念道:

　　　　身自端方,体自坚硬。
　　　　虽不能言,有言必应。

　　　　　　　　　　　　——打一用物。

说毕,便悄悄的说与宝玉。宝玉意会,又悄悄的告诉了贾母。贾母想了想,果然不差,便说:"是砚台。"贾政笑道:"到底是老太太,一猜就是。"回头说:"快把贺彩送上来。"地下妇女答应一声,大盘小盘一齐捧上。贾母逐件看去,都是灯节下所用所顽新巧之物,甚喜,遂命:"给你老爷斟酒。"宝玉执壶,迎春送酒。

在这段故事里,多尔衮(贾政)、孝端、孝庄两宫皇太后(贾母、王夫人)、顺治皇帝(宝玉)、孔四贞(湘云)代表的汉军正红旗,后宫佳丽(黛玉)代表的满洲八旗都出场了,写出了彼此间的尴尬局面与妥协。

《清史稿·列传五·睿忠亲王多尔衮》与《红楼梦》交相辉映,对照分析,可以看出《红楼梦》主要以贾赦、贾政、贾琏隐射摄政王多尔衮,完全符合"至若离合悲欢,兴衰际遇,则又追踪蹑迹,不敢稍加穿凿,徒为供人之目而反失其真传者"的创作原则。

(崇德)八年,太宗崩,王与诸王、贝勒、大臣奉世祖即位。诸王、贝勒、大臣议以郑亲王济尔哈朗与王同辅政,誓曰:"有不秉公辅理、妄自尊大者，天地谴之！"郡王阿达礼、贝子硕劝王自立，王发其谋，诛阿达礼、硕。寻与济尔哈朗议罢诸王贝勒管六部事。

此时的多尔衮并无篡夺皇位的野心。进入《红楼梦》，就是第十四回北静王（多尔衮）将"圣上（清太祖）亲赐香念珠（传位信物）一串"，赠送给贾宝玉"权为贺敬之礼"。此事与历史记载吻合，努尔哈赤曾有过传位多尔衮的念头，并给过信物。

《清史稿·列传五·睿忠亲王多尔衮》载："顺治元年正月，拒朝鲜馈遗，告济尔哈朗及诸大臣曰：'朝鲜国王因予取江华，全其妻子，常以私馈遗。先帝时必闻而受之，今辅政，谊无私交，不当受。'因并禁外国馈诸王贝勒者。济尔哈朗谕诸大臣，凡事先白王，书名亦先之。王由是始专政。固山额真何洛会等讦肃亲王豪格怨望，集议，削爵，大臣扬善等以谄附，坐死。"多尔衮反对行贿受贿，反映在第九十九回贾政的表现中：

贾政向来作京官……所以外省州县折收粮米、勒索乡愚这些弊端，虽也听见别人讲究，却未身亲其事，只有一心做好官。便与幕宾商议，出示严禁，并谕以一经查出，必定详参揭报。初到之时，果然胥吏畏惧，便百计钻营，偏遇贾政这般古执。那些家人跟了这位老爷在都中一无出息，好容易盼到主人放了外任，便在京指着在外发财的名儿向人借贷做衣裳，装体面，心里想着到了任，银钱是容易的了。不想这位老爷呆性发作，认真要查办起来，州县馈送一概不受。

"济尔哈朗谕诸大臣，凡事先白王，书名亦先之。王由是始专政。"反映到《红楼梦》中，就是贾政（多尔衮）当了代理家长，而李贵（济尔哈朗）降为宝玉（顺治皇帝）的大跟班。

"讦肃亲王豪格怨望，集议，削爵"反映到《红楼梦》中，就是战功赫赫的焦大（豪格）降为口塞马粪的老奴才。

（顺治元年）"戊寅，距关十里，三桂报自成兵已出边。王令诸王逆击，败李自成将唐通于一片石。己卯，至山海关，三桂出迎，王慰劳之。令所部以白布系肩为识，先驱入关。时自成将二十余万人，自北山列阵，横亘至海。漫山遍野，不可轻敌。吾观其阵大，首尾不相顾。我兵阵不及海岸，王令曰：

'流贼横行久,犷而。可集我军鳞比,伺敌阵尾,待其衰击之,必胜。努力破此,大业成矣。勿违节制!'既成良久,师噪。风止,自三桂阵右出列,令三桂居右翼后。搏战,大风扬沙,咫尺不能辨。力突出,捣其中坚,马迅矢激。自成登高望见,夺气,策马走。师无不一当百,追奔四十里,自成溃遁。王即军前承制进三桂爵平西王……以马步兵各万人属三桂,追击自成。"

此即《红楼梦》第六十六回中柳湘莲(顺治部下多尔衮)救薛蟠(吴三桂)的故事。第六十六回原文:

薛蟠(吴三桂)笑道:"天下竟有这样奇事。我同伙计贩了货物,自春天(顺治元年三月)起身,往回里走(已经答应回京归顺李自成),一路平安。谁知前日到了平安州界(河北滦州),遇一伙强盗(闯王部队),已将东西劫去(抢了北京家产,扣押父母,夺了陈圆圆)。不想柳二弟从那边(山海关外)来了,方把贼人赶散,夺回货物,还救了我们的性命(石河战役)。我谢他又不受,所以我们结拜了生死弟兄(摄政王"军前承制进三桂爵平西王"),如今一路进京("以马步兵各万人属三桂,追击自成")。"

(顺治元年)"五月戊子朔,师次通州。自成先一日焚宫阙,载辎重而西。……下令将士皆乘城,毋入民舍,民安堵如故。为崇祯帝发丧三日,具帝礼葬之。诸臣降者,仍以明官治事。"——为崇祯建陵直到冬天完工,此即《红楼梦》第十四与十六回中贾琏(多尔衮)带领林黛玉(孝庄特使)到姑苏(北京十三陵)为林如海(崇祯帝)发丧的故事,还"叫把大毛衣服带几件去","林如海已葬入祖坟了,诸事停妥,贾琏方进京的"。

(顺治元年)六月"明福王由崧称帝江宁,遣其大学士史可法督师扬州,设江北四镇,沿淮、徐置戍。王致书可法曰:比闻道路纷纷,多谓金陵有自立者。夫君父之仇,不共戴天。春秋之义,有贼不讨,则故君不得书葬,新君不得书即位,所以防乱臣贼子,法至严也……岂意南州诸君子,苟安旦夕,弗审事机,聊慕虚名,顿忘实害,予甚惑之!国家抚定燕都,得之于闯贼,非取之于明朝也。贼毁明朝之庙主,辱及先人,我国家不惮征缮之劳,悉索敝赋,代为雪耻,孝子仁人,当如何感恩图报。兹乃乘逆寇稽诛,王师暂息,遂欲雄据江南,坐享渔人之利。揆诸情理,岂可谓平?将以为天堑不能飞渡,投鞭不能断流耶？……原诸君子同以讨贼为心，毋贪一身瞬息之荣，而重故国无穷之祸，为乱臣贼子所窃笑，予实有厚望焉！……"

多尔衮数落南明君臣有三大错误：不剿灭李自成为崇祯皇帝报仇雪恨，一错也；先帝不葬而妄自称尊，二错也；割据江南，形成南北朝局面，"双悬日月照乾坤"，三错也。

《红楼梦》中有两处隐射此事。一是第二回《冷子兴演说荣国府》，贾雨村批评南京甄宝玉："这等子弟，必不能守祖父之根基，从师长之规谏的。"二是第九十三回《甄家仆投靠贾家门》，隐射明朝旧臣归顺满清新政府：

贾政道："你如今为什么要出来呢？"包勇道："小的原不肯出来，只是家老爷再四叫小的出来，说别处你不肯去，这里老爷家里和在咱们自己家里一样的，所以小的来的。"贾政道："你们老爷不该有这样事情，弄到这个田地。"包勇道："小的本不敢说；我们老爷只是太好了，一味的真心待人，反倒招出事来。"贾政道："真心是最好的了。"包勇道："因为太真了，人人都不喜欢，讨人厌烦是有的。"贾政笑了一笑道："既这样，皇天自然不负他的。"包勇还要说时，贾政又问道："我听见说你们家的哥儿不是也叫宝玉么？"包勇道："是。"贾政道："他还肯向上巴结么？"包勇道："老爷若问我们哥儿，倒是一段奇事。哥儿的脾气也和我家老爷一个样子，也是一味的诚实，从小儿只爱和那些姐妹们在一处玩。老爷太太也狠打过几次，他只是不改……"

"你们老爷不该有这样事情，弄到这个田地。"隐射多尔衮数落南明的三大错。

"你们家的哥儿不是也叫宝玉么？"隐射执政党贾宝玉，与在野党甄宝玉，只有一点差别——脖子上的通灵宝玉。

（顺治元年）"九月，上入山海关，王率诸王大臣迎于通州。上至京师，封为叔父摄政王，赐貂蟒朝衣。"——此即第三回所谓"且说黛玉自那日弃舟登岸时，便有荣国府打发了轿子并拉行李的车辆久候了"。隐射接驾行宫位于北京通州运河大码头以东，现在属三河县燕郊区行宫镇。时间为九月十八日。

（顺治元年）"十月乙卯朔，上即位，以王功高，命礼部尚书郎球、侍郎蓝拜、启心郎渥赫建碑纪绩，加赐册宝。"——顺治皇帝十月初一在太和门登基就位，满蒙汉各族权贵，就权力分配问题，进行了一番大较量。此即第九回

《起嫌疑顽童闹学堂》。清承明制,"学堂"者,满清朝堂也,"原来这学中虽都是本族人丁与些亲戚家的子弟,俗语说的好,'一龙生九种,种种各别。'未免人多了,就有龙蛇混杂,下流人物在内"。这句话,是对清初形势的高度概括。

在努尔哈赤三幼子中,阿济格(贾蓉)最长,多尔衮(贾琏)次之,多铎(贾蔷)最小。《红楼梦》中此三人与王熙凤(孝庄)的关系最密切。多尔衮权倾当朝,(贾琏)代管荣府家务。阿济格屡罪屡降,(贾蓉)降到了儿子辈。多铎偶降常升,(贾蔷)也降为儿子辈,实乃君父与臣子的正常关系。

第十六回《贾元春才选凤藻宫》写多尔衮(贾琏)与孝庄(凤姐)乃事实婚姻的关系。两人将南征与西征重任(下姑苏)交给了多铎(贾蔷)与阿济格(贾蓉)。贾琏(多尔衮)指出:"这个事虽不算甚大,里头大有藏掖的。"而凤姐(孝庄)袒护说:"孩子们已长的这么大了,'没吃过猪肉,也看见过猪跑'。大爷派他去,原不过是个坐纛旗儿,难道认真的叫他讲价钱会经纪去呢!依我说就很好。"多尔衮表示关照:"自然是这样。并不是我驳回,少不得替他算计算计。"

凤姐对焦大的态度代表了孝庄与多尔衮的态度。第七回中"凤姐道:'我成日家里说你太软弱了,纵的家里人这样还了得了?'……凤姐道:'我何尝不知这焦大。倒是你们没主意,有这样的,何不打发他远远的庄子上去就完了。'"说明多尔衮对豪格的迫害,得到了孝庄皇太后的支持。母后皇太后不点头,先皇的大儿子何以会瘐死狱中?而豪格(焦大)也将多尔衮(贾琏)三兄弟与孝庄当成了自己的死敌:"那焦大那里把贾蓉放在眼,反大叫起来,赶著贾蓉叫:'蓉哥儿,你别在焦大跟前使主子性儿。别说你这样儿的,就是你爹、你爷爷,也不敢和焦大挺腰子!不是焦大一个人,你们就做官儿享荣华受富贵?你祖宗九死一生挣下这家业,到如今了,不报我的恩,反和我充起主子来了。不和我说别的还可,若再说别的,咱们红刀子进去白刀子出来!'……凤姐在车上说与贾蓉道:'以后还不早打发了这个没王法的东西!留在这里岂不是祸害?倘或亲友知道了,岂不笑话咱们这样的人家,连个王法规矩都没有。'贾蓉答应'是'。"——贾蓉(阿济格)的一个"是"字,说明肃亲王豪格死于孝庄与多尔衮三兄弟两股势力的阴谋之中。

从停止"跪拜"到"尊为皇父摄政王"透露出两个历史信息:一是顺治

四五年多尔衮加快了篡位的步伐；二是顺治六年二月八日前孝庄安排下嫁多尔衮的舆论工作。这两条史实，进入《红楼梦》，就变成了两个有声有色的小说故事。

（1）第二十八回《蒋玉菡情赠茜香罗》隐射顺治皇帝谋划亲政，激起了与皇叔父摄政王的激烈矛盾：

少刻，宝玉出席解手，蒋玉菡便随了出来。二人站在廊檐下，蒋玉菡又赔不是。宝玉见他妩媚温柔，心中十分留恋，便紧紧的搭着他的手，叫他："闲了往我们那里去。还有一句话借问，也是你们贵班中，有一个叫琪官的，他在那里？如今名驰天下，我独无缘一见。"蒋玉菡笑道："就是我的小名儿。"宝玉听说，不觉欣然跌足笑道："有幸，有幸！果然名不虚传。今儿初会，便怎么样呢？"想了一想，向袖中取出扇子，将一个玉扇坠解下来，递与琪官，道："微物不堪，略表今日之谊。"琪官接了，笑道："无功受禄，何以克当！也罢，我这里得了一件奇物，今日早起方系上，还是簇新的，聊可表我一点亲热之意。"说毕撩衣，将系小衣儿一条大红汗巾子（明朝龙袍）解了下来，递与宝玉，道："这汗巾子是茜香国女国王所贡之物，夏天系着，肌肤生香，不生汗渍。昨日北静王（摄政王多尔衮）给我的，今日才上身。若是别人，我断不肯相赠。二爷请把自己系的解下来，给我系着。"宝玉听说，喜不自禁，连忙接了，将自己一条松花汗巾（后金龙袍）解了下来，递与琪官。二人方束好，只见一声大叫："我可拿住了！"只见薛蟠跳了出来，拉着二人道："放着酒不吃，两个人逃席出来干什么？快拿出来我瞧瞧。"二人都道："没有什么。"薛蟠那里肯依，还是冯紫英出来才解开了。于是复又归坐饮酒，至晚方散。

蒋玉菡者，"将玉含"的紫檀匣子也，所以家住紫檀堡，乃中国历代皇帝盛龙袍与国家玉玺的容器。"琪"者，玉也。琪官者，管理王者棋局的官员也。楚河汉界，鸿沟长城，兴亡胜负乃一局残棋，谁胜了，琪官蒋玉菡就将龙袍与玉玺交给谁。

"如今名驰天下，我独无缘一见。"——龙袍与玉玺原来在明朝朱家手里。明失其鹿，李自成（冯紫英）、吴三桂（薛蟠）、多尔衮（北静王）与顺治皇帝（贾宝玉）、南明五帝与天下群雄共逐之。李自成（冯紫英）占领北京，琪官蒋玉菡就到了"忠顺王府"（忠于了大顺朝）。多尔衮入主北京，琪官蒋玉菡就将国家的神器交给了"北静王"（来自东北的摄政王）。当时福临七岁，乳臭未干，自然"我独无缘一见"。现在顺治谋划亲政，皇帝要掌握国家神器，名正言顺，所以琪官蒋玉菡道："昨日北静王（摄政王多尔衮）给我的，今日才上身。若是别人，我断不肯相赠。"

"还是冯紫英出来才解开了。"——李自成（冯紫英）闯入皇宫，逼死崇祯（林如海），发兵剿吴三桂（薛蟠），吴三桂引清兵入关，这个历史的死疙瘩，"还是冯紫英（李自成）出来才解开了"。

（2）第三十三回中因为琪官蒋玉菡的龙袍与玉玺，贾政（多尔衮）简直想打死贾宝玉（顺治皇帝）。大清国避免了一场宫廷政变。时在顺治四年十二月多尔衮停止"跪拜"之后。

顺治五年，多尔衮（贾政）觉得阳谋不行，就以老婆的嘴脸（赵姨娘），联合范文程（马道婆），搞起阴谋诡计来——这就是《红楼梦》第二十五回的《魇魔法姊弟逢五鬼》。逢五鬼者，恰逢顺治五年也。

为了不再发生如此凶险的宫廷危机，保住儿子的皇位，孝庄母子决定做出牺牲，以太后下嫁的一个"下"字，向天下确立了多尔衮的下属地位。

第五十四回的标题表明，孝庄（史太君）顾不得封建正统的"陈腐旧套"了，皇太后（王熙凤）穿上了再嫁的衣裳（"斑衣"）。

（顺治）六年"十二月，王妃博尔济吉特氏薨，以册宝追封为敬孝忠恭正宫元妃"。——《红楼梦》将此写在第一回《贾雨村风尘怀闺秀》与第二回《冷子兴演说荣国府》里："却说娇杏这丫鬟，便是那年回顾雨村者。因偶然一顾，便弄出这段事来，亦是自己意料不到之奇缘。谁想他命运两济，不承望自到雨村身边，只一年便生了一子，又半载，雨村嫡妻忽染疾下世，雨村便将他扶侧作正室夫人了。"——隐射孝庄（娇杏）下嫁后"半载"有余，"雨村嫡妻"下世（多尔衮"王妃博尔济吉特氏薨"）。孝庄成了多尔衮的令正妻子了（"雨村便将他扶侧作正室夫人了"），而且还为小叔子生了一个孩子。

（顺治）"七年正月，王纳肃王福金，福金，妃女弟也。复征女朝鲜。令部事不须题奏者，付巽亲王满达海、端重亲王博洛、敬谨亲王尼堪料理。五月，率诸王贝勒猎于山海关，朝鲜送女至，王迎于连山，成婚。复猎于中后所，责随猎王贝勒行列不整，罚锾有差。七月，谕以京城当夏潦暑不可堪，择地筑城避暑。令户部加派直隶、山西、浙江、山东、江南、河南、湖广、江西、陕西九省地丁银二百四十九万两有奇，输京师备工用。八月，王尊所生母太祖妃乌喇纳拉氏为孝烈恭敏献哲仁和赞天俪圣武皇后，太庙。"

多尔衮逼死侄子豪格，霸占了侄媳妇博尔济吉特氏。侄媳妇博尔济吉特氏是多尔衮原配夫人博尔济吉特氏的小妹妹，也是孝庄皇太后的小妹妹。当时这三位博尔济吉特氏姐妹花，被称为满洲的国色天香，多尔衮都一览无余矣。隐射大阿哥肃亲王豪格的焦大，破口大骂"爬灰的爬灰，养小叔子的养小叔子"，就是指这一段历史。因为多尔衮既娶了嫂子，又收纳了侄媳妇。第七回中焦大云：

我要往祠堂（故宫太庙）里哭太爷（父亲皇太极）去。那里承望到如今（顺治初年）生下这些畜生（野驴匈奴）来！每日家偷狗戏鸡，爬灰的爬灰（纳肃王福金），养小叔子的养小叔子（孝庄与多尔衮），我（豪格）什么不知道？咱们（爱新觉罗氏）'胳膊折了往袖子里藏'（马蹄袖有用场）！"

多尔衮瞒着孝庄皇太后偷娶朝鲜两公主的事情，隐写在第六十五回《贾二舍偷娶尤二姨》的尤氏姐妹里。多尔衮将朝鲜姐妹花偷娶到连山、中后所，还想藏到避暑新城，事没成就暴露了（贾琏将尤氏姐妹花偷娶到花枝巷，事没成就暴露了）。

孝庄、顺治与多尔衮之间势均力敌，只是名分上有优劣，可谓狗见野狼，彼此小心也。孝庄下嫁多尔衮是一着高棋，既然是"下"嫁，下面的多尔衮就处于劣势的地位。而"上"面的孝庄皇太后与顺治皇帝，就处于高屋建瓴、游刃有余的优势地位。

多尔衮"纳肃王福金"，是扒灰，一败也；偷娶朝鲜两公主，二败也；国母下嫁，彻底打灭了臣子多尔衮的嚣张气焰。

第六十五回里，贾琏（多尔衮）的亲信兴儿（正白旗奴才）分析道："我是二门上（乾清门）该班的人（乾清门侍卫）。我们共是两班（黄旗一班，白旗一班），一班四个，共是八个。这八个人有几个是奶奶的心腹（两黄旗），有几个是爷的心腹（正白旗）。奶奶的心腹我们不敢惹，爷的心腹奶奶的就敢惹。"——兴儿简直可以参与军机了，他分析得何等深刻！多尔衮人未死，政治生命已经死了。

第五章 多尔衮

《清史稿》本着为尊者讳的原则，没有写对多尔衮扒骨鞭尸的场面。但《红楼梦》真实地记录了顺治皇帝对皇父摄政王的无情报复，而且连写了两次，每次都写得极为具体。一次写的是顺治七年，一次写的是顺治八年春，时间相距不足"三百六十"天。

（1）第二十八回《蒋玉菡情赠茜香罗》："宝玉道：太太倒不糊涂，都是叫'金刚''菩萨'支使糊涂了。"——顺治皇帝认为母亲被多尔衮的软硬两手"支使糊涂了"。

"太太给我三百六十两银子，我替妹妹配一料丸药，包管一料不完就好了。"——隐射采用"天王补心丹"计划，不上一年就会要了多尔衮的命。此事发生在顺治七年春。

"那为君的药，说起来唬人一跳。前儿薛大哥哥求了我一二年，我才给了他这方子。他拿了方子去又寻了二三年，花了有上千的银子，才配成了。"——"天王补心丹"计划准备了七八年——"一二"加起来是三年，"二三年"加起来是五年。总共是八年。从崇德八年多尔衮当摄政王，到顺治七年十二月初九多尔衮暴死，正好八年。

"这珍珠宝石定要在古坟里的，有那古时富贵人家装裹的头面，拿了来才好。如今那里为这个去刨坟掘墓，所以只是活人带过的，也可以使得。"——顺治皇帝在多尔衮死后无情报复——"为这个去刨坟掘墓"。

"人家死了几百年，这会子翻尸盗骨的，作了药也不灵！"——孝庄不同意"刨坟掘墓"，但也没有反对。"刨坟掘墓"发生在顺治八年二三月。

（2）第一百一十二回，借赵姨娘之身，写多尔衮之尸，隐写了顺治八年春"刨坟掘墓鞭尸"的现场："我想仗着马道婆出出我的气，银子白花了好些，也没有弄死一个。"隐射多尔衮与范文程阴谋害死孝庄与顺治皇帝，但没有成功。

"我是阎王老爷差人拿我去的，要问我为什么和马道婆用魔魔法的案件。"隐射顺治皇帝对多尔衮的死后审判，然后挖坟夺爵的处理。时在顺治八年二月。

"就有两个女人搀着赵姨娘双膝跪在地下，说一回，哭一回。有时爬在地下叫饶说：'打杀我了！红胡子的老爷，我再不敢了！'有一时双手合着，也是叫疼。眼睛突出，嘴里鲜血直流，头发披散。人人害怕，不敢近前。那时又将天晚,赵姨娘的声音只管阴哑起来,居然鬼嚎的一般,无人敢在他跟前,只得叫了几个有胆量的男人进来坐着。赵姨娘一时死去,隔了些时又回过来,整整的闹了一夜。到了第二天,也不言语,只装鬼脸,自己拿手撕开衣服,露出胸膛,好象有人剥他的样子。可怜赵姨娘虽说不出来,其痛苦之状实在难堪……谁管赵姨娘蓬头赤脚死在炕上。"——这是多尔衮最后下场的特写镜头。

借用贾政(多尔衮)老婆("明年正月,尊妃为义皇后")之死,直接描写丈夫("诏追尊为懋德修道广业定功安民立政诚敬义皇帝,庙号成宗")扒骨鞭尸之惨,与"义皇后"死后恩荣不符,与"义皇帝"死后鞭尸吻合。作者用心良苦。一句"可怜赵姨娘虽说不出来,其痛苦之状实在难堪",表达了作者的公正态度。

第三节 生前身后

贾政、赵姨娘、周姨娘与周瑞夫妇,是《红楼梦》里令人感觉模糊的形象。笔者经过分析,得出如下结论:

(1)贾政、赵姨娘与女儿贾探春——贾政、赵姨娘首先隐射摄政王多尔衮与博尔济吉特氏夫妇。博尔济吉特氏乃皇太极宸妃、庄妃的妹妹,孝端文皇后的侄女。孝端文皇后是她们的姑母。天聪年间,为了笼络多尔衮,皇太极让宸妃出面,将妹妹博尔济吉特氏嫁给了十四弟睿忠亲王多尔衮。又将小妹妹博尔济吉特氏嫁给了大阿哥肃亲王豪格。

崇德六年宸妃病死。崇德八年八月初九,皇太极暴死,孝庄皇太后为了笼络摄政王多尔衮,保住儿子顺治皇帝的生命与皇位,开始了"养小叔子"的矛盾痛苦的悲剧生涯,与多尔衮维持了长达七年的事实婚姻——这就是贾琏与王熙凤貌合神离的"夫妻"关系。

顺治六年二月初八,太后下嫁,孝庄成为"皇父摄政王"多尔衮的"令正"夫人——贾政与王夫人成为合法夫妻关系了。而多尔衮的原配夫人博尔济吉特氏成了"姨娘"——贾政的赵姨娘。

摄政王多尔衮与原配夫人博尔济吉特氏没有孩子,只好过继十五弟豫亲王多铎的儿子多尔博为继子——贾环(相当于贾赦的儿子贾琮)。从此,顺治皇帝（贾宝玉）称"皇叔父摄政王"多尔衮（贾政）为"皇父摄政王"。也就是说，在法律上顺治皇帝成了"皇父摄政王"的儿子——进入《红楼梦》，贾宝玉成了贾政的假儿子。顺治六年三月豫亲王多铎（贾蔷）病死。顺治六年十二月，多尔衮原配夫人博尔济吉特氏（贾政的赵姨娘）病死。《清史稿》云：

顺治六年"十二月，王妃博尔济吉特氏薨，以册宝追封为敬孝忠恭正宫元妃。七年正月，王纳肃王福金，福金，妃女弟也。

……

诏削爵，撤庙享，并罢孝烈武皇后谥号庙享，黜宗室，籍财产入官，多尔博归宗。"

"王纳肃王福金，福金，妃女弟也。"——贾政的周姨娘。

"多尔博归宗"——贾环变成了"家还"。贾赦、贾政、贾琏连起来隐射摄政王。贾赦的贾琮（宗）与贾政的贾环（还），都隐射多尔衮的继子多尔博。贾琮（宗）与贾环（还）的后人，隐射"宗还"与"还宗"的意思。

顺治七年八月，孝庄为多尔衮生了一个女儿——王夫人的贾探春、王熙凤的巧姐儿。

四个月之后，即顺治七年十二月，睿忠亲王多尔衮暴死，追封为"成宗义皇帝"——"义忠亲王老千岁"。但顺治八年二月，多尔衮被鞭尸削爵——"义忠亲王老千岁坏了事"。

多尔衮的女儿（贾探春与巧姐）的名分地位，立刻成了皇室的棘手问题。多尔博（贾环）也失去了世袭爵位的权利，从多尔衮名下又到了多铎的名下——"家还"。

多尔衮的女儿（贾探春与巧姐）是孝庄的亲生骨肉，为了掩人耳目，说她是多尔衮原配夫人博尔济吉特氏的女儿——赵姨娘亲生的女儿。但这个倔强的女孩子坚决不认账——贾探春不认赵姨娘为亲娘，只认顺治皇帝（贾宝玉）为亲哥哥，只认多尔衮（贾政）为父亲，只认孝庄（王夫人）为母亲。她始终住在中南海蕉园（大观园的蕉园）里，由母亲孝庄皇太后抚养成人。

所谓"才自精明志自高，生于末世运偏消"（探春）。所谓"势败休云贵，家亡莫论亲"（巧姐）。她没有理由留在北京，最后远嫁蒙古。直到康熙二十六年，听说母亲病危，她才回到娘家。

（2）贾政、赵姨娘都隐射过摄政王多尔衮。贾政隐射多尔衮"身自端方，体自坚硬。虽不能言，有言必应"的正面形象。赵姨娘隐射多尔衮勾结范文程阴谋篡夺皇位，最后被扒骨鞭尸的反面形象。

第二十五回《魇魔法姊弟逢五鬼　红楼梦通灵遇双真》指顺治五年（逢"五"鬼，五五二十五回）多尔衮（赵姨娘）勾结范文程（马道婆），企图害死孝庄与顺治母子（凤姐与宝玉，和元春与宝玉一样，"其名分虽系姊弟，其情状有如母子"），夺取皇权（夺取家产）：

马道婆（范文程）道："你只管放心，将来熬的环哥儿（多尔博）大了，得个一官半职（承袭睿亲王爵位），那时你要作多大的功德不能？"赵姨娘（多尔衮）听说，鼻子里笑了一声，说道："罢，罢，再别说起。如今就是个样儿，我们娘儿们跟的上这屋里那一个儿！也不是有了宝玉（顺治），竟是得了活龙（当今皇帝）。他还是小孩子家（顺治五年为十二岁），长的得人意儿，大人偏疼他些也还罢了；我只不伏这个主儿。"一面说，一面伸出两个指头儿来。马道婆会意，便问道："可是琏二奶奶（孝庄皇太后）？"赵姨娘唬的忙摇手儿，走到门前，掀帘子向外看看无人，方进来向马道婆悄悄说道："了不得，了不得！提起这个主儿，这一分家私（皇权）要不都叫他搬送到娘家去（被蒙族夺去），我也不是个人。"

……

赵姨娘道："我的娘，不凭他去，难道谁还敢把他怎么样呢？"马道婆听说，鼻子里一笑，半晌说道："不是我说句造孽的话，你们（满洲两白旗）没有本事！——也难怪别人。明不敢怎样，暗里也就算计了，还等到这如今！"

范文程认为，满洲两白旗无能，即便不动用军事力量，通过政治阴谋，也可以达到篡夺皇位的目的。于是，《清史稿》云：顺治"四年十二月，王以风疾不胜跪拜，从诸王大臣议，独贺正旦上前行礼，他悉免。五年十一月，南郊礼成，赦诏曰：'叔父摄政王治安天下，有大勋劳，宜加殊礼，以崇功德，尊为皇父摄政王。凡诏疏皆书之'"。

那婆子出去了，一时回来，果然写了个五百两欠契来（钱权交易）。赵姨

第五章 多尔衮

娘便印了手模（封官加爵），走到橱柜里将梯己拿了出来，与马道婆看看，道："这个你先拿了去做香烛供奉使费，可好不好？"马道婆看看白花花的一堆银子，又有欠契（范文程晋级证明），并不顾青红皂白，满口里应着，伸手先去抓了银子掖起来，然后收了欠契。又向裤腰里掏了半晌，掏出十个纸铰的青面白发的鬼来（十项阴谋诡计），并两个纸人（孝庄与顺治的催命符），递与赵姨娘（多尔衮），又悄悄的教他道："把他两个的年庚八字写在这两个纸人身上，一并五个鬼都掖在他们各人的床上就完了。我只在家里作法，自有效验。千万小心，不要害怕！"

当年范文程就是用同样的阴谋诡计，协助皇太极，害死了明朝的袁崇焕大将军。现在，范文程又协助多尔衮，算计孝庄母子，而且雷厉风行，立竿见影。《清史稿》云：顺治"六年二月……以师行在外，铸行在印。禁诸王及内大臣干预部院政事及汉官升降，不论所言是非，皆治罪"。——多尔衮连代理皇印（行在印）都造好了，权倾朝野，皇帝形同虚设。

合家人口无不惊慌，都说没了指望，忙着将他二人的后世的衣履都治备下了（满清皇室准备后事）。贾母（孝庄）、王夫人（孝庄）、贾琏（顺治）、平儿（蒙古八旗势力）、袭人（蒙古八旗势力）这几个人更比诸人哭的忘食废寝，觅死寻活。赵姨娘（多尔衮）、贾环（多尔博）等自是称愿。

赵姨娘在旁劝道："老太太也不必过于悲痛。哥儿已是不中用了，不如把哥儿的衣服穿好，让他早些回去，也免些苦；只管舍不得他，这口气不断，他在那世里也受罪不安生。"这些话没说完，被贾母照脸啐了一口唾沫，骂道："烂了舌头的混帐老婆，谁叫你来多嘴多舌的！你怎么知道他在那世里受罪不安生？怎么见得不中用了？你愿他死了，有什么好处？你别做梦！他死了，我只和你们要命。素日都不是你们调唆着逼他写字念书，把胆子唬破了，见了他老子不象个避猫鼠儿？都不是你们这起淫妇调唆的！这会子逼死了，你们遂了心，我饶那一个！"一面骂，一面哭。贾政在旁听见这些话，心里越发难过，便喝退赵姨娘，自己上来委婉劝解。一时又有人来回说："两口棺椁都做齐了，请老爷出去看。"贾母听了，如火上浇油一般，便骂："是谁做了棺椁？"一叠声只叫把做棺材的拉来打死。

孝庄皇太后（贾母）公开揭露"皇父摄政王"多尔衮（赵姨娘与贾政）威逼皇帝（宝玉）的篡权阴谋，努力解救儿子。多尔衮（赵姨娘）心里巴望顺治早完蛋，（贾政）嘴上还表示关怀宽慰。

那道人笑道："你家现有希世奇珍（大清国玉玺"通灵宝玉"），如何还问我们有符水？"

那僧道："长官你那里知道那物的妙用（国家名器的法律效能）。只因他如今被声色货利所迷（孝庄与小叔子不清不混，淫欲迷了心窍），故不灵验了（对多尔衮下不去手）。你今且取他出来，待我们持颂持颂（说服孝庄，以儿子的皇位与社稷为重），只怕就好了（大清国就转危为安了）。"

定南王孔有德认为，对多尔衮与范文程的阴谋，不能等闲视之，必须使用皇帝的权力号召朝野，全国共讨之。正黄、镶黄两股满洲八旗势力认为，关键在于孝庄皇太后，不能因为与小叔子之间的一个"情"字而损伤皇权。必须先做好皇太后的思想工作。皇太后完全转到顺治皇帝一边，问题就会迎刃而解。

结局——多尔衮（赵姨娘）死后，范文程（马道婆）罢官反省，但因事出有因，查无实据，又是顺治皇帝的老师（贾宝玉的干妈），免了罪。

（3）贾政、周姨娘、周瑞夫妻、贾政、赵姨娘——贾政、周姨娘与周瑞夫妻，隐射多尔衮霸占豪格福晋后的史实，而贾政、赵姨娘主要隐射多尔衮一生始终反对孝庄母子的内心世界。赵姨娘本人当然也隐射多尔衮原配夫人博尔济吉特氏。贾政隐射睿（瑞）忠亲王多尔衮，其原配妻子为孝庄的亲妹妹，所以周瑞与贾政，都隐射睿（瑞）忠亲王多尔衮。

当贾政隐射摄政王多尔衮时，贾政就是荣国府的代理家长，即假正，是贾宝玉（顺治皇帝）的假父亲，但实际上是贾府的老奴才——周瑞。于是，周瑞夫妻隐射睿（瑞）亲王多尔衮与孝庄最小的妹妹博尔济吉特氏（原为肃亲王豪格的正妻，目前下降为周姨娘身份）。贾政与周姨娘也是这种关系。贾琏与平儿也是这种关系。顺治七年正月，肃亲王豪格死后年余，征得姐姐孝庄皇太后的恩准，妹妹"扶了正"，成了摄政王多尔衮的侧福晋——所谓"平儿扶了正"。如此一来，周瑞与周瑞家的，贾政与周姨娘，贾琏与平儿，就处于完全对等的关系了。

从太后下嫁之后，多尔衮与孝庄转变为贾政与王夫人的地位，孝庄之妹博尔济吉特氏降格为没有生育的赵姨娘——一个里外都不讨好的女人。而孝庄最小的妹妹博尔济吉特氏（豪格原配）降格为没有生育的周姨娘——很受人尊敬的睿亲王小夫人。周瑞家的与周姨娘隐射同一个女人。

上蹿下跳的"赵姨娘"，指手画脚的"赵姨娘"，撒泼打滚的"赵姨娘"，无风起浪的"赵姨娘"——这个唯恐天下不乱的婆娘，指企图篡位的多尔衮与他原配夫人博尔济吉特氏、多尔博（贾环）的嫡母、多尔衮之女（贾探春）的庶母。但这一儿一女，都不是"赵姨娘"亲生的。赵姨娘（多尔衮原配夫人）年轻时也是个美人。同情赵姨娘的人还是有的，像宝钗、袭人等（蒙族后妃）贤德之人待她也非常礼貌，当然不排除是看在贾政与探春（多尔衮与女儿）的面子上。她和那些年纪大一点的老妈子关系也可以，周瑞家的（亲妹妹）和她还很亲近呢！

相对来说，周姨娘、周瑞家的、平儿（豪格的原配夫人、孝庄最小的妹妹）由于没有子女，在贾府（皇宫）的境遇反比赵姨娘好些，因为她与王夫人和凤姐（孝庄皇太后）没有根本的利益冲突。多尔衮纳豪格福晋（周姨娘与周瑞家的）为侧室得到孝庄皇太后（王夫人与凤姐）赞成。作为亲姊妹，这个女人终生都得到了姐姐的照应。

（4）赵姨娘与贾环、彩霞还隐射过懿靖皇太妃与顺治十一弟襄亲王博穆博果尔夫妇。第二十五回里说，彩云、彩霞（应该都指襄亲王福晋乌云珠）很听赵姨娘（懿靖皇太妃）的话，而赵姨娘也想要她们做自己的内助（顺心的儿媳妇），但贾环（襄亲王博穆博果尔）的态度反倒无所谓：

贾环（博穆博果尔）道："我也知道了，你别哄我。如今你（乌云珠）和宝玉（顺治皇帝）好，把我不答理，我也看出来了。"彩霞（乌云珠）咬着嘴唇，向贾环头上戳了一指头，说道："没良心的！狗咬吕洞宾，不识好人心。"……宝玉便和彩霞说笑，只见彩霞淡淡的，不大答理，两眼睛只向贾环处看（乌云珠在皇帝与丈夫面前的尴尬心态）。宝玉便拉他的手笑道："好姐姐，你也理我理儿呢。"一面说，一面拉他的手，彩霞夺手不肯，便说："再闹，我就嚷了。"

二人正闹着，原来贾环（襄亲王）听的见（探听得到），素日原恨宝玉，如今又见他和彩霞闹，心中越发按不下这口毒气（弟媳妇被皇兄看上了）。虽不敢明言，却每每暗中算计，只是不得下手，今见相离甚近，便要用热油烫瞎他的眼睛（不择手段，忘记了后果，甚至造谣说顺治皇帝不是清太宗的骨血）。因而故意装作失手，把那一盏油汪汪的蜡灯向宝玉脸上只一推。只听宝玉"嗳哟"了一声，满屋里众人都唬了一跳（朝野为之震惊）。连忙将地下的戳灯挪过来，又将里外间屋的灯拿了三四盏看时，只见宝玉满脸满头都是油。

住在大观园外面的贾政、贾环父子，隐射居住在睿亲王府的多尔衮与继子多尔博。而进入王夫人卧室与大观园里面的贾环，则隐射顺治十一弟襄亲王博穆博果尔。此时的赵姨娘与彩云、彩霞，则隐射懿靖皇太妃与儿媳妇乌云珠。

第四节 "义忠亲王老千岁坏了事"

"义忠亲王老千岁"指"成宗义皇帝"与"睿忠亲王"多尔衮。"义忠亲王老千岁坏了事"指已经由"皇叔父摄政王"改称"皇父摄政王"的多尔衮，于顺治七年十二月初九"薨于喀喇城，年三十九"。《红楼梦》中的贾赦、贾政、贾琏连起来隐射摄政王、"成宗义皇帝"与"睿忠亲王"多尔衮。

顺治七年（1650年），顺治十三岁，孝庄三十七岁。自偷娶朝鲜妃子后，多尔衮不耐福晋怨骂，时常带领朝鲜两公主出猎。是年十一月，多尔衮又往喀喇城围猎，咯血症复发。起初还勉强支持，后来精神恍惚。多尔衮自知不起，临危时，只对两公主垂泪而已。半年恩爱，竟成死别。此情此景，与贾琏、尤二姐半年恩爱，即成死别，阴阳对照，正反两面也。

顺治七年十二月初九，多尔衮死于喀喇城。十七日灵柩至京。此即《红楼梦》中所谓的"赵国基死了"。

多尔衮已殁，讣至北京，顺治皇帝辍朝震悼。十数日后，摄政王柩车发回，顺治皇帝率诸王大臣缟服出迎。朝堂奠爵举哀，命照帝制殡丧。顺治帝还宫，令议政诸王会议睿亲王承袭事。至顺治八年正月，始议定睿亲王袭爵，归长义子多尔博承受（此儿即《红楼梦》中的贾环）。

自顺治七年十二月二十日至顺治八年二月二十日，顺治皇帝尊称多尔衮为

成宗义皇帝,这是多尔衮死后哀荣的两个月。接着来的就是挖坟鞭尸,抄家夺爵了。《清史稿》云:

二月,苏克萨哈麟英、詹岱讦告王薨时,其侍女吴尔库尼将殉,请以王所制八补黄袍、大东珠素珠、黑貂褂置棺内。王在时,欲以两固山驻永平,谋篡大位。固山额真谭泰亦言王纳肃王福金,复令肃王子至第较射,何洛会以恶言詈之。于是郑亲王济尔哈朗、巽亲王满达海、端重亲王博洛、敬谨亲王尼堪及内大臣等疏言:"昔太宗文皇帝龙驭上宾,诸王大臣共矢忠诚,翊戴皇上。方在冲年,令臣济尔哈朗与睿亲王多尔衮同辅政。逮后多尔衮独擅威权,不令济尔哈朗预政,遂以母弟多铎为辅政叔王。背誓肆行,妄自尊大,自称皇父摄政王。凡批票本章,一以皇父摄政王行之。仪仗、音乐、侍从、府第,僭拟至尊。擅称太宗文皇帝序不当立,以挟制皇上。构陷威逼,使肃亲王不得其死,遂纳其妃,且收其财产。更悖理入生母于太庙。僭妄不可枚举。臣等从前畏威吞声,今冒死奏闻,伏原重加处治。"诏削爵,撤庙享,并罢孝烈武皇后谥号庙享,黜宗室,籍财产入官,多尔博归宗。

多尔衮旧府在东安门大街之南,明时南城旧宫,康熙时代为玛哈噶喇庙。乾隆时代为普度寺。吴伟业(吴梅村)读史偶述诗(其十二)云:"松林路转御河行,寂寂空垣宿鸟惊。七载金藤归掌握,百僚车马会南城。"诗句中流露出对多尔衮功名事业客观评价的意思——进入《红楼梦》,就是对贾政的公正评价。多尔衮的历史功业都写在贾政身上,而多尔衮的罪恶,都写在贾雨村、贾赦与贾琏身上。

第十三回《秦可卿死封龙禁尉》提到多尔衮的死亡与下场:

贾珍见父亲不管,亦发恣意奢华。看板时,几副杉木板皆不中用。可巧薛蟠来吊问,因见贾珍寻好板,便说道:"我们木店里有一副板,叫做什么樯木,出在潢海铁网山上,作了棺材,万年不坏。这还是当年先父带来,原系义忠亲王老千岁要的,因他坏了事,就不曾拿去。现在还封在店内,也没有人出价敢买。你若要,就抬来使罢。"贾珍听说,喜之不尽,即命人抬来。大家看时,只见帮底皆厚八寸,纹若槟榔,味若檀麝,以手扣之,玎如金玉。大家都奇异称赏。贾珍笑问:"价值几何?"薛蟠笑道:"拿一千两银子来,只怕也没处买去。什么价不价，赏他们几两工钱就是了。"贾珍听说，忙谢不尽，即命解锯糊漆。贾政因劝道："此物恐非常人可享者，殓以上等杉木也就是了。"此时贾珍恨不能代秦氏之死，这话如何肯听。

此处"恣意奢华"的贾珍，隐射顺治十七年八月的顺治皇帝。死的女人秦可卿是被他追封为"端敬"皇后的董鄂皇贵妃（所谓"秦可卿死封龙禁尉"）。而薛蟠隐射前来吊丧的平西王吴三桂。他坐镇云南，只有西双版纳才出这种木头。

有人认为秦可卿死封龙禁尉仅仅隐射沈阳的皇太极之葬，是说不通的。应该是"两番人作一番人"：一番人隐射皇太极死后顺治登基（路谒北静王）；二番人隐射董鄂妃死封端敬皇后；三番人隐射崇祯皇帝之厚葬。因为太宗没有追封皇后或妃子，吴三桂当时未降清。此处最重要的一句话就是"原系义忠亲王老千岁要的，因他坏了事，就不曾拿去"。

其实，《秦可卿死封龙禁尉》还隐射多尔衮代表孝庄皇太后为崇祯皇帝举行了隆重的国丧。《秦可卿死封龙禁尉》隐射三件历史大事，但绝不是隐射曹雪芹家有爬灰的长辈。

多尔衮猝死，王大臣先劾内大臣何洛会，党附睿亲王，其弟胡锡，知其兄逆谋，不自举首，应加极刑。得旨，何洛会及弟胡锡，着即凌迟处死。

顺治帝年已十四，早已窥破宫中暧昧，久怀隐恨，亲政后急欲加罪泄愤。朝野攻讦何洛会，顺治皇帝便乘机下旨如议。王大臣已知顺治帝隐衷，索性推郑亲王济尔哈朗列首衔，追劾睿亲王多尔衮罪状。说他骄僭悖逆，逼死豪格，诱纳侄妇。受多尔衮打击的满蒙亲贵又贿嘱他的旧属苏克萨哈麟英、詹岱、穆济伦，出首伊主私制帝服、藏匿御用珠宝等情。顺治帝大发雷霆，赫然下谕道：

据郑亲王济尔哈朗等奏，朕随命在朝大臣，详细会议，众论佥同，谓宜追治多尔衮罪，而伊属下苏克萨哈麟英詹岱穆济伦，又首伊主在日，私制帝服，藏匿御用珠宝，曾向何洛会吴拜苏拜罗什博尔惠密议，欲带伊两旗，移驻永平府，又首言何洛会曾遇肃亲王诸子，肆行骂詈，不述肃王福晋事，想系为吉特太后遮羞。朕闻之，即令诸王大臣详鞫皆实，除将何洛会正法外，多尔衮逆谋果真，神人共愤，谨告天地太庙社稷，将伊母子并妻，所得封典，悉行追夺。

布告天下，咸使闻知。

此谕下后，复昭雪肃亲王豪格冤，封豪格子富寿为显亲王。郑亲王子富尔敦亦受封为世子。大学士范文程，也有应得之罪，革职留任（指范文程扮演过马道婆的角色）。

多尔衮夺取肃亲王豪格福晋与娶朝鲜二女，《东华录》记载甚明。孝庄皇太后下嫁多尔衮事，乾隆以前亦载诸《东华录》。乾隆年间，太后下嫁的历史，为御用文人纪晓岚删去，孝庄下嫁即成为历史疑案。而张苍水诗"春官昨进新仪注，大礼恭逢太后婚"，明指母后下嫁事，并无可讳言者也。多尔衮好色乱伦，罪状确凿，但身殁以后，诸王弹劾，竟谓其暗蓄龙袍，此则纯属罗织罪名，未足深信。当年多尔衮手握大权，废黜孤儿易如反掌，何制龙袍而不穿？投井下石之徒，诬陷成案，使人颇为多尔衮慨叹。

《红楼梦》对摄政王多尔衮的是非功过，给予了公正的记载与评价。以贾政隐射多尔衮之勤政廉正，以贾赦、贾琏隐射多尔衮之贪婪好色。以王熙凤隐射博尔济吉特皇太后虽不识汉文（只懂蒙文），但精明干练，不让须眉，颇有国母之风。准确生动，令人信服，真可谓史笔也。

写到多尔衮（贾琏）的女儿，作者的笔端流露出无限的同情："势败休云贵，家亡莫论亲。"仅仅十个字，恍如倾盆泪雨。"势败"指多尔衮势败。"家亡"指家父亡也。

顺治六年春太后下嫁，年仅十二岁的顺治皇帝根本不理解母亲这一"荒谬"举动的良苦用心。他与母亲多年分宫而居，母子间的感情隔阂较深，而母亲屈身事仇，却是他永远难以谅解的。顺治皇帝不仅仇恨睿亲王，而且终生都对母亲怨艾不满。

顺治皇帝将复仇的希望寄托于亲政，不得不深自韬晦，"遨嬉狡狯，渔猎鄙事，无不为之，摄政安意无猜，得以善全"。顺治和孝庄皇太后都清楚，无论谁流露出一点不满，都会演成母子被废、睿忠亲王称帝的事实。即使多尔衮出狩猝死、灵柩运回，顺治也表现得极为恭顺，亲自迎出东直门外五里，"跪奠三爵，为之大恸"。

因母后下嫁"皇父摄政王"，顺治皇帝被迫追谥多尔衮为"诚敬义皇帝，庙号成宗"（史称"成宗义皇帝"），但顺治皇帝在太和殿宣布亲政，国政大权揽在手中仅仅二十余天,他便不顾母后的脸面,对这位"继皇父"开棺鞭尸、暴骨扬灰、削封夺谥、剿灭族党,用尽一切手段发泄他的刻骨仇恨,其中也含着对母后的怨恨和不满。如上文赵姨娘歇斯底里而死——隐射多尔衮与福晋之死,"开棺锉尸、暴骨扬灰"的具体描写——"也不言语,只装鬼脸,自己拿手撕开衣服,露出胸膛,好象有人剥他的样子。"

多尔衮一死,孝庄文皇后就让顺治皇帝亲政,尽管福临依然是个只有十四岁的孩子。稍后,她又支持儿子将多尔衮削爵夺谥,毁墓扬灰,严惩党羽,并把多尔衮的正白旗收归皇室,由顺治皇帝亲率,并陆续启用遭多尔衮打击和排斥的两黄旗大臣。一时之间,皇权迅速得到了加强。

孝庄皇太后对儿子报复多尔衮的恣意举动,始终不置一词。她既为儿子亲政感到欣慰,也对儿子的怨愤情绪伤心不已。尤其是面对东六所里那个多尔衮留下的可怜小女儿,她内心的痛苦是当时和后来的人们都难以体会的。

第六章 明清皇帝

第一节 贾宝玉与甄宝玉

贾宝玉隐射清朝帝系、甄宝玉隐射南明福王弘光帝的观点由来已久。

蔡元培《石头记索隐》(第六版)自序云:"又使宝玉为作者自身之影子,则何必有甄贾两个宝玉。鄙意甄贾二字,实因古人有正统伪朝之习见而起……故吾疑甄宝玉影弘光……"

王梦阮《红楼梦索隐提要》云:"甄宝玉是暗指福王(即弘光)。贾宝玉在北,甄宝玉在南,遥遥相对……其抄家复职,亦言明际诸王屡兴屡仆而已。"

颜也之谓"贾府贾(假)宝玉,作者之死敌,现时之伪统帝系(满),中国之灾星也;甄府甄(真)宝玉,作者之化身,未来之正统帝系(汉),中国之救星也",直接来源于蔡元培与王梦阮,但说法更加露骨了。

《红楼梦》中的贾家、甄家确实隐射后金满清与朱明南明王朝,但丝毫没有正统、伪朝的意思。

甄士隐代表明崇祯皇帝与南明五帝。南京甄应嘉与甄宝玉家,指南京明皇宫。北京贾政与贾宝玉家,指多尔衮与顺治接受的"清承明制"的北京明皇宫。

贾家分真贾与假贾两支——真贾血统指爱新觉罗氏。假贾血统指孔有德孔氏。满清皇室从努尔哈赤(清太祖天命朝代——贾代化与贾代善)到皇太极(清太宗天聪与崇德朝代——贾赦)两代是真贾,即真正的爱新觉罗血统。自顺治皇帝(贾珍、贾珠、贾琏、贾宝玉、贾芸与柳湘莲)以下,如康熙(贾蓉与贾兰)、雍正、乾隆等,都是孔有德的后代,属于假贾血统。

孝庄母子将要到达北京，探马报称明福王朱由崧称帝南京，改元弘光。江南遣使携带白金十万两、绸缎数万匹来京犒师。南明皇帝慰问清朝军队，为什么？——南明皇室对清军为君父报仇一举，表示谢意，此其一；申明清廷仍然为明朝的臣下，此其二。《红楼梦》第七回准确地记录了此事：

至掌灯时分，凤姐已卸了妆，来见王夫人回话："今儿甄家送了来的东西，我已收了。咱们送他的，趁着他家有年下进鲜的船回去，一并都交给他们带了去罢？"王夫人点头。凤姐又道："临安伯老太太生日的礼已经打点了，派谁送去呢？"王夫人道："你瞧瞧谁闲着，就叫他们去四个女人就是了，又来当什么正经事问我。"

《红楼梦》为什么记录此事？孝庄成了北京朝廷的新主子，南明倒成了"临安伯"，与金、元初偏安杭州的南宋形势一样了，此其一。北京与南京的关系是老亲关系，说白了是兄弟关系，此其二。满汉战争是中国的内政，与楚汉相争没有丝毫区别，此其三。孝庄认为解决南明问题已经不是"什么正经事"了，几乎易如反掌，此其四。

南明来使左懋第提出四个要求：第一，在天寿山特立园陵，改葬崇祯。第二，索还北京，把山海关外割给清朝，每年赠岁币十万两。第三，清廷与南明国书，只许称可汗，不能称帝。第四，来使要照故明会典，不肯屈膝。

多尔衮对南明使者以礼相待，同时遣将南下，继续远征。

《红楼梦》里贾雨村批评的甄宝玉，即隐射监国南京的南明福王朱由崧。福王系明神宗孙辈，福恭王朱常洵长子，崇祯十六年袭封。因流寇四扰，福王偕从叔潞王避难淮安。崇祯帝殉国，凤阳总督马士英拟迎立福王，南京兵部尚书史可法认为福王不可立，拟迎立潞王。

看来，史可法与多尔衮都知道南明福王朱由崧是个亡国之君——《红楼梦》里最早的"甄宝玉"。《红楼梦》的主题并不是简单的反清复明，首先是真实地记载那段历史，但作者不像史可法那么直率，有一句话他憋在肚子里始终不明说——他知道明朝亡于"真宝玉"的骄奢淫逸，贪婪腐败，一时一刻也离不开女人！他觉得"假宝玉"顺治皇帝也一时一刻离不开女人了，为此也会亡国。因此，他估计清朝将在顺治朝之后沿着迅速汉化的下坡路很快灭亡。

崇祯十七年，马士英勾结总兵高杰、刘泽清、黄得功、刘良佐四人，拥立福王先监国，继称尊，以次年为弘光元年。"大明宫太监戴权"所说的"襄阳侯老三"，就是这位福王朱由崧。戴权给了他一个"龙禁尉"的名号，就是指福王朱由崧当上了弘光皇帝。

弘光皇帝偏信马士英，专在女色上用心。宫中美女不足，就取诸外府，时命太监出城搜寻，见有姿色的女子就抢了去。那弘光帝左拥右抱，非常快活——《红楼梦》里的甄宝玉说："必得两个女儿伴着我读书，我方能认得字，心里也明白，不然我自己心里糊涂。"他广罗春方媚药，尽情取乐。谁知春宵不永，豫亲王多铎分军南下，势如破竹，这位甄宝玉在《红楼梦》里的角色很快就演完了。

清兵攻陷镇江，消息报入宫中，弘光帝正拥着美人饮酒，急忙收拾行装，潜开通济门出走。清兵到芜湖江口，南明总兵田雄起了坏心，缚住弘光帝与弘光爱妃，送至对岸清营。清大将军尼堪命将弘光帝及爱妃推入囚车，解至南京。可怜这位风流天子，只享了一年艳福，便与爱妃一起毙命北京了。

贾雨村对这位淫荡皇帝没有好印象。他说的金陵甄宝玉，就是弘光帝的真实写照：

但这一个学生，虽是启蒙，却比一个举业的还劳神。说起来更可笑，他说："必得两个女儿伴着我读书，我方能认得字，心里也明白，不然我自己心里糊涂。"……他令尊也曾下死笞楚过几次，无奈竟不能改。每打的吃疼不过时，他便"姐姐"、"妹妹"乱叫起来。后来听得里面女儿们拿他取笑："因何打急了只管叫姐妹做甚？莫不是求姐妹去说情讨饶？你岂不愧些！"他回答的最妙。他说："急疼之时，只叫'姐姐'、'妹妹'字样，或可解疼也未可知，因叫了一声，便果觉不疼了，遂得了秘法：每疼痛之极，便连叫姐妹起来了。"你说可笑不可笑？也因祖母溺爱不明，每因孙辱师责子，因此我就辞了馆出来。如今在这巡盐御史林家做馆了。你看，这等子弟，必不能守祖父之根基，从师长之规谏的。

这一段原文极为重要。此处贾雨村隐射多尔衮，"甄宝玉"隐射弘光皇帝，而"林如海"隐射北京的崇祯皇帝。

第二节 崇祯皇帝

明天启七年、后金天聪元年（1627年），天启皇帝朱由校死，其弟信王即位——即崇祯皇帝，明年改元崇祯元年。《红楼梦》第三回所谓"至如海，便从科第出身"，隐写崇祯皇帝因其兄无子，选中了他。

天聪元年二月，因察哈尔蒙古多罗特部杀后金使者，皇太极亲征之。此时，满清缴获明朝红夷（衣）大炮的制造技术，有了自己的炮兵，操炮手多为明朝降兵，编为"乌真超哈"（重兵），由佟养性统帅。

皇太极亲征察哈尔，战果辉煌，明朝东北地区的屏障崩溃。长城以外，尽属皇太极矣。天聪元年三月，满洲八旗劲旅返还盛京，途中大宴，清太宗皇太极云："蒙天眷佑，二幼弟随征……俘获凯旋，当赐以美号。"察哈尔战役使睿亲王多尔衮（贾赦、贾政与贾琏——连起来隐射摄政王）、豫亲王多铎（贾蔷）与英亲王阿济格（贾蓉）崭露头角，成为后起之秀。阿济格、多尔衮、多铎三兄弟，后来成为定鼎中原的主要军事力量。《螃蟹吟》中的三只大螃蟹，就指多尔衮三兄弟——其下场相当悲惨。

在《红楼梦》中，甄家被火时的甄士隐与两淮"嵯政"林如海，都隐射崇祯皇帝。林如海死了儿子，只留下一个女儿，隐射明之将亡，后继无人，只好将江山传给女儿——大清国的开国者孝庄文皇后。这是按朝代更替（上一代明朝传递给下一代清朝）而言的。

明末五帝之间的传替是按朱元璋的遗嘱执行的：可以兄终弟继，或者父子相承。基于此，《红楼梦》将崇祯世系隐写为林氏世系，堂而皇之地写进书中。读者根据林氏世系，再去翻阅明史，不难掌握此一传替规律——只要将林如海世系还原为崇祯世系，就能确定林如海确实隐射崇祯皇帝。

索隐派前辈早就注意到林如海世系家谱具有重要的意义。王伯沆对于林如海世系家谱批曰："大似《史记》先立《项羽本记》微意也。"王批汇录编者按："此批意谓作者叙林氏家世格外郑重，有如《史记》作者同情项羽，特为之立《本记》也。"——指第二回：

第六章 明清皇帝

今岁醭政点的是林如海。这林如海姓林名海,表字如海,乃是前科的探花,今已升至兰台寺大夫,本贯姑苏人氏,今钦点出为巡盐御史,到任方一月有余。原来这林如海之祖,曾袭过列侯,今到如海,业经五世。起初时,只封袭三世,因当今隆恩盛德,远迈前代,额外加恩,至如海之父,又袭了一代;至如海便从科第出身……今如海年已四十,只有一个三岁之子,偏又于去岁死了……今只有嫡妻贾氏,生得一女,乳名黛玉,年方五岁。

王伯沆认识到林如海世系家谱像《项羽本记》一样,隐射一位失败的皇帝,也就是明朝崇祯皇帝朱由检的家谱。朱由校与朱由检两个木字旁的皇帝,断送了大明朝,叫作"二木成林"。"如海"二字,典出秦观词《千秋岁》:"水边沙外。城郭春寒退。花影乱,莺声碎。飘零疏酒盏,离别宽衣带。人不见,碧云暮合空相对。忆昔西池会。鹭同飞盖。携手处,今谁在。日边清梦断,镜里朱颜改。春去也,飞红万点愁如海。"

"本贯姑苏人氏"——是指崇祯皇帝本贯"故都"(北京)人氏。

"原来这林如海之祖,曾袭过列侯,今到如海,业经五世。"指崇祯皇帝上溯五世的家谱。

明末五帝世系谱与林如海五代世系谱对照:第十一朝朱厚照(传位兄弟)。第十二朝嘉靖帝朱厚熜,所谓"林如海之祖曾袭过列侯",隐指朱厚熜继兄为帝。嘉靖帝死,传位太子。太子即位,以明年为隆庆元年。此即林如海世系中所谓"只封袭三世"之一。第十三朝隆庆帝朱载垕。隆庆帝死后,传位太子。太子即位,以明年为万历元年。此即所谓"只封袭三世"之二。第十四朝万历帝朱翊钧。万历帝死后,传位太子。太子朱常洛继立,建元泰昌。此即所谓"只封袭三世"之三。第十五朝泰昌帝朱常洛,乃长子即位。第十六朝天启帝朱由校(所谓"额外开恩……又袭了一代"),天启帝传位兄弟。第十七朝崇祯帝朱由检,所谓"至如海便从科第出身",隐写第十七朝朱由检崇祯皇帝,是由于第十六朝朱由校天启皇帝无子,被众兄弟选举出来——"科举"出来当了第十七代明朝皇帝。林氏五代世系与明末五帝的传替特征,完全相合。

为了更准确,《红楼梦》又将第十五代泰昌帝朱常洛说成是"襄阳侯",将第十六代天启帝朱由校称为"襄阳侯老大",将第十七代崇祯帝朱由检称为"襄阳侯老二",将南京福王弘光帝朱由崧称为"襄阳侯老三"。

"因闻得今岁鹾政点的是林如海"也有很深刻的隐意。《罪惟录》和《爝火录》中虏字均写成卤。所谓"胡虏",起先指蒙族,后又指满族。"卤人"者,蒙满"胡虏"也。"鹾"字拆开为"卤差",即对付后金女真族的差使。"鹾政"则为对付满清骚扰的政务。"今岁鹾政点的是林如海",是说林如海崇祯皇帝从登基开始,十七年来的主要任务就是对付后金与满清的进犯。

洪承畴(贾瑞)降清后,崇祯帝(林如海、甄士隐)派马绍愉等赴清议和。马绍愉等回京后,将和议情形密报兵部尚书陈新甲,不料竟被作为塘报发了抄,闹得举国皆知。崇祯帝恨陈新甲泄露机密,竟将他斩首。从此明清两国的和议,永远断绝了。北京朱明朝廷仍按过去议和的条件,每年向沈阳的皇太极交纳银子、绸缎。

甄士隐在中秋佳节"另具一席于书房,却自己步月至庙中来邀雨村",并赠送"五十两白银,并两套冬衣",即隐射这段明清议和谈判的历史。"当下即命小童进去"——隐射崇祯皇帝秘密派遣马绍愉前往沈阳议和。原议和条款应为"百两白银,并四套冬衣",贾雨村才会满意,现在减半为"五十两白银,并两套冬衣",贾雨村连个谢字都不愿说,竟然不辞而别——"贾爷今日五鼓已进京去了,也曾留下话与和尚转达老爷,说:'读书人不在黄道黑道,总以事理为要,不及面辞了。'"

第二回云林如海三十五岁生黛玉,是说朱由检三十五岁时将明朝江山拱手让给了满清王朝了。崇祯帝生于万历三十八年,至崇祯十七年,虚岁恰好为三十五岁。

一般人都认为:李自成攻入北京明皇宫,崇祯帝仓惶出逃,在煤山东麓一棵海棠树上自缢身死。正史记载,崇祯皇帝并非缢死于景山东山坡的野树上,而是悬梁自缢于万岁山(景山)之寿皇亭(天香楼)。

崇祯十七年三月十七日,李自成攻城。守城总管、宦官曹化淳打开彰仪门(今广安门)献城投降。三月十八日,崇祯皇帝看到大势已去,让永王和定王两个皇子化装成平民逃出紫禁城。为了防止后妃、女儿被奸污,他命令周皇后自杀,又冲进宁寿宫亲手杀死长平公主和昭仁公主。他带着一批太监冲出东华门,至朝阳门,又奔安定门……在城内兜了一圈,因被臣僚挡驾,重返宫中。北京城不攻自破乃鼠疫大流行之过也。

三月十九日凌晨,崇祯帝登上钟楼,鸣钟召集百官,但无一人前来。崇祯帝知道，已经众叛亲离，遂与宦官王承恩溜出紫禁城后门，登上了正北的万岁山（今景山）。两三天后，人们才发现崇祯皇帝的尸体。只见乱发覆面，光着一只脚，另一只脚着红鞋，怀揣血书衣带诏，与王承恩相对缢死。

三月十九日中午，李自成进入承天门（今天安门），占据皇宫，首先寻找崇祯皇帝。在"大楼宫中不得"，乃悬重赏、申严诛："献先帝（崇祯）者万金、封伯爵。匿者，夷其族。"（《烈皇小识》卷八）直到三月二十二日方得崇祯遗体。李自成下令将他草草葬在三个月前死去的田贵妃墓中，即现在的思陵。万岁山（景山）是皇室内苑，倘若崇祯吊死在东山坡海棠树上，不至于搜寻两三天之后方发现。

《红楼梦》记载的崇祯皇帝自缢，采用了正史与野史两种说法："天香楼自缢"与"海棠树上吊"。因为作者们也搞不清，究竟哪一种说法是信史。

"天香楼自缢"根据万岁山寿皇亭自缢的记载。"海棠树上吊"根据《明季北略》记载，崇祯自缢在海棠树上。当时皇城内的海棠树，以巾帽局附近的回龙观最盛。《京师坊巷志稿》引《天启宫词注》云："回龙观多海棠，旁有六角亭，每花发时，上临幸焉。"崇祯逃至此处自缢较为可信，以至于李自成几天找不到他的遗体。黄云眉《明史考证》第一册载"帝崩于万岁山"，则比较笼统。

《红楼梦》第十三回云，秦氏的丫头瑞珠触柱而死，隐写陪伴崇祯吊死于景山的大太监王承恩。

崇祯皇帝企图力挽狂澜于既倒，最后以身殉国，御笔衣带血诏云："朕自登极十七年，致敌人内地四次，逆贼直逼京师，虽朕薄德匪躬，上干天咎，然皆诸臣之误朕也！朕死无面目见祖宗于地下，去朕冠冕，以发覆面，任贼分裂朕尸，勿伤百姓一人。"——最后六个字，打动了多少亡国遗民破碎的心！连李自成都说："君非甚暗，孤立而炀灶恒多；臣尽行私，比党而公忠绝少。"

张廷玉在《明史》中赞道："然在位十有七年，不迩声色，忧勤惕励，殚心治理。临朝浩叹，慨然思得非常之材，而用匪其人，益以偾事。乃复信任宦官，布列要地，举措失当，制置乖方。祚讫运移，身罹祸变，岂非气数使然哉？迨至大命有归，妖氛尽扫，而帝得加谥建陵，典礼优厚。"

如此亡国而不辱身的汉族君王，隐史《红楼梦》会不大书特书吗？

第十三回记录了多尔衮与孔有德奉顺治皇帝（与孝庄）之命，在北京为崇祯皇帝举行追悼与殡葬活动的场面，甚至还记载了多尔衮与孔有德敬献的挽联，孔有德负责修建思陵灵堂并叩拜老主子等具体的历史细节。时间在顺治元年五月至十月，孔有德西讨李自成之前：

灵前供用执事等物，俱按五品（无品）职例。灵牌疏上皆写"天朝（清代顺治朝）诰授（加谥）贾门秦氏恭人（清太宗恭敬者）之灵位"。会芳园临街大门洞开，旋在两边起了（满汉）鼓乐厅，两班青衣（满汉）按时奏乐，一对对执事摆的刀斩斧齐。更有两面朱红销金（朱明）大字牌对竖在门外，上面大书："防护内廷（醮政廷）紫禁道（紫禁城主）御前侍卫龙禁尉（顺治帝加谥为前龙禁尉＝前龙金位）"。对面高起着宣坛，僧道对坛榜文，榜上大书："世袭宁国公冢孙妇、防护内廷御前侍卫龙禁尉贾门秦氏恭人之丧。四大部洲至中之地（中国），奉天承运太平之国（明朝），总理虚无寂静教门僧录司正堂万虚（多尔衮无子孙）、总理元始三一教门道录司正堂叶生（穆莳——孔有德）等，（贾）敬谨修斋（修建寺陵祭奠灵堂），朝天叩佛（老主子）"，以及"恭请诸伽蓝、揭谛、功曹等神，圣恩普锡，神威远镇，四十九日消灾洗业平安水陆道场"等语，亦不消繁记。

连被时人骂为汉奸的吴三桂也参加了老主子的葬礼：

可巧薛蟠来吊问，因见贾珍寻好板，便说道："我们木店里有一副板，叫做什么樯木，出在潢海铁网山上，作了棺材，万年不坏。这还是当年先父带来，原系义忠亲王老千岁要的，因他坏了事，就不曾拿去。现在还封在店内，也没有人出价敢买。你若要，就抬来使罢。"

"樯木"是保护明朝江山社稷的圣木，自然"出在潢海铁网山上"——渤海山海关长城。"两京锁钥无双地，万里长城第一关"，是中原防御塞外游牧民族的"铁网"。此处的"义忠亲王老千岁"隐射明熹宗天启帝朱由校，他为大明朝准备棺材，又自毁万里长城，杀了坚决抗清的忠臣熊廷弼，传首九边，抗清名将孙承宗，能不"坏了事"吗？

祝允明《野记》载："太祖初渡江，御舟濒危，得一樯以免。令树此樯于一舟而祭之，遂为常制。令在京城清凉门外，已逾百四十年矣，有司岁修祀，给一兵世守之，居舟傍，免其余役。或云：即当时操舟兵之后也。""樯木在明太祖朱元璋手里，是护航的法宝，传到腐败的不肖子孙手里，只能做棺材板了。第十四回云：

至天明，吉时已到，一般六十四名青衣请灵，前面铭旌上大书"奉天洪建兆年不易之朝诰封一等宁国公冢孙妇防护内廷紫禁道御前侍卫龙禁尉享强寿贾门秦氏恭人之灵柩"。

"奉天"隐射明太祖朱元璋独创的"奉天承运皇帝诏曰"八个大字，指明是为明朝皇帝发丧。"奉天承运"是明朝首创敬语，明余继登《典故纪闻·卷一》载：元时诏书，首语"上天眷命"。太祖谓此未尽谦卑奉顺之意，始易为奉天承运。见人言动皆奉天而行，非敢自专也。

"洪建兆年不易之朝"——"洪武"为明太祖朱元璋年号，"建文"是明太祖皇孙朱允炆年号。"兆年不易之朝"指"万历"、"永历"皇帝的大明朝。

"冢孙"指明死者是洪武、建文、万历、永历皇帝的冢孙。

"享强寿"指明崇祯皇帝死于非命，乃煤山自缢。

北静王……系着碧玉红带（朱红碧玉带隐射明朝皇室身份）……又将腕上一串念珠卸了下来，递与宝玉道："今日初会，仓促竟无敬贺之物，此系前日圣上亲赐香念珠一串，权为贺敬之礼。"宝玉连忙接了，回身奉与贾政。

据史书记载，崇祯皇帝死时光着左脚，右脚穿着一只红鞋。所谓"红"，乃崇祯的右脚穿着一只红鞋。

"北静王"还隐射明朝北京王，崇祯皇帝也。他将明朝龙袍与皇帝玉玺交给了顺治皇帝。"宝玉举目见北静王水溶头上戴着洁白簪缨银翅王帽，穿着江牙海水五爪坐龙白蟒袍，系着碧玉红带，面如美玉，目似明星，真好秀丽人物。"——白龙袍而红鞋者，朱明崇祯皇帝已做古人耳。

第十三回原文：

凤姐急命唤进来。昭儿打千儿请安。凤姐便问："回来做什么的？"昭儿道："二爷打发回来的。林姑老爷是九月初三日巳时没的。二爷带了林姑娘同送林姑老爷灵到苏州，大约赶年底就回来。二爷打发小的来报个信请安，讨老太太示下，还瞧瞧奶奶家里好，叫把大毛衣带几件去。"

"九月初三日巳时"为九月初三日上午十时,九、三、十相加为二十二,可重组为三月十九,即隐射崇祯皇帝于三月十九日上午十时煤山自缢。"送林姑老爷灵到苏州",隐射五月送崇祯尸体到北京十三陵,并开始建思陵。"大约赶年底就回来",隐射思陵大约于顺治元年冬完工,所以"叫把大毛衣带几件去",因为十三陵地区很冷。

《明史》记载,崇祯十七年夏四月,清兵击败李自成于山海关后,于五月入京师。"以帝礼改葬,令臣民为服丧三日,谥曰庄烈愍皇帝,陵曰思陵。"

《红楼梦》怕读者将皇太极沈阳之葬与崇祯皇帝北京之葬混为一谈,又在第十三回里特意做了交代,以引起后人的关注:

贾珍(顺治皇帝)便命贾琼、贾琛、贾、贾蔷四个人去陪客,一面吩咐去请钦天监阴阳司来择日,择准停灵七七四十九日,三日后开丧送讣闻。这四十九日,单请一百单八众禅僧在大厅上拜大悲忏,超度前亡后化诸魂,以免亡者之罪(皇太极是汉族的大罪人);另设一坛于天香楼上(万岁山寿皇亭),是九十九位全真道士(《红楼梦》里的道士都是汉族人,而"全真道士"只指忠于明朝的遗老),打四十九日解冤洗业醮。然后停灵于会芳园中(指皇太极的灵柩停在沈阳故宫的"秽芳园"里,那是五个嫂子四个养小叔子的地方,芳则芳矣,污秽不堪也),灵前另外五十众高僧(《红楼梦》里的满蒙八旗都是和尚)、五十众高道(《红楼梦》里降清的汉军八旗都是高道,信儒教而拜佛祖),对坛按七作好事。

要指出的是,秦可卿的最大特点是一个"淫"字。但是,淫荡无耻的"秦可卿"与"死封龙禁卫"的"秦可卿"并不是一回事。前者是指以"淫"得天下并以"淫"治天下的孝庄文皇后;后者隐射"罪人"清太祖、"美人"崇祯帝与标致温柔善解人意、人见人爱的小媳妇董鄂氏皇贵妃。

一位红学朋友云:"以现在人们的红楼觉悟来看,秦可卿的形象是曹雪芹的头号败笔。缓缓细阅红楼吧,在你品味那些妙语诗篇之余,你会发现一个极不和谐的音符:'情天情海幻情身,情既相逢必主淫。漫言不肖皆荣出,造衅开端实在宁。'(《红楼梦》第五回)——这诗是曹雪芹的手笔吗?读之再读再再读,从韵律、境界再到故事的前引、后续,这诗给人的感觉,就像是一幅绘画,明明画的是女儿国全景,角落里却是醒目一处男厕所。把红楼梦从第五到

第十三回读了个烂熟，把所有触及秦可卿的字用放大镜端详再三，除了那副美人上吊图和这首厕所诗，根本就没有半点秦可卿姐姐和'淫'字沾边的真凭实据，更哪有什么乱伦爬灰、畏罪自尽的蛛丝马迹呢？——冤案，实实在在是落在这个美丽女人头上的一桩千载冤案。"

上述是红学界最有代表性的问题，这位红学朋友提出来太重要了，应该引起注意。

秦可卿的淫荡比历史上的最风骚的女人有过之而无不及——案上设着武则天当日镜室中设的宝镜，一边摆着飞燕立着舞过的金盘，盘内盛着安禄山掷过伤了太真乳的木瓜。上面设着寿昌公主于含章殿下卧的榻，悬的是同昌公主制的联珠帐。宝玉含笑连说："这里好！"秦氏笑道："我这屋子大约神仙也可以住得了。"说着亲自展开了西子浣过的纱衾，移了红娘抱过的鸳枕。（《红楼梦》第五回）

这段原文的意思是：秦可卿的淫荡与风骚，乃武则天、赵飞燕、杨贵妃、寿昌公主、同昌公主的总和。

第三节　秦可卿之葬

《红楼梦》第十四回为秦可卿出殡的"八公后裔"，首先隐射为清太宗皇太极与端敬孝献皇后董鄂氏出殡的八个铁帽子王与满蒙汉八旗。其中的"六家"为十二地支之半，隐射为崇祯皇帝发丧出殡的故明六部老臣与北京半城百姓。从明朝的视角看，宁荣二府隐射万历皇帝册封的建州左右卫都督，"八公后裔"指故明的"八公后人"。他们为秦可卿出殡，也隐射多尔衮在北京组织的崇祯皇帝的葬礼。第十四回：

里面凤姐见日期有限，也预先逐细分派料理，一面又派荣府中车轿人从跟王夫人送殡……又有胞兄王仁连家眷回南，一面写家信禀叩父母并带往之物；又有迎春染病，每日请医服药，看医生启帖、症源、药案等事，亦难尽述。又兼发引在迩，因此忙的凤姐茶饭也没工夫吃得，坐卧不得清净。刚到了宁府，荣府的人又跟到宁府；既回到荣府，宁府的人又找到荣府。凤姐见如此，心中倒十分欢喜,并不偷安推托,恐落人褒贬,因此日夜不暇,筹理得十分的整肃。于是合族上下无不称叹者。

为料理丧事,贾珍(顺治)求凤姐(孝庄)出面。其实隐射小顺治皇帝让新当家的圣母皇太后全权处理父皇的国丧。于是,母亲孝庄就遵照儿子的圣旨,名正言顺地在东宫(宁府)西宫(荣府)忙活起来。十八年之后,董鄂氏皇贵妃死于顺治十七年八月十九,顺治皇帝痛不欲生,六神无主。贾珍(顺治)求凤姐(孝庄)出面,其实隐射顺治皇帝让圣母皇太后全权处理儿媳妇的丧事。

《王熙凤协理宁国府》隐射崇德八年八月初九清太宗皇太极薨逝,当月福临登基,孝庄妃母以子贵,升为圣母皇太后——《清史稿》云:"世祖即位,尊为皇太后。"在料理皇太极的殡葬活动中,这个女人的才能,第一次得到了充分的发挥,满清朝野无不慑服——"日夜不暇,筹理得十分的整肃。于是合族上下无不称叹者。"第十三回:

只是贾珍虽然此时心意满足……惟恐各诰命来往,亏了礼数,怕人笑话,因此心中不自在。当下正忧虑时,因宝玉在侧问道:"事事都算安贴了,大哥哥还愁什么?"贾珍见问,便将里面无人的话说了出来。宝玉听说笑道:"这有何难,我荐一个人与你权理这一个月的事,管必妥当。"贾珍忙问:"是谁?"宝玉见座间还有许多亲友,不便明言,走至贾珍耳边说了两句。贾珍听了喜不自禁,连忙起身道:"果然妥贴,如今就去。"说着拉了宝玉,辞了众人,便往上房里来。

此处是一场双簧戏。贾珍与贾宝玉都隐射顺治皇帝。父皇新丧,自己不会料理,为防止皇室亲贵看笑话,只能请母亲出面。但孝庄(凤姐)新近晋升太后,必须请示正宫孝端皇太后(王夫人),福临(贾珍、贾宝玉都隐射福临)才能以皇帝的名义恭请母亲,否则,名不正则言不顺。只要处理好大行皇帝的丧事,孝庄皇太后就可以在后宫正式当家了。

闻人报:"大爷(顺治皇帝)进来了。"唬的众婆娘唿的一声,往后藏之不迭,独凤姐(孝庄)款款站了起来。贾珍此时也有些病症在身,二则过于悲痛了,因挂拐蹒跚了进来。邢夫人(孝端的形影)等因说道:"你身上不好,又连日事多,该歇歇才是,又进来做什么?"贾珍一面扶拐,扎挣着要蹲身跪下请安道乏……贾珍忙道:"婶子自然知道,如今孙子媳妇(秦氏皇太极)没了,侄儿媳妇偏又病倒,我看里头着实不成个体统。怎么屈尊大妹妹(孝庄)一个月,在这里料理料理,我就放心了。"邢夫人笑道:"原来为这个。你大妹妹现在你二婶子家,只和你二婶子说就是了。"王夫人(孝端的真身)忙道:"他一个小孩子家,何曾经过这样事,倘或料理不清,反叫人笑话,倒是再烦别人好。"贾珍笑道:"……除了大妹妹再无人了……只看死了的分上罢!"说着滚下泪来。

"王夫人"与"邢夫人"都隐射孝端皇太后,一个是身,一个是影。"大婶子"是影,"二婶子"是身。这个"邢(形影)夫人——孝端皇太后"要与丈夫"贾赦(假设的皇太极)"跟随满洲八旗部队"从龙入关"的。从龙入关不是与多尔衮争权夺利。皇太极死了,怎么与弟弟多尔衮争权夺利?从龙入关的目的是帮助《红楼梦》交代一些历史遗留问题,例如用离间计谋杀"石呆子"(袁崇焕)的问题。既然死人不再掌权,所以到了北京,只能住在"东小院"奉先殿里——"黛玉度其房屋院宇,必是荣府中花园隔断过来的。进入三层仪门,果见正房厢庑游廊,悉皆小巧别致,不似方才那边轩峻壮丽,且院中随处之树木山石皆在。"奉先殿为后宫家庙,供着皇太极灵位。

贾赦(假设的皇太极)交代完了历史罪行,就不再隐射皇太极,而是贾赦(摄)、贾政(政)、贾琏(王连),连起来隐射摄政王多尔衮了。他住的"东小院"也不再隐射沈阳清故宫了,而是隐射东华门南大街顶端的睿亲王府了——这里原来是明朝的"南宫旧址"。

老二贾政"如今现已升了员外郎"(孝庄的编外丈夫),竟然住荣府正堂。而"长子贾赦袭着官",却住在偏僻的"东小院"里,经济上还独立核算,一切都"不用公家的",弄得广大读者莫名其妙。直到顺治六年四月,孝端皇太后死了,与沈阳昭陵的皇太极合葬,两人的牌位进了故宫太庙,读者才想到林黛玉看到的"且院中随处之树木山石皆在"的所谓"东小院",是指"里油大厅"的奉先殿家庙。反过头再去读《红楼梦》,才明白贾赦(假设)与"邢(形影)夫人"原来是顺治中期与康熙朝的两个死人。

《红楼梦》最关键的情节,就是王夫人借调内侄女王熙凤与贾琏到西府管理家务——其实是隐射孝端皇太后在政治上无能,入关以后让孝庄(凤姐)管理后宫,让多尔衮(贾琏)摄政朝廷。

顺治六年四月,孝端皇太后薨逝,孝庄皇太后搬进了慈宁宫,住了一辈子。"王夫人"开始隐射孝庄皇太后,与贾宝玉爱情有关的一切悲剧,都是孝庄"王夫人"造成的。第十四回:

那时官客送殡的,有镇国公牛清之孙现袭一等伯牛继宗,理国公柳彪之孙现袭一等子柳芳,齐国公陈翼之孙世袭三品威镇将军陈瑞文,治国公马魁之孙世袭三品威远将军马尚德,修国公侯晓明之孙世袭一等子侯孝康;缮国公诰命亡故,其孙石光珠守孝不曾来得。这六家与荣宁二家,当日所称"八公"的便是。

"荣宁二家"指"荣府贾政"睿亲王多尔衮(太祖第十四子)与"宁府焦头烂额的大阿哥"肃亲王豪格(太宗长子)。"这六家"即镇国公牛清、理国公柳彪、齐国公陈翼、治国公马魁、修国公侯晓明、缮国公石光珠等六家畜生(牛、彪、鹰、马、猴、蟮),实指礼亲王代善(太祖第二子)、豫亲王多铎(太祖第十五子)、郑亲王济尔哈朗(太祖弟舒尔哈齐子)、承泽亲王硕塞(太宗第五子,后改封号为庄亲王)、克勤郡王岳讬(代善长子,后改封号为延禧郡王,再改为平郡王)、顺承郡王勒克德浑(代善第三子萨哈麟之子)。

此处隐写崇德八年世袭罔替的八个铁帽子王后裔与满蒙汉八旗为皇太极出殡发丧,或者顺治十七年为死封的董鄂氏"端敬孝献皇后"出殡发丧。

如果将镇国公牛清、理国公柳彪、齐国公陈翼、治国公马魁、修国公侯晓明、缮国公石光珠等六家理解为牛、虎、鸡、马、猴、蛇等十二地支的属相之半,此处就隐写北京的明朝六部遗老与半城百姓为崇祯皇帝出殡发丧。从明朝的视角看,"荣宁二家"与"这六家"都是明朝的"八公"。荣宁指代万历皇帝册封的建州左右卫都督,"这六家"指代遗明皇室与王公贵族,多尔衮带领大家在北京为崇祯皇帝发丧。

《红楼梦》一箭三雕,利用秦可卿之死,一隐写清太宗皇太极盛京之葬,二隐写崇祯皇帝朱由检北京十三陵之葬,三隐写董鄂氏皇贵妃死封"端敬孝献皇后"的北京景山火葬。

第十三回《秦可卿死封龙禁尉　王熙凤协理宁国府》，第十四回《林如海捐馆扬州城　贾宝玉路谒北静王》，第十五回《王凤姐弄权铁槛寺　秦鲸卿得趣馒头庵》，第十六回《贾元春才选凤藻宫　秦鲸卿夭逝黄泉路》，还有第六十九回《弄小巧用借剑杀人　觉大限吞生金自逝》，一共五回，时间跨度为十八年，同一个故事，隐写了两位皇帝与一位皇后的隆重国葬。

其中第十三回至第十六回乱而有序，一帮人在京城（盛京，不是北京），一帮人在林家（明熹宗天启帝朱由校与明思宗崇祯帝朱由检，两个木字旁的朱皇帝，二木成林）祖坟（北京十三陵，不是苏州农村）。

故事情节并不相连，为什么将秦可卿、秦鲸卿、秦业、林如海、林黛玉、王熙凤、智能儿、贾元春、贾琏、贾珍、贾宝玉搅合在一起写呢？因为《红楼梦》想将崇德皇帝与崇祯皇帝之葬写在一起，用崇德皇帝之葬做幌子，隐写崇祯皇帝之葬，借以悼念明朝的灭亡。演员人数多了，再一搅合，乱糟糟的，主题就隐了。

秦可卿、秦鲸卿、秦业表演皇太极。林如海表演崇祯皇帝。王熙凤、智能儿、贾元春、林黛玉表演沈阳的孝庄皇太后与派往北京的特使。贾琏表演入主北京到十三陵为崇祯帝发丧的多尔衮。让贾琏（多尔衮）派出的昭儿（诏书）到沈阳清故宫向凤姐（孝庄）报信，顺便带几件大毛衣服回来；因为思陵冬天才完工，昌平的燕山很冷。贾珍、贾宝玉演小顺治皇帝。贾宝玉小，只要吐一口血就算演完了。但必须让贾珍顺治皇帝提前成人，先学会爬灰，哭爹要哭出像哭儿媳妇那样动人的水平来。表演过分一点儿不要紧——"泪人一般"，至少让人信以为真。

两位皇帝之死，仅差八个月零十天。崇德皇帝死于崇祯十六年八月初九，崇祯皇帝死于次年三月十九。崇德皇帝的国葬主要由孝庄（王熙凤）在沈阳料理。崇祯皇帝的国葬主要由多尔衮（贾琏）在北京料理。如果分开写两个男人异地的两次隆重国葬，无论如何遮掩，都会露馅。于是，将十八年后死的董鄂氏皇贵妃拉进来，让她来当主角秦可卿，将崇祯皇帝上吊而死加在这个女人身上——第五回秦可卿判词："后面又画着高楼大厦（景山万岁山寿皇亭），有一美人（崇祯）悬梁自缢"；将崇德皇帝无疾暴死朝野怀疑也加在这个女人身上——第十三回："彼时合家皆知，无不纳罕，都有些疑心。"再让贾珍（顺治哭爹）"哭的泪人一般"，造成公公与儿媳妇爬灰的假象。

(1) 崇德八年八九月清太宗在盛京殡葬的历史标记：

第十三回秦可卿之死隐射皇太极暴死而原因不明，朝野"无不纳罕，都有些疑心"。此乃崇德朝第一疑案。无论正史或野史，对此疑案都未做出能够自圆其说的结论，例如脑溢血说，药物中毒说，脑血栓说，无疾而终说等。《红楼梦》渲染了孝庄与多尔衮在情急之下，合谋毒鸩皇太极的说法，张友士（皇太极有事）开的"益气养荣补脾和肝汤"就隐射一付慢性中毒急性发作的汤药。说明五十二岁的皇太极并非在半日内"无疾崩"，但服药者与身边的人都看不出药中有毒。

(2) 多尔衮与孝庄为崇祯帝举行国葬的历史标记：

第十三回《秦可卿死封龙禁尉　王熙凤协理宁国府》记录了多尔衮与孔有德奉顺治皇帝之命，在北京为崇祯皇帝举行追悼与殡葬活动的场面，甚至还记载了多尔衮与孔有德敬献的挽联，孔有德负责修建思陵灵堂并叩拜老主子等具体的历史细节。时间在顺治元年十月孔有德西讨李自成之前。第十三回：

灵前供用执事等物，俱按五品职例。灵牌疏上皆写"天朝诰授贾门秦氏恭人之灵位"。会芳园临街大门洞开，旋在两边起了（满汉）鼓乐厅，两班青（满汉）衣按时奏乐，一对对执事摆的刀斩斧齐。更有两面朱红销金（朱明）大字牌对竖在门外，上面大书："防护内廷紫禁道（紫禁城主）御前侍卫龙禁尉（顺治帝加谥为前龙禁尉＝前金龙位）"。

对面高起着宣坛，僧道对坛榜文，榜上大书："世袭宁国公冡孙妇、防护内廷御前侍卫龙禁尉贾门秦氏恭人之丧。四大部洲至中之地，奉天承运太平之国（明朝），总理虚无寂静教门僧录司正堂万虚、总理元始三一教门道录司正堂叶生等，敬谨修斋，朝天叩佛"，以及"恭请诸伽蓝、揭谛、功曹等神，圣恩普锡，神威远镇，四十九日消灾洗业平安水陆道场"等语，亦不消繁记。

"俱按五品（无品）职例"——皇帝为无品最高职例。"五品"隐射顺治元年五月初三，多尔衮入主北京后，"为崇祯帝发丧三日，具帝礼葬之"的初期祭奠活动。

灵牌疏上皆写"天朝（清代顺治朝）诰授（加谥）贾门秦氏恭人（清太宗恭敬者）之灵位"，明确记录了顺治皇帝为崇祯庄烈愍皇帝冕疏上的题款："天朝大清国皇帝诰封加谥先帝故交并恭敬的故明庄烈愍皇帝之灵位"。

"总理（摄政王）虚无寂静教门僧录司（满洲八旗）正堂（总督）万虚（多尔衮无子孙）"——满洲八旗总督断子绝孙的摄政王多尔衮（敬挽）。

"总理（总司令）元始三一教门（儒道释三教合一）道录司（汉军八旗）正堂（总监）叶生（并非根生，是叶生嫁接也。穆莳——嫁接者孔有德）"——汉军八旗总监中原绿营部队总司令天朝皇帝生父孔有德（敬挽）。

"（贾）敬谨修斋（修建思陵祭奠灵堂），朝天叩（拜）佛（老主子）"——贾敬谨负责修建思陵祭奠灵堂，并朝天叩拜老主子。

第七章 大观园里的女人们

第一节 废皇后博尔济吉特氏

薛宝钗是著名的"冷美人",偏偏患有"热毒"症,必须服用"冷香丸"才能将"热毒"强压下去,读者看到她"罕言寡语,人谓藏愚;安分随时,自云守拙",是服药后的假模样;如果不服"冷香丸",而"热毒"症恰好发作起来,薛宝钗的真实面貌究竟是个什么样子呢?

薛宝钗隐射顺治皇帝的废皇后博尔济吉特氏,她是孝庄的亲侄女。所谓"冷美人"是指打入冷宫的美人。废黜的理由是她患有"热毒"症。为了消毒解热,"行痴"和尚(顺治皇帝的法号)给她配制了一付"冷香丸",让她耐心地服用下去。薛宝钗出场不久,就遭遇如此尴尬的局面——"待选"没有下文,却不得不服用"冷香丸"。

《红楼梦》明写薛宝钗进京的目的是为了待选"才人赞善"("选秀女"),但并没有写她参加选秀的情节。她与家长对这件头等大事也只字不提,但后来竟顺利地做了贾宝玉的夫人。为什么?因为她隐射的博尔济吉特氏是钦定的皇后,无须参与评选。

在"金玉良缘"与"木石前缘"这件大事上,《红楼梦》开场就注定了最后的结局。薛宝钗的居高临下、十拿九稳,与林黛玉的孤苦无告、屡战屡败,形成了强烈的对比。由此演义成的"移花接木"与"黛死钗嫁"悲剧,跌宕起伏,柔肠九折,冥冥中似乎鬼使神差,不管宝黛如何挣扎反抗,得到的只有无可奈何的生离死别。

"金玉良缘"隐寓的满蒙联姻,是天命十年"科尔沁盟约"的既定国策。博尔济吉特氏要做顺治皇帝的皇后,是摄政王多尔衮与姑姑孝庄皇太后共同确定的，所以，薛宝钗带着"金锁"堂而皇之地进入了荣国府。在与满汉混血姑娘董鄂氏（林黛玉）"木石前缘"的争斗中，薛宝钗从容不迫，稳操胜券，因为她具有政权与法统的绝对优势。

"金玉良缘"的"金"，隐寓后金。满族的祖先女真贵族曾在北京建立"金"国，清朝的前身是"后金"，皇族姓氏"爱新觉罗"的意思是"金"。皇太极改"后金"为"满清"，是因为"清"字为水字旁，而"朱明"含红火之义，以清代明，犹如以水灭火。皇太极利用五行相克为自己夺取全国政权制造舆论。与之相对应，《红楼梦》用金（金荣与金钏）、水（北静王水溶）和青色（青儿）隐射清朝。"金玉良缘"的"玉"，隐寓元顺帝遗留的传国玉玺，此处的"玉"代表蒙古族。从努尔哈赤到顺治皇帝三代，后宫里品位最高的后妃都是科尔沁蒙古女人，也就是孝庄皇太后的娘家人。

贾宝玉（宝玉）隐射的顺治皇帝是孝庄（大荒顽石）的独生子。薛宝钗金锁（金）上的字，"是个癞头和尚送的，他说必须錾在金器上"——表明娶科尔沁蒙古姑娘博尔济吉特氏做皇后，是摄政王多尔衮决定的，她必须与后金国皇帝的继承者结合。而迎娶薛宝钗做儿媳妇，是贾母、王夫人、王熙凤（都隐射孝庄）与贾政早就决定了的。总之，顺治（贾宝玉）必须娶博尔济吉特氏蒙古姑娘（薛宝钗与袭人）为皇后。完成了满洲八旗与蒙古八旗的这桩政治婚姻，大清国的江山社稷就得到了巩固。否则，汉族人就会不断做"反清复明"的白日梦。汉族人联合元蒙、粉碎女真金国的历史，不能为了一个皇帝的爱情而再次重演。《红楼梦》所有人物的命运与结局在第五回就决定了下来，就是这个道理。

"木石前盟"代表满汉联姻，是清太祖努尔哈赤曾经实行的国策。努尔哈赤的第一位妻子就是辽宁抚顺的汉族姑娘。努尔哈赤的长子褚英与次子代善，就有一半的汉族血统。统一满洲、入主中原的残酷战争，使清太祖明白了一个简单的道理：打仗依靠只会舞文弄墨的汉族人不行，必须联合马背上的蒙古人。于是，努尔哈赤断然以满蒙联姻（金玉良缘）取代了满汉联姻（木石前缘）。第八回：

宝钗看毕，又重新翻过正面来细看，口内念道："莫失莫忘，仙寿恒昌。"念了两遍，乃回头向莺儿笑道："你不去倒茶，也在这里发呆作什么？"莺儿嘻嘻笑道:"我听这两句话,倒像和姑娘的项圈上的两句话是一对儿。"宝玉听了,忙笑道:"原来姐姐那项圈上也有八个字?我也赏鉴赏鉴。"宝钗道:"你别听他的话,没有什么字。"宝玉笑央:"好姐姐,你怎么瞧我的了呢。"宝钗被缠不过,因说道:"也是人给了两句吉利话儿,所以錾上了,叫天天带著;不然,沉甸甸的有什么趣儿。"一面说,一面解了排扣,从里面大红袄上将那珠宝晶莹黄金灿烂的璎珞掏将出来。宝玉忙托了锁看时,果然一面有四个篆字,两面八个,共成两句吉谶,亦曾按式画下形相:"不离不弃,芳龄永继"。

宝玉看了,也念了两遍,又将自己的念了两遍,因笑问:"姐姐这八个字倒真与我的是一对。"莺儿笑道:"是个癞头和尚送的,他说必须錾在金器上——"

"两句话是一对儿"——表面上是指"莫失莫忘,仙寿恒昌"与"不离不弃,芳龄永继"是"一对儿",其实是指顺治皇帝与表姐博尔济吉特氏代表的满蒙联姻,是后金皇家早就确定的"一对儿"。

"是个癞头和尚送的,他说必须錾在金器上",隐射天命十年满洲与蒙古的"科尔沁盟约":"同心合意,益寿延年,子孙万世,永享荣昌。"从皇太极到多尔衮都恪守这个盟约。有满蒙联姻的"科尔沁盟约"在前,又有多尔衮与孝庄的"父母之命"在后,顺治皇帝想要悔婚,是万万不可能的。

顺治八年八月,顺治再三推拒而无效,只得迎娶了第一位皇后——《薛文龙悔娶河东狮》,写的就是未服"冷香丸"的"河东狮"的历史真相。

皇后既经册封,便为"国母",皇帝不能无故废黜。当年是皇叔父多尔衮包办了这桩婚姻,但最后迫使顺治皇帝接受既成事实者,却是孝庄皇太后,理由很简单,博尔济吉特氏是孝庄的亲侄女。这桩婚姻是政治需要,符合规定的祖制,能拉住蒙古四十九旗的剽悍骑兵,稳定大清国的后方。在这出戏中,薛文龙隐射顺治皇帝,而夏金桂隐射博尔济吉特氏皇后。男演员改名换姓,女演员换装变脸,但隐射的历史事实却没变。

顺治十年(1653年)八月,清太宗十四女和硕格格下嫁吴三桂之子吴应熊。这也是孝庄皇太后一手包办的政治婚姻,目的是拉拢平西王吴三桂部。这两件后宫大事都发生在顺治十年(1653年)八月,所以《红楼梦》将它们写进了第七十九回。

《红楼梦》难以在林黛玉或薛宝钗两个未婚少女身上描写顺治第一次大婚的失败,而另一个女主角王熙凤已经结婚了,所以只能借用薛文龙与夏金桂来补充顺治皇帝第一次大婚与废黜皇后的经过。

顺治皇帝与皇后博尔济吉特氏是一门亲上加亲的姑舅姻亲(《红楼梦》改为姨表姻亲),顺治皇帝理应与皇后和睦融洽。新皇后又仪容出众,"足称佳丽,亦极巧慧"(薛宝钗"生得肌骨莹润,举止娴雅"),足可"母仪天下"。但顺治皇帝与表姐没有感情基础,加上福临对多尔衮的仇恨与对母亲的误解,遂使"恩爱夫妻不到冬"(薛宝钗谜语)。

相敬如宾,同床异梦,"纵然是举案齐眉,到底意难平",是废黜皇后四年以后,静妃安静下来之后的事情。而新婚的情形,据顺治皇帝说,皇后生性妒忌,又嗜奢靡,更坏的是"处心弗端",见到"貌少妍者即憎恶,欲置之死"。最使福临难以忍受的是,皇后对他的举动"靡不猜防",多生醋意。顺治一怒之下,索性择地别居,根本不与她见面,当夜就到庶妃巴氏宫里去了。进入《红楼梦》,就写成了薛宝钗与贾宝玉结婚后分室而居,新媳妇长期是处女之身。

顺治皇帝对第一位废皇后(宝钗)与第二位新皇后小博尔济吉特氏(袭人)都不喜欢,文化差异显然是一个重要因素。两位皇后初到北京,都不识汉字,甚至不会汉语,能有感情吗?

谏阻顺治皇帝废黜皇后最卖力的不是满蒙亲贵,而是汉族九卿。大学士冯铨等奏请"深思详虑,慎重举动,万世瞻仰,将在今日"。顺治皇帝并不反省,反而严旨申饬。礼部尚书胡世安等复交章力谏,奉旨:"皇后博尔济吉特氏,系睿王于朕幼冲时,因亲定婚,册立之始,即与朕意志不协,宫闱参商。该大臣等所陈,未悉朕意,着诸王大臣再议。"

顺治大婚后短短两年间,因"含忍久之,郁悒成疾",身体日渐衰弱。孝庄皇太后见状不妙,只得谕知福临"裁酌",等于默许了儿子废除皇后一事。

顺治得谕,于顺治十年(1653年)八月间下令礼部及内院诸大臣,"命察历代废后事例具奏"。仅二十一天,便由郑亲王济尔哈朗召集议政王会议,一锤定音,奏道:"所奏对旨甚明,臣等亦以为是,无庸更议。"得旨:"既共以为是,着道前旨行。"

从此以后，皇后博尔济吉特氏就退居冷宫，改称"静妃"。《红楼梦》薛宝钗变成了长期服用"冷香丸"的孤寂的"冷美人"，而且住进了"雪洞一般"的房子。

薛宝钗进京"待选"，后来何以没有了下文？第四回云："寡母王氏乃现任京营节度使王子腾之妹，与荣国府贾政的夫人王氏，是一母所生的姊妹……那日已将入都时，却又闻得母舅王子腾升了九省统制，奉旨出都查边。""王子腾"隐射孝庄皇太后的哥哥科尔沁蒙古王爷吴克善，皇后博尔济吉特氏就是他的女儿。顺治八年二月，吴克善亲自送女进京（"现任京营节度使"），顺治皇帝竟然想悔婚，致使王爷在北京"待选"到八月，才隆重举行成婚大典，之后吴克善荣耀归回蒙古（"升了九省统制，奉旨出都查边"）。两年后皇后却被废黜，又"待选"四年余，才恢复为长春宫主位。这就是"待选"隐藏的历史下文。

读者看到的薛宝钗是废黜四年后经过自我改造的静妃的样子。改造的时间就是制造"冷香丸"的时间——四年两月十二天。经过如此长时间的冷却，薛宝钗的"热毒"才治好了，静妃变"冷"了。科尔沁蒙古姑娘就像草原上的野鹰，如今已在皇宫的囚笼内熬过了两年加四年。六年之后，静妃终于汉化了，驯服了，甚至还接受了基督精神。

第三十七回隐写顺治十一年八九月，顺治第二次大婚后的第一个金秋，怡红院得到两盆海棠，显然一盆隐射第一位皇后白海棠，一盆隐射第二位皇后红海棠。大家成立"海棠社"，"直以东山之雅会，让余脂粉"。当时的废皇后静妃写了一首《海棠诗》：

宝钗道："不过是白海棠，又何必定要见了才作。古人的诗赋，也不过都是寄兴写情耳。若都是等见了作，如今也没这些诗了。"
……

> 珍重芳姿昼掩门，自携手瓮灌苔盆。
> 胭脂洗出秋阶影，冰雪招来露砌魂。
> 淡极始知花更艳，愁多焉得玉无痕。
> 欲偿白帝凭清洁，不语婷婷日又昏。

"自携手瓮昼掩门"，写尽了冷宫的寂寞。"胭脂洗出冰雪魂"，写尽了少妇的幽怨。"淡极花更艳，愁多玉无痕"，离人心死也。"欲偿白帝，不语婷婷"，度日如年也。第七回：

宝钗（静妃）笑道："那里的话。只因我那种病又发了，所以这两天没出屋子。"周瑞家的（静妃的庶婆婆）道："正是呢！姑娘到底有什么病根儿，也该趁早儿请个大夫来，好生开个方子，认真吃几剂，一势儿除了根才是。小小的年纪倒作下个病根儿，也不是顽的！"宝钗听了便笑道："再不要提吃药。为这病请大夫吃药，也不知白花了多少银子钱呢！凭你什么名医仙药，从不见一点儿效。后来还亏了一个秃头和尚（行痴和尚顺治皇帝），说专治无名之症，因请他看了。他说我这是从胎里带来的一股热毒，幸而先天壮，还不相干；若吃寻常药，是不中用的。"……宝钗见问，乃笑道："不用这方儿还好，若用了这方儿，真真把人琐碎死。东西药料一概都有限，只难得'可巧'二字：要春天开的白牡丹花蕊十二两，夏天开的白荷花蕊十二两，秋天的白芙蓉花蕊十二两，冬天的白梅花蕊十二两。将这四样花蕊，于次年春分这日晒干，和在药末子一处，一齐研好。又要雨水这日的雨水十二钱……"周瑞家的忙道："嗳哟！这么说来，这就得三年的工夫。倘或雨水这日不下雨，可又怎处呢？"宝钗笑道："所以说那里有这样可巧的雨？便没雨也只好再等罢了。白露这日的露水十二钱，霜降这一日的霜十二钱，小雪这一日的雪十二钱。把这四样水调匀了，和了药，再加十二钱的蜂蜜，十二钱的白糖，丸了龙眼大的丸子，盛在旧磁坛内，埋在花根底下。若发了病时，拿出来吃一丸，用十二分黄柏煎汤送下。"

"十二两"为十二个月。"十二钱"为十二日。"十二分"为十二个时辰。总共四年两个月十二三天。这就是皇后废黜为静妃的具体时间，与历史记载一丝不差。从顺治十年八月废黜，四五个寒暑过去，薛宝钗隐射的废皇后哭喊、挣扎、自杀、逃跑，什么反抗的方法都试过了，但无济于事。她真的静下来了——"一股热毒"消退了。姑妈给她指出了唯一出路：把自己改造成让皇上重新喜爱的精通汉学的女人——"冷美人"，不仅可能复辟为皇后（因为她毕竟脖子上挂着代表后金政权的金锁），或许将来还可以成为皇太后。第四十回：

说着，众人都笑了，一齐出来。走不多远，已到了荇叶渚。那姑苏选来的几个驾娘早把两只棠木舫撑来，众人扶了贾母、王夫人、薛姨妈、刘姥姥、鸳鸯、玉钏儿上了这一只，落后李纨也跟上去。凤姐儿也上去，立在舡头上，也要撑舡。贾母在舱内道："这不是顽的，虽不是河里，也有好深的。你快不给我进来。"

此乃顺治十四年八九月的事情，地点在冬宫北海的船坞水面上。"荇叶渚"即"藏舟浦"。《金鳌退食笔记》载："藏舟浦自琼华岛东麓过石桥，由陟山门折而北，循岸数百步，有水殿二，深十六间，一藏龙舟，一藏凤舸。"

"两只棠木舫"指"一藏龙舟，一藏凤舸"。

贾母因见岸上的清厦旷朗，便问："这是你薛姑娘的屋子不是？"众人道："是。"贾母忙命拢岸，顺着云步石梯上去，一同进了蘅芜苑，只觉异香扑鼻。那些奇草仙藤愈冷愈苍翠，都结了实，似珊瑚豆子一般，累垂可爱。及进了房屋，雪洞一般，一色玩器全无，案上只有一个土定瓶中供着数枝菊花，并两部书，茶奁茶杯而已。床上只吊着青纱帐幔，衾褥也十分朴素。贾母叹道："这孩子太老实了。你没有陈设，何妨和你姨娘要些。我也不理论，也没想到，你们的东西自然在家里没带了来。"说着，命鸳鸯去取些古董来，又嗔着凤姐儿："不送些玩器来与你妹妹，这样小器。"王夫人凤姐儿等都笑回说："他自己不要的。我们原送了来，他都退回去了。"

"贾母忙命拢岸，顺着云步石梯上去，一同进了蘅芜苑"——此处在琼岛西山坡上，为行宫别墅之一，周围长满杜蘅。

"及进了房屋，雪洞一般，一色玩器全无"——冷宫也。

贾母命鸳鸯去取些古董来，又嗔着凤姐儿："不送些玩器来与你妹妹，这样小器。"——孝庄附议顺治皇帝的决定：恢复静妃为长春宫主位。一并恢复中宫笺表。

顺治十四年秋十月，顺治这位表姐复辟为"长春宫主位"，也恢复了"中宫笺表"。表弟对她也很关照，但两口子终生都没有建立起真正的夫妻感情——"纵然是举案齐眉，到底意难平。"第二十二回：

凤姐道："二十一是薛妹妹的生日，你到底怎么样呢？"贾琏道："我知道怎么样！你连多少大生日都料理过了，这会子倒没了主意？"凤姐道："大生日料理，不过是有一定的则例在那里。如今他这生日，大又不是，小又不是，所以和你商量。"贾琏听了，低头想了半日道："你今儿糊涂了。现有比例，那林妹妹就是例。往年怎么给林妹妹过的，如今也照依给薛妹妹过就是了。"凤姐听了，冷笑道："我难道连这个也不知道？我原也这么想定了。但昨儿听见老太太说，问起大家的年纪生日来，听见薛大妹妹今年十五岁，虽不是整生日，也算得将笄之年。老太太说要替他作生日。想来若果真替他作，自然比往年与林妹妹的不同了。"贾琏道："既如此，比林妹妹的多增些。"

"今年十五岁"——隐射顺治十五年。

"二十一是薛妹妹的生日"——指正月二十一由孝庄皇太后亲自主持，庆祝侄女恢复长春宫主位与中宫笺表。

"比林妹妹的多增些"——庆祝会的规格要超过董鄂氏皇贵妃寿宴的规格。

此处不是隐写庆祝长春宫主位的生日，而是以孝庄皇太后为首的蒙古后党借此机会，向董鄂氏为首的满族后妃发起挑战。

至上酒席时，贾母又命宝钗点。宝钗点了一出《鲁智深醉闹五台山》。宝玉道："只好点这些戏。"宝钗道："你白听了这几年的戏，那里知道这出戏的好处，排场又好，词藻更妙。"宝玉道："我从来怕这些热闹。"宝钗笑道："要说这一出热闹，你还算不知戏呢。你过来，我告诉你，这一出戏热闹不热闹。——是一套北《点绛唇》，铿锵顿挫，韵律不用说是好的了；只那词藻中有一支《寄生草》，填的极妙，你何曾知道。"宝玉见说的这般好，便凑近来央告："好姐姐，念与我听听。"宝钗便念道：

漫英雄泪，相离处士家。谢慈悲剃度在莲台下。没缘法转眼分离乍。赤条条来去无牵挂。那里讨烟蓑雨笠卷单行？一任俺芒鞋破钵随缘化！

薛宝钗（长春宫主位）痛苦地回忆了备受冷落与废黜的六年："相离处士家"，"剃度在莲台下"，"转眼分离乍"，"赤条条来去无牵挂"。她无望地预测了自己的前程："那里讨烟蓑雨笠卷单行？一任俺芒鞋破钵随缘化！"

她以鲁智深自喻，心境是悲凉的。

❖ 大观园里的替身——《红楼梦》索隐之二

贾政心内沉思道:"娘娘所作爆竹,此乃一响而散之物。迎春所作算盘,是打动乱如麻。探春所作风筝,乃飘飘浮荡之物。惜春所作海灯,一发清净孤独。今乃上元佳节,如何皆作此不祥之物为戏耶?"心内愈思愈闷,因在贾母之前,不敢形于色,只得仍勉强往下看去。只见后面写着七言律诗一首,却是宝钗所作,随念道:

朝罢谁携两袖烟,琴边衾里总无缘。
晓筹不用鸡人报,五夜无烦侍女添。
焦首朝朝还暮暮,煎心日日复年年。
光阴荏苒须当惜,风雨阴晴任变迁。

寂寞早"朝罢"、"不用鸡人报"、"无烦侍女添",都是皇宫失宠女人的生活写照。

薛宝钗"待选"多年,才"黛死钗嫁"——董鄂氏皇贵妃死,博尔济吉特氏与顺治结合,但依然是"相敬如宾"的姐弟关系,就根据上述历史事实。

按小说情节看,故事在纵向上是连贯的,但隐射的历史事实却忽前忽后,需要认真梳理。因为作者在强行隐射历史,所以小说人物的年龄与时间顺序较为混乱。

说薛宝钗是封建制度的卫道者,帽子太大,但她确实是满蒙联姻的殉道者。她安慰王夫人说金钏儿之死是失足落井,即便是投井自尽,也是自己糊涂,不为可惜,完全是副主子的口气。而金钏儿隐射的谨贵人,就是她的堂妹,表明了冷美人对人命的冷漠。她处心积虑地博取贾母的欢心,依靠王夫人的庇护,有恃无恐,稳取了"宝二奶奶"的位置,置林黛玉的生死于不顾,表明她是一个虚伪阴险的人物。读者看到的温良恭俭让,全是冷香丸的作用——"装拙守愚"也。

尽管博尔济吉特氏(薛宝钗)回到了顺治身边,但顺治皇帝(贾宝玉)心里仍然只想着董鄂氏皇贵妃(林妹妹)。"成大礼"的薛宝钗,对贾宝玉的内心世界了如指掌("宝钗也明知其事"),所以"置若罔闻"。第九十七回:

凤姐(孝庄)便走上来,轻轻的说道:"宝姑娘(博尔济吉特氏)在屋里坐着呢,别混说。回来得罪了他,老太太(孝庄)不依的。"宝玉(顺治)听了,这会子糊涂的更利害了。本来原有昏愦的病,加以今夜神出鬼没,更叫他不得主意，便也不顾别的，一口声声只要找林妹妹（其实董鄂氏皇贵妃早在半年前，已经死了）去。贾母等上前安慰，无奈他只是不懂。又有宝钗在内，又不好明说。知宝玉久病复发，也不讲明，只得满屋里点起安息香来，定住他的神魂，扶他睡下。众人鸦雀无闻。停了片时，宝玉便昏沉睡去（病中），贾母等才得略略放心，只好坐以待旦，叫凤姐去请宝钗安歇。宝钗置若罔闻（冷美人——恢复为长春宫主位已经三年），也便和衣在内暂歇……且说宝玉回来，旧病陡发，更加昏愦，连饮食也不能进了。

此乃顺治十八年正月初五到初七，福临病入膏肓弥留状态的真实写照。他仍然思念死去的董鄂氏端敬皇后，而不容纳可怜的表姐。

清初诗人吴伟业（梅村）有《古意》六首，表达了当时文人对"废黜皇后"（前五首）与"端敬皇后"（最后一首）的真实态度，录之于下：

其一

争传婺女嫁天孙，才过银河拭泪痕。

但得大家千万岁，此生那得恨长门。

（册立为后，不久即废。世祖亦不永年，遂遗恨终生。）

其二

豆蔻梢头二月红，十三初入万年宫。

可怜同望西陵哭，不在分香卖履中。

（十三作配帝王，幽居别宫，哭望孝陵，却不预送终。）

其三

从猎陈仓怯马蹄，玉鞍扶上却东西。

一经辇道生秋草，说著长杨路总迷。

（初嫁天子，马上分离。往事如辇道秋草，不堪回首。）

其四

玉颜憔悴几经秋，薄命无言只泪流。

手把定情金合子，九原相见尚低头。

（被废几经秋，无言泪空流。金玉良缘废，至死不回头。）

其五

银海居然妒女津，南山仍锢慎夫人。

君王自有他生约，此去惟应礼玉真。

（生不同室，死能同穴？端敬死后尚承恩，废后一生做玉真。）

其六

珍珠十斛买琵琶，金谷堂深护绛纱。

掌上珊瑚怜不得，却教移作上阳花。

（十斛旧琵琶，金堂护绛纱。珊瑚掌上物，移作上阳花。）

最后一首咏董鄂妃，于组诗的文理密合。既然第五首以董鄂氏受宠来比照废后境遇，接下来直接叙写董鄂妃身世，便十分自然。董鄂妃原为他人之妻却受恩深重，死后仍追封为皇后。废后明媒正娶竟被打入冷宫，零落终生，正是引发诗人感慨的原因。吴伟业（梅村）对废皇后入宫的年龄吃不准，但"悲金悼玉"的主题却跃然纸上。

第二节 孝惠章皇后

李知其《红楼梦谜·袭人》云："袭人的结局在第一百二十回里有很适当的交代，假的宝玺终于失落，除了申说顺治帝出家，也兼写清廷退位。"这段话准确地解释了袭人最后改嫁蒋玉菡的故事内涵。

李知其《红楼梦谜》把"蒋玉菡"解为"掌玉函"。贾宝玉和蒋玉菡交换汗巾，李知其解释云："汗"是"可汗大点兵"的汗，况北方天子掌玉函解下原裹之朱明"大红汗巾子"缴与满帝，满帝随即把象征清虏的"松花汗巾"系于掌玉函的函上，交待了明亡清继的场景。

王梦阮《红楼梦索隐》云："上文极写贾府颓败，以及贾政老冗，不足为政。其下骤接江南甄老爷到来，明系以甄代贾恢复旧物之意。虽无此事，不可不做此想。所谓过屠门而大嚼，聊快吾意也。"这段话明确指出此处是预写清朝的灭亡。

潘重规《红楼梦新解》云："住在紫檀堡的玉函，就是用紫檀木制的玉函。"

清代已经有人看出"花袭人"为"中华龙衣人"与"华袭人",意思是"花袭人"为华人龙衣,世代承袭,虽然尊贵,但不断改嫁。

袭人隐射顺治的第二位皇后——博尔济吉特氏孝惠章皇后。从皇家法统上说,她是后宫的真正主宰者,但实际上却仅仅是孝庄皇太后安排在坤宁宫的管家大丫头与眼线。由于她既不懂汉语与汉学,又缺乏政治才能与经验,除了规劝监督、伺候照料、温柔体贴、百依百顺、委曲求全、宽以待人等符合皇宫《女则》的优点之外,孝惠章皇后与顺治皇帝没有更深层次的感情。在顺治的眼里,自己这位外甥女正宫娘娘,更像一位照顾自己饮食起居的大丫头,或者竟是自己身上穿的一件龙袍、炕上的一张花席。

《红楼梦》以袭人的艺术形象,维妙维肖地记载了孝惠章皇后在顺治后宫里的地位与作用,是写得最好、最有血有肉的人物之一。

顺治十一年(1654年)五月,蒙古科尔沁贝勒绰尔济的两位女儿同时被送进宫内,又几乎同时被聘为妃。按照姻亲辈分,绰尔济是孝庄太后的亲侄儿,两位妃子自然是太后的侄孙女。一个月后,姐姐被册封为皇后,即孝惠章皇后(宝玉的袭人与贾琏的平儿),与夫皇顺治举行第二次大婚礼。孝惠章皇后的妹妹即淑惠妃(宝玉的麝月),也是顺治皇帝众多嫔妃中最长寿者。新晋封的孝惠章皇后姊妹做梦也未料到,她们入宫受封仅是一对儿摆在后妃位置上的偶像,在顺治眼中一个是贴身大丫头,一个是贴身二丫头,尽管日夜厮守,但圣眷淡薄,雨露稀少,所以,姊妹二人至死也膝下寂寞。进入《红楼梦》,孝惠章皇后与淑惠妃成了怡红院的丫头,又是孝庄(王夫人)安插在坤宁宫(怡红院)的卧底眼线。

第二十回《林黛玉俏语谑娇音》写了顺治第二次大婚后的情景:

宝玉记着袭人,便回至房中,见袭人朦朦睡去。自己要睡,天气尚早。彼时晴雯、绮霞、秋纹、碧痕都寻热闹,找鸳鸯琥珀等耍戏去了。独见麝月一个人在外间房里灯下抹骨牌。宝玉笑问道:"你怎不同他们顽去?"麝月道:"没有钱。"宝玉道:"床底下堆着那么些,还不够你输的?"麝月道:"都顽去了,这屋里交给谁呢?那一个又病了。满屋里上头是灯,地下是火。那些老妈妈们,老天拔地,伏侍一天,也该叫他们歇歇;小丫头子们也是伏侍了一天,这会子还不叫他们顽顽去。所以让他们都去罢，我在这里看着。"

宝玉听了这话，公然又是一个袭人。因笑道："我在这里坐着，你放心去罢。"麝月道："你既在这里，越发不用去了。咱们两个说话顽笑岂不好？"宝玉笑道："咱两个作什么呢？怪没意思的。也罢了，早上你说头痒，这会子没什么事，我替你篦头罢。"麝月听了便道："就是这样。"说着，将文具镜匣搬来，卸去钗钏，打开头发，宝玉拿了篦子替他一一的梳篦。

此处的袭人是大婚不久的孝惠章皇后。麝月隐射孝惠章皇后的妹妹淑惠妃。在顺治皇帝眼里，新皇后是贴身大丫头，麝月"公然又是一个袭人"。

《红楼梦》只在第六回里描写过"贾宝玉初试云雨情"：

袭人（孝惠章皇后）忙趁众奶娘丫鬟不在旁时，另取出一件中衣来与宝玉换上。宝玉含羞央告道："好姐姐，千万别告诉人。"袭人亦含羞笑问道："你梦见什么故事了？是那里流出来的那些脏东西？"宝玉道："一言难尽。"说着便把梦中之事细说与袭人听了。然后说至警幻所授云雨之情，羞的袭人掩面伏身而笑。宝玉亦素喜袭人柔媚娇俏，遂强袭人同领警幻所训云雨之事。袭人素知贾母已将自己与了宝玉的，今便如此，亦不为越礼，遂和宝玉偷试一番，幸得无人撞见。自此宝玉视袭人更比别个不同，袭人待宝玉更为尽心。暂且别无话说。

这种"别无话说"的夫妻局面，竟然持续到一百二十回袭人改嫁蒋玉菡，原文中再也没有写过贾宝玉与花袭人的男女欢爱。读者觉得奇怪，似乎不大可能，因为袭人每夜都与宝玉同床而卧。但事实的确如此，因为顺治皇帝爱的只是董鄂妃，对于两位蒙古皇后的态度，则是："都道是金玉良姻，俺只念木石前盟。空对着，山中高士晶莹雪，终不忘，世外仙姝寂寞林。叹人间，美中不足今方信。纵然是齐眉举案，到底意难平。"

《红楼梦》里没有直接描写麝月（淑惠妃）与宝玉的男女之爱，只写了宝玉为麝月梳头的故事，又通过晴雯（追封为贞妃）之口，间接写了碧痕（端顺妃）伺候贾宝玉沐浴的故事：

宝玉笑道："我才又吃了好些酒，还得洗一洗。你既没有洗，拿了水来咱们两个洗。"晴雯摇手笑道："罢，罢，我不敢惹爷。还记得碧痕打发你洗澡，足有两三个时辰，也不知道作什么呢。我们也不好进去的。后来洗完了，进去瞧瞧，地下的水淹着床腿，连席子上都汪着水，也不知是怎么洗了，笑了几天。我也没那工夫收拾，也不用同我洗去。今儿也凉快，那会子洗了，可以不用再洗。我倒舀一盆水来，你洗洗脸通通头。"

——作者底下的话，是说贾宝玉的丫头都是他的侍妾。也就是说，她们都隐射顺治皇帝的后妃。《清史稿》云：

淑惠妃，博尔济吉特氏，孝惠皇后妹也。顺治十一年，册为妃。康熙十二年，尊封皇考淑惠妃。妃最老寿，以（康熙）五十二年十月薨……同时尊封者：浩齐特博尔济吉特氏为恭靖妃，阿霸垓博尔济吉特氏为端顺妃，皆无所出；栋鄂氏为宁妃，在世祖时号庶妃，子一，福全。又恪妃，石氏，滦洲人，吏部侍郎申女。世祖尝选汉官女被六宫，妃与焉。居永寿宫。康熙六年薨，圣祖追封皇考恪妃。

顺治十一年六月十六日，福临举行第二次大婚。这一天行册立礼和奉迎礼，仪式最为隆重。但《红楼梦》里并没有直接描述。仅在第三回里交代了几句："原来这袭人亦是贾母之婢，本名珍珠。贾母因溺爱宝玉，生恐宝玉之婢无竭力尽忠之人，素喜袭人心地纯良，克尽职任，遂与了宝玉。宝玉因知他本姓花，又曾见旧人诗句上有'花气袭人'之句，遂回明贾母，更名袭人。"

"袭人亦是贾母之婢"，但"本名珍珠"——隐射她是孝庄亲外孙女与外侄孙女，实乃"掌上珍珠"小博尔济吉特氏也。它是孝庄（贾母王夫人）"竭力尽忠之人"，为人"心地纯良"，对顺治皇帝"克尽职任"，"遂与了宝玉"，都隐射给顺治皇帝当了新皇后。

"宝玉因知他本姓花"——隐射她也是"桂花夏家"的女儿。夏桂花隐射顺治皇帝悔娶的第一位皇后博尔济吉特氏（见第七十九回《薛文龙悔娶河东狮》）。袭人隐射的新皇后，是第一位皇后的侄女。

"桂花夏家"实乃华夏贵家，指成吉思汗的博尔济吉特氏家族，由于天命、天聪、崇德、顺治几个朝代都奉行"满蒙联姻"（金玉良缘）的基本国策，所以博尔济吉特氏家族盛产"嫦娥花"，孝端文皇后是第一"嫦娥花"，宸妃是第二"嫦娥花"，懿靖大贵妃是第三"嫦娥花"，康惠淑妃是第四"嫦娥花",孝庄文皇后是第五"嫦娥花",顺治废皇后是第六"嫦娥花",顺治新皇后是第七"嫦娥花"。除此之外,顺治淑惠妃(麝月)是第八"嫦娥花",恭靖妃(秋纹)是第九"嫦娥花",端顺妃(碧痕)是第十"嫦娥花",谨贵人(金钏儿)是第十一"嫦娥花"。恭靖端顺妃和身为"吃个双份儿"的玉钏儿等,都是"桂花夏家"盛产的"嫦娥花"。

平儿与袭人的身份相同,都隐射孝惠章皇后。在贾琏、凤姐、平儿的家庭组合里,贾琏指顺治皇帝,"泼皮破落户"凤姐指废皇后,通房大丫头平儿指"扶了正"的顺治新皇后。在贾宝玉、薛宝钗、袭人的家庭组合里,贾宝玉指顺治皇帝,服"冷香丸"的"冷美人"指废皇后,怡红院主妇大丫头袭人指顺治新皇后。事实上,宁国府里贾珍、尤氏、佩凤的夫妻妾关系,也是如此——贾珍"大爷"指顺治皇帝,尤氏指第二位皇后,佩凤指董鄂氏。

袭人是后宫里最符合《女则》的后妃。第三回云:"伏侍贾母时,心中眼中只有一个贾母,如今服侍宝玉,心中眼中又只有一个宝玉。"——短短三十二个字,写尽了孝惠章皇后的为人。

"只因宝玉性情乖僻,每每规谏宝玉,心中着实忧郁。"——短短二十个字,一个孝惠"贤内助"的主妇形象,就呼之欲出。

顺治十四年十二月二十九日母后"贵恙"刚愈,就颁诏大赦天下。四天后,即顺治十五年正月初三,福临压抑不住心头怒火,对孝惠章皇后(袭人)大兴问罪之师。他以废后为例,指责皇后在太后"病"时,"礼节疏阙,有违孝道",下令停进皇后的中宫笺表,并谕议政王大臣等议罪,摆出再度废除皇后的架式。

深层次的原因为董鄂氏于顺治十四年十月,生了四阿哥"荣亲王",皇帝一时高兴,就起复废皇后静妃为长春宫主位。此时,孝庄皇太后并未因四阿哥的出生而高兴,却因蒙古六七位后妃都没有生养而沮丧不满,结果病了一个冬天,在南苑静养。奇怪的是,自己娘家的侄女、侄孙女都没有到南苑问安伺候,孝庄皇太后偏偏让产后虚弱的董鄂氏皇贵妃到南苑伺候照料自己。结果,董鄂氏皇贵妃落下了慢性失血性贫血的后遗症,而留在东六所的四阿哥又莫名其妙地生了天花,而且不久就死了。正月二十一日,四阿哥死后没有几天,母亲要亲自主持静妃恢复长春宫主位的庆祝活动,宴会的规格又要超过董鄂氏皇贵妃,顺治皇帝实在受不了,当天就产生了削发出家的念头。

中宫笺表是皇后特权的象征。皇后在三大节——万寿、元旦、冬至时，或在特殊喜庆日，或有特别请求，可以使用皇后之宝，直接向皇上进笺表致贺或提出要求，皇上是不能拒绝的。停了中宫笺表，等于取消了皇后的权力，又下诸王贝勒大臣会议处置办法，下一步不就是要废皇后了吗？

顺治的圣旨震动了六宫，使本来就显得威严肃静的大内，气氛更加紧张严酷。人们惶惶不安，不知道下一步会出现什么局面。有些乖巧的主位和宫人，不免要看风使舵。于是，往承乾宫探望皇贵妃的人，突然增多了。孝庄皇太后对董鄂氏皇贵妃与孝惠章皇后的真实态度，在第七十八回里有明确的记录：

> 王夫人（孝庄）便往贾母（孝庄）处来省晨，见贾母喜欢，便趁便回道："宝玉屋里有个晴雯（贞妃董鄂氏与董鄂氏皇贵妃），那个丫头也大了，而且一年之间，病不离身；我常见他比别人份外淘气，也懒；前日又病倒了十几天，叫大夫瞧，说是女儿痨，所以我就赶着叫他下去了。若养好了也不用叫他进来，就赏他家配人去也罢了。再那几个学戏的女孩子，我也作主放出去了。一则他们都会戏，口里没轻没重，只会混说，女孩儿们听了如何使得？二则他们既唱了会子戏，白放了他们，也是应该的。况丫头们也太多，若说不够使，再挑上几个来也是一样。"贾母听了，点头道："这倒是正理，我也正想着如此呢。但晴雯那丫头我看他甚好，怎么就这样起来。我的意思这些丫头的模样爽利言谈针线多不及他，将来只他还可以给宝玉使唤得。谁知变了。"

读者早就看出，《芙蓉女儿诔》明诔晴雯，暗诔黛玉。此处王夫人的话，也是明说晴雯，暗指黛玉。"学戏的女孩子"也是暗指黛玉。换句话说，贾母与王夫人对晴雯的态度，隐射孝庄皇太后对董鄂氏皇贵妃的态度。"病不离身"、"份外淘气"、"也懒"、"女儿痨"，都是在说董鄂氏皇贵妃。孝庄皇太后对董鄂氏皇贵妃本来的态度是："晴雯那丫头我看他甚好，怎么就这样起来。我的意思这些丫头的模样爽利言谈针线多不及他，将来只他还可以给宝玉使唤得。"而现在的态度则是"谁知变了"——不是董鄂氏姐妹的人品性格变了，而是孝庄皇太后对董鄂满族小部落的态度变了。

王夫人（孝庄）笑道："若说沉重知大礼，莫若袭人第一。虽说贤妻美妾，然也要性情和顺举止沉重的更好些。就是袭人模样虽比晴雯略次一等，然放在房里，也算得一二等的了。况且行事大方，心地老实，这几年来，从未逢迎着宝玉淘气。凡宝玉十分胡闹的事，他只有死劝的。因此品择了二年，一点不错了，我就悄悄的把他丫头的月分钱止住，我的月分银子里批出二两银子来给他。不过使他自己知道越发小心学好之意。且不明说者，一则宝玉年纪尚小，老爷知道了又恐说耽误了书；二则宝玉再自为已是跟前的人不敢劝他说他，反倒纵性起来。所以直到今日才回明老太太。"

——此处是说袭人，其实也是在说宝钗。隐射孝庄皇太后对侄孙女孝惠章皇后与侄女废皇后静妃的真实态度。"三年前"指顺治十四年，是年为顺治二次大婚后的第三年，也是第一位皇后废黜后的第四年。顺治十四年十月，静妃终于恢复为长春宫主位。

顺治十四年十月，董鄂氏皇贵妃刚生了四阿哥，孝庄皇太后对她的态度是："老太太挑中的人原不错。只怕他命里没造化，所以得了这个病。俗语又说，'女大十八变'。况且有本事的人，未免就有些调歪。老太太还有什么不曾经验过的。三年前我也就留心这件事。先只取中了他，我便留心。冷眼看去，他色色虽比人强，只是不大沉重。"

孝庄皇太后对孝惠章皇后（袭人）与废皇后静妃（宝钗）的真实态度是："若说沉重知大礼，莫若袭人第一。虽说贤妻美妾，然也要性情和顺举止沉重的更好些。就是袭人模样虽比晴雯略次一等，然放在房里，也算得一二等的了。况且行事大方，心地老实，这几年来，从未逢迎着宝玉淘气。凡宝玉十分胡闹的事，他只有死劝的。""袭人本来从小儿不言不语，我只说他是没嘴的葫芦。既是你深知，岂有大错误的。"

顺治皇帝对蒙古后党的报复事先并未与爱妃商议，董鄂妃已经从婆婆冷漠的态度中意识到问题的严重。她心里清楚，坚持废后只会导致悲剧提前发生，皇太后一息尚存，满蒙后妃之间就有一道无法逾越的天堑。因此，她在顺治皇帝面前"长跪顿首固请"，哭劝道："陛下之责皇后，是也。然妾度皇后斯何时，有不憔悴忧念者耶？特以一时未及思，故失询问耳。陛下若遽废皇后，妾必不敢生。陛下幸垂察皇后心，俾妾仍视息世间，即万无废皇后也。"

第三节　贞妃小董鄂氏

大观园是一个大舞台，怡红院是一个小舞台。大舞台与小舞台都上演着同一个清朝后宫的历史悲剧——女人世界的"楚汉相争"。大舞台的结局为"黛死钗嫁"，小舞台的结局为"晴逐袭升"。大小舞台同时演出了满族妃党与蒙古后党的激烈斗争。

黛钗之争、晴袭之争如同后宫里的"楚汉之争"。最后的结果为：薛宝钗、袭人隐射的博尔济吉特氏姑侄姐妹成了汉高祖刘邦，而林黛玉、晴雯隐射的董鄂氏姐妹成了楚霸王项羽。

大观园大舞台上一号项羽式的悲剧人物就是黛玉——董鄂氏皇贵妃。

怡红院小舞台上二号项羽式的悲剧人物就是晴雯——殉葬顺治的贞妃。

在这场不见硝烟却残酷无情的夺宠斗争中，她们为什么失败了呢？

要想客观地解读晴雯，首先要读懂《芙蓉女儿诔》。

《芙蓉诔》是晴雯死后宝玉为她写的祭文，华美的辞藻直接脱胎于曹植的《洛神赋》。将晴雯写得如此完美可爱，简直是一位下凡的仙姑，赤裸裸地表达了贾宝玉对她刻骨铭心的爱情。但《芙蓉诔》中有不少溢美不实之词，比如"姊妹悉慕媖娴，妪媪咸仰惠德"一句，显然不符合事实，与晴雯根本对不上号。晴雯与怡红院里的大小丫环们没有不拌嘴、不吵架的，挨她打的也有，而老婆子也基本上被她骂遍了，谁会仰慕她的"媖娴惠德"呢？

"怡红院群芳开夜宴"抽到芙蓉签的是林黛玉，而非晴雯。晴雯的命运只是黛玉命运的一个副本。这篇祭文虽曰祭奠晴雯，但死人是听不到的，偏偏是林黛玉听到了。而对男女感情十分敏感的林黛玉，居然对"眉黛烟青昨犹我画，指环玉冷今倩谁温"这种亲密已极的句子毫无醋意，甚至对诔文很欣赏，还与宝玉探讨修辞改进的方法。

半夜里在《芙蓉诔》的宣读声中，黛玉出现了，宝玉主仆都以为是晴雯显了灵。作者如此安排，恐怕大有深意。等于告诉读者，诔文其实祭奠林黛玉隐射的历史人物"端敬孝献皇后董鄂氏"。从文中的赞美之词看来，真正配得上这篇祭文的，也只有世外仙姝林黛玉。所以读者都认为，《芙蓉诔》实际是祭奠黛玉的，晴雯只是个引子。

董鄂氏皇贵妃（林黛玉）"死于"顺治十七年八月十九日。顺治皇帝（贾宝玉）死于顺治十八年正月初七。小董鄂氏贞妃（晴雯）殉葬于顺治十八年二月。《红楼梦》来了一个时间颠倒错位，才写出这样一篇活见鬼的诔文来。

《释名》云："诔"者，"累也，累列其事而称之也"。又所谓"惟天子称天以诔之"，是用于皇帝与皇后的祭奠文体。

《芙蓉女儿诔》完全脱胎于顺治十七年八月顺治皇帝主持纂写的《端敬皇后诔》。董鄂氏乃江南汉族女儿，自幼缠脚，十八岁入宫（顺治十二年）时，袅袅娜娜，"捉迷屏后，莲瓣无声"。说明野史记载董鄂氏为苏州陈氏女，其母在济南客居时被鄂硕抢掠为妻的说法是真实的。当时董鄂氏"实有六岁"，长成后自然就"乡籍姓氏，湮沦而莫能考者久矣"。推算起来，结果如下：

（1）董鄂氏母女应当是顺治元年或二年在济南被鄂硕将军抢掠的（董鄂氏"实有六岁"）。

（2）顺治十年秋选秀女时董鄂氏16岁（"女儿鹤耘临浊世，迄今凡十有六载"）。

（3）顺治十一年二月初八与顺治皇帝初试婚外云雨，到顺治十七年八月十九日病死，恰好"实有六载"。

（4）顺治十二年二月初八在母亲的安排下，福临与弟媳妇（贾宝玉与秦兼美）在北海行宫幽会而怀孕。到顺治十七年八月十九日董鄂氏死，九月读诔文，恰好"仅五年八月有畸"。

（5）顺治十二年四月底，顺治皇帝为弟媳妇打了十一弟小襄亲王"一记奇特的耳光"，三日后博穆博果尔自杀，董鄂氏从故宫后门被一乘小轿接进宫，因为没有名分，暂时寄居在康妃佟佳氏的景仁宫里，长达一年之久（贾母与王熙凤皆说"只是一年后方圆得房"）。从顺治十二年五月秘密入宫，到顺治十七年八月十九日董鄂氏死，恰好"实有六载"。

总而言之，《芙蓉女儿诔》将董鄂氏的民族、籍贯、姓氏、经历与小襄亲王及顺治皇帝三角婚恋的全部过程，一丝不苟地记录在案，是一份最可靠的信史。换句话说，《芙蓉女儿诔》只隐射先死于顺治皇帝的大董鄂氏端敬孝献皇后（黛玉），与殉葬的小董鄂氏"贞妃"（晴雯）毫无关系，晴雯只是黛玉之"托"。第五回《红楼梦曲子》云：

第七章 大观园里的女人们

宝玉便伸手先将"又副册"橱开了，拿出一本册来，揭开一看，只见这首页上画着一幅画，又非人物，也无山水，不过是水墨染的满纸乌云浊雾而已。后有几行字迹，写的是：

霁月难逢，彩云易散。心比天高，身为下贱。风流灵巧招人怨。寿夭多因毁谤生，多情公子空牵念。

晴雯乃黛玉之副，所以晴雯的《红楼梦曲子》既隐射大董鄂氏皇贵妃，也隐射小董鄂氏贞妃。晴雯的个性好像晴夜明月，心直口快，爱得罪人，在任何时代，勇于说心里话的人不多，所以"霁月难逢"。而"彩云易散"则比喻她姿色美艳，青春不永也。

"心比天高，身为下贱"——晴雯（大小董鄂氏）渴望晋升，却出身贫贱。她小时被管家赖大买到家里当小丫环，属于奴才的奴才。10岁时（指顺治十年秋天选秀女）被当作礼物献给贾母（孝庄皇太后）。贾母喜欢她聪明伶俐，俊俏漂亮，又爱说话，又会做针线，就将她派给宝玉，心里不免存了让她给宝玉做小妾的计划（指顺治十二年大董鄂氏入宫）。但当时宝玉已经有了袭人（孝惠章皇后，于顺治十一年六月，册封为新皇后）这个大丫环，按次序，晴雯只能做二号姨娘（潇湘妃子）了。如果晴雯董鄂氏安心地做二姨太（潇湘妃子），也不能算是"心比天高"，因为这是她应得的名分。

晴雯（董鄂氏）决不甘居袭人（皇后）之下。她比袭人年纪小，论出身，都是老太太派来的；论针线，没人比她做得更好；论美貌，比袭人更胜一筹。只因进贾府（后宫）晚，没能第一个被派到宝玉身边，不得不作小伏低，当"第二大丫头"，晴雯从骨子里觉得不公平。所以，上上下下都认为袭人（"袭人"者，第一位皇后的承袭者也）是头号准姨娘，唯独晴雯（董鄂氏）不愿承认她的权威地位，说"正经连个姑娘还没混上呢，也不过和我似的"。当王夫人（孝庄皇太后）给袭人专设"二两一吊"的姨娘（新皇后）待遇，确立了准姨娘身份（新皇后）后，晴雯说："一样是这屋里的人，谁又比谁高贵些？"

所以，袭人分配的针线活，晴雯都推懒不做。袭人挨李嬷嬷的骂，晴雯也不同情。袭人挨了宝玉的"窝心脚"，晴雯反而幸灾乐祸。——这些故事表面上隐射小董鄂氏贞妃与新皇后的矛盾，其实是在暗示大董鄂氏皇贵妃与两位蒙古皇后的矛盾。

袭人挨"窝心脚",是最精彩的段落之一。一向温和没架子的贾宝玉(顺治皇帝)突然踢打袭人(新皇后),这在怡红院(坤宁宫)必然引起地震。宝玉既后悔又心疼,请太医吃药,甚至亲自为袭人端水服药。宝玉为袭人忙活,晴雯难免醋意大发。她在给宝玉换衣服时"不防又把扇子失了手",就是在借题发挥,指桑骂槐。

说晴雯(董鄂氏)高洁不俗,其实是一种偏爱。她跟其他丫环(嫔妃)一样,都在追求贾宝玉顺治皇帝(争宠)。说晴雯对爱情真诚,袭人何尝不真诚?说袭人图名图利,而晴雯又何尝不图名图利?如果只为奉献,不求索取,对袭人晋升准姨娘又何必耿耿于怀,说出"谁又比谁高贵"的醋话来?

"心比天高,身为下贱"——晴雯隐射的大董鄂氏皇贵妃与小董鄂氏贞妃,都有当皇后或皇贵妃的"野心"。

有一次秋纹(恭靖妃)得了王夫人(孝庄皇太后)的赏赐,无比得意。晴雯(大小董鄂氏)笑道:"呸!没见世面的小蹄子!那是把好的给了人,挑剩下的才给你,你还充有脸呢。要是我,我就不要。若是给别人剩下的给我,也罢了。一样这屋里的人,难道谁又比谁高贵些?把好的给他,剩下的才给我,我宁可不要,冲撞了太太(孝庄皇太后),我也不受这口软气。"

晴雯的话与林黛玉的话一样尖刻。第七回云:

黛玉只就宝玉手中看了一看,便问道:"还是单送我一人的,还是别的姑娘们都有呢?"周瑞家的道:"各位都有了,这两枝是姑娘的了。"黛玉冷笑道:"我就知道,别人不挑剩下的也不给我。"周瑞家的听了,一声儿也不言语。

此处隐射董鄂氏满族妃子对孝庄婆婆强烈不满。而所谓的"晴雯风骨"与"林黛玉性格",实在是一回事。

晴雯听说,便掷下针黹道:"这话倒是,等我取去。"秋纹道:"还是我取去罢,你取你的碟子去。"晴雯笑道:"我偏取一遭儿去。是巧宗儿你们都得了,难道不许我得一遭儿?"麝月(淑惠妃)笑道:"通共秋丫头得了一遭儿衣裳,那里今儿又巧,你也遇见找衣裳不成。"晴雯冷笑道:"虽然碰不见衣裳，或者太太看见我勤谨，一个月也把太太的公费里分出二两银子来给我，也定不得。"说着，又笑道："你们别和我装神弄鬼的，什么事我不知道。"

此处隐射董鄂氏也想当皇后，但知道孝庄皇太后不会支持满汉女人当皇后，所以公开揶揄之。不是晴雯隐射的董鄂氏稀罕这些赏赐，而是晴雯心里有"攀高枝"的野心，但又知道可能性极小。

大观园（皇宫后苑）里只有贾宝玉一个成年男人，因为皇宫里只能有一个皇帝。晴雯董鄂氏心灵手巧，比别人打扮得更为别致风流，不会勾引到别的男人，只能去勾引贾宝玉顺治皇帝。如果得到了皇帝的专宠，就必然引来后宫的强烈嫉妒与忌恨，偏偏她对那帮小丫头老妈子又很不客气，积攒的怨气久了，一旦爆发出来，就足以致命。

"晴为黛影"的实际意义，是利用晴雯来写黛玉的外表与内心世界。

（1）晴黛二人分别是大观园（皇宫后苑）后妃中的"第一美人"。

（2）晴黛二人都有野心，林黛玉董鄂氏想进宫当"端敬孝献皇后"，晴雯董鄂氏"心比天高"要做贾宝玉顺治皇帝的皇贵妃。

（3）晴黛二人都貌美而自重。林黛玉董鄂氏"质本洁来还洁去"，晴雯董鄂氏得宠而始终"冰清玉洁"，有主见又自爱，是董鄂氏的精神之美。轻易失身的尤二姐并非没头脑的白痴美人，而"甘愿献身"是"身为下贱"女子在皇帝面前的唯一选择。

（4）晴黛二人对己对人要求都很高。林黛玉董鄂氏对贾宝玉顺治皇帝爱情专一，晴雯则认为所有丫环老婆子都该像她一样尽心竭力侍候宝玉。林黛玉有时量小气短，甚至尖酸刻薄，晴雯对下人也张口便骂，抬手就打，先出了气再说。晴雯争强好胜，一点小亏也不能吃，一点委屈也不能受，所谓"小不忍则乱大谋"，从而丧失了群众支持，也疏远了姐妹间的情感。也许在她眼中根本就不需要这些丫头们的支持，所以她想怎么说就怎么说，想怎么做就怎么做，别人高兴不高兴根本不在乎，只要自己一时痛快就行，从来没有退一步海阔天空的想法。晴雯的这种人生态度，导致了她在争夺姨娘位置中的必然失败。

晴雯有很多缺点，但罪不至死。由于平时漫不经心，最后众叛亲离，死得很冤屈很悲壮，像英雄末路的项羽一样。

晴雯是一片云，有时霞光灿烂，有时乌云浊雾，不能用好坏二字一言以蔽之，但春天的风，夏天的云，终究不是长久之物，一有变数，就烟消云散了。

"姊妹悉慕瑛娴，妪韫咸仰惠德。"显然写的不是晴雯隐射的小董鄂氏贞妃，而是晴雯隐射的大董鄂氏皇贵妃。晴雯隐射皇宫里的两个董鄂氏，她们的结局最悲惨。

顺治十八年二月，小董鄂妃为顺治皇帝殉葬，追封贞妃。谕礼部谓："皇考大行皇帝御宇时妃董鄂氏……当皇考上宾之日，感恩遇上甚深，克尽哀痛，遂而薨逝，芳烈难泯……追封为贞妃。"此董鄂氏应为罗硕的女儿，亦有人认为是满洲正白旗车骑都尉巴度女（晴雯）。她实为鄂硕女儿董鄂氏皇贵妃（潇湘妃子林黛玉）的同姓妹妹。

孝庄皇太后"移花接木"炮制的顺治《罪己诏》，替满蒙亲贵出了一口恶气，稳住了朝野的政局。又亲手制造了贞妃殉葬的惨剧，平复了蒙古后党的妒恨与怨气，稳住了后宫的局面。孝庄用贞妃殉葬，证明了福海"痘亡"。

妃侍殉死，乃满洲旧俗，但往往成为派系斗争一种杀人的手段。当年阿济格、多尔衮、多铎的母亲大妃阿巴亥，就因此而殉葬努尔哈赤。这是皇太极正黄旗势力打击多尔衮正白旗势力的手段。贞妃董鄂氏殉葬顺治皇帝，消解了蒙古族后妃集团的妒恨，缓和了满蒙亲贵对顺治锐意改革的强烈不满。

顺治皇帝的妃嫔中有三个董鄂妃，分别是端敬孝献皇后（后谥）、贞妃（端敬皇后之妹）和宁悫妃，三人中唯宁悫妃生子福全。贞妃董鄂氏既为端敬董鄂氏之妹，而且"赋性温良，恪共内职"，很像她的姐姐，因此顺治帝在爱妃董鄂氏死后，曾一度"爱屋及乌"，似乎移爱于贞妃，以致引起后宫蒙古后党的紧张。

清初诗人吴伟业曾以诗记其事，将福临与贞妃比为历史上的司马相如和卓文君，写有"从此相如羞薄幸，锦衾长守卓文君"等诗句。但当时的顺治皇帝万念俱灰，病入膏肓，未必有移情之举。顺治皇帝刚死，小董鄂氏即被迫身殉，时距"福临之死"仅二十六天。

孝庄皇太后让小董鄂氏贞妃为顺治殉葬，进入《红楼梦》变成了王夫人将生病的晴雯逐出大观园，"直着嗓子喊了一夜"，悲惨地死去。第五回原文：

第七章 大观园里的女人们

宝玉道:"常听人说,金陵极大,怎么只十二个女子?如今单我家里,上上下下,就有几百女孩子呢。"警幻冷笑道:"贵省女子固多,不过择其紧要者录之。下边二橱则又次之。余者庸常之辈,则无册可录矣。"宝玉听说,再看下首二橱上,果然写着"金陵十二钗副册",又一个写着"金陵十二钗又副册"。宝玉便伸手先将"又副册"橱开了,拿出一本册来,揭开一看,只见这首页上画着一幅画,又非人物,也无山水,不过是水墨染的满纸乌云浊雾而已。后有几行字迹,写的是:

霁月难逢,彩云易散。心比天高,身为下贱。风流灵巧招人怨。寿夭多因毁谤生,多情公子空牵念。

"心比天高,身为下贱。风流灵巧招人怨。寿夭多因毁谤生,多情公子空牵念。"——隐射董鄂氏皇贵妃与贞妃两姐妹的命运。

小董鄂妃很像她的姐姐,眼睛没有那么灵活聪慧,气质上缺少董皇后的雍容大度和儒雅的书卷气。她才十八岁,刚进妃位。在顺治弥留期间,皇太后头一次单独召她到慈宁宫。

孝庄皇太后道:"如果皇帝归天怎么办?"还问她是不是有孕了?

董鄂妃连连摇头:"都说皇上宠爱我,无非天天召我到养心殿去,皇上读书,叫我给他送茶。皇上写字画画,叫我给他磨墨。皇上打坐参禅,叫我侍立一旁,说是佛边天女。话不多说,笑容少见,更没有……"

顺治十八年正月初三,福临患了天花,后宫大惊失色。不久养心殿传出消息,说皇上病势减轻,宫里一片欢喜。福临握住小董鄂妃的手道:"半年多了,你枉担了虚名,也亏你一声不响,默默忍受。你和你姐姐长得太像,心地也一般无二,宫中怕是都容你不得的。与其日后受百般苦痛,不如跟我一起去吧。我们一起去见她。"

贞妃殉葬成为顺治皇帝福临人生悲剧的最后一幕。第七十七回《俏丫鬟抱屈夭风流》隐射小董鄂妃含冤为顺治皇帝殉葬的故事:

"王夫人在屋里坐着,一脸怒色,见宝玉也不理。晴雯四五日水米不曾沾牙,恹恹弱息,如今现从炕上拉了下来,蓬头垢面,两个女人才架起来去了。"——隐射小董鄂妃殉葬就死的情景。

"原来王夫人自那日着恼之后,王善保家的去趁势告倒了晴雯,本处有人和园中不睦的,也就随机趁便下了些话。王夫人皆记在心中。因节间有事,故忍了两日,今日特来亲自阅人。"——"王善保家的"隐射全体蒙古籍后妃。"因节间有事"——隐射顺治十八年正月初七顺治皇帝驾崩。

"晴雯拭泪,就伸手取了剪刀,将左手上两根葱管一般的指甲齐根铰下;又伸手向被内将贴身穿着的一件旧红绫袄脱下,并指甲都与宝玉道:'这个你收了,以后就如见我一般。快把你的袄儿脱下来我穿。我将来在棺材内独自躺着,也就像还在怡红院的一样了。论理不该如此,只是担了虚名,我可也是无可如何了。'宝玉听说,忙宽衣换上,藏了指甲。晴雯又哭道:'回去他们看见了要问,不必撒谎,就说是我的。既担了虚名,越性如此,也不过这样了。'"——隐射小董鄂氏准备就死,内心世界静如止水。

"谁知你两个竟还是各不相扰。可知天下委屈事也不少。如今我反后悔错怪了你们。"——隐射孝庄皇太后明白小董鄂氏死得冤屈。

"宝玉又翻转了一个更次,至五更方睡去时,只见晴雯从外头走来,仍是往日形景,进来笑向宝玉道:'你们好生过罢,我从此就别过了。'"——隐射小董鄂氏赴死。

顺治十八年四月十七日为皇帝崩后百日,亦为梓宫火化之期,茆溪森昼夜兼程,终于在四月十六日赶到京师。翌日上午,时已即位登基的康熙皇帝亲临现场,令茆和尚为世祖章(福临谥曰"章")皇帝梓宫举火。火化地点在景山寿皇殿广场。

《红楼梦》里写的晴雯与宝玉冰清玉洁,但作者利用晴雯来隐写黛玉,以《芙蓉女儿诔》来暗示董鄂氏与顺治的夫妻关系,还是将晴雯拖进了混水。

此处的晴雯乃指黛玉也。为了澄清此事,作者又补充了第一百九回《候芳魂五儿承错爱》,真是"一声两歌,一手二牍"。

"柳五儿"模样长得酷似"晴雯"。当美丽的"芙蓉花"不幸夭折,升天成仙,"那朵克隆芙蓉花"又是怎样的命运呢?是"死了"还是"死人复活"?

第七十七回《俏丫鬟抱屈夭风流 美优伶斩情归水月》:"王夫人笑道:'你还强嘴。我且问你,前年我们往皇陵上去,是谁调唆宝玉要柳家的丫头五儿了?幸而那丫头短命死了,不然进来了,你们又连伙聚党遭害这园子呢。'"——隐射孝庄对满族妃子董鄂氏小集团的痛恨。王夫人的一句"幸而那丫头短命死了"显然不是讹传——隐射小董鄂氏确实为顺治殉葬了。

第一百九回补写了她的冤屈:"宝玉看时,居然晴雯复生!怎奈这位呆爷今晚把她当作晴雯,只管爱惜起来。""宝玉道:'这个何妨,那一年冷天,也是你麝月姐姐和你晴雯姐姐顽,我怕冻着她,还把她揽在被里渥着呢。这有什么的!大凡一个人总不要酸文假醋才好。'五儿听了,句句都是宝玉调戏之意,那知这位呆爷却是实心实意的话儿。"——此处是"爱惜",是对"晴雯"的思念和缅怀,并无"侍寝"的意思。

而"五儿"毕竟不是"晴雯",她无法理解顺治皇帝与董鄂氏的那份真情——第一百九回:

那知宝玉要睡越睡不着,见他两个人在那里打铺,忽然想起那年袭人不在家时,晴雯、麝月两个人服事,夜间麝月出去,晴雯要唬他,因为没穿衣服着了凉,后来,还是从这个病上死的。想到这里,一心移在晴雯身上去了。忽又想起凤姐说五儿给晴雯"脱了个影儿",因将想晴雯的心又移在五儿身上。自己假装睡着,偷偷儿的看那五儿,越瞧越象晴雯,不觉呆性复发。听了听里间已无声息,知是睡了;但不知麝月睡了没有,便故意叫了两声,却不答应。五儿听见了宝玉叫人,便问道:"二爷要什么?"宝玉道:"我要漱漱口。"五儿见麝月已睡,只得起来,重新剪了蜡花,倒了一钟茶来,一手托着漱盂。却因赶忙起来的,身上只穿着一件桃红绫子小袄儿,松松的挽着一个儿。宝玉看时,居然晴雯复生。忽又想起晴雯说的"早知担了虚名,也就打个正经主意了",不觉呆呆的呆看,也不接茶。

宝玉对五儿的"错爱",不是移情别恋,而是寄托哀思。《红楼梦》将晴雯写成林黛玉之副,隐射贞妃小董鄂氏,而《芙蓉女儿诔》里怀念的"芙蓉花王晴雯"却隐射董鄂氏皇贵妃(林黛玉)。这是明修栈道、暗度陈仓的隐射方法,已经被红学家识破了。

那五儿自从芳官去后,也无心进来了。后来听说凤姐叫他进来伏侍宝玉,竟比宝玉盼他进来的心还急。不想进来以后,见宝钗、袭人一般尊贵稳重,看着心里实在敬慕;又见宝玉疯疯傻傻,不似先前的丰致;又听见王夫人为女孩子们和宝玉玩笑都撵了,所以把女儿的柔情和素日的痴心,一概搁起。怎奈这位呆爷今晚把他当作晴雯,只管爱惜起来。那五儿早已羞得两颊红潮,又不敢大声说话，只得轻轻的说道："二爷，漱口啊。"宝玉笑着接了茶在手中，也不知道漱了没有，便笑嘻嘻的问道："你和晴雯姐姐好不是啊？"五儿听了，摸不着头脑，便道："都是姐妹，也没有什么不好的。"宝玉又悄悄的问道："晴雯病重了，我看他去，不是你也去了么？"五儿微微笑着点头儿。宝玉道："你听见他说什么了没有？"五儿摇着头儿道："没有。"宝玉已经忘神，便把五儿的手一拉。五儿急的红了脸，心里乱跳，便悄悄说道："二爷，有什么话只管说，别拉拉扯扯的。"宝玉才撒了手，说道："他和我说来着：'早知担了个虚名，也就打正经主意了。'你怎么没听见么？"五儿听了，这话明明是撩拨自己的意思，又不敢怎么样，便说道："那是他自己没脸。这也是我们女孩儿家说得的吗？"宝玉着急道："你怎么也是这么个道学先生！我看你长的和他一模一样，我才肯和你说这个话，你怎么倒拿这些话糟塌他？"

　　宝玉对五儿的批评，实际是为晴雯昭雪，也就是给小董鄂氏贞妃的昭雪，抗议孝庄皇太后逼死了董鄂氏皇贵妃，又冤死了小董鄂氏贞妃。

　　两位无辜少妇的冤死，使贾宝玉顺治皇帝在《芙蓉女儿诔》写出如此痛心疾首的悼词："呜呼！固鬼蜮之为灾，岂神灵而亦妒。钳奴之口，讨岂从宽；剖悍妇之心，忿犹未释！"——"悍妇"是谁？显然是指孝庄皇太后。

　　董鄂氏皇贵妃去世之后，顺治皇帝对母亲的不满，已经变成仇恨，这是《芙蓉女儿诔》里隐藏的最深的清宫秘密。爱子死了，爱妃死了，虽然没有证据，但顺治皇帝怀疑董鄂氏母子都是母后参与害死的。一个月之后，顺治毅然削发为僧，朝野震惊万分，而孝庄对此不置一词，听任朝臣与和尚们处理。清史对此不予解释，《红楼梦》的答案则是——"固鬼蜮之为灾，岂神灵而亦妒。钳奴之口，讨岂从宽；剖悍妇之心，忿犹未释！"

第四节　庶妃巴氏

　　顺治皇帝的第一个儿子名叫牛钮，出生于顺治八年（1651年）十一月，母亲是庶妃巴氏。这一年，顺治皇帝只有十四岁。巴氏是一位风流性感的小寡妇，当时二十二岁，她成了顺治皇帝的性启蒙者。

第七章 大观园里的女人们

顺治八年春三月,刚亲政的顺治皇帝疯狂地对"皇父摄政王"多尔衮进行报复,挖坟鞭尸,砍头示众,废黜"成宗义皇帝"与"睿忠亲王"封号,夺爵抄家,剥夺继承权,正白旗收归皇室。

顺治皇帝铲除多尔衮势力,目的是防止两白旗势力乘机作乱。尔后,遵照皇太后的懿旨,小皇帝出巡北部,安抚蒙古各部。路线是沙河、赤城、上都,绕到木兰围场北边,再走库尔奇勒河、孙河,然后返回京城,时间大约一个多月。

一路上,顺治皇帝驰马竞赛,挽弓射猎,玩得好不开心。这条从察哈尔蒙古到科尔沁蒙古的路线是孝庄皇太后精心安排的。

从沙河、赤城向北,正是独石口长城,当年的清军曾无数次从这里攻进关内,留下大量动人的故事。孝庄皇太后特意指派久经战阵的兵将,给皇上讲祖宗的英雄业绩。第十九回《情切切良宵花解语 意绵绵静日玉生香》讲了一个老耗子命令小耗子下山,到庙里偷"果有五品"的故事,就隐射当年福临的父皇领导满洲八旗,从龙井关与独石口五次入关掠夺的故事。

顺治皇帝出独石口长城再向北,是上都河大牧场,清太宗皇太极曾在这里囤积粮秣,饲养骏马,作为进攻明军的后勤基地。从上都向东北不远,就是有名的虾蟆岭。当年清太宗从虾蟆岭放回两个中计的太监,谎称皇太极与袁崇焕有秘密勾结,还有私下议和、通敌卖国的协议书。崇祯皇帝中了离间计,将袁崇焕凌迟处死了。这些故事,使顺治皇帝(贾宝玉)大长见识。

十余天后,队伍来到木兰围场以北的库尔奇勒河畔。早有几个蒙古郡王在此支起大帐,准备好珍肴美味,恭候小皇帝首次北巡。这些蒙古郡王多是孝庄皇太后的直系亲属,是福临的舅舅。他们对小外甥顺治皇帝招待得格外盛情。

顺治皇帝在盛京即位时不足六岁,七岁又被抱到北京太和门登基。从懂事起他就和母亲生活在摄政王的淫威之下,整日提心吊胆。亲政后出猎塞外,可谓龙心大悦。最让他着迷的是骑马射猎。最过瘾的是追射奔跑的野鹿,这可以充分考验骑手的马上功夫。

一天,顺治帝纵马狂追一鹿。跑至河边,猛见河中一女子洗澡。年轻女人洁白丰腴的胴体,美得使他无法抗拒。这女人生活在人迹稀少的草原上,见到骑在骏马上的少年,并不惊慌腼腆,反而挺直丰满的躯体,好奇地打量着。顺治帝的心狂跳起来,勒转马头就跑,身后传来一阵女人的悦耳笑声。当夜,喝了一肚子美酒和生鹿血的顺治帝便遗精了。

第六回《贾宝玉初试云雨情》涉及此事。这是《红楼梦》里唯一直接描写男女情事的情节。但隐写的故事并非顺治的第二位皇后，而是顺治八年春天福临与巴氏在蒙古草原的故事。

顺治皇帝第一次遗精的事，只有大太监吴良辅一人知道，如何会一丝不苟地写进了《红楼梦》？顺治皇帝在坝上草原遗精时是十四岁，顺治皇帝大婚是十四岁，贾宝玉遗精也是十四岁。这难道是"巧合"吗？

巴氏是"美女之乡"大同人，本来不姓巴，因被掳到巴林左旗为奴，就按照地名的第一字改了名姓。满蒙女人严禁缠足，所以巴氏虽为汉女，却长就一双天足。她是个美人坯子，健壮丰满。先配给一位蒙古军官为妻，丈夫随军南征，到西南阵亡，她便成了寡妇。

当天夜半，巴氏被送到顺治皇帝的大帐。自此，巴氏就成了少年皇帝的"性教员"。巴氏比顺治帝大八九岁，是个谙知房术的少妇。巴氏为顺治帝生育一子二女，但三个孩子均过早夭殇，无一活到成年。

由于庶妃巴氏没有以独立的艺术形象进入《红楼梦》，所以顺治的性启蒙写在宝玉与袭人的故事情节中。夏金桂（顺治第一位蒙古皇后）妒忌，改香菱的名字为秋菱，并百般折磨她，隐射庶妃巴氏（美香菱）在皇宫内的经历。第八十回：

金桂笑道："这有什么，你也太小心了。但只是我想这个'香'字到底不妥，意思要换一个字，不知你服不服？"香菱忙笑道："奶奶说那里话，此刻连我一身一体俱属奶奶，何得换一名字反问我服不服，叫我如何当得起。奶奶说那一个字好，就用那一个。"……金桂道："既这样说，'香'字竟不如'秋'字妥当。菱角菱花皆盛于秋，岂不比'香'字有来历些。"香菱道："就依奶奶这样罢了。"自此后遂改了秋字……

香菱无奈，只得抱了铺盖来。金桂命他在地下铺睡。香菱无奈，只得依命。刚睡下，便叫倒茶，一时又叫捶腿，如是一夜七八次，总不使其安逸稳卧片时。

香菱改名秋菱，发生在顺治八年的秋天。当时顺治皇帝刚刚大婚，与皇后博尔济吉特氏在洞房花烛之夜就闹翻了。顺治皇帝当夜就宿在庶妃巴氏的宫室里。于是，蒙古皇后"河东狮"的愤怒，都发泄到庶妃巴氏（美香菱）头上去了：

  金桂意谓一不作，二不休，越发发泼喊起来了，说："我不怕人笑话！你的小老婆治我害我，我倒怕人笑话了！再不然，留下他，就卖了我。谁还不知道你薛家有钱，行动拿钱垫人，又有好亲戚挟制着别人。你不趁早施为，还等什么？嫌我不好，谁叫你们瞎了眼，三求四告的跑了我们家作什么去了！这会子人也来了，金的银的也赔了，略有个眼睛鼻子的也霸占去了，该挤发我了！"一面哭喊，一面滚揉，自己拍打。薛蟠急的说又不好，劝又不好，打又不好，央告又不好，只是出入咳声叹气，抱怨说运气不好（典型的贾宝玉性格）。

  夏金桂隐射顺治悔娶的第一位蒙古皇后。她发现顺治皇帝（薛文龙）对秋菱（庶妃巴氏）比对她好多了，醋性大发，必欲将秋菱置之死地而后快——据顺治皇帝说，皇后生性妒忌，见到"貌少妍者即憎恶，欲置之死"。

  入关前满蒙贵族都不重视子女的文化教育。入关后满族皇室在教育思想上迅速转变，尽快学习汉族文化成了统治天下的第一需要。但草原上的蒙古王爷们却依然故我，从不为子女教育费心。顺治帝的前皇后，就是在可以杀人取乐的环境里长大的公主。所谓"貌少妍者即憎恶，欲置之死"，并非无中生有，第一百三回《施毒计金桂自焚身》就写了第一位皇后博尔济吉特氏（夏金桂）企图将庶妃巴氏（香菱）"欲置之死"的真实历史：

  只见炕褥底下有一个揉成团的纸包儿。金桂的母亲瞧见，便拾起打开看时，并没有什么，便撂开了。宝蟾看见道："可不是有了凭据了！这个纸包儿我认得：头几天耗子闹的慌，奶奶家去找舅爷要的，拿回来搁在首饰匣内。必是香菱看见了，拿来药死奶奶的。若不信，你们看看首饰匣里有没有了。"……宝蟾见问得紧，又不好胡赖，只得说道："奶奶自己每每带回家去，我管得么？"……里头金桂的母亲忙了手脚，便骂宝蟾道："小蹄子，别嚼舌头了！姑娘几时拿东西到我家去？"宝蟾道："如今东西是小，给姑娘偿命是大。"……金桂的母亲着了急道："这宝蟾必是撞见鬼了，混说起来。我们姑娘何尝买过砒霜？要这么说，必是宝蟾药死了的！"宝蟾急的乱嚷，说："别人赖我也罢了,怎么你们也赖起我来呢?你们不是常和姑娘说,叫他别受委屈,闹得他们家破人亡,那时将东西卷包儿一走,再配一个好姑爷。这个话是有的没有?"

这段小说故事,写的是第一位皇后博尔济吉特氏,必欲置庶妃巴氏(香菱)于死地,结果害惨了自己,还搭上了谨贵人(宝蟾=金钏儿)的一条命——顺治十五年正月被姑母孝庄赐死,追封悼妃。进入《红楼梦》就是"金钏儿投井自杀的故事"。

顺治八年(1651年)春,顺治皇帝北巡并带着巴氏归来,后来巴氏生了皇长子,被封为庶妃。

在巴氏身上,少年皇帝得到的是极大的性欲快感和精神满足。巴氏懂得如何全身心地满足小主子的虚荣心。她生活在社会最下层,深知做皇帝的女人,绝不可能追求性过程中的平等,所谓和谐,就是自己百分之百的奉献,主子百分之百的随心所欲。主子越满意,自己就越幸福。

相比之下,博尔济吉特氏蒙古皇后并不懂得这些浅显的道理。她是蒙古亲王的千金,根本不懂怎样伺候别人,包括自己的男人。加上她生性刁蛮,与皇上针尖对麦芒,如何琴瑟和谐?

孝庄皇太后担心亲政的儿子年龄太小,特意在几个侄女中挑中了这个皇后。这位表姐比顺治皇帝大两岁,而且长得"丽而慧",非常像庄妃当年的模样。谁知她外表像庄妃,内里却是个"河东狮"。

《红楼梦》用"夫妻蕙"与"并蒂菱",隐写秋菱隐射的庶妃巴氏与宝玉隐射的顺治皇帝,实际上是夫妻关系。第六十二回:

宝玉(顺治皇帝)听了,喜欢非常,答应了忙忙的回来,一壁里低头心下暗算:"可惜这么一个人(庶妃巴氏),没父母,连自己(汉族)本姓都忘了,被人拐出来,偏又卖与了这个霸王。"因又想起上日平儿(贾琏与平儿=贾宝玉与袭人)也是意外想不到的,今日更是意外之意外的事了。一壁胡思乱想,来至房中,拉了袭人(顺治新皇后),细细告诉了他原故。香菱之为人,无人不怜爱的。袭人(孝惠章皇后)又本是个手中撒漫的,况与香菱素相交好,一闻此信,忙就开箱取了出来折好,随了宝玉来寻着香菱,他还站在那里等呢。袭人笑道:"我说你太淘气了,足的淘出个故事来才罢。"香菱红了脸,笑说:"多谢姐姐了,谁知那起促狭鬼使黑心。"说着,接了裙子,展开一看,果然同自己的一样。又命宝玉背过脸去,自己叉手向内解下来,将这条系上。袭人道:"把这脏了的交与我拿回去,收拾了再给你送来。你若拿回去,看见了也是要问的。"香菱道:"好姐姐,你拿去不拘给那个妹妹罢。我有了这个,不要他了。"袭人道:"你倒大方的好。"香菱忙又万福道谢,袭人拿了脏裙便走。香菱见宝玉蹲在地下,将方才的夫妻蕙(隐喻顺治与孝惠章皇后)与并蒂菱(隐喻顺治与庶妃巴氏)用树枝儿抠了一个坑,先抓些落花来铺垫了,将这菱蕙安放好,又将些落花来掩了,方撮土掩埋平服(隐指顺治对嫔妃一视同仁)。香菱拉他的手,笑道:"这又叫做什么?怪道人人说你惯会鬼鬼祟祟使人肉麻的事。你瞧瞧,你这手弄的泥乌苔滑的,还不快洗去。"宝玉笑着,方起身走了去洗手,香菱也自走开。

香菱的"夫妻蕙"和宝玉的"并蒂菱"埋在一起,读者每每看到这儿就犯迷糊。有些读者认为,宝玉本来就惯会做这种鬼鬼祟祟使人肉麻的事。不过,这种事深合香菱之心,如果香菱嫁给宝玉就好了。此乃就小说论小说的看法。其实,"夫妻蕙"与"并蒂菱"、香菱换穿袭人的石榴裙,都是"追踪蹑迹,不敢稍加穿凿"的写法。此处的贾宝玉隐射顺治皇帝,袭人隐射小博尔济吉特氏孝惠章皇后,而秋菱隐射庶妃巴氏。

第五节 四格格

顺治九年(1652年)七月初四,定南王孔有德败死桂林,此乃《红楼梦》涉及的重要史实。

顺治九年七月,李定国攻破全州。孔有德忙檄部将沈永忠去阻截。沈永忠退至桂林,李定国亦接踵追至。桂林兵少,有几个守将,都悄悄溜脱。孔有德不能守御,奔入府中,偕其妻痛哭一场,双双自缢。

《爝火录》顺治九年七月初四:"李定国拔桂林。时孔有德发兵往严关堵御,定国夺关,而追有德至桂林。有德兵不及尽入城,定国攻围三日,驱象触城破,有德自经死,家口百二十人悉被杀,独存一子,系平西王(吴三桂婿，定国留营中，后亦被害。只有一女，其时尚幼，名四贞，侥幸得脱。"

《中国通史》则谓孔有德额头已中一箭，自知走投无路，"遂闭户，自焚死"。此即《红楼梦》第六十三回《死金丹独艳理亲丧》。

顺治十一年六月，孔四贞扶柩回京，朝廷隆重殡葬了定南王孔有德。

第六十二回《憨湘云醉眠芍药》隐写孔四贞在兵荒马乱中只身逃脱：

当下又值宝玉生日已到，原来宝琴也是这日，二人相同。因王夫人不在家，也不曾象往年闹热。只有张道士送了四样礼，换的寄名符儿。

……黛玉便道："你多喝一钟，我替你说。"宝玉真个喝了酒，听黛玉说道：落霞与孤鹜齐飞，风急江天过雁哀，却是一只折足雁，叫的人九回肠，这是鸿雁来宾。说的大家笑了，说："这一串子倒有些意思。"黛玉又拈了一个榛穰，说酒底道：榛子非关隔院砧，何来万户捣衣声。令完，鸳鸯袭人等皆说的是一句俗语，都带一个"寿"字的，不能多赘……

湘云便说道：奔腾而砰湃，江间波浪兼天涌，须要铁锁缆孤舟，既遇着一江风，不宜出行。

……说着，都走来看时，果见湘云卧于山石僻处一个石凳子上，业经香梦沉酣，四面芍药花飞了一身，满头脸衣襟上皆是红香散乱，手中的扇子在地下，也半被落花埋了。

此处的"张道士"即"一道"，与"跛足道人"均隐射定南王孔有德。

"折足雁"、"孤鹜"、"风急江天过雁哀"、"叫的人九回肠"、"何来万户捣衣声"、"带一个'寿'字的"、"奔腾而砰湃，江间波浪兼天涌，须要铁锁缆孤舟，既遇着一江风，不宜出行"，都隐射足部受伤的孔有德南征、顺治九年死于桂林的情景。

史湘云"醉眠芍药"，取"芍药"乃"要离"父母之意。"湘云卧于山石僻处"，"芍药花飞了一身，满头脸衣襟上皆是红香散乱，手中的扇子在地下，也半被落花埋了。"——隐射当年定南王部被李定国打得落花流水，孔四贞躲在乱军中侥幸逃脱的情景。"鸿雁来宾"指孔四贞只身逃回北京。第六十三回与第六十四回原文：

忽见东府中几个人慌慌张张跑来说："老爷宾天了。"众人听了，唬了一大跳,忙都说:"好好的并无疾病,怎么就没了?"

……天子听了,忙下额外恩旨曰:"贾敬虽白衣无功于国,念彼祖父之功,追赐五品之职。令其子孙扶柩由北下之门进都,入彼私第殡殓。任子孙尽丧礼毕扶柩回籍外,着光禄寺按上例赐祭。朝中由王公以下准其祭吊。钦此。"此旨一下,不但贾府中人谢恩,连朝中所有大臣皆高呼称颂不绝。

……贾珍下了马,和贾蓉放声大哭,从大门外便跪爬进来,至棺前稽颡泣血。

……择于初四日卯时请灵柩进城,一面使人知会诸位亲友。是日,丧仪耀,宾客如云,自铁槛寺至宁府,夹路看的何止数万人。

……宝玉这里不由的低头心内细想道:……大约必是七月因为瓜果之节,家家都上秋祭的坟,林妹妹有感于心,所以在私室自己奠祭,取《礼记》:'春秋荐其时食'之意,也未可定。

……只听见里面哭声震天,却是贾赦贾琏送贾母到家即过这边来了。当下贾母进入里面,早有贾赦贾琏率领族中人哭着迎了出来。他父子一边一个挽了贾母,走至灵前,又有贾珍贾蓉跪着扑入贾母怀中痛哭……

贾道士与张道士都隐射孔有德。贾敬死于玄真观,初四抬入宁府,第六十四回贾宝玉指明林黛玉设祭,乃因是"七月瓜果之节",由此可以看出,贾敬抬入宁府的日子是七月初四,而不是五月初四。

《红楼梦》记载的日子很反常,明明是五月初三贾宝玉过生日,次日应当是五月初四,但贾宝玉偏偏要说是"七月瓜果之节"。看来是作者不敢明说七月初四这个敏感的日子。七月初四贾敬死,隐射顺治九年七月初四孔有德死于桂林。

对贾敬之丧,王伯沆批曰:"贾敬初从玄真观抬至铁槛寺成殓,再从寺抬入府中安灵,又从府抬入寺中过百日,再从寺抬柩回原籍。抬来抬去,抬出抬入,都是这个死尸,会么?"

顺治在摆脱前妻之后,与孔四贞一见钟情。野史载孔四贞已经为顺治皇帝侍寝,云雨甚洽,顺治意欲册封孔四贞为妃,甚至立为"东宫皇后"。孝庄太后鉴于孔四贞已许配偏将孙延龄,恐强娶孔四贞会激起孔有德旧部兵变,遂未答应此事。

顺治十三年，桂林方面谣言迭起，云孙延龄对孔四贞久居皇宫甚为不满，说顺治皇帝霸占了他的未婚妻，大有激起兵变之势。于是，孝庄皇太后即令孔四贞回到桂林，掌握父亲孔有德的旧部，并与孙延龄成婚。孔四贞与孙延龄毫无感情，她心中只有一个顺治皇帝。顺治皇帝一命归天，孔四贞痛不欲生。三藩之乱后，孔四贞回京带发修行，至死也难忘与顺治皇帝的那段感情（第三十一回《因麒麟伏白首双星》）。

孔四贞至死都不明白，她心里的"爱哥哥"顺治皇帝，竟然是她的同父异母的亲哥哥。这就是孔四贞一个人在《金陵十二钗》正册里，何以会占三个名额（史湘云、惜春与妙玉）的原因，也是她何以会安葬在西长安街公主坟的原因。

史湘云是史太君的侄孙女，即是史太君家的人。史太君隐射孝庄皇太后，而史湘云既是孝庄皇太后的人，那她究竟是谁呢？

第六十三回《寿怡红群芳开夜宴》云：

黛玉一掷，是个十八点，便该湘云掷。湘云笑着，揎拳掳袖的伸手掷了一根出来。大家看时，一面画着一枝海棠，题着"香梦沉酣"四字，那面诗道是：只恐夜深花睡去。黛玉笑道："夜深"两个字，改"石凉"两个字。众人便知她趣白日间湘云醉卧的事，都笑了。

黛玉把"夜深"两字一改，便成"只恐石凉花睡去"。这是作者的重要提示："恐石凉"三个字的谐音，便是孔四娘。

姓孔的四姑娘，论齿序又是孝庄太后的四女儿，就只有一个孔四贞。因为孝庄皇太后有三位亲生的女儿，在崇德年间就远嫁蒙古王爷了。留在北京皇宫的第四位女儿，只能是义女孔四贞。

"十八点"是重要的时间密码。其隐意为：孔四贞从十八岁掌握定南王汉军正红旗的兵权。到康熙十八年，因"不合时宜，权势不容"而主动解除兵权，"带发修行"。

第三十一回《因麒麟伏白首双星》说湘云拾了一只比自己的又大又有文彩的金麒麟。后来才知这金麒麟是宝玉的，便物归原主。"伏白首双星"是指湘云和宝玉两人，应无异议。湘云将金麒麟交与宝玉，正如第二十八回《蒋玉菡情赠茜香罗》与第六十二回《呆香菱情解石榴裙》都是出自同一版本，说明史湘云与贾宝玉是一对麒麟。第二十九回：

> 贾珍知道这张道士虽然是当日荣国府国公的替身，曾经先皇御口亲呼为"大幻仙人"，如今现掌"道录司"印，又是当今封为"终了真人"……张道士笑道："前日四月二十六日，我这里做遮天大王的圣诞。"……张道士捧着盘子，走到跟前笑道："众人托小道的福，见了哥儿的玉，实在可罕。都没什么敬贺之物，这是他们各人传道的法器，都愿意为敬贺之礼。"……宝玉坐在贾母旁边，因叫个小丫头子捧着方才那一盘子贺物，将自己的玉带上，用手翻弄寻拨，一件一件的挑与贾母看。贾母因看见有个赤金点翠的麒麟，便伸手拿了起来，笑道："这件东西好像我看见谁家的孩子也带着这么一个的。"宝钗笑道："史大妹妹有一个，比这个小些。"贾母道："是云儿有这个。"……宝玉听见史湘云有这件东西，自己便将那麒麟忙拿起来揣在怀里。

这段文字表明，湘云拥有金麒麟比宝玉早。第三十一回：

> 迎春笑道："淘气也罢了，我就嫌他（湘云）爱说话。"王夫人道："只怕如今好了，前日有人家来相看。眼见有婆婆家了……"

这段文字说明，湘云已定婚。第三十二回：

> 话说宝玉见那麒麟，心中甚是欢喜，便伸手来拿，笑道："亏你拣着了。你是那里拣的？"史湘云笑道："幸而是这个，明儿倘或把印也丢了，难道也就罢了不成？"宝玉笑道："倒是丢了印平常，若丢了这个，我就该死了。"袭人斟了茶来与史湘云吃，一面笑道："大姑娘听见前儿你大喜了。"史湘云红了脸，吃茶不答。

这段文字说明，宝玉珍惜与湘云的感情，认为比官印与性命还要珍贵，但湘云已有归宿。显然"因麒麟伏白首双星"并不是说湘云与宝玉之婚事。

合理的答案只能是："白首双星"指张道人与贾母。他们是一家人，家有一个雄麒麟，为贾宝玉。家有一个雌麒麟，为史湘云。白首双星以一对麒麟的方式，提示贾宝玉与史湘云为一对兄妹。而他们并不知情，还相互爱慕呢。

第四十九回《脂粉香娃割腥啖膻》有一组孔四贞（史湘云）的特写镜头：

一时史湘云来了，穿着贾母与他的一件貂鼠脑袋面子大毛黑灰鼠里子里外发烧大褂子，头上带着一顶挖云鹅黄片金里大红猩猩毡昭君套，又围着大貂鼠风领。黛玉先笑道："你们瞧瞧，孙行者来了。他一般的也拿着雪褂子，故意装出个小骚达子来。"湘云笑道："你们瞧瞧我里头打扮的。"一面说，一面脱了褂子。只见他里头穿着一件半新的靠色三镶领袖秋香色盘金五色绣龙窄小袖掩衿银鼠短袄，里面短短的一件水红装缎狐肷褶子，腰里紧紧束着一条蝴蝶结子长穗五色宫绦，脚下穿着鹿皮小靴，越显的蜂腰猿背，鹤势螂形。众人都笑道："偏他只爱打扮成个小子的样儿，原比他打扮女儿更俏丽了些。"湘云道："快商议作诗！我听听是谁的东家？"

"孙行者"指孔四贞（史湘云）与丈夫孙延龄（孙猴子）结伴西行，到桂林驻守多年，镇压西南边陲汉族与少数民族的反抗，为满清政府立下过汗马功劳。史湘云的"小骚达子"俊模样儿，完全是汉军正红旗部队"胡服骑射，中原逐鹿"的装束。对清王朝而言，孔四贞（史湘云）是真猴王，孙延龄（孙猴子）却是一个假猴王。

"卫若兰"这个名字在《红楼梦》只出现过一次，没有人知道他是谁。笔者认为他隐射的历史人物就是孔四贞的丈夫孙延龄。第十四回：

在秦可卿送殡行列，有国公、郡王、公侯伯子男。卫若兰排名在神武将军冯紫英与陈也俊之后。

清代宗室袭爵体制为：亲王、郡王、贝勒、贝子、镇国公、辅国公、不入八分的三等辅国将军。非宗室受封世袭爵位为：公侯伯子男、轻车都尉、骑都尉、云骑尉、恩骑尉。

卫若兰（孙延龄）不在宗室与非宗室袭爵之列，排名在武官官阶将军之后。他参加过秦可卿（董鄂氏皇贵妃）的殡礼，时在顺治十七年八月，而当时孔四贞刚刚与孙延龄定亲。孙延龄参加过康熙年间的"三藩之乱"，使孔四贞背上了黑锅：康熙十二年（1673年）十一月，吴三桂杀巡抚朱国治，占据云贵，起兵谋反，并传檄远近。康熙十三年二月，孙延龄杀都统等共十三人响应三藩叛乱，吴三桂封他为临江王。

孔四贞劝谏过孙延龄吗？历史有明确的记载——在《闺墨萃珍》中孔四

贞致孙延龄书云：

　　余父在明，位不过一参将耳，而百战余生，仅得中秩；明之待余父，恩何薄也！大凌河之战，有天意焉，朝旨诘责；震悼刘、杜之死绥，而欲以余父暨仲叔行法。余父见机，单骑出关，谒太祖皇帝于兴京，由是攀龙鳞，附凤翼，爵至定南。桂林之役，余父死战，今皇上恩恤稠渥，典礼有加，呜呼！

　　本朝之待余父情至矣，恩厚矣！昔豫让有国士众人之说，诚非无所见而云然。将军并无殊勋异绩，徒以贞故，位崇声闻，仅同额驸；乃闻道路之言，将军受滇藩蛊惑，潜结精忠。噫嘻，市传有虎，本不足凭，但贞与将军，既共衾穴，生死系之，安忍缄舌？至利害所系，贞亦不为毛举，第滇藩既不能忍于永历，岂独能忍于将军？则为将军计，似不应负本朝，负余父，并负贞也。

　　孙延龄迫于孔四贞的压力，又归顺朝廷，结果被吴三桂杀死。

　　康熙十八年，孔四贞奉孝庄之命返回北京，仍封郡王，但已经出现鸟尽弓藏、兔死狗烹之局面。孔四贞主动放弃兵权，进宫"带发修行"。《红楼梦》里的女中俊杰史湘云，变成了"畸零之人"妙玉尼姑。

第六节　苏麻喇姑

　　《红楼梦》中鸳鸯隐指苏麻喇姑。平儿首先隐指苏麻喇姑，又隐指多尔衮霸占的侄媳妇肃亲王福晋博尔济吉特氏，还隐指顺治皇帝的第二位皇后博尔济吉特氏。

　　鸳鸯与平儿是《红楼梦》中隐射的两个重要的历史人物。苏麻喇姑是孝庄文皇后的第一侍女或第一大秘书，相当于武则天的上官婉儿，自幼陪伴着女主子，终生没有出嫁，老死宫中，埋葬于遵化孝庄的"昭西陵"左近，受到满清皇室的尊敬。她与孝庄的关系，名分上是主奴，感情上是姐妹。

　　多尔衮霸占的侄媳妇博尔济吉特氏是孝庄文皇后最小的亲妹妹，先嫁给皇太极的长子肃亲王豪格，后被叔父摄政王霸占为妾，顺治五年四月豪格瘐死狱中，多尔衮于顺治七年正月将她扶了正（福晋）。她与多尔衮没有生儿育女，因此十分疼爱姐姐孝庄与多尔衮生育的女儿（巧姐儿与探春）。

❖ 大观园里的替身——《红楼梦》索隐之二

在《红楼梦》中，贾母、王夫人、凤姐分别隐射老中青三个年龄段的孝庄皇太后。由于牵扯到一个多尔衮的女儿，又不能直接描写老年的贾母生养孩子，于是，孝庄与多尔衮的亲女儿，就变成了王夫人之女贾探春与王熙凤的小女巧姐儿。

王熙凤死于二十六岁，隐射孝庄太皇太后死于康熙二十六年。这种故事情节的安排，使巧姐儿老是不能长大成人，始终是个小姑娘，直到凤姐死后才有人相亲，其实当时巧姐儿隐射的多尔衮女儿已经三十七岁了。而王夫人之女贾探春，一登场就是妙龄少女，并远嫁外邦番王（察哈尔蒙古亲王）。此乃两套演员表演同一个历史故事造成的。

当贾琏（多尔衮）与王熙凤（孝庄）隐射从崇德八年到顺治六年事实婚姻关系的时候，没有子女的通房大丫头平儿，在凤姐小院里主要隐射多尔衮霸占的侄媳妇、肃亲王原福晋博尔济吉特氏，与贾琏、凤姐构成夫妻妾的关系。平儿离开凤姐小院到荣宁二府去办差，就变成了孝庄第一大秘书苏麻喇姑。

当贾政与王夫人隐射顺治六七年多尔衮与孝庄这一对合法夫妻时，没有子女的周姨娘就隐射多尔衮霸占的肃亲王前福晋博尔济吉特氏。当周瑞隐射睿亲王多尔衮的时候，周瑞家的也隐射多尔衮霸占的肃亲王前福晋博尔济吉特氏。如此一来，平儿、周姨娘、周瑞家的三个女人，都隐射多尔衮霸占的侄媳妇肃亲王前福晋博尔济吉特氏了。

为了达到将真事隐去的目的，作者煞费苦心，用笔扑朔迷离，令人目眩神摇。在第四十四回《喜出望外平儿理妆》中，贾琏与贾宝玉都隐射第二次大婚后的顺治皇帝，平儿与袭人都隐射顺治的第二位皇后小博尔济吉特氏。贾琏、凤姐、平儿，构成顺治皇帝与第一（废）、第二（新）皇后的关系。贾宝玉、薛宝钗（冷美人）、袭人，构成顺治皇帝与第一（废）、第二（新）皇后的关系。

宝玉又将盆内的一枝并蒂秋蕙用竹剪刀撷了下来，与他簪在鬓上。……不想落后闹出这件事来，竟得在平儿前稍尽片心，亦今生意中不想之乐也。因歪在床上，心内怡然自得。

——作者又在捣鬼，等于明确告诉读者：宝玉与袭人的"夫妻蕙"、薛文龙与香菱的"并蒂莲"、贾琏与平儿的"并蒂秋蕙",都隐射顺治皇帝与第二位皇后小博尔济吉特氏的夫妻关系。

历史上的苏麻喇姑是一位颇具传奇色彩的人物。她是科尔沁蒙古族人,出生在贫苦牧民之家,生于明万历四十年(1612年)前后。最初名字叫苏茉儿,或苏墨尔,为蒙语的音译,意思是"毛制的长口袋"。顺治晚期或康熙年间改称满名苏麻喇,意思是"半大口袋"。康熙四十四年九月初七病逝后,宫中上下都尊称她为苏麻喇姑。

苏麻喇姑美丽聪慧,被科尔沁贝勒府看中,当了寨桑贝勒二女儿本布泰(又译作"布木布泰")的贴身侍女。后金天命十年(1625年),布木布泰十三岁,出落得明眸皓齿、娇美动人(娇杏)。这一年布木布泰在兄长吴克善(王子腾)的护送下,长途跋涉到了后金都城盛京,与努尔哈赤第八子皇太极成婚,当时皇太极三十四岁。

苏麻喇姑作为布木布泰的贴身侍女,也随主人陪嫁到了盛京。按照满族的风俗,布木布泰的贴身侍女随嫁之后,就是皇太极的侍妾与"通房大丫头"了。但苏麻喇姑不愿意承认这层夫妻关系,更不愿意接受庶妃的荣耀与名分,她只愿意终生做孝庄的贴身大丫头。

孝庄亲姑姑是皇太极的孝端文皇后(最早的"贾母老太太")。孝庄亲姐姐是死于崇德六年的皇太极的宸妃("金钗雪里埋")。孝庄是排行第五的皇太极的庄妃("玉带林中挂")。孝庄的妹妹是多尔衮的福晋元妃(赵姨娘)。孝庄的小妹妹是肃亲王豪格的福晋(平儿、周姨娘、周瑞家的)。她们都进入了《红楼梦》的故事里。孝庄希望苏麻喇姑嫁给多尔衮,但不同意皇太极纳苏麻喇姑为妃子。野史记载,宸妃叫兰儿,庄妃叫大玉儿,多尔衮福晋元妃叫小玉儿。

多尔衮、孝庄与苏麻喇姑年龄不相上下,因为多尔衮可以自由地出入宫掖,三人曾经有过一段隐情。孝庄嫁给皇太极之后,苏麻喇姑仍然是皇宫内外这种隐情的牵线人。皇太极出征时,总是派遣多尔衮监国,办差地点就在孝庄的永福宫。嫂子们"养小叔子"的传闻由此而生。为了笼络多尔衮,孝庄曾经提出让苏麻喇姑嫁给多尔衮为侧福晋,但遭到苏麻喇姑的拒绝。

大玉儿曾对苏茉尔说:要是我能做主,一定把你许给多尔衮。

苏茉尔对大玉儿道:您别开玩笑了,我还没活腻呢!有小玉儿格格那母大虫在，谁敢进睿王府？不怕被生吞活剥啊！

大玉儿曾对多尔衮说：苏茉尔在你身边，我安心，她幸福，你见了她就跟见了我一样。

多尔衮说：我了解她，她不会愿意的。

苏茉尔听了大玉儿的话，拒绝道：我不愿意，打死我也不愿意！

大玉儿道：咱们三个人，这辈子始终捆在一块儿。我不想三个人都给毁了。让你去他身边，至少有两个人可以幸福，那我就快乐了。

苏茉尔道：倘若您要拿出主子的款儿，逼奴才答应，奴才就一头撞死了也不出这个门。倘若主子不吝惜赏奴才一口饭吃，就留下奴才权当个使唤丫头吧！第四十六回《尴尬人难免尴尬事　鸳鸯女誓绝鸳鸯偶》，就隐射这段清宫艳史：

邢夫人将房内人遣出，悄向凤姐儿道："叫你来不为别事，有一件为难的事，老爷托我，我不得主意，先和你商议。老爷因看上了老太太的鸳鸯，要他在房里，叫我和老太太讨去。我想这倒平常有的事，只是怕老太太不给，你可有法子？"凤姐儿听了，忙道："依我说，竟别碰这个钉子去。老太太离了鸳鸯，饭也吃不下去的，那里就舍得了？况且平日说起闲话来，老太太常说，老爷如今上了年纪，作什么左一个小老婆右一个小老婆放在屋里，没的耽误了人家。放着身子不保养，官儿也不好生作去，成日家和小老婆喝酒。太太听这话，很喜欢老爷呢？这会子回避还恐回避不及，倒拿草棍儿戳老虎的鼻子眼儿去了！太太别恼，我是不敢去的。明放着不中用，而且反招出没意思来。老爷如今上了年纪，行事不妥，太太该劝才是。比不得年轻，作这些事无碍。如今兄弟、侄儿、儿子、孙子一大群，还这么闹起来，怎样见人呢？"

此处的邢夫人隐射孝端文皇后，凤姐儿隐射崇德七年的孝庄妃，而"老太太"既隐射孝端文皇后，也隐射孝庄妃。当时皇太极（贾赦）有纳苏麻喇姑（鸳鸯）为妃的意思，孝端文皇后（邢夫人）被迫无奈为他去说媒。但孝庄妃（凤姐儿）十分了解苏麻喇姑（鸳鸯），认为她未必心甘情愿，劝说"别碰这个钉子去"。

孝端以皇后的身份正面批评丈夫，认为他"如今上了年纪，行事不妥……比不得年轻，作这些事无碍"。《红楼梦》记载，当年的贾赦（皇太极）"五十五岁"，乃"五十"以后"无岁"也。果然第二年，即崇德八年八月初九，清太宗不足"五十一岁"而亡，应了五十"无岁"。

顺治元年（1644年）清军入关，苏麻喇姑随孝庄皇太后到达北京，住进了金碧辉煌的紫禁城。从顺治元年到顺治六年二月初八"太后下嫁"，共计六年的时间，摄政王独揽朝政，势焰熏天。多尔衮与孝庄之间，又联合，又斗争。从顺治五年，多尔衮加紧了篡夺皇位的阴谋活动（第二十五回《魇魔法姊弟逢五鬼》），被支持孝庄、顺治（凤姐、宝玉）的满汉八旗联合势力（一僧一道）挫败。顺治六年二月初八，孝庄以"太后下嫁"为手段，稳住了多尔衮（第五十四回《王熙凤效戏彩斑衣》）。顺治七年八月初三，孝庄为多尔衮生了一个女儿（王熙凤的巧姐儿、王夫人之女贾探春），朝廷中出现"双悬日月照乾坤"（史湘云孔四贞的看法）与"双瞻玉座引朝仪"（林黛玉孝庄的看法）的特殊局面。这是一种棋逢对手、不分胜负的政治局面。

第四十回《金鸳鸯三宣牙牌令》里，苏麻喇姑（鸳鸯）对顺治七年前后的政治形势有一个清醒的认识。现结合原文，摘要分析如下：

（1）鸳鸯也半推半就，谢了坐，便坐下，也吃了一钟酒，笑道："酒令大如军令，不论尊卑，惟我是主。违了我的话，是要受罚的。"——明确指出苏麻喇姑为孝庄皇太后第一大秘书的权威地位。

（2）鸳鸯道："有了一副了。左边是张'天'。"贾母道："头上有青天。"众人道："好。"——男左女右，孝庄皇太后（左边"天"）才是主宰朝野的大清国的大"青天"。孝庄（贾母）认同，并胸有成竹地宣布"头上有青天"。大家（众人）都一直拥护。

（3）鸳鸯道："当中是个'五与六'。"贾母道："六桥梅花香彻骨。"——顺治五年与六年，多尔衮的阴谋活动最猖獗。孝庄（贾母）说自从顺治六年二月初八"太后下嫁"，御花园里梅花盛开了，解决皇权问题的桥梁也修通了，而且是一条"暗里教君骨髓枯"的彻底解决多尔衮摄政的途径。

（4）鸳鸯道："剩得一张'六与幺'。"贾母道："一轮红日出云霄。"——顺治七年八月孝庄为多尔衮生了女儿，随着"日边红杏倚云栽"（女儿出生），国家的形势也好转了，如同"一轮红日出云霄"。

（5）鸳鸯道："凑成便是个'蓬头鬼'。"贾母道："这鬼抱住钟馗腿。"——顺治七年十二月初九，多尔衮暴死，顺治八年二月，多尔衮被扒骨鞭尸，成了"蓬头鬼"，实在是孝庄百般努力才"凑成"的结果。"蓬头鬼"多尔衮抱住"钟馗"孝庄的大腿，希望她们母子能够手下留情，自己已经甘拜下风。而对孝庄而言，"钟馗打鬼"，也是有苦难言。

（6）鸳鸯又道："有了一副。左边是个'大长五'。"薛姨妈道："梅花朵朵风前舞。"鸳鸯道："右边还是个'大五长'。"薛姨妈道："十月梅花岭上香。"——顺治五年孝庄母子的日子实在是度日如年，"大长五"，"大五长"，左右掣肘，十分难熬。孝庄皇太后（薛姨妈）心有余悸地说，朝野臣工如同朵朵梅花，在寒风凛冽中挣扎乱舞，但"老梅犹有傲霜枝，十月梅花岭上香"。

（7）鸳鸯道："当中'二五'（七）是杂七。"薛姨妈道："织女牛郎会七夕。"鸳鸯道："凑成'二郎游五岳'（七）。"薛姨妈道："世人不及神仙乐。"——奇七，随着女儿的临盆，多尔衮心情愉快，如同"二郎游五岳"。孝庄（薛姨妈）也不无感慨地说：孩子促进了夫妻感情，终于有了新婚家庭暂时的欢乐，"织女牛郎会七夕，世人不及神仙乐"也。

（8）鸳鸯又道："有了一副。左边'长幺'两点明。"湘云道："双悬日月照乾坤。"鸳鸯道："右边'长幺'两点明。"湘云道："闲花落地听无声。"——男左女右，朝廷里日月双悬。孔四贞（湘云）认为，"双悬日月照乾坤"是不正常的政治局面，朝野对日月双悬有闲话（闲花），对造成如此局面的"太后下嫁"也有闲话（闲花），只是大内之中，听不到这些闲话而已。

（9）鸳鸯道："中间还得'幺四'来。"湘云道："日边红杏倚云栽。"鸳鸯道："凑成'樱桃九熟'。"湘云道："御园却被鸟衔出。"——直到孝庄生了第四个女儿（幺四），多尔衮与孝庄的家庭才算个家庭了，因为九阿哥福临总算接受了"皇父摄政王"（樱桃九熟）。孔四贞（湘云）认为，生下女儿之后，多尔衮是太阳，小女儿是红杏，孝庄像彩云，朝廷不是要"大权旁落"了吗（"御园却被鸟衔出"）？

（10）鸳鸯道："有了一副。左边是'长三'。"宝钗（孝庄皇太后）道："双双燕子语梁间。"鸳鸯道："右边是'三长'。"宝钗道："水荇牵风翠带长。"鸳鸯道："当中'三六'九点在。"宝钗道："三山半落青天外。"鸳鸯道："凑成'铁锁练孤舟'。"宝钗道："处处风波处处愁。"——九（长三，三长，三三见九）阿哥福临仍然是夹在皇太后与叔父中间的一个傀儡（"当中

第七章 大观园里的女人们

'三六'九点在"），母后与叔父"双双燕子语梁间"，"水荇牵风翠带长"，自我感觉良好，但朝野秽闻不息，"凑成'铁锁练孤舟'"的严峻局势。顺治皇帝的皇权（三加六为九，九字直通，九九为天数也），眼看就要"三山半落青天外"，后宫的女人们都觉得"处处风波处处愁"。

（11）鸳鸯又道："左边一个'天'。"黛玉道："良辰美景奈何天。"……鸳鸯道："中间'锦屏'颜色俏。"黛玉道："纱窗也没有红娘报。"鸳鸯道："剩了'二六'八点齐。"黛玉道："双瞻玉座引朝仪。"鸳鸯道："凑成'篮子'好采花。"黛玉道："仙杖香挑芍药花。"——男左女右，"太后下嫁"是属于"良辰美景奈何天"。虽然新婚之后的多尔衮，因为得到了名利与感情的满足，停止了篡位的活动，但苏麻喇姑与孝庄皇太后心里有数，"千里搭长篷，没有不散的宴席"，终归是要吹灯散伙的，结局只能是"仙杖香挑芍药花"——孝庄还是"要离"的。

（12）鸳鸯笑道："左边'四四'是个人。"刘姥姥听了，想了半日，说道："是个庄家人罢。"——"四"指孝庄生的四女儿，当时糊里糊涂地算是"孝庄"家的人，甚至上了皇家的"玉牒"。"四四"二字，指顺治八年二月，多尔衮被扒骨鞭尸，贬为庶民，当年的摄政王与唯一的亲生女儿两个人，都成了庶民"庄家人"了。

（13）鸳鸯道："中间'三四'绿配红。"刘姥姥道："大火烧了毛毛虫。"……鸳鸯道："右边'幺四'真好看。"刘姥姥道："一个萝卜一头蒜。"众人又笑了。鸳鸯笑道："凑成便是一枝花。"刘姥姥两只手比着，说道："花儿落了结个大倭瓜。"众人大笑起来。——顺治七年八月（"中间'三四'绿配红"），孝庄生了一个老幺四女儿，而且长得"真好看"。助产士汤若望说，孝庄有些急产的征象，还有羊水早破的危象，简直"大火烧了毛毛虫"。生下来的婴儿躺在母亲的右怀里，娘儿两个真像"一个萝卜一头蒜"。苏麻喇姑（鸳鸯）调侃道：太后下嫁，还真与多尔衮天缘巧合，生了一位如花似玉的女儿。刘姥姥汤若望也很高兴，说"花儿落了结个大倭瓜"。

第三十九回、第四十回、第四十一回结尾与开头衔接混乱，显然是曹雪芹"增删五次"特意留下的痕迹。如果衔接得很好，就完全暴露了描写女人生女儿的秘密，也暴露了助产士汤若望的真实身份。所以，特意写成一笔糊涂账，就容易蒙混过关了。但《金鸳鸯三宣牙牌令》里的每一个典故、每一句诗词，都有明确的隐意,却没有办法隐瞒。

苏麻喇姑自从进了寨桑贝勒府,特别是进了盛京皇宫与北京皇宫,眼界不断扩大,文化修养迅速提高。她不仅精通蒙古历史文化,而且很快掌握了满语和汉语,特别是那一手漂亮的满文,赢得了全宫上下的称赞。于是,她奉孝庄皇太后之命,充当了幼年康熙帝的第一任满文老师。嘉庆年间,昭梿在《啸亭杂录》中写道:"仁皇帝幼时,赖其(指苏麻喇姑)训迪,手教国书。"就指此事。

苏麻喇姑心灵手巧,是裁剪方面的行家里手,做的衣服既合身贴体,又美观大方,曾参与清朝衣冠饰样的制定。她生长在蒙古草原,善于骑马射箭,每次为孝庄皇太后到宫外办事,都是骑马而行。《红楼梦》中的平儿与鸳鸯由此而起也。

顺治七年,"太后下嫁"怀了孩子之后,苏麻喇姑(鸳鸯)成了孝庄皇太后(贾母)控制朝野事务的唯一助手。顺治皇帝只有十三岁,尚未亲政,而孝庄有孕在身,行动不便。此时突然发生的"尴尬人难免尴尬事　鸳鸯女誓绝鸳鸯偶"是多尔衮篡夺皇位的最后一次阴谋诡计。贾赦(多尔衮)强娶鸳鸯(苏麻喇姑),其目的是要斩断孝庄皇太后的左膀右臂,控制慈宁宫的情报中枢与指挥系统,策反苏麻喇姑,彻底孤立顺治皇帝母子。

如果苏麻喇姑(鸳鸯)真心实意地归附多尔衮,立刻就可以成为侧福晋,因为多尔衮正福晋元妃死于顺治五年,已经两年了。《清史稿》云:顺治"七年正月,王纳肃王福金,福金,妃女弟也。五月,率诸王贝勒猎于山海关,朝鲜送女至,王迎于连山,成婚。……七月,谕以京城当夏潦暑不可堪,择地筑城避暑。令户部加派直隶、山西、浙江、山东、江南、河南、湖广、江西、陕西九省地丁银二百四十九万两有奇,输京师备工用。八月,王尊所生母太祖妃乌喇纳拉氏为孝烈恭敏献哲仁和赞天俪圣武皇后,太庙。"到了同年七月,摄政王又要纳苏麻喇姑(鸳鸯)。真是"老爷如今上了年纪,行事不妥",简直锋芒毕露,不顾死活。

鸳鸯(苏麻喇姑)如果答应嫁给多尔衮,就意味着对孝庄皇太后与顺治皇帝的背叛。苏麻喇姑面对着一次生与死的严峻考验。这次婚姻纠葛,与沈阳时代不同。当时的孝庄妃是支持苏麻喇姑嫁给多尔衮的,嫁过去就加强了与多尔衮的感情联络,也多了一条眼线。而如今的形势变了,孝庄皇太后绝对离不

第七章 大观园里的女人们

开苏麻喇姑，因而坚决反对这桩亲事。何去何从，就看苏麻喇姑的了。第四十六回：

鸳鸯（苏麻喇姑）也往园子（御花园）里来，各处游玩，不想正遇见平儿（王纳肃王福金，福金，妃女弟也）。平儿因见无人，便笑道："新姨娘来了！"鸳鸯听了，便红了脸，说道："怪道你们串通一气来算计我！等着我和你主子（指孝庄皇太后）闹去就是了。"平儿听了，自悔失言，便拉他到枫树底下，坐在一块石上，越性把方才凤姐（孝庄皇太后）过去回来所有的形景言词始末原由告诉与他。鸳鸯红了脸，向平儿冷笑道："……这话我且放在你心里，且别和二奶奶说：别说大老爷（多尔衮）要我做小老婆，就是太太这会子死了（多尔衮福晋确实死了），他三媒六聘的娶我去作大老婆，我也不能去。"

苏麻喇姑（鸳鸯）对多尔衮（贾赦）娶她的真正政治企图了如指掌，她的态度极为坚定。她甚至怀疑多尔衮要娶她为侧福晋，得到了令正夫人孝庄的默许，所以要求孝庄的妹妹（平儿）暂时不要透风过去。

鸳鸯道："什么主意！我只不去就完了。"平儿摇头道："你不去未必得干休。大老爷的性子你是知道的。虽然你是老太太房里的人，此刻不敢把你怎么样，将来难道你跟老太太一辈子不成？也要出去的。那时落了他的手，倒不好了。"鸳鸯冷笑道："老太太在一日，我一日不离这里；若是老太太归西去了，他横竖还有三年的孝呢，没个娘才死了他先纳小老婆的！等过三年，知道又是怎么个光景，那时再说。纵到了至急为难，我剪了头发作姑子去；不然，还有一死。一辈子不嫁男人，又怎么样？乐得干净呢！"

这段历史发生在顺治七年七月，到本年十二月初九，多尔衮（大老爷）暴死，苏麻喇姑担忧的报复成了多余。如果多尔衮不暴死，而是孝庄皇太后先死，苏麻喇姑肯定会死于多尔衮的报复。多尔衮的新福晋（平儿）太了解丈夫了，所以她说："大老爷的性子你是知道的……那时落了他的手，倒不好了。"

"老太太在一日，我一日不离这里……若是老太太归西去了，我剪了头发作姑子去；不然，还有一死。一辈子不嫁男人，又怎么样？乐得干净呢！"——这些都是苏麻喇姑一生历史的真实记录。

康熙二十六年（1687年），孝庄文皇后病逝，这给苏麻喇姑以巨大的精神打击。她终身未嫁，陪伴孝庄六十余年。孝庄文皇后离世后，她又在宫内度过了十八个春秋。晚年的苏麻喇姑与佛教结下了不解之缘，不过苏麻喇姑信奉佛教与别人不同，既不完全出于消遣排解寂寞，也不是为了祈求佛祖保佑自己，而是把信佛与忠于皇上、报答皇恩结合起来。念佛诵经是她晚年生活的主要内容，她经常发自内心地表示："愿意多活几年，为主子叩头祈祷，以尽奴才的一点心意。"她还说，自己存活一世，"只是为主子念佛祈福罢了"，"蒙主子厚恩，每日只是在佛像前尽力为主子祈祷，祝愿主子万万岁"。

孝庄太皇太后七十五岁病逝，时在康熙二十六年。苏麻喇姑真像失去了终生伴侣的鸳鸯，陷入了极大的悲伤之中。她也已经是七十多岁的老人了，为了排解她的悲伤和孤独，康熙皇帝决定把庶妃万琉哈氏（后晋封定妃）所生的皇十二子胤祹，交由苏麻喇姑抚养教育。

胤祹生于康熙二十四年，只有三虚岁。按清宫惯例，只有嫔妃以上内廷主位才有资格抚养皇子。让苏麻喇姑抚养皇子，表明康熙帝对苏麻喇姑十分信任和尊重，等于承认了苏麻喇姑嫔妃的名分。苏麻喇姑对康熙的安排非常感激，也感到责任重大。她又重新振作起来，把女人天生的母爱和全部精力都倾注到了皇子胤祹身上。

苏麻喇姑无微不至的关爱和孜孜不倦的言传身教，使胤祹后来成为颇有政治头脑和才干的皇子，曾多次奉旨办理各种政务。在康熙末年争夺储位的斗争中，胤祹置身度外，基本上保持中立，所以雍正即位后，他没有遭到打击排挤，还被封为郡王。乾隆皇帝即位，胤祹晋封为和硕履亲王，授为议政大臣。乾隆二十八年，胤祹以七十九岁高龄寿终正寝。

在康熙的三十五位皇子中，和硕履亲王最高寿。胤祹能荣列藩封，参与政务，高寿而终，与苏麻喇姑的精心培养、指点教诲有直接关系，因此他对苏麻喇姑有极深的感情。

苏麻喇姑终生不吃药，身体却一直很好，活到了九十多岁。这在"人生七十古来稀"的时代，当然算是难得的高寿。康熙四十四年（1705年）八月二十七日，苏麻喇姑终于病倒，两天后病情加重，这时康熙皇帝正在塞外巡视。苏麻喇姑把康熙帝的皇三子胤祉、皇八子胤禩和皇十二子胤祹等召到床前，对他们说："老奴才我蒙皇上厚恩，惟在佛前效力，日祝皇上万万岁。今我便血，腹内攻痛难忍，尔等若发邸报急奏，则皇上必赐治病良方，尔等代奏我此言。"

皇子们见祖母病得如此严重，建议召御医诊治，苏麻喇姑不肯，她只相信皇上，认为只有皇上才能治好她的病。皇子们背着苏麻喇姑，把御医找来，御医说这是老年人脾虚火盛之症，如不紧治，很危险。皇子们一面急向皇父奏报苏麻喇姑病情，一面令内务府总管准备后事。

康熙四十四年九月初七（1705年10月24日），苏麻喇姑的心脏停止了跳动，结束了她那丰富多彩的一生。

苏麻喇姑逝世，皇宫里一片悲痛。除皇五子胤祺、皇十子胤䄉照顾皇太后，皇四子胤禛在紫禁城外，其余成年皇子都参加了殡葬仪式。

苏麻喇姑灵柩停入殡宫，皇十二子胤祹提出要求："姑妈自幼将我养育，我并未能报答即如此矣，我愿住守数日，百日内供饭，三七诵经。"

为苏麻喇姑这样仆人身份的人办丧事，没有皇子供饭、三七诵经的先例。胤祉未敢擅自答应胤祹的要求，在九月初九的奏折里，写进了胤祹的要求以请示皇父。康熙帝在奏折上批道："十二阿哥之言甚是，著依其所请。"

于是，胤祹住在殡宫为苏麻喇姑守灵、供饭、诵经，其他皇子轮流与胤祹做伴。

康熙帝指示皇子：祖母事出，留七日再净身入殓，想回宫再亲眼看一看敬爱的额娘，向她的遗体告别。但后来他计算十五日才能回宫，于是再次降谕，让皇子们将苏麻喇姑遗体再留七日，等到他回宫后再定。由此可以看出，康熙帝与苏麻喇姑之间的眷眷深情。

为了回报苏麻喇姑对大清国所做出的贡献，报答她对自己"手教国书，赖其训迪"和抚养皇子的恩情，康熙皇帝按正式嫔礼为苏麻喇姑办理丧事，认为苏麻喇姑生前与孝庄文皇后朝夕相伴六十多年，死后也应该让她俩长依相伴。这对于奴仆出身的苏麻喇姑，可以说是旷典殊荣。当时，孝庄的梓宫停放在遵化昌瑞山下的暂安奉殿内，康熙皇帝决定将苏麻喇姑的灵柩也停放于此。

第一百十一回《鸳鸯女殉主登太虚》：

谁知此时鸳鸯哭了一场，想到："自己跟着老太太一辈子，身子也没有着落。如今大老爷虽不在家（多尔衮早死了），大太太的这样行为，我也瞧不上。老爷是不管事的人，以后便'乱世为王'起来了，我们这些人不是要叫他们摆弄了么？谁收在屋子里，谁配小子，我是受不得这样折磨的，倒不如死了干净。但是一时怎么样的个死法呢？"一面想，一面走到老太太的套间屋内（慈宁宫孝庄卧室）。刚跨进门，只见灯光惨淡，隐隐有个女人（似乎是孝庄的灵魂）拿着汗巾子，好似要上吊的样子。鸳鸯也不惊怕，心里想道："这一个是谁？和我的心事一样，倒比我走在头里了。"便问道："你是谁？咱们两个人是一样的心，要死一块儿死。"那个人也不答言。鸳鸯走到跟前一看，并不是这屋子的丫头。仔细一看，觉得冷气侵入，一时就不见了。鸳鸯呆了一呆，退出在炕沿上坐下，细细一想，道："哦！是了，这是东府里的小蓉大奶奶（秦可卿隐射的孝庄皇太后的灵魂）啊！他早死了的了，怎么到这里来？必是来叫我来了。他怎么又上吊呢？（孝庄是康熙二十六年逝世，已十七八年了，并非上吊而死。）"想了一想，道："是了，必是教给我死的法儿。"

雍正皇帝即位后，认为自孝庄文皇后停灵暂安奉殿后，大清朝国运昌盛，圣祖在位长久，子孙繁衍，说明暂安奉殿这个地方是风水宝地，于是决定将暂安奉殿改建为昭西陵。改建工程于雍正三年（1725年）二月初三破土动工，同年十一月全工告竣，十二月初十，孝庄文皇后正式入葬昭西陵地宫。

苏麻喇姑既不是皇室成员，又非爱新觉罗后代，也不是皇帝的嫔妃，风水攸关，名份所限，当然不能与主人同葬昭西陵。雍正只比皇三子允祉小一岁，苏麻喇姑去世时，雍正已经二十八岁了。他对苏麻喇姑非常敬重，与其他皇子一道参加了苏麻喇姑的丧礼。为了照顾苏麻喇姑与孝庄太皇太后的亲密关系，雍正皇帝决定将其葬在昭西陵附近，经风水官员相度，墓地选定在昭西陵东南新城的东墙外，距昭西陵只有三华里。

苏麻喇姑园寝于雍正三年二月动工，同年七月完工，八月初七将苏麻喇姑葬入园寝内。这座园寝坐北朝南，主要建筑有：地宫上建宝顶，前建园寝门三座、享堂三间、大门三间，环以朱垣。门外建东西值房、东西厢房。宝顶位于园寝纵向中轴线最北端。

光绪二十六年（1900年）八国联军进攻北京，慈禧太后携光绪帝出京西逃。当地老百姓以为大清国倒了，于是一哄而起，把这座园寝拆了。苏麻喇姑的地宫在日本投降前被盗，地宫盗口长期敞开着。苏麻喇姑的地宫很小，四面墙壁是砖砌的。老人们都说苏麻喇姑是火化的，因为地宫里只有一口缸，被盗时缸里有水。

第七节　金陵十二钗

《金陵十二钗》正册总共提到十二个名字，隐射七个历史人物：

一是孝庄皇太后（警幻仙姑、秦可卿、林黛玉与薛宝钗、元春、王熙凤）。

二是皇太极十四格格（迎春）。

三是孝庄与多尔衮的亲生女儿（贾探春、巧姐儿）。

四是孔四贞（贾惜春、史湘云与妙玉）。

五是董鄂氏皇贵妃（林黛玉，专让王熙凤来串演过一回董鄂氏流产）。

六是顺治废皇后静妃（薛宝钗，专让王熙凤来串演过一回大闹宁国府）。

七是康熙皇帝的母亲康妃佟佳氏（李纨，专让王熙凤来串演儿子"巧哥儿"康熙帝出痘）。

1. 孝庄皇太后（警幻仙姑、秦可卿、林黛玉与薛宝钗、元春、王熙凤）

（1）警幻仙姑——代表孝庄皇太后与她的灵魂。《红楼梦》认为，孝庄是淫荡的开国妖后，利用美色控制满汉男人的政治与军事势力，是她开国立基、进而统治天下的主要手段。警幻仙姑就是孝庄的化身，她认为"淫虽一理，意则有别"，自己的淫荡并非"好色即淫，知情更淫"的那一种，而是不得已而为之的政治行为。所谓"司人间之风情月债，掌尘世之女怨男痴"等于一语道破天机，说明她既是天下的主宰，也是后宫的主宰。

（2）秦可卿——隐射皇太极时代的孝庄妃。她与孔有德苟合而生了顺治皇帝。《红楼梦》悲剧的渊薮就是孝庄妃的淫——"擅风情，秉月貌，便是败家的根本"。第五回：

说着大家来至秦氏房中。刚至房门，便有一股细细的甜香袭人而来。宝玉觉得眼饧骨软，连说"好香！"入房向壁上看时，有唐伯虎画的《海棠春睡图》，两边有宋学士秦太虚写的一副对联，其联云：嫩寒锁梦因春冷，芳气笼人是酒香。案上设着武则天当日镜室中设的宝镜，一边摆着飞燕立着舞过的金盘，盘内盛着安禄山掷过伤了太真乳的木瓜。上面设着寿昌公主于含章殿下卧的榻，悬的是同昌公主制的联珠帐。宝玉含笑连说："这里好！"秦氏笑道："我这屋子大约神仙也可以住得了。"说着亲自展开了西子浣过的纱衾，移了红娘抱过的鸳枕。于是众奶母伏侍宝玉卧好，款款散了，只留袭人，媚人，晴雯，麝月四个丫鬟为伴。秦氏便吩咐小丫鬟们，好生在廊檐下看着猫儿狗儿打架。

此处的"秦氏"隐射孝庄皇太后。《红楼梦》认为皇太极乃清初的"秦始皇"，"秦氏"自然就是皇太极的妻子孝庄皇太后。

唐伯虎画的《海棠春睡图》是吴三桂敬献的，至今保藏在故宫博物院，说明刚入关时吴三桂也曾在这里为孝庄侍寝。第二十六回《潇湘馆春困发幽情》中薛蟠吴三桂专门提到过此事——薛蟠笑道："你提画儿，我才想起来。昨儿我看人家一张春宫，画的着实好。上面还有许多的字，也没细看，只看落的款，是'庚黄'画的。真真的好的了不得！"宝玉（顺治皇帝）听说，心下猜疑道："古今字画也都见过些，那里有个'庚黄'？"想了半天，不觉笑将起来，命人取过笔来，在手心里写了两个字，又问薛蟠道："你看真了是'庚黄'？"薛蟠道："怎么看不真！"宝玉将手一撒，与他看道："别是这两字罢？其实与'庚黄'相去不远。"众人都看时，原来是"唐寅"两个字，都笑道："想必是这两字，大爷一时眼花了也未可知。"薛蟠只觉没意思，笑道："谁知他'糖银''果银'的。"——这是作者为后人留下的解读红楼历史的黑匣子。

（3）林黛玉与薛宝钗——第五回册子云：

再去取"正册"看，只见头一页上便画着两株枯木，木上悬着一围玉带，又有一堆雪，雪下一股金簪。也有四句言词，道是：

可叹停机德，堪怜咏絮才。

玉带林中挂，金簪雪里埋。

薛宝钗的德与林黛玉的才，合二而一，隐射孝庄皇太后。隐射天聪十年崇德改元后，起用满清玉玺（玉带林中挂），封存后金金玺（金簪雪里埋）。于是,孝庄妃遂成了大清国的开国女皇帝。

(4) 元春——第五回《红楼梦曲子》云:

> 只见画着一张弓,弓上挂着香橼。

也有一首歌词云:

> 二十年来辨是非,榴花开处照宫闱。
>
> 三春争及初春景,虎兕相逢大梦归。

元春隐射孝庄皇太后。她十二三岁成为皇太极的妃子,二十年后入主北京,即崇祯十七年、顺治元年九月十九日,三十二岁的孝庄皇太后,带领七岁的顺治皇帝进入北京皇宫,成了中国的国母。她是崇德、顺治、康熙三个朝代历史的主宰者,到康熙二十六年十二月二十五日,即虎兔年交替之际,薨逝。

(5) 王熙凤——第五回《红楼梦曲子》云:

后面便是一片冰山,上面有一只雌凤。其判曰:

> 凡鸟偏从末世来,都知爱慕此生才。
>
> 一从二令三人木,哭向金陵事更哀。

孝庄皇太后经历了大清国从开国到行将崩溃的全过程。她一是皇太极的妃子,二是多尔衮的令正妻子,三被子孙后代休弃,停棺不葬三十六七年。"凡鸟"乃一个繁体"凤"字。"末世"指延续五十年的满汉战争时代,明亡清兴,兵荒马乱,好像世界的末日。"此生才"指孝庄"巾帼不让须眉",乱世女枭雄的惊人才能。

2. 皇太极十四格格(迎春)——第五回《红楼梦曲子》云:

后面忽见画着个恶狼,追扑一美女,欲啖之意。其书云:

> 子系中山狼,得志便猖狂。
>
> 金闺花柳质,一载赴黄粱。

摄政王多尔衮(贾赦=摄政的摄)与孝庄皇太后(邢夫人=孝庄的形影)为了笼络平西王吴三桂,让他的大儿子留在北京做人质,遂将皇太极十四女和硕格格下嫁中山狼吴应熊(孙绍祖)。康熙十三年正月,吴三桂在云南发动三藩叛乱，四月，吴应熊与儿子吴世霖被杀头示众。

司棋者，死棋也。说明清初的满汉联姻（木石前盟），无论清皇室与吴三桂王爷联姻、与耿精忠王爷联姻、与尚之信王爷联姻，都未能防止三藩叛乱，只能是一招死棋。所以，康熙朝之后，基本没有实行清太祖努尔哈赤当年首创的满汉联姻。一直到清朝灭亡，满清皇室再也不提木石前盟（满汉联姻）与金玉良缘（满蒙联姻）了，从而改行满满联姻（金金因缘）政策。第五回《红楼梦曲子》：

〔喜冤家〕 中山狼，无情兽，全不念当日根由。一味的骄奢淫荡贪还构。觑着那，侯门艳质同蒲柳，作践的，公府千金似下流。叹芳魂艳魄，一载荡悠悠。

"一载荡悠悠"容易误解成十四格格与吴应熊结婚一年后，被折磨而死。其实十四格格与吴应熊的感情尚好，顺治十年八月结婚，康熙十三年四月吴应熊与儿子吴世霖被杀头。皇十四格格为了挽救丈夫与儿子的命，不惜触柱昏迷，遂成废人，被孝庄收留宫内。西单的吴应熊府邸后来成为府佑宗学，是北京城里著名的凶宅之一。

3. 孝庄与多尔衮的亲生女儿（贾探春与巧姐儿）

（1）探春——第五回《红楼梦曲子》云：

后面又画着两人放风筝，一片大海，一只大船，船中有一女子掩面泣涕之状。也有四句写云：

才自精明志自高，生于末世运偏消。

清明涕送江边望，千里东风一梦遥。

孝庄皇太后于顺治六年二月八日下嫁多尔衮，顺治七年八月初三，生了一个苦命的女儿。半年后多尔衮暴死（顺治七年十二月初九），然后被挖坟鞭尸削爵夺产（顺治八年二月）。女儿由孝庄皇太后养育，但玉牒上却不能承认是多尔衮与孝庄皇太后的女儿，只能写成多尔衮（贾政）与福晋（赵姨娘）生的女儿（探春）。"探春"不承认赵姨娘这个所谓的亲娘，认为她不过是个奴才，只承认自己的嫡母是孝庄皇太后（王夫人）。王夫人（孝庄皇太后）多次声明这个女儿"虽不是我亲生"云云，却给予她固伦公主的最高爵位与待遇，甚至让她学习着管理与改革后宫（《敏探春兴利除宿弊》），最后将她远嫁察哈尔蒙古，成了亲王王妃。第五回《红楼梦曲子》云：

〔分骨肉〕一帆风雨路三千，把骨肉家园齐来抛闪。恐哭损残年，告爹娘，休把儿悬念。自古穷通皆有定，离合岂无缘？从今分两地，各自保平安。奴去也，莫牵连。

这是最令人荡气回肠的一支曲子。"探春"不承认多尔衮的义子多尔博（贾环）是她的亲弟弟，她只和顺治皇帝（贾宝玉）这个哥哥好，亲自给皇帝哥哥做鞋子。兄妹俩感情深挚。第二十七回：

探春（妹妹）因说道："这几天老爷可曾叫你？"宝玉（哥哥）笑道："没有叫。"探春说："昨儿我恍惚听见说老爷叫你出去的。"宝玉笑道："那想是别人听错了，并没叫的。"探春又笑道："这几个月，我又攒下有十来吊钱了。你还拿了去，明儿出门逛去的时侯，或是好字画，好轻巧顽意儿，替我带些来。"宝玉道："我这么城里城外（指紫禁城）、大廊小庙的逛（指殿堂），也没见个新奇精致东西，左不过是那些金玉铜磁没处摆的古董（全是稀世珍宝），再就是绸缎吃食衣服了。"探春道："谁要这些。怎么像你上回买的那柳枝儿编的小篮子，整竹子根抠的香盒儿，胶泥垛的风炉儿，这就好了（须去琉璃厂或大栅栏）。我喜欢的什么似的，谁知他们都爱上了，都当宝贝似的抢了去了。"宝玉笑道："原来要这个。这不值什么，拿五百钱出去给小子们，管拉一车来。"探春道："小厮们知道什么。你拣那朴而不俗、直而不拙者，这些东西，你多多的替我带了来。我还象上回的鞋作一双你穿，比那一双还加工夫，如何呢？"

宝玉笑道："你提起鞋来，我想起个故事：那一回我穿着，可巧遇见了老爷，老爷就不受用，问是谁作的。我那里敢提'三妹妹'三个字，我就回说是前儿我生日，是舅母给的。老爷（多尔衮）听了是舅母给的，才不好说什么，半日还说：'何苦来！虚耗人力，作践绫罗，作这样的东西。'我回来告诉了袭人，袭人说这还罢了，赵姨娘（多尔衮福晋）气的抱怨的不得了：'正经兄弟（多尔博），鞋搭拉袜搭拉的没人看见，且作这些东西！'"探春听说，登时沉下脸来，道："这话糊涂到什么田地！怎么我是该作鞋的人么？环儿难道没有分例的,没有人的?一般的衣裳是衣裳,鞋袜是鞋袜,丫头老婆一屋子,怎么抱怨这些话!给谁听呢!我不过是闲着没事儿,作一双半双,爱给那个哥哥兄弟,随我的心。谁敢管我不成!这也是白气。"

宝玉听了,点头笑道:"你不知道,他心里自然又有个想头了。"探春听说,益发动了气,将头一扭,说道:"连你也糊涂了!他那想头自然是有的,不过是那阴微鄙贱的见识。他只管这么想,我只管认得老爷、太太两个人,别人我一概不管(这是实话)。就是姊妹弟兄跟前,谁和我好,我就和谁好,什么偏的庶的,我也不知道。论理我不该说他,但忒昏愦的不象了!还有笑话呢:就是上回我给你那钱,替我带那顽的东西。过了两天,他见了我,也是说没钱使,怎么难,我也不理论。谁知后来丫头们出去了,他就抱怨起来,说我攒的钱为什么给你使,倒不给环儿使呢。我听见这话,又好笑又好气,我就出来往太太跟前去了。"(不是对亲娘、亲弟弟的态度。更不是探春为了攀高枝,不认亲娘、亲弟弟)正说着,只见宝钗那边笑道:"说完了,来罢。显见的是哥哥妹妹了,丢下别人,且说梯己去(旁观者清,确实是实话)。我们听一句儿就使不得了!"说着,探春宝玉二人方笑着来了。

"显见的是哥哥妹妹了,丢下别人,且说梯己去。我们听一句儿就使不得了!"——此话很重要,挑明了"探春"的真实身份——顺治皇帝与多尔衮女儿是同母异父亲兄妹。薛宝钗隐射的废皇后静妃,心里有数,话里有话。

(2)巧姐儿——平定三藩后,多尔衮女儿的地位急转直下,由"王妃探春"迅速下降一辈,降为"村妇巧姐儿"。这固然与察哈尔蒙古在三藩之乱中趁机叛乱有直接关系,但更重要的原因,是母亲年老势衰——"王熙凤力拙失人心"。

康熙二十五年《大清会典》完成,整理玉牒是皇室的重要内容。贬为庶人的多尔衮的女儿没资格继续混在皇家玉牒里,只能削除爵位,降为庶人。于是,多尔衮的女儿从"王妃"贾探春的地位下降为"村妇"巧姐儿。此乃《红楼梦》最难懂的故事情节,隐得也最深。但在小说情节中,又最莫名其妙,让人疑窦丛生。

多尔衮女儿降为村妇,被从玉牒中清除,孝庄皇太后无可奈何,隐写在贾珍(康熙皇帝)查对周瑞(睿亲王后人)的果子账(皇家玉牒)与王熙凤二十五岁对平儿发表的讲话中——第八十八回《正家法贾珍鞭悍仆》与第一百一回《大观园月夜警幽魂》。

康熙二十六年十二月二十五日，孝庄去世，"探春"完全失去了后台，蒙古族舅舅（王仁＝忘仁）和满族兄弟多尔博（贾环）想出卖她的利益。幸亏孝庄生前将多尔衮旧部图海从八品一下子提拔为二品，并授予"大将军印"，孝庄死后，图海知恩图报，取代汤若望的地位，成了保护多尔衮女儿的第二任"刘姥姥"，"巧姐儿"在自己的防区内"化险为夷"、"遇难呈祥"。她的老姨（平儿）始终呵护着这个有苦难言的孩子。第五回《红楼梦曲子》云：

后面又是一座荒村野店，有一美人在那里纺绩。其判云：
势败休云贵，家亡莫论亲。
偶因济刘氏，巧得遇恩人。

〔留余庆〕留余庆，留余庆，忽遇恩人，幸娘亲，幸娘亲，积得阴功。劝人生，济困扶穷，休似俺那爱银钱忘骨肉的狠舅奸兄！正是乘除加减，上有苍穹。

这是多尔衮女儿在康熙朝中后期的结局。父亲多尔衮早死了，母亲孝庄文皇后又死了，自己的爵位虽然没有了，但还有一口饭吃——"势败休云贵，家亡莫论亲"。认命吧，做个农家富婆吧——"自古穷通皆有定，离合岂无缘"？

读者理解上的困难，在于巧姐儿的年龄太小，与贾探春似乎相差很大岁数。其实不然。王熙凤死于二十六岁，隐射孝庄太皇太后死于康熙二十六年，后者的冥寿为七十五岁，当时多尔衮的女儿为三十六岁。巧姐儿长不大，是受到王熙凤死于二十六岁的年龄限制。

4. 孔四贞（贾惜春、史湘云与妙玉）

定南王孔有德（贾敬、一道、张道士）的女儿孔四贞与多尔衮的女儿（探春与巧姐儿）一样，是《红楼梦》里最丰富多彩的艺术形象。她是"贾敬"的女儿，所以生长在"宁国府"。父亲在桂林殉国时有临终遗嘱：女儿一旦逃出性命，必须远离官场，出家为尼。所以孔四贞的结局是"带发修行"。孔四贞的人生轨迹是：孤苦孤僻的少女（贾惜春）——驰骋疆场的少妇（史湘云）——落寞畸零的晚年（妙玉）。

(1) 巾帼女杰孔四贞（史湘云）——第五回《红楼梦曲子》云：

后面又画几缕飞云，一湾逝水。其词曰：

富贵又何为，襁褓（枪炮）之间父母违。

展眼吊斜晖，湘江水逝（桂林）楚云飞。

这是孔四贞在桂林突围时的写照。

"史湘云"名字的意思就是从湘江源头桂林逃逸出的云朵。

"楚云飞"隐射孔四贞与顺治皇帝破灭的感情，将顺治皇帝比喻成巫山云雨的楚襄王。

顺治九年七月四日，孔四贞七岁（一说十三岁），李定国军攻破桂林，孔有德一家一百二十余人尽皆死难。李定国想到自己和南明政权在西南一带立足不稳，而忠于孔有德的部属仍有极大实力，因此把孔有德的幼女留在军中做人质。孔四贞从少女时代就注定了一生都要附属于政治——在所有人的眼中，孔四贞与定南王旧部之间划上了等号。这在天下未定的历史时期显得极为重要。

顺治十一年六月，孔四贞跋涉五千里，历经六百天，扶灵回到北京。孝庄皇太后将她收为义女，留在宫中恩养。人称孔四贞为"四姑娘"。

顺治十三年，出于维系定南王旧部的考虑，顺治皇帝想册封她为"东宫皇后"，但"东宫皇后"只有一个名分。因为孝庄皇太后说"惟独这个孔四贞不能立为后妃"，此事遂成为历史谜团。

顺治十八年正月初七，顺治皇帝驾鹤西去。孝庄将孔四贞公主封为大清国独一无二的女性"一等侍卫"，领兵前往遵化为顺治皇帝守陵。

当时，"三藩"拥兵自重，羽翼已丰，远在云南的吴三桂更是权倾天下，势力深入内地，隐然有不服之势。而这时的广西控制在实力不弱的定南王旧部手里，如果控制了定南王旧部，就等于牵制了吴三桂部和广东的平南王部。

孔四贞守陵没几年就奉孝庄太皇太后旨意回京完婚，女婿是定南王的旧部孙延龄。据当时官方公布的消息说，此人是定南王在世时就已做主选定的女婿，而且是娃娃亲。这令人不解，怎么当初封孔四贞为"东宫皇后"时，就没人想到她已经许配给人了呢？这是关于孔四贞历史的又一个谜团。

唯恐仅此一点不能瞒过天下人的耳目，朝廷又发布一条消息，说顺治皇帝当年已经命令孔四贞"掌定南王事，在京遥制广西军"——等于向天下宣布，当初顺治皇帝并非把孔四贞当作妃子,而是把她当作"掌藩府军政"的封疆大吏,其地位与王爷相等。

孝庄太皇太后让她与孙延龄完婚,孔四贞按照旨意办了,整顿定南王的旧部,驻防桂林,与自己并不喜欢的孙延龄相敬如宾。康熙时代孔四贞往返于桂林与北京之间,设府东华门外。

康熙皇帝"奉太皇太后懿旨"又封孔四贞为和硕格格,孔四贞摇身一变又成了顺治皇帝的妹妹、康熙皇帝的姑母。

康熙四年底,康熙皇帝下旨让控制广西军实权的定南旧将线国安退休,命令孔四贞返回广西统领广西军。孔四贞夫妇上路后,康熙突然间觉得,"三藩"已经够乱了,不要再闹出"四藩"来。于是八百里加急下了一道道旨意,一口气封了孙延龄五个头衔:上柱国将军、光禄大夫、世袭一等阿思尼哈番、和硕额驸、镇守广西等处将军,然后加了一句"其妻孔氏为一品夫人"。

本来公主与驸马是君臣关系,现在和硕格格居然当了一品夫人,这似乎是在给孙延龄打气,却又不明确允许他摆脱与孔四贞的君臣关系,从而加深了这一政治婚姻的悲剧色彩。

在返回广西的七八年里,从表面上看,孔四贞处处占了丈夫的上风,所谓"闺房画眉之乐"大概很少。孙延龄下属的都统和副都统三人表面是孔四贞的包衣(清皇室家奴)和部属,实际上是康熙皇帝暗中笼络的"双料间谍"。

孙延龄的确窝火:上边有奉旨掌管定南王令箭的和硕格格发号施令,下边有三个都统、副都统阳奉阴违,自己对老婆与部属们都无可奈何。

康熙十三年,孙延龄得知吴三桂造反,终于发动兵变,杀了三个都统、副都统,把妻子孔四贞也软禁了起来。身陷囹圄的孔四贞劝说丈夫重新归顺清廷,并写了一封《致延龄夫君书》。孙延龄也动摇起来,最后又归附朝廷。

康熙十六年,吴三桂命令侄子吴世琮假装领军路过桂林,暗伏奇兵,杀死了孙延龄,孔四贞又落入吴三桂的虎口。虽然桂林城破,但散布广西内外的定南王旧部还拥有很大实力,吴三桂不想在与康熙开战吃紧时,自己的后院起火,于是宣布将老朋友定南王的女儿孔四贞收为义女。

吴三桂被灭后,孔四贞又来到北京。对于她的脱险众说纷纭,"正史"说清军攻克云南时被解救,"野史"则描绘了一个在软禁时"孔氏夜遁"的传奇故事。

康熙十八年，孔四贞奉孝庄之命返回北京，仍封郡王。孔四贞因为与归顺朝廷的三藩旧部时有往来，"不合时宜，权势不容"，而主动放弃兵权，进宫"带发修行"。

平定三藩后，大清朝转危为安，皇宫内多了一个长伴青灯古佛的妇人。

（2）心理变态的"槛外之人"孔四贞（妙玉）——第五回《红楼梦曲子》：

〔世难容〕气质美如兰，才华阜比仙（湘云）。天生成孤癖人皆罕（惜春）。你道是啖肉食腥膻，视绮罗俗厌，却不知太高人愈妒，过洁世同嫌（妙玉）。可叹这，青灯古殿人将老（中南海庙宇），辜负了，红粉朱楼春色阑（顺治时代的东宫）。到头来，依旧是风尘肮脏违心愿（毁誉参半）。好一似，无瑕白玉遭泥陷，又何须，王孙公子叹无缘。

后面又画着一块美玉，落在泥垢之中。其断语云：

欲洁何曾洁，云空未必空。

可怜金玉质，终陷淖泥中。

康熙十八年——"十八岁"的妙玉进了荣国府栊翠庵，带发修行，成了"不合时宜，权势不容"的人，性格上也发生了畸变，变为一个"俗语说的'僧不僧，俗不俗，女不女，男不男'"的"畸零之人"。说她是韬晦之计也未尝不可。

孔四贞曾经被农民军李定国抢去做人质，被朝廷封为"东宫后妃"，以公主身份遵旨下嫁有污点的孙延龄，被叛军吴三桂抢去做人质，最后自解兵权带发修行，盼望着"纵有千年铁门限，终须一个土馒头"。康熙五十二年，孔四贞在说不清、道不明的混乱评价中离开了人世。

（3）割断一切尘缘的孔四贞（惜春）——第五回《红楼梦曲子》：

后面便是一所古庙，里面有一美人在内看经独坐。其判云：

勘破三春景不长，缁衣顿改昔年妆。

可怜绣户侯门女，独卧青灯古佛旁。

"惜春"是孔四贞最后的归宿。"勘破三春"是指孔四贞出生于崇德年间，辉煌于顺治年间，波折于康熙年间，最后"勘破"红尘，在皇家的监视下

"带发修行"。

5. 董鄂氏皇贵妃（林黛玉，晴雯为黛玉之副，还让王熙凤来串演过一回董鄂氏流产）

董鄂氏于顺治十年秋参加选秀女，当年底或顺治十一年初由孝庄皇太后指婚，嫁给皇太极十一子襄亲王博穆博果尔为大福晋，当年十六七岁。顺治十一年二月八日在南苑孝庄皇太后生日庆宴上，与顺治皇帝一见钟情，由大太监吴良辅牵线，发生巫山云雨。从此两人开始了一年多的婚外恋，连欧洲出版的《汤若望传》上都有记载。

顺治十二年春，董鄂氏怀孕，奉顺治皇帝特旨而低调入宫——隐写在《红楼梦》第三回《林黛玉抛父进京都》里。

顺治十二年秋，董鄂氏小产——隐写在《红楼梦》第六十九回《弄小巧用借剑杀人》里：

尤二姐惊醒，却是一梦。等贾琏来看时，因无人在侧，便泣说："我这病便不能好了。我来了半年，腹中也有身孕……"贾琏命人送了药礼，抓了药来，调服下去。只半夜，尤二姐腹痛不止，谁知竟将一个已成形的男胎打了下来。于是血行不止，二姐就昏迷过去。

顺治十三年八月，董鄂氏册封贤妃，九月晋升为皇贵妃，十二月正式册封为皇贵妃。顺治十四年底，董鄂氏皇贵妃生了四阿哥。顺治十五年正月初四，四阿哥患天花而死，追封荣亲王。

林黛玉《哭花荫》与《葬花吟》是为流产的胎儿与短命的四阿哥荣亲王写的悼词。顺治十七年八月，董鄂氏皇贵妃死，年二十二岁。第五回《红楼梦曲子》：

〔枉凝眉〕一个是阆苑仙葩，一个是美玉无瑕。若说没奇缘，今生偏又遇着他，若说有奇缘，如何心事终虚化？一个枉自嗟呀，一个空劳牵挂。一个是水中月，一个是镜中花。想眼中能有多少泪珠儿，怎经得秋流到冬，春流到夏！

〔终身误〕都道是金玉良缘，俺只念木石前盟。空对着，山中高士晶莹雪，终不忘，世外仙姝寂寞林。叹人间，美中不足今方信。纵然是齐眉举案，到底意难平。

"寂寞林"——隐射董鄂氏皇贵妃。"晶莹雪"——隐射蒙古族皇后。

6. 顺治废皇后博尔济吉特氏静妃（薛宝钗）

顺治八年（1651年）八月，顺治大婚，年十四岁。皇后十六岁，比顺治大二岁。孝庄为顺治娶的皇后，即其侄女科尔沁蒙古王爷吴克善女。顺治十年（1653年）八月，大婚第三年，废黜第一位皇后。皇后十八岁，顺治皇帝十六岁。

顺治十四年（1657年）十月，静妃恢复为长春宫主位，恢复中宫笺表，当时她二十二岁，皇帝二十岁。废后时间与薛宝钗配制"冷香丸"的时间完全相符，为四年两个月十三天。第五回《红楼梦曲子》：

宝玉看了仍不解。便又掷了，再去取"正册"看，只见头一页上便画着两株枯木，木上悬着一围玉带，又有一堆雪，雪下一股金簪。也有四句言词，道是：

可叹停机德，堪怜咏絮才。
玉带林中挂，金簪雪里埋。

"又有一堆雪，雪下一股金簪"——薛宝钗隐射废皇后。

"玉带林中挂，金簪雪里埋"——说明废皇后居冷宫，是冷美人，服冷香丸。薛宝钗所居住的东北角的"梨香院"即"离香院"，"蘅芜院"为满是杜蘅杂草的荒芜的院子。"梨香院"隐射故宫东北角的"竹香馆"，是历代冷宫，光绪的珍妃居此，"珍妃井"也在此。

7. 康熙皇帝的母亲康妃佟佳氏（李纨，让王熙凤来串演过"巧哥儿"玄烨出痘）

康妃佟佳氏于顺治十年（1653年）入宫，年十三岁。顺治十一年（1654年）三月十八日，康熙降生人间。母亲康妃佟佳氏十四岁，顺治皇帝十七岁，其乳母之一为瓜尔佳氏，另一位保姆为曹寅的嫡母孙氏，后来都封为奉圣夫人。《红楼梦》里说的剧目"吃糠记"是挖苦康熙皇帝的。顺治十八年正月初七顺治皇帝死，康熙皇帝登基，年七岁。母亲佟佳氏二十二岁。康熙二年，佟佳氏圣母皇太后薨逝，年二十四岁。第五回《红楼梦曲子》：

〔晚韶华〕镜里恩情，更那堪梦里功名！那美韶华去之何迅！再休提绣帐鸳衾。只这带珠冠，披凤袄，也抵不了无常性命。虽说是，人生莫受老来贫，也须要阴骘积儿孙。气昂昂头戴簪缨，光灿灿胸悬金印，威赫赫爵禄高登，昏惨惨黄泉路近。问古来将相可还存？也只是虚名儿与后人钦敬。

"镜里恩情，更哪堪梦里功名！那美韶华去之何迅！再休提绣帐鸳衾。"——康妃佟佳氏并没有得到过顺治皇帝多少垂爱。

儿子当了皇帝，自己"带珠冠，披凤袄"，但"抵不了无常性命"。后人钦敬佟佳氏圣母皇太后，《红楼梦》作者认为只是"虚名儿"而已。

从"巧哥儿"、"鲫瓜儿"、"吃糠记"、"虚名儿"来看，难免觉得作者对康熙早中期的朝政有很深的偏见。第一批作者满脑门子"反清复明"，说话难免有成见。

第八节 陈圆圆

康熙十二年末，吴三桂请移藩锦州（所谓自请削藩），并期以十一月二十四日启行。云南巡抚朱国治方请增设驿堡，协拨夫马待之，朝廷也准备沿途接待。岂料吴三桂竟然踞关隘起事。先期三日，吴三桂邀云南巡抚朱国治及按察使李兴元、云南知府高显辰、同知刘昆，胁之从逆，皆不屈。朱国治骂贼尤烈，即时遇害。先后殉难者，还有云贵总督甘文、广西巡抚马雄镇、傅弘烈及李兴元。康熙十三年正月十五过后（"好防佳节元宵后，便是烟消火灭时"），吴三桂正式举兵北伐，号称大周，但几年后就烟消灰灭了。当时的陈圆圆四十出头，"香菱"已成"秋菱"矣。

"根并荷花一茎香，平生遭际实堪伤。"——"秋菱"的根，本为汉族的明朝皇帝，吴三桂大周皇帝与明朝皇帝一脉相承。孝庄的"荷花"就是从明朝的根上衍生出来的。建州卫都督兼龙虎将军，与山海关总兵平西伯一样，都是明朝的地方行政兼军事长官。要说香，大家是一样的。"秋菱"隐射大周皇帝的皇妃陈圆圆，荷花隐射清太宗的皇妃孝庄，身分地位也是平等的。而且清代的崇德皇帝与大周皇帝，"本是同根生，相煎何太急"？

明朝灭亡了，其传国玉玺辗转到了大顺朝皇帝李自成手里，又辗转到了永历帝朱由榔手里，后来又辗转到了吴三桂大周皇帝手里。颠沛流离，一波三折，真可谓"平生遭际实堪伤"。

青楼名媛陈圆圆被田国丈买到家里做侍妾，先献崇祯皇帝遭到拒绝，便送给山海关总兵吴三桂，后来又被送到李自成的皇宫里，最后回到吴三桂手里，颠沛流离，一波三折，也是"平生遭际实堪伤"。

"自从两地生孤木，致使香魂返故乡。"——"孤木"指孝庄，她先在沈阳当皇妃，皇太极死后，因为儿子侥幸当了皇帝，晋升为孝庄皇太后。顺治元年九月十九日又入主中原，到北京当上了皇太后，致使陈圆圆的"香魂"追随吴三桂返回了江南的"故乡"，先是做大顺朝的王妃，后来当了大周朝的皇妃。最后在昆明北郊沐家故园的荷花池"投池自尽"。这是传统说法。

陈圆圆的归宿是一个千古难解之谜。在众多的史籍里，关于陈圆圆晚年的归宿传说纷纭，大多只是提到在昆明北郊沐家园出家当尼姑，后来因三藩叛乱，劝阻无效，万念皆灰，而投荷花池自尽。秋菱投荷花池自尽，乃"落叶归根"也。《红楼梦》记录了这种传统说法。

朱翔编著《陈圆圆全传》云："康熙十六年（1677年）秋，陈圆圆在城北的沐家故园（指昆明城）吃斋念佛已经五年了。"是年，在沐家故园的荷花池投池自尽，年仅四十六岁。按这个说法，陈圆圆要比吴三桂早死一年。

秋菱隐射的大周皇贵妃陈圆圆，是真的"投池自尽"了，还是另寻出路了呢？如果她没有死于战祸，在吴三桂兵败湖南、病死之后，她又流落何方了呢？长期以来，陈圆圆除"昆明北郊出家说"之外，尚有"云南说"、"苏州说"、"上海说"、"贵州说"等说法。《红楼梦》对秋菱陈圆圆是否也有不同的看法呢？

在《红楼梦》里，仅说秋菱"只见画着一株桂花，下面有一池沼，其中水涸泥干，莲枯藕败……"并没有说她被害死，或自寻短见，而是"香魂返故乡"了。书中倒是说她"扶了正"，并且为薛氏留了后代——"今归薛姓，产难完劫，遗一子于薛家，以承宗祧。"第一百二十回：

雨村（清朝皇室后裔）还要再问，士隐（明朝皇室后裔）不答，便命人设具盘飧，邀雨村共食。食毕，雨村还要问自己的终身。士隐便道："老先生草庵暂歇。我还有一段俗缘未了，正当今日完结。"雨村惊讶道："仙长纯修若此，不知尚有何俗缘？"士隐道："也不过是儿女私情罢了。"雨村听了，益发惊异："请问仙长何出此言？"士隐道："老先生有所不知：小女英莲，幼遭尘劫，老先生初任之时，曾经判断。今归薛姓，产难完劫，遗一子于薛家，以承宗祧。此时正是尘缘脱尽之时，只好接引接引。"士隐说着，拂袖而起。雨村心中恍恍惚惚，就在这急流津觉迷渡口草庵中睡着了。

这士隐自去度脱了香菱，送到太虚幻境，交那警幻仙子对册。刚过牌坊，见那一僧一道缥渺而来，士隐接着说道："大士、真人，恭喜贺喜！情缘完结，都交割清楚了么？"那僧道说："情缘尚未全结，倒是那蠢物已经回来了。还得把他送还原所，将他的后事叙明，不枉他下世一回。"士隐听了，便拱手而别。那僧道仍携了玉到青埂峰下，将"宝玉"安放在女娲炼石补天之处，各自云游而去。从此后：

天外书传天外事，两番人作一番人。

陈圆圆完成了历史使命，驾鹤西去，吴三桂的孩子们安全地活了下来。

"小女英莲，幼遭尘劫，老先生初任之时，曾经判断。"——此乃照应第四回《薄命女偏逢薄命郎　葫芦僧乱判葫芦案》。当年摄政王多尔衮援助吴三桂，击溃了李自成，使陈圆圆重新回到了吴三桂身边。到一百二十回结局时，"小女英莲"，竟然"产难完劫，遗一子于薛家，以承宗祧"。

这样的历史资料竟然完整准确地记录在《红楼梦》里，而清廷还认为三藩之乱的罪魁祸首吴三桂一家，包括陈圆圆，已经抄家灭族了。

作者知道陈圆圆没有于康熙十七年在昆明北郊沐家园"投身荷花池"而死，而是隐居山林了。这是真的吗？第一回云：

士隐听了，知是疯话，也不去睬他。那僧还说："舍我罢，舍我罢！"士隐不耐烦，便抱女儿撤身要进去，那僧乃指着他大笑，口内念了四句言词道：

惯养娇生笑你痴（吴三桂痴情），菱花空对雪澌澌（思州隐藏吴氏后裔）。
好防佳节元宵后（康熙十三年），便是烟消火灭时（康熙二十年周朝灭）。

……士隐心中此时自忖：这两个人必有来历，该试一问，如今悔却晚也。

"惯养娇生笑你痴，菱花空对雪澌澌。"——前一句是说吴三桂对陈圆圆无限痴情；后一句隐射吴三桂死后陈圆圆在贵州思州隐居，独自保护了丈夫的后裔，使东北的雪霸王化入了云贵的高山流水。

史载：康熙二十年十一月，定远平寇大将军等率军入云南，吴世璠自杀。世璠首级及夏国相等，解送北京。后来夏国相、马宝等，尽被凌迟处死，吴氏遂亡。但这些记载恐怕有问题。

吴三桂被封为平西王，奉命南征，在滇南营为陈圆圆建眉坞，安享富贵。有时他让陈圆圆唱歌，陈圆圆常唱《大风歌》。吴三桂酒酣耳热，拔剑起舞，陈圆圆捧觞为他助兴，认为他神武不可一世。吴三桂心怀异志，暗地结交天下壮士，多与陈圆圆同谋。世人不知情，认为陈圆圆曾劝阻吴三桂叛乱。这是野史的另一种说法。

上述两种说法，都收入了《红楼梦》中。"自从两地生孤木，致使香魂返故乡。"——显然是消极的第一种说法。

"惯养娇生笑你痴，菱花空对雪澌澌。"——则是陈圆圆为吴三桂保护子息的第二种说法的反映，是一种积极的说法。

1983年，贵州岑巩县的文史工作者经过考证，提出陈圆圆葬于古思州（今为黔东南州所辖）岑巩县水尾镇马家寨的狮形山。这是陈圆圆归宿的"岑巩说"，又称"思州说"。陈圆圆的晚年及魂归何处有了两种观点。《红楼梦》里薛蟠与秋菱、薛蝌与邢岫烟、赵姨娘与马道婆，又有了新的意义，第十八回云：

王夫人道："才刚老爷进来，说起宝玉的干妈竟是个混账东西，邪魔外道的。如今闹破了，被锦衣府拿住送入刑部监，要问死罪的了。前几天被人告发的。那个人叫做什么潘三保，有一所房子，卖给对过当铺里。这房子加了几倍价钱，潘三保他常到当铺里去，那当铺里人的内眷都和他好的，他就使了个法儿，叫人家的内人便得了邪病，家翻宅乱起来。他又去说，这个病他能治，就用些神马纸钱烧献了，果然见效。他又向人家内眷们要了十几两银子。岂知老佛爷有眼，应该败露了。"

"宝玉的干妈"（马道婆）指吴三桂的部下马宝。马宝积极参与三藩之乱，正史上说事败后在昆明被凌迟处死，但此处没有说马道婆被判了死刑。

"潘三保"指康熙十二三年开始的三藩之乱，即吴、耿、尚三家在南方叛乱。

关于陈圆圆晚年的归宿大多只提到在昆明出家当尼姑,后来又因故而投荷花池自尽。据马家寨第十一代传人说,陈圆圆当年归隐古思州是由吴三桂的军师马宝掩护的。这与史籍的记载有很大出入。多数史籍记载:马宝在楚雄抵抗,最后兵败被俘,押送省城,终被凌迟致死。吴三桂发动叛乱时,儿子吴应熊被清廷打入监狱,康熙十三年四月斩首于北京菜市口。由于病不见好转,吴三桂遂将皇位让给了孙子吴世璠。后来,吴世璠在昆明被清军围困而自杀,马宝也被凌迟处死。

难道当年马宝并未被抓也未被杀,而是其中另有隐情?有人认为,陈圆圆归隐古思州是吴三桂的意思,因为长子吴应熊被处死,为了保住吴家香火,遂托军师马宝掩护陈圆圆及其次子吴启华来古思州隐匿。当时古思州隶属贵州,而贵州属于吴三桂外围的势力,闭塞的地理环境,为陈圆圆的归隐提供了天然屏障。

有野史记载:"陈圆圆在随吴三桂入滇后,渐察觉吴又有叛清之心,深恐将来或不得善终,遂托年事已长,请求霞帔星冠,日以药垆经卷自随。及吴三桂事败,惟有陈圆圆因早已出家为道士之故,册籍无名,独未波及云。"

又有史料说吴三桂做了平西王后,内宠甚多,陈圆圆深感吴三桂爱情不专,自己年老珠黄,因而发愤出家。

晚清人袁嘉谷乃滇地人氏,他对陈圆圆投荷花池一事深感怀疑,此事也值得注意。

自吴三桂叛变清军后,陈圆圆就成了清军的重点剿灭对象。倘若这时陈圆圆回苏州老家,不太可能,因为那里是清军搜捕的重点。何况战事方殷,江湖道阻,往南是外国,往北是四川,都为清军所有,均不能去。唯有贵州,既不是吴三桂的老巢,又山多林密,极宜隐藏。贵州的一些专家学者对陈圆圆归隐古思州的理由做了这样的分析。

如果陈氏真的终老思州,那她一定是随同吴三桂参加了东征与北伐,而不是在昆明出家。吴三桂当时狂妄自大,以为反清必一呼而天下从,很快就能直捣北京,所以一直带着陈圆圆。然而后来的局势发展却完全出乎他的预料,于是才退一步让陈氏携吴启华隐居,以存家族一脉。因此,学者们认为,陈圆圆归隐古思州是完全可能的。

黔东南的岑巩，古曰思州，始于唐代而开府于明朝，当地人称"秦孔"（音似），至今已有一千三百多年的历史。陈圆圆的墓前有两块黑色的墓碑，一块大，一块小。大的是二十世纪八十年代所立，小的立于清雍正六年，很不起眼，简单的一块石板，没有楹柱。碑文风化得模糊不清："故先妣吴门聂氏之墓位席，孝男吴启华，媳涂氏立"。整个墓碑和坟茔的简单朴实，很难让人相信这就是一代乱世佳人的葬身之处。据吴氏后人说，之所以不把陈氏墓修筑得过于堂皇，是担心有人起疑心，而对马家寨吴三桂的后人不利。这种说法，令人信服。

　　马宝墓位于马家寨的左侧，与陈圆圆墓之间隔着马家寨，属于另外一个墓群。建于光绪三十二年五月初六日。马宝墓碑文为："清故上寿先考明公号公玉老大人之墓"。楹联为："重垒土茔，人祖即己祖，复修石台，若翁如吾翁"。墓碑显然是吴三桂后人代修的。光绪三十二年"重垒土茔"、"复修石台"，强调指出，马氏祖宗马宝，也就是吴氏后人的祖宗。马家寨十来岁的小孩，都知道自己的先祖叫吴三桂，祖母是陈老太婆。

　　陈圆圆和马宝的墓碑上有"吴门聂氏之墓位席"，"若翁如吾翁，人祖即己祖"——这两句碑文很令人费解，隐意很深，有点像《红楼梦》里的话头。

　　既然是吴三桂的后代，这村落又为什么叫作马家寨呢？

　　陈氏原本姓邢，后因避乱而改为陈姓。两姓均是包耳旁部首。《红楼梦》中的邢岫烟，就是邢氏先祖的化身。邢岫烟与薛蝌的患难婚姻，难道是陈圆圆与吴三桂后期婚姻生活的缩影吗？

　　"故先妣吴门聂氏之墓位席"十一字的意思就是"苏州陈圆圆王妃之墓"。吴三桂的十二世孙吴氏秘传人小学教师吴伦江向记者道出了上述的隐情。十一字碑文，暗含着如此不可小觑的玄机，绝非常人所能想到。

　　马家寨人全都姓吴，却叫马家寨，这与中国农村以大多数人的姓氏来命名村寨的习俗不同。据吴氏后人说，那是为了纪念马宝军师的大恩大德。

　　吴启华墓的碑文和碑联很明显地点明其身份，暗示了吴氏不平凡的身世和归隐于此的目的。据吴氏传人透露，吴门后代曾经有两件遗物：一为大刀两把，各重四十八公斤和四十公斤，文革时期破"四旧"时被当作废铁卖掉；一为皇伞一顶，也被后人改做被面用了。

　　马家寨吴氏的两大墓群中，绝大多数墓碑的楹柱上都镌刻着近乎相同但与贵州其他墓碑不同的图形。图形有高贵典雅的兰花，带有书香气的文案、玉笛、琵琶，还有的剑戟、刀斧……这意味着吴氏家族的身世和经历——男人是征战沙场的骁勇战将，女人是倾国倾城的一代名媛。

第九节　林四娘

《红楼梦》中的林四娘殉难，记载了皇太极第五次纵兵入关掠夺烧杀，在山东青州犯下的历史罪行。《清史稿》载：

庚子，努山败明兵界岭口。癸卯，阿巴泰奏我军入明，克河间、顺德、青州三府、州十八、县六十七，降州一、县五，与明大小三十九战，杀鲁王及乐陵、阳信、东原、安丘、滋阳五郡王，暨宗室文武凡千余员，俘获人民、牲畜、金币以数十万计，籍数以闻。

山东青州乃明衡王藩封。城破之日，林四娘战死。王士桢《池北偶谈》、蒲松龄《聊斋志异》、林西仲《林四娘记》以及陈维松《妇人集》均有记载。《红楼梦》将林四娘写进了第七十八回《老学士闲征词　痴公子杜撰芙蓉诔》——这是作者唯一一次公开歌颂反清战争，因为是写女人的风流韵事，似乎逸于《红楼梦》故事之外，作者不再顾及避讳了。连当代红学家也一直认为林四娘战死青州没有深蕴，似乎节外生枝，因而论者极少，以致得出这是"游离于作品的文学作品"的结论。其实大谬不然，它公开记录明末反清战争，且仅此一例：

贾政乃道："当日曾有一位王封曰恒王，出镇青州。这恒王最喜女色，且公余好武，因选了许多美女，日习武事。每公余辄开宴连日，令众美女习战斗攻拔之事。其姬中有姓林行四者，姿色既冠，且武艺更精，皆呼为林四娘。恒王最得意，遂超拔林四娘统辖诸姬，又呼为'将军'。"……贾政道："谁知次年便有'黄巾''赤眉'一干流贼余党复又乌合，抢掠山左一带。恒王意为犬羊之恶，不足大举，因轻骑前剿。不意贼众颇有诡谲智术，两战不胜，恒王遂为众贼所戮。于是青州城内文武官员，各各皆谓'王尚不胜，你我何为'！遂将有献城之举。林四娘得闻凶报,遂集聚众女将,发令说道:'你我皆向蒙王恩,戴天履地,不能报其万一。今王既殒身国事,我意亦当殒身于王。尔等有愿随者,即时同我前往;有不愿者,亦早各散。'众女将听他这样,都一齐说愿意。于是林四娘带领众人连夜出城,直杀至贼营里头。众贼不防,也被斩戮了几员首贼。然后大家见是不过几个女人,料不能济事,遂回戈倒兵,奋力一阵,把林四娘等一个不曾留下,倒作成了这林四娘的一片忠义之志。"

此处不写鲁王,而写"恒王遂为众贼所戮(鲁)"。因为青州的衡王是顺治元年投降的,而鲁王是崇德八年败死的。这里,作者用曲笔也。

"'黄巾''赤眉'一干流贼"并非指难李自成起义军。崇祯十七年九月二十九日,赵应元、杨王休率领一支队伍,由青州东门入城,杀清廷招降的山东、河南的侍郎王鳌永等,盘踞月余,招兵买马,欲扶衡王朱由㰍登基,远近响应,震动清廷。虽然最终失败,但这是易代之际青州乃至山东影响最大的一次反清行动。

明末清初,很多人在明朝、清朝、李自成之间游移不定、朝秦暮楚。赵应元、杨王休在参加农民起义军前是明朝官吏,但进入青州时,他们已背叛了李自成,成为忠于明朝的军队。如果不是这样,就无法解释他们为什么"要立衡王登基"、"欲挟衡藩南渡"了。因为起义军所过之处,他人可赦,"惟宗室无得免者"。河南福王被杂鹿肉煮食,便是李自成起义军对待皇室亲贵的例子。赵应元、杨王休在青州盘踞月余,衡王府竟安然无恙。如果不是他们心向明室,绝不会如此。

清军重占青州后,抗清力量被各个击破。顺治元年十二月初六,清登莱巡抚陈锦奏报:"士寇秦尚行、王家忠、翟从谔等,乘青州之变,复聚众作叛,欲连结刘泽清共扶杨威称帝,势甚猖獗,三百里之内人民俱遭蹂躏。臣遣兵征剿,尚行、从谔俱就擒伏法,家忠逃至潮海,亦为乡民所杀。臣以书招降杨威,散其党七千人。威削发入山,臣恐为后患,复擒斩之,传首各处。"山东失守,南明以"糜饷二十万,逗留怨望"等罪,严惩山东总兵邱磊。贾宝玉《词》云:"天子惊慌愁失守,此时文武皆垂首。何事文武立朝纲,不及闺中林四娘。"贾政对幕友们称林四娘的故事为"千古佳话",此事在康熙时代成为文人的热门话题。

《词》中以"'黄巾''赤眉'"四个字隐射满洲八旗部队的旗色，就将皇太极的清兵写成了"一干流贼"，又借贾政之口，大骂满洲八旗为"犬羊之恶"，"贼众颇有诡谲智术"。痛快淋漓，一针见血。"黄"是正黄旗，"黄巾"是镶黄旗，"赤"是正红旗，"赤眉"是镶红旗。如此而已。

"黄巾"、"赤眉"起义相距几百年，李自成与张献忠从未到过山东，而当地老百姓谁都知道青州明衡王与林四娘的故事。史书中死于清兵入关掠夺的衡王，就是《红楼梦》里的"恒王"。山东话"衡"与"恒"的发音没有差别。

在《红楼梦》里，贾政隐射多尔衮，贾兰隐射康熙，贾环隐射多尔博，贾宝玉隐射顺治。但面对《词》中为情为义而殉难的一个痴心女孩子，大家乖乖地放下了架子，都隐射作者了——算是演员孝敬了一次导演吧！周汝昌当年还批评曹雪芹污蔑农民起义军，后来也认为是隐写崇德八年的入关掠夺。

恒王因讨击"流贼"而战死，文武官员纷议献城，"不期忠义起闺阁"，林四娘愤起，带领诸姬，夜袭贼营杀贼，殉王报国。明弘治十二年（1499年），衡王朱由楎曾镇青州。明清之交的衡王为朱由椒。林四娘确是衡王府管人，但她是一位南中佳人，且与接壤粤广的闽中、毗邻镇江的江苏江宁府城有密切关系。衡王出巡，她拦轿呈血书状纸，感其孝义，为其做官青州、被上司挟嫌诬害下狱的父亲兆梦明冤并派王府官员重资礼葬了在狱中染疫去世的兆梦。林四娘感衡王恩深德重，自愿投入王府做婢，以容貌绝艳，乐艺超群，得王宠悦，纳之为宫嫔。衡王遭（清廷）冤杀、王府被籍没，林四娘以身殉节。《红楼梦》用"移花接木"的艺术手法，把明崇祯十六年（1643年），林四娘独在青州倡议坚守、登陴督战、指挥守将开弩射毙城下清兵的轶事，写成《红楼梦》中亲领诸姬出城剿"贼"立功殉主的故事。《林四娘别传》云：

林四娘者，明莆田人。父兆梦，闽中名下士。崇祯间，举江宁推官。四娘生金陵，美姿容。幼聪慧，喜音律。年十五，貌益出众。广袖垂髫，婵娟窈窕，顾盼媚妩，不可描画。尝携箫登梅花山，一弄徵羽，风生碧竹，水咽红管，人皆以为弄玉前身云。未几，兆梦调赴青州……

《聊斋志异》将林四娘写成了风情女子，其批注也为林四娘鸣冤抱不平。这是很引人注目的文坛怪事，难道《红楼梦》作者读了《聊斋志异》？

《聊斋志异·林四娘》云：

第八章　大观园外的男人们

第一节　孔有德

《红楼梦》里最关键的男主角"跛足道人",隐射定南王孔有德。始终跟随"一僧"皇太极的"一道"、现掌"道录司"印的"张道士"、当今封为"终了真人"、先皇御口亲呼为"大幻仙人"、"国公替身"、现今王公藩镇都称他为"神仙",还有宁国府家长"贾敬假道士"等,都是他的艺术化身。孔有德祖籍山东曲阜,乃圣人孔子后裔,后移居辽东。

《清史稿·列传》云:"孔有德,辽东人。太祖克辽东,与乡人耿仲明奔皮岛,明总兵毛文龙录置部下,善遇之。袁崇焕杀文龙,分其兵属副将陈继盛等。有德与仲明走依登州巡抚孙元化为步兵左营参将。"

"跛足道人"孔有德的足疾,是由于天聪七年在抚顺战役中"马失前蹄","又遭衔橛之失",因而成了"折足雁",见于《清史稿》。跛足道人唱道:"一足高来一足低,浑身带水又拖泥。相逢若问家何处,却在蓬莱弱水西。"——承认自己是明朝登州(山东蓬莱)参将,祖籍在山东季节河潍河淄水(弱水)以西的曲阜,乃圣人孔子的后裔。

孔有德始终跟随"一僧"皇太极,是归顺皇太极的"道人"。红楼中第一和尚为皇太极,第一道人为孔有德。

"先皇御口亲呼为大幻仙人"——隐射皇太极称赞他是识时务的俊杰,最早背弃明朝,改换门庭的"大幻仙人"。

"现掌'道录司'印"——隐射入关后孔有德统领满清的汉族部队。

"当今封为'终了真人'"——隐射顺治皇帝封他为终生忠实于满清政府的汉族将领。

"国公替身"——隐射他是孝庄丈夫皇太极的"替身",顺治皇帝的生父。

"王公藩镇都称他为'神仙'"——汉族藩王都不会得到清廷的完全信任,只有定南王孔有德是可以通天的"神仙"。

"宁国府家长贾敬假道士"——儿子是皇帝,他是臣子,没有资格住进皇宫,所以连过生日也不进宁国府,"只在都中城外和道士们胡羼"(在江南与汉族反清部队作战)。

《清史稿》载:天聪"七年六月……上命贝勒岳、德格类帅师袭之,以有德率为导。龙数战皆败,遂自杀,克其城……有德坠马伤手,与仲明留辽阳,诏慰之曰:'都元帅远道从戎,良亦劳苦。行间诸事,实获朕心。招抚山民,尤大有裨益。不谓劳顿之身,又遭衔橛之失。伫闻痊可,用慰朕怀。'"

孔有德对谁都愿意讲自己是圣人之后,顺治六年十二月,拔桂林,俘虏了留守大学士瞿式耜。孔有德对他拱手道:"哪位是瞿阁部先生?"式耜道:"即我便是,要杀就杀。"有德道:"崇祯殉难,大清国为明复仇,葬祭成礼,人事如此,天意可知。阁部毋再固执。我掌兵马,阁部掌粮饷,与前朝一辙,何如?"式耜道:"我是明朝大臣,焉肯与你供职?"有德道:"我本先圣后裔,时势所迫,以致于此。"张同敞接口大骂道:"你不过毛文龙家走狗,递手本,倒夜壶。安得冒托先圣后裔?"——当时这个动人的故事传遍大江南北,《红楼梦》也表现了孔有德自报孔门的习惯,作为后人索隐的参考。

孔有德、耿仲明秘密降清始于明崇祯二年、后金天聪三年(1629年)初秋。二人求见皇太极,伏地大哭,表示情愿归顺。因袁崇焕督师蓟辽,无故将东江总兵毛文龙杀死,孔有德与耿仲明恳求皇太极发兵攻明,替毛帅报仇。毛文龙盘踞东江,素性倔强,袁崇焕恐他跋扈难制,借阅兵为名,数他十二大罪,请出尚方剑,将毛文龙斩首。

孔有德、耿仲明二人认毛文龙为义父。毛文龙被杀后,孔、耿随即秘密降金。皇太极说,山海关有袁崇焕把守,不易进取,询问二将可有良策破关?耿仲明建议绕道西北,从北京东北方向的龙井关攻入。孔有德说龙井关是北京东北的长城口,可经过蒙古沿长城入关。此关若入,可向洪山、大安二口分路进捣,直入遵化。遵化一下,北京便动摇了。皇太极喜形于色。多尔衮请二人速还,勿被袁崇焕闻知,二将仍回登州。《红楼梦》第二回写道:

雨村正值偶感风寒，病在旅店，将一月光景方渐愈。一因身体劳倦，二因盘费不继，也正欲寻个合式之处，暂且歇下。幸有两个旧友，亦在此境居住，因闻得盐政欲聘一西宾，雨村便相托友力，谋了进去，且作安身之计。

此处隐射皇太极（贾雨村）想入关掠夺明朝（到盐政林如海家做宾客），"幸有两个旧友，亦在此境居住"，指潜藏在明境内的孔有德、耿仲明两部。

"雨村便相托友力，谋了进去"，指满洲八旗部队从龙井关破关而入。以后满清入关，多一捷径也。

第十九回《意绵绵静日玉生香》中，贾宝玉对林黛玉讲了一个"老耗子"（皇太极）指挥"小耗子"（满洲八旗）到"山下庙里"偷果的故事，"果品有五种：一红枣，二栗子，三落花生，四菱角，五香芋"。此处就是崇祯二年、天聪三年，皇太极第一次入关掠夺、偷"红枣"的历史根据。

崇祯五年、天聪六年（1632年）冬季，孔有德大闹登州，驱逐登莱巡抚孙元化，杀总兵张可大，正式叛明降清。

《清史稿》载：天聪六年"正月，率众径至登州，仲明……等十五人为内应，夕举火，导有德入自东门，城遂陷……庄烈帝命侍郎大典督师讨有德……有德等退保登州……登州城东西南皆距山，北临海，城北复有水城通海舶。大典督诸军筑长围困之……有德乃谋来降，以子女玉帛出海，仲明单舸殿，经旅顺，明总兵黄龙以水师邀击……斩级千余。有德等退屯双岛龙安塘，食尽……泛海至盖州……有德等舟数百，载将士、枪炮、辎重及其孥毕登，三贝勒为设宴，上使副将金玉和传谕慰劳。"

天聪"七年六月，有德、仲明入谒，上率诸贝勒出德盛门十里至浑河岸，为设宴，亲举金卮酌酒饮之，赐蟒袍、貂裘、撒袋、鞍马，有德、仲明亦上金银及金玉诸器、彩缎、衣服。越二日，复召入宫赐宴，授有德都元帅、仲明总兵官，赐敕印，即从所署置也。命率所部驻东京，号令、鼓吹、仪卫皆如旧，惟刑人、出兵当以闻。……会闻龙发水师逐贼鸭绿江，旅顺无备，上命贝勒岳、德格类帅师袭之，以有德率为导……有德坠马伤手……有德、仲明旋入朝，上诫毋馈遗贝勒大臣。八年，朝元日，命有德、仲明与八和硕贝勒同列第一班。"

此乃孔有德变成《红楼梦》中终生追随"一僧"皇太极并成为"跛足道

人"的详细史料。

《清史稿》洋洋洒洒数百万言,涉及人物累千上万,唯一因有伤残而得到清帝慨叹"不谓劳顿之身,又遭衔橛之失。伫闻痊可,用慰朕怀"的将军就是孔有德。这段记载为后人破解"家在蓬莱弱水西"的"跛足道人",提供了最可信的资料。

孔有德是投降满清较早的明朝战将,所以成为《红楼梦》的重要角色。按《红楼梦》的写法,孔有德是顺治皇帝的生父,是顺治、康熙、雍正、乾隆等满清皇帝的老祖宗。

孔有德在顺治九年七月初四为清朝战死沙场,后人也没有参与三藩之乱,乃最忠实的汉族降将。在《红楼梦》中,其灵魂即一僧一道之"一道"——前者是满族领袖,后者是汉族领袖,孝庄是蒙族领袖,吴三桂是降而复叛的汉军领袖。这就是《红楼梦》护官符里提到的贾(爱新觉罗)、史(孔有德)、王(吴克善)、薛(吴三桂)"四大家族"。

《清史稿》载:天聪八年"及尚可喜来降,上遇之亚有德、仲明。命更定旗制,以白镶,号有德、仲明军为天佑兵,可喜军为天助兵。国语谓汉军'乌真超哈',有德等自将所部不相属。"

《红楼梦》第十三回贾蓉履历有"丙辰科进士贾敬",指孔有德归顺了建国于丙辰年之后金政权。第六十三回《死金丹独艳理亲丧》中的"死金丹",指孔有德败死桂林的主要原因是投降后金。

《清史稿》载:"崇德元年夏四月,上受宽温仁圣皇帝尊号,有德从诸贝勒奉宝以进,封恭顺王……二年二月,既下江华岛,命有德等从贝子硕托以水师取皮岛……三年,从攻锦州,有德等以炮攻下戚家堡、石家堡及锦州城西台,降大福堡……四年,从攻松山,以炮击城东隅台,台上药发,自燔,歼其余众,又降道旁台二……六年,率兵更番围锦州,破明师杏山。七年,松山、锦州相继下。时析乌真超哈为八旗,有德等请以所部隶焉,乃分属正红旗。八年,从取中后所、前屯卫。"

崇德时代,孔有德"封恭顺王",下属称"天佑兵",与佟养性统帅的老汉军八旗"乌真超哈"各为独立的系统,"有德等自将所部不相属"。至崇德"七年……时析乌真超哈为八旗,有德等请以所部隶焉,乃分属正红旗"。

孔有德(一道、贾敬)死后,这支部队按孝庄皇太后(贾母、林黛玉)

的旨意，由孔四贞（史湘云、贾惜春）继续统帅。

《清史稿》载："顺治元年，从睿亲王多尔衮入关，追击李自成至庆都。九月，上至京师，赐有德等貂蟒朝衣。十月，上御皇极门大宴，复赐鞍马。旋命有德从定国大将军豫亲王多铎西讨李自成……二年，陕西既定，移师下江南，克扬州，取明南京，攻江阴，有德皆有劳。八月，师还，赐绣朝衣一袭、马二、黄金百、白金万。命还镇辽阳……三年五月，谕兵部召有德等率所部会京师。八月，授有德平南大将军，率仲明、可喜……率师南征，策自湖广下江西赣南入广东，谕诸将悉受有德节制。"《红楼梦》云"现掌'道录司'印"，就是指"谕诸将悉受有德节制"。

《清史稿》载："四年春，有德进次湘潭……有德令金砺留驻衡州，复与仲明及卓罗等率师越熊飞岭克祁阳，遂破宝庆，击杀明鲁王世子乾生……自出师至此，凡获明宗室桂王子尔珠等二十七人，降明将自承胤以下四十七人，偏裨二千余人、马步兵六万八千有奇。捷闻，赐有德黄金二百五十两……五年春，复进克辰州，湖南诸郡县悉定。……又旁取贵州黎平府、广西全州……复获明宗室荣王子松等四十余人，及所置总兵以下诸将吏甚众。上命有德班师，至京师，宴劳，赐黑狐、紫貂、冠服、彩帛、鞍马、黄金二百、白金二千。"此即第二回所谓贾敬"又不肯回原籍来，只在都中城外和道士们胡羼"。

《清史稿》载："六年五月，改封有德定南王，授金册金印，令将旧兵三千一百、新增兵万六千九百，合为二万人，征广西……十二月，遂拔桂林，明桂王走南宁，留守大学士瞿式耜死之，斩靖江王以下四百七十三人，降将吏一百四十七人。"

故明大学士瞿式耜的死，对孔有德（贾敬）冲击极大，三年两个月之后，孔有德全家自杀于桂林（贾敬"死金丹"）。他与妻子临死前，让儿子与女儿突围，遗嘱云：一旦逃出命去，千万莫涉身官场，一定要出家。

桂林是湘江的源头。《红楼梦》里与湘江源头有关的人名，都是为了纪念孔有德（贾敬）的。例如"潇湘妃子"林黛玉，隐射他的情妇孝庄皇太后。"史湘云"隐射他的女儿孔四贞。"柳湘莲"隐射他的儿子顺治皇帝。

《金陵十二钗》里孔有德女儿与多尔衮女儿的悲剧，最让人动容。制造悲剧的是那一对"麒麟"与"叔嫂"——根子是孝庄文皇后。这是《红楼梦》的观点。不是"因麒麟伏白首双星"，而是"因白首双星伏麒麟悲剧"。

第八章 大观园外的男人们

两个傻孩子认为一对金麒麟是天公撮合,因而想入非非,大谈阴阳,甚至藏藏掖掖,又惊又喜。而作者的意思是,雄麒麟与雌麒麟乃是亲兄妹的血缘信物。第六十二回《憨湘云醉眠芍药》:

当下又值宝玉生日已到,原来宝琴也是这日,二人相同。因王夫人不在家,也不曾象往年闹热。只有张道士送了四样礼,换的寄名符儿。

……黛玉便道:"你多喝一钟,我替你说。"宝玉真个喝了酒,听黛玉说道:落霞与孤鹜齐飞,风急江天过雁哀,却是一只折足雁,叫的人九回肠,这是鸿雁来宾。说的大家笑了,说:"这一串子倒有些意思。"黛玉又拈了一个榛穰,说酒底道:榛子非关隔院砧,何来万户捣衣声。令完,鸳鸯袭人等皆说的是一句俗语,都带一个"寿"字的,不能多赘。

……湘云便说道:奔腾而砰湃,江间波浪兼天涌,须要铁锁缆孤舟,既遇着一江风,不宜出行。

"张道士送了四样礼,换的寄名符儿"——"张道士"即"一道"与"跛足道人"定南王孔有德。隐射孔有德将女儿委托孝庄,换成"四姑娘"的名号了。

"落霞与孤鹜齐飞,风急江天过雁哀,却是一只折足雁,叫的人九回肠,这是鸿雁来宾。"——"折足雁"、"孤鹜"、"风急江天过雁哀"、"叫的人九回肠"、"何来万户捣衣声"、"带一个'寿'字的"、"奔腾而砰湃,江间波浪兼天涌,须要铁锁缆孤舟,既遇着一江风,不宜出行",都隐射足部受伤的定南王孔有德奉旨南征,于顺治九年七月初四败死于桂林,孔四贞经湘江长江运河扶灵归京的情景。

"过雁哀"、"折足雁"、"九回肠"——是情妇孝庄(林黛玉)对孔有德惨死的哀悼。"奔腾而砰湃"、"波浪兼天涌"、"遇着一江风"、"不宜出行"——是女儿孔四贞(史湘云)扶灵归京的艰难。

史湘云"醉眠芍药",取"芍药",乃"要离"父母之意。如《红楼梦》第五回写史湘云的曲子:

后面又画几缕飞云,一湾逝水。其词曰:富贵又何为,襁褓(枪炮)之间父母违。展眼吊斜晖,湘江水逝楚云飞。

❖ 大观园里的替身——《红楼梦》索隐之二

〔乐中悲〕襁褓（枪炮）中，父母叹双亡。纵居那绮罗丛，谁知娇养？幸生来，英豪阔大宽宏量，从未将儿女私情略萦心上。好一似，霁月光风耀玉堂。厮配得才貌仙郎，博得个地久天长，准折得幼年时坎坷形状。终久是云散高唐，水涸湘江。这是尘寰中消长数应当，何必枉悲伤！

"湘云卧于山石僻处"，"芍药花飞了一身，满头脸衣襟上皆是红香散乱，手中的扇子在地下，也半被落花埋了"——隐射当年定南王部被李定国打得落花流水，孔四贞从乱军中侥幸逃脱的情景。

"鸿雁来宾"——指孔四贞只身逃回北京。

"厮配得才貌仙郎，博得个地久天长，准折得幼年时坎坷形状。终久是云散高唐，水涸湘江。这是尘寰中消长数应当，何必枉悲伤！"——"云散高唐"是楚襄王与巫山神女的故事，此处指麒麟情误的必然悲剧。

这是《红楼梦》用男女故事与诗词歌赋、酒令谜语，隐射战争场面与宫廷隐秘的又一个杰作。

"寿怡红群芳开夜宴"是五月初三晚上，贾宝玉庆祝生日。第二天是五月初四，贾敬死了。但《红楼梦》偏偏让贾宝玉说这一天不是五月四日，而是七月初四——定南王孔有德桂林殉国的日子。而林黛玉在自己的房间里祭奠一个人，还写了《幽淑女悲题五美吟》。若从小说故事看，一个寄居亲戚的未字少女，起一个"潇湘妃子"的别号，自己安之若素，已经令人迷惑难解，为何还要吟咏历史上五位红杏出墙的风流少妇呢？

林黛玉主要隐射《红楼梦》的两个女主角：一个是天聪、崇德时代的孝庄文皇后，顺治时代的孝庄皇太后；一个是顺治追封的"端敬"孝献皇后董鄂氏。

此时此处的林黛玉隐射孝庄皇太后，她在私下里祭奠一个人，一个恰好于七月初四死去的男人——儿子顺治皇帝的父亲孔有德。

《五美吟》回忆了孝庄文皇后与定南王孔有德的情史与两人偷情而怀孕福临的历史。诗中以五位历史上著名的女人，来说明自己行为的合情合理，表现了"从来不信什么是阴骘司地狱报的，凭是什么事，我说要行就行"（凤姐语）的女皇个性。仅举《红拂》为例：

长揖雄谈态自殊，美人巨眼识穷途。

> 尸居余气杨公幕,岂得羁縻女丈夫。

诗中以隋朝的红拂自喻,认为自己私通孔有德,像当年红拂对李靖投怀送抱一样,也是敬其才华,慕其潇洒,所以一见钟情,情不自禁。孔有德年轻有为,像李靖那样"长揖雄谈态自殊"。而自己独守空帏,不甘寂寞,才像红拂那样"美人巨眼识穷途"。丈夫比自己大二十一岁,日理万机,又纵欲过度,像隋朝的杨素一样活不了几天了,而自己正年轻美貌,还想利用满汉两股势力登上皇太后与国母的宝座,一个行将就木的男人,岂能拴住自己:"尸居余气杨公幕,岂得羁縻女丈夫。"

孝庄与孔有德的行为,是红楼悲剧的渊薮。既影响了下一代的命运,也影响了国家的命运。《红楼梦》第五回将一切罪恶都推到宁国府贾敬(孔有德)与秦可卿(孝庄妃)头上,是《红楼梦》隐史的画龙点睛之笔。

顺治十一年的一天晚饭后,孔四贞被召到上书房。刚进门就被在灯前垂泪的皇帝吓了一跳;皇上手里拿着瞿式耜和张同敞的绝命诗。本无书名的封面上,赫然写着《御览伤心吟》!

顺治六年十二月,孔有德杀了瞿式耜与张同敞,并将尸体暴于刑场。性因和尚得知好友罹难,毅然上书孔有德,欲为亡友收尸殓葬。这封书信文字激扬、大义凛然,在当时影响甚大。孔有德看信,喟然叹息,当即应允。

孔四贞说,当年她爹爹将这些书信带在身边,反复诵读。让儿女也每日读两遍,领悟其中道理。她原以为皇上视汉人为寇仇,必对汉人文字不屑一顾,谁知……

顺治皇帝云:大清的天下夺自盗寇李自成,而非取自朱明皇帝。溥天之下,莫非王土,朕视天下为一家,最恨满汉畛域之分。性因和尚说:"山僧间尝论之,衰国之忠臣与开国之功臣,皆受命于天,同分砥柱乾坤之任。天下无功臣,则世道不平;天下无忠臣,则人心不正。事虽殊轨,道实同源。两公一死之重,岂轻于百战之勋者哉?王既已杀之,则忠臣之忠见,功臣之功亦见矣。此又王见德之时也……岂可视忠义之士如盗贼寇仇然?必灭其家,狼藉其肢体而后快于心耶?夫杀两公于生者,王所自以为功也;礼两公于死者,天下万世所共以王为德也。"这样的至情至理,如果是朕亲当此役,也会和你父亲一样处理。这个金堡真乃文章奇才!朱明朝廷有瞿式耜、张同敞和金堡这样的人才不用,而重用一班阉竖,焉能不亡!性因和尚的书信可谓绝妙好词。

《御览伤心吟》的故事在当时不胫而走,对南北文人震动极大。《红楼梦》写甄士隐(南明皇室)出家,贾敬(降清汉将)出家,柳湘莲(顺治)出家,贾宝玉(顺治)出家,妙玉(孔四贞)出家,惜春(孔四贞)出家。作者特意安排"空空道人"(《红楼梦》第一作者)抄录《红楼梦》,"跛足道人"(孔有德)创作《好了歌》,甄士隐(南明皇室)写作《好了歌解注》,贾宝玉(顺治皇帝)喊出"世法平等"(满汉一体)的口号,又大骂贪官污吏("国贼"、"禄蠹"),都与上述故事的社会影响有极大的关系。

孔有德的上书、败死,与《红楼梦》"好了歌"、"死金丹"遥相呼应。孔有德在后金时代投降满人,本认为会得到终生的荣华富贵,结果为虎作伥,世人唾骂,身败名裂,家破人亡。

> 世人都晓神仙好,惟有功名忘不了!
> 古今将相在何方?荒冢一堆草没了。
> 世人都晓神仙好,只有金银忘不了。
> 终朝只恨聚无多,及到多时眼闭了。

这是孔有德临死时愧悔无地的真实写照。《红楼梦》让降臣孔有德以"跛足道人,疯癫落脱,麻屣鹑衣"的形象说出沮丧的话:"可知世上万般,好便是了,了便是好。若不了,便不好,若要好,须是了。"反衬"甚荒唐,到头来都是为他人做嫁衣裳"的历史结局。然后引领甄士隐出家,具有极深刻的历史意义。

引领满清入关的是汉族降将,下场悲惨而愧悔无地的是汉族降将,引领朱明旧主子隐匿山林的还是汉族降将。吴三桂举兵作乱而祭拜朱由榔时是如此矛盾的心态,孔有德临死回首往事时也是如此矛盾的心态。

索隐派前辈看出贾敬之丧惊动了当朝天子,颇似顺治年间定南王孔有德之归葬北京。王伯沆关于贾敬之丧批曰:"贾敬初从玄真观抬至铁槛寺成殓,再从寺抬入府中安灵,又从府抬入寺中过百日,再从寺抬柩回原籍。抬来抬去,抬出抬入,都是这个死尸,会么?"

承畴所领各省援兵耳，今皆败亡已尽，即有召募新兵，亦仅可充数，安能拒战？明之将卒，岂但不能敌我，反自行剽掠，自残人民，行赂朝臣，诈为己功；朝臣专尚奸谀，蔽主耳目，私纳贿赂，罚及无罪，赏及无功。以此观之，明之必亡昭然矣。"

崇祯十七年三月，清廷决定大举伐明。范文程上书摄政诸王，指出明朝灭亡的大势已定，"窃惟成大业以垂休万世者此时，失机会而贻悔将来者亦此时"。"盖以为明劲敌者我国也，抑则流寇也。正如秦失其鹿，楚、汉逐之。虽与明争天下，实与流寇角也"。这就为多尔衮等人提供了总体战略方针。

崇祯十七年三月十九日上午十时崇祯帝死，李自成当日入据北京皇宫。山海关总兵平西伯吴三桂已经答应归顺北京的大顺王朝。三月二十二日，吴三桂在永平府（今河北省卢龙县）张贴告示："本镇率所部朝见新主，所过秋毫无犯，尔民不必惊恐。"回京途中得知李自成继续"追赃助饷"的流寇政策，抄没了他的家产，逮捕了他的父亲，又抢去了他的爱妾陈圆圆。三月二十六日，吴军行至河北玉田县，离北京已经不远，吴三桂骤然变卦，带领兵马直奔山海关，对镇守关门的唐通部发起突然袭击。唐通的兵力只是吴三桂部的五分之一，猝不及防，山海关遂被吴三桂占领。唐通率残部撤往离山海关不远名叫一片石的地方。

李自成大惊，决定御驾亲征山海关。四月十三日晨，李自成、刘宗敏统率大军向山海关进发。四月二十二日吴三桂联合清兵于山海关外之石河地区，一举战败李自成。第四回详细隐写了此事：

如今且说雨村（多尔衮），因补授了应天府（北京摄政王），一下马就有一件人命官司详至案下……那原告道："被殴死者乃小人之主人。因那日买了一个丫头，不想是拐子拐来卖的。这拐子先已得了我家的银子，我家小爷原说第三日方是好日子，再接入门。这拐子便又悄悄的卖与薛家，被我们知道了，去找拿卖主，夺取丫头。无奈薛家原系金陵一霸，倚财仗势，众豪奴将我小主人竟打死了。"

门子笑道："……这个被打之死鬼，乃是本地一个小乡绅之子，名唤冯渊（李自成），自幼父母早亡，又无兄弟，只他一个人守着些薄产过日子。长到十八九岁上，酷爱男风，最厌女子。这也是前生冤孽，可巧遇见这拐子（国丈田）卖丫头，他便一眼看上了这丫头（陈圆圆），立意买来作妾，立誓再不交结男子，也不再娶第二个了，所以三日后方过门。谁晓这拐子又偷卖与薛家，他意欲卷了两家的银子，再逃往他省。谁知又不曾走脱，两家拿住，打了个臭死，都不肯收银，只要领人。那薛家公子（吴三桂）岂是让人的，便喝着手下人一打，将冯公子打了个稀烂，抬回家去三日死了（冯渊扮演的李自成结束，改由冯紫英扮演李自成）。

"冯渊"隐射李自成。李自成乃陕西米脂县"双泉堡马户之子"——"双""马"为"冯"的出处。"冯渊"与"李渊"的"渊"字，通过联想可以带出一个"李"字。"冯胖子"的"胖"，从"月"从"半"——隐射"双泉堡马户之子"于崇祯十七年三月十五日（葫芦庙起火日）从昌平抵达北京城下，四月三十逃离北京，恰好在北京折腾一个月半。"冯紫英"乃"冯唐之子"，典出"冯唐易老，李广难封"与"云中太守，何日遣冯唐"——说明李自成来自西北云中地区。

"将冯公子打了个稀烂"——隐射吴三桂在石河战役中将李自成"打了个稀烂"。

"抬回家去三日死了"——隐射李自成于四月二十七日从石河逃回北京，三天之后，即四月三十日离京而逃。"死了"指大顺朝维持一天就死了——李自成于四月二十九日登基，当了一天皇帝，第二天逃走。

陈圆圆出身诗书人家，姓陈名沅，能诗能画，又善弹琴，因遭离乱，流落烟花。吴三桂在京时，与她彼此企慕。嗣后沅娘为田畹千金购得，改名陈圆圆。田畹系崇祯宠妃田贵妃的父亲。

李自成陷西安太原，秦王晋王被杀，累代积蓄，抢劫一空。田畹为此着急，陈圆圆乘机进言曰：宁远总兵吴三桂部下都是精锐，国丈何不与他结交？可巧吴三桂入京，田遂设宴相请。吴三桂正忆着陈圆圆，席间提起，田不得不召出来。吴三桂趁机道：若承国丈将此女赐与吴某，吴某誓为国丈效死。田勉强答道：老夫也不惜一伎，但未知圆圆愿否？陈圆圆禀告道：贱妾事小，国丈事大，国丈有命，敢不敬从！吴三桂起身拜谢，令陈圆圆拜别皇亲，上轿径去。这是吕布与貂蝉故事的重演。

《红楼梦》中有甄英莲、甄香菱、甄秋菱三个名字，据说是红学之谜。其实是说陈圆圆在田国丈、吴三桂、李自成三人间三易其手，并非历史秘密。

石河战役是明亡清兴的决定性一战。《红楼梦》将石河战役隐写在薛蟠（吴三桂）与冯渊（李自成）争夺甄英莲（陈圆圆）的故事中。战争的时间、地点、人物、经过与结果，分写在冯紫英（李自成）宴请薛蟠（吴三桂）与贾宝玉（代表"姨夫"即义父多尔衮出席）的两次酒会上——即第二十六回《潇湘馆春困发幽情》与二十八回《蒋玉菡情赠茜香罗》。

第一次酒会，其实是吴三桂邀请多尔衮参加石河会战。第二十六回：

> 宝玉（顺治皇帝）也无法了，只好笑问道："你哄我也罢了，怎么说我父亲（皇父摄政王多尔衮）呢？我告诉姨娘（孝庄）去，评评这个理，可使得么？"薛蟠（吴三桂）忙道："好兄弟，我原为求你快些出来（快派清兵帮助回击李自成），就忘了忌讳这句话。改日你也哄我，说我的父亲（指顺治皇帝是吴三桂的君父）就完了。"……薛蟠道："要不是我也不敢惊动，只因明儿五月初三日是我的生日（顺治元年五月初三吴三桂正式服官清朝，被《红楼梦》写成了他的重生之日。又说五月初三也是贾宝玉的生日，意思是说，吴三桂引领清兵入关之时，就是大清国入主中原之日），谁知古董行的程日兴（朝廷吏部尚书），他不知那里寻了来的这么粗这么长粉脆的鲜藕，这么大的大西瓜，这么长一尾新鲜的鲟鱼，这么大的一个暹罗国进贡的灵柏香熏的暹猪……我连忙孝敬了母亲，赶着给你们老太太、姨父、姨母送了些去（为得封平西王而给孝庄与多尔衮送厚礼）。如今留了些，我要自己吃，恐怕折福，左思右想，除我之外，惟有你还配吃，所以特请你来（吴三桂又给顺治皇帝送厚礼）。"

> 一面说，一面来至他书房里。只见詹光、程日兴、胡斯来、单聘仁等并唱曲儿的都在这里……

"程日兴"与"冷子兴"是一对。"冷子兴"意为孝庄子孙兴盛众多。"程日兴"意为孝庄臣属日日兴盛壮大。两人同为古董商。古董商可以写成骨董商，即管理人事的官员。"冷子兴"是管理皇子皇孙的官员，"程日兴"为管理封疆大吏的吏部官员。"詹光"即"沾光"；"单聘仁"为"善骗人"，两人隐射汉族降臣。"胡斯来"为"胡人此来"，隐射满蒙亲贵。

吴三桂盼清兵，不料李闯王的部队先到。吴三桂登关固守，但见千军万马后面有一黄盖,簇拥着李闯王,把吴三桂困在垓心。两军从早晨杀到日暮,闯军未退。闯将唐通与白广恩,带兵二万,也从关外杀来,吴三桂腹背受敌。正惊恐中忽听东北角炮声震天,一军疾驰而至,旗帜为红黄蓝白四色,乃清豫王多铎、英王阿济格率前队兵马来救。吴三桂方绝处逢生。

吴三桂开关东出,冲开一条血路,直奔清营,倒身下拜多尔衮。多尔衮出座相扶。吴三桂哭诉李闯残毁宫阙、故主自尽、全家被掳。多尔衮答应为他报仇雪恨。吴三桂道:王爷仗义兴师,为吴某报仇,某非木石,敢负鸿慈?多尔衮道:如得定中原,当以王爵相报。摄政王与平西伯在长城脚下"杀马为誓"。吴三桂用中原的半壁山河,换来了大清国平西王的桂冠。吴三桂认为清朝的江山社稷,是自己送给摄政王多尔衮的(贾赦与贾政,所以孙绍祖扬言老岳父贾赦欠了他家"五千两银子"。贾赦出事后,孙绍祖派人向贾政讨还银子。孙绍祖隐射吴三桂的儿子吴应熊,而贾赦与贾政都隐射摄政王多尔衮)。

第八十回中迎春告发孙绍祖说:"又说老爷曾收着他五千银子,不该使了他的。如今他来要了两三次不得,他便指着我的脸说道:'你别和我充夫人娘子,你老子使了我五千银子,把你准折卖给我的。'"——就是隐射顺治元年多尔衮与吴三桂的长城之盟。吴家抱怨满清政府对投降过来的汉族官将几次三番地失言失信,甚至要撤去平西王番号爵位。

李自成自松山石河一战,早识清兵厉害,今见清兵来援山海关,望风生畏,鼠窜而去。吴三桂便请多尔衮入关,复祭告天地,歃血为盟。这就是著名的杀马为誓长城之盟。

"石河战役"的历史人物除祖大寿以外,全体人马都进了《红楼梦》:

多尔衮(贾雨村)令吴三桂(薛蟠)人马攻贼右面,清军兵马攻贼左面。两边排着阵势,李闯(冯渊、冯紫英)的兵约多一倍。吴三桂(薛蟠)领着本部人马,向闯兵最多处杀进。多尔衮(贾雨村、贾政与贾琏)领着英亲王阿济格(贾蓉)、豫亲王多铎(贾蔷)、洪承畴(贾瑞)、孔有德(贾敬)、尚可喜(潘三保之一)、祖大寿(早死而未进书中)等,上山观战。但见李闯(冯渊、冯紫英)挟着明太子诸王等,指麾贼众,把三桂(薛蟠)军围了四五重。三桂(薛蟠)军队人人血战,冲荡数十回,呼杀声震动海峤。海滨忽起一阵怪风,天昏地暗,不辨彼此。多尔衮(贾雨村、贾政与贾琏)惊道:吴三桂（薛蟠）要陷没阵中了，快去救他！多铎（贾蔷）、阿济格（贾蓉）应声而出，洪承畴（贾瑞）、孔有德（贾敬）、尚可喜（潘三保之一）、祖大寿等亦随下，万马奔腾，齐向敌阵冲入。

此即《红楼梦》中柳湘莲救薛蟠故事的历史隐意。柳湘莲救薛蟠隐射顺治皇帝的部下多尔衮、多铎、阿济格、洪承畴、祖大寿、孔有德、尚可喜等在石河战场解救吴三桂。重点强调定南王孔有德部参与了援救吴三桂的战斗。因为柳湘莲隐射孔有德的儿子顺治皇帝。第六十六回《情小妹耻情归地府》：

薛蟠（吴三桂）笑道："天下竟有这样奇事。我同伙计贩了货物，自春天（崇祯十七年、顺治元年春）起身，往回里走（往北京走），一路平安（已经答应归降李自成）。谁知前日到了平安州（直隶，今河北滦州）界，遇一伙强盗（李自成部），已将东西劫去（李自成抢掠了吴家，还抢掠了女人陈圆圆）。不想柳二弟从那边来了（顺治皇帝部下多尔衮的满洲八旗兵马），方把贼人赶散，夺回货物，还救了我们的性命（石河战役得胜，夺回陈圆圆，吴三桂起死回生）。我谢他又不受，所以我们结拜了生死弟兄（多尔衮与吴三桂杀马为誓，长城之盟），如今一路进京（吴清联军，共同攻击占领北京的李自成）。从此后我们是亲弟亲兄一般（汉满一家亲了）。到前面岔口上分路，他就分路往南二百里有他一个姑妈，他去望候望候（隐射定南王孔有德的部队还要继续南征桂林）。我先进京去安置了我的事（五月初三正式服官清朝，受任平西王），然后给他寻一所宅子（指帮助多尔衮收拾好被李自成部分焚毁的明故宫——贾政领导的大观园修建工程），寻一门好亲事，大家过起来。"

谁说薛蟠（吴三桂）没有文化，他将明亡清兴的历史讲得一清二楚。第二十六回：

薛蟠（吴三桂）见他面上有些青伤，便笑道："这脸上又和谁挥拳的？挂了幌子了。"冯紫英（李自成）笑道："从那一遭把仇都尉（九州之主明朝皇帝）的儿子（崇祯皇帝自缢）打伤了，我就记了再不惬气，如何又挥拳？这个脸上，是前日（崇祯十七年四月二十二日）打围，在铁网（长城）山（石河）教兔鹘（炮火）捎一翅膀。"宝玉道："几时的话？"紫英道："三月二十八日（李自成部离京招降吴三桂的日子）去的，前儿也就回来了。"宝玉道：

"怪道前儿初三四儿（李自成部到达山海关的日子），我在沈世兄家（沈阳故宫）赴席不见你呢。我要问，不知怎么就忘了。单你去了，还是老世伯也去了？"紫英道："可不是家父去，我没法儿，去罢了。难道我闲疯了，咱们几个人吃酒听唱的不乐，寻那个苦恼去？这一次，大不幸之中又大幸（石河会战李自成只留下一条命，为万幸也）。"

冯紫英（李自成）听说，便立起身来说道："论理，我该陪饮几杯才是，只是今儿有一件大大要紧的事（急于回北京登基做大顺朝皇帝），回去还要见家父面回，实不敢领。"薛蟠（吴三桂）宝玉众人（顺治皇帝部下）那里肯依，死拉着不放（穷追猛打）。冯紫英笑道："这又奇了。你我这些年，那回儿有这个道理的（转战多年，未曾如此惨败）？果然不能遵命。若必定叫我领，拿大杯来，我领两杯就是了。"众人听说，只得罢了，薛蟠执壶，宝玉把盏，斟了两大海。那冯紫英站着，一气而尽（吴清联合作战，李自成连败两阵）。宝玉道："你到底把这个'不幸之幸'说完了再走。"冯紫英笑道："今儿说的也不尽兴。我为这个，还要特治一东，请你们去细谈一谈；二则还有所恳之处。"说着执手就走（李自成落荒而逃）。

《红楼梦》记录的"石河战役"与清史记载严丝合缝。《爝火录》记载：

明崇祯十七年（1644年）四月二十九日丙戌：李自成僭帝号于武英殿，追尊七代皆为帝后……下午，贼（李自成）命运草入宫城，塞诸殿门。是夕，焚宫殿及九门城楼。

三十日丁亥：李自成先走……出宫时，用大炮打入诸殿。又令诸贼各寓皆放火。日晡火发，狂焰交奋……门楼既崩，城门之下皆火……日夕，各草场火起，光耀如同白昼，喊声、炮声彻夜不绝。

明宫经此一焚，损毁不轻。

吴三桂遂令军士扑灭余焰，急忙到家。故庐尚在，人迹杳然。他亦无心去迎多尔衮，领兵出了西门，追赶李闯。到了庆都，见李闯后队不远，便追杀过去。李闯急令部将回马迎战，被吴三桂军杀败，抛弃甲仗无数。祖大寿、孔有德从京城赶到，促令班师。三桂道："逐寇如追逃，奈何中止？"大寿道："这是范老先生意见，说是穷寇勿追，且回都再议。"三桂无奈，偕大寿等回见多尔衮。

李闯西奔,如何恰把陈圆圆撇下?原来圆圆秉性聪明,闻吴三桂来追,李闯欲走,她思破镜重圆,就向李闯说:留下圆圆,一可止追军,二可止妻妾相嫉。李自成正好也玩腻了,故陈圆圆留京,流徙民家。《红楼梦》中薛蟠吴三桂与冯渊李自成争夺甄英莲,即争夺优伶陈圆圆,前者得到了贾雨村多尔衮的诸多帮助。

吴三桂至民家接回圆圆,圆圆意图自尽。三桂道:"我不疑卿,谁敢疑卿!"吴三桂后来称帝,陈圆圆贵为"皇贵妃"。所以进入《金陵十二钗》副册第一名。

五月初三,吴三桂正式归附清廷。《红楼梦》里说此乃薛蟠吴三桂的生日。五月初九,吴三桂受封平西王,后开藩云南。《红楼梦》里说薛蟠吴三桂到南方"行商"去了。

《红楼梦》用两次酒宴隐写了李自成石河战役的惨败、北京称帝一天与败退商洛山的结局,对顺治元年至顺治四年满清政府镇压农民军的战争进行了高度概括与总结。

崇祯十七年(顺治元年)四月二十二日,吴三桂联合清兵于山海关外之石河地区,一举战败李自成。此乃满清入主中原最重要的事件,也是《红楼梦》浓墨重彩描写的故事。

据史料记载,明末腐败,民不堪命,各地农民起义风起云涌,崇祯三年(1630年),李自成于米脂号召饥民起义。崇祯十七年,在军师宋献策等人的协助下,率领大顺军攻克北京城,推翻朱明王朝。李自成进京后,不听从部下的劝告,执意到山海关亲征吴三桂,致使吴三桂引清兵入关,结果被打得大败。

第二次酒会。第二十八回隐写了李自成(冯紫英)从北京一直败退到陕西河南的商洛山这一段史实:

一径到了冯紫英(李自成)家门口,有人报与了冯紫英,出来迎接进去。只见薛蟠(吴三桂)早已在那里久候,还有许多唱曲儿的小厮并唱小旦的蒋玉菡(管理龙袍玉玺盒的官员)、锦香院的妓女云儿(李自成与吴三桂争夺的陈圆圆)。大家都见过了,然后吃茶。宝玉(顺治皇帝的满洲八旗劲旅)擎茶笑道:"前儿所言幸与不幸之事,我昼悬夜想,今日一闻呼唤即至。"冯紫英笑道："你们令表兄弟倒都心实。前日不过是我的设辞，诚心请你们一饮，恐又推托，故说下这句话。今日一邀即至，谁知都信真了。"说毕大家一笑，然后摆上酒来，依次坐定。冯紫英先命唱曲儿的小厮过来让酒，然后命云儿也来敬。

宴会的阵势非同小可。顺治皇帝的满洲八旗劲旅、吴三桂、李自成及三方争夺的龙袍玉玺（蒋玉菡）都来了。吴三桂、李自成双方争夺的陈圆圆（云儿）也来了。

冯紫英的"幸"，指李自成从石河战场上逃出了一条命，"不幸"指李自成在北京皇宫只当了一天皇帝，就落荒而逃。

"一闻呼唤即至"——隐射清吴联军对李自成穷追不舍。

下该冯紫英（李自成），说道："女儿悲，儿夫染病在垂危（民间的实际情况）。女儿愁，大风吹倒梳妆楼（崇祯王朝的情况）。女儿喜，头胎养了双生子（崇祯自缢后出现过李自成大顺朝与吴三桂大周朝两个汉族皇帝）。女儿乐，私向花园掏蟋蟀（满汉战争结束后的情况）。"说毕，端起酒来，唱道：

你是个可人，你是个多情，你是个刁钻古怪鬼灵精，你是个神仙也不灵。我说的话儿你全不信，只叫你去背地里细打听，才知道我疼你不疼！

此乃李自成（冯紫英）对陈圆圆（云儿）的态度

"鸡声茅店月"出自温庭筠的《商山早行》——隐射李自成败回商洛山老营。此乃这一段故事情节想要揭示的最后重要的信息。

第三节　辅政四大臣

第十九回《情切切良宵花解语　意绵绵静日玉生香》写了入关初期的小福临对茗烟与万儿的不解之思。又写了"香芋"何以变"林黛玉"的不解之思。

茗烟与万儿的小插曲隐射正黄旗老臣索尼与孝庄皇太后的特殊关系。

小耗子偷香芋隐射多尔衮与孝庄皇太后的叔嫂关系。

贾宝玉四大书童隐射顺治皇帝最信任并身后托孤的四位辅政大臣——索尼、苏克萨哈麟、遏必隆与鳌拜。第十九回：

第一个凤姐事多任重，别人或可偷安躲静，独他是不能脱得的；二则本性要强，不肯落人褒贬，只扎挣着与无事的人一样。第一个宝玉是极无事最闲暇的。——隐射入主北京后，三十二岁的孝庄皇太后最忙（"凤姐事多任重"），而七岁的顺治皇帝"极无事最闲暇的"。

谁想贾珍这边唱的是《丁郎认父》、《黄伯央大摆阴魂阵》，更有《孙行者大闹天宫》、《姜子牙斩将封神》等类的戏文。倏尔神鬼乱出，忽又妖魔毕露，甚至于扬幡过会，号佛行香，锣鼓喊叫之声闻于巷外。满街之人个个都赞："好热闹戏，别人家断不能有的。"宝玉见那繁华热闹到如此不堪的田地，只略坐了一坐，便走开各处闲耍。

《丁郎认父》隐射顺治皇帝（贾珍）需要认识自己的身世血统，读者也必须了解贾珍、贾珠、贾宝玉与贾琏、贾芸、柳湘莲的真正父亲乃是定南王孔有德（"一道"），并非爱新觉罗·皇太极（"一僧"）。

《黄伯央大摆阴魂阵》隐射多尔衮与孝庄皇太后的明争暗斗。

《孙行者大闹天宫》隐射满清入主中原乃是孙猴子（孝庄）西游记。

《姜子牙斩将封神》隐射多尔衮指挥的满汉战争，他与孝庄皇太后封的王，既有满蒙亲贵，也有汉族异姓王。

贾珍顺治皇帝从小看的戏，都是皇宫里明亡清兴的历史大戏，而不是公子红妆的小家子戏。

宝玉见一个人没有，因想："这里素日有个小书房，内曾挂着一轴美人，极画的得神。今日这般热闹，想那里自然无人，那美人也自然是寂寞的，须得我去望慰他一回。"想着，便往书房里来。刚到窗前，闻得房内有呻吟之韵。宝玉倒唬了一跳：敢是美人活了不成？乃乍着胆子，舔破窗纸，向内一看——那轴美人却不曾活，却是茗烟（索尼）按着一个女孩子（孝庄皇太后），也干那警幻所训之事。宝玉禁不住大叫："了不得！"一脚踹进门去，将那两个唬开了，抖衣而颤……茗烟见是宝玉，忙跪求不迭。宝玉道："青天白日，这是怎么说。珍大爷知道，你是死是活？"一面看那丫头，虽不标致，倒还白净，些微亦动人处，羞的面红耳赤，低首无言。宝玉跺脚道："还不快跑！"一语提醒了那丫头，飞也似去了（孝庄的美事被小儿子撞见，已经不是一次了）。宝玉又赶出去，叫道："你别怕，我是不告诉人的。"急的茗烟在后叫："祖宗，这是分明告诉人了！"

宝玉因问："那丫头十几岁了？"茗烟道："大不过十六七岁了。"宝玉道："连他的岁属也不问问，别的自然越发不知了。可见他白认得你了。可怜，可怜！"又问："名字叫什么？"茗烟大笑（索尼并不害怕仅仅八岁的福临）道："若说出名字来话长，真真新鲜奇文，竟是写不出来的。据他说，他母亲养他的时节做了一个梦，梦见得了一匹锦（要当后金皇妃），上面是五色富贵不断头的花样，所以他的名字叫作万儿。"宝玉听了笑道："真也新奇，想必他将来有些造化。"说着，沉思一会。

"一轴美人，极画的得神。"——自然是活美人孝庄皇太后了。"美人寂寞"，小儿子要去"望慰他一回"，不想遇到了不太明白的怪事情。

"一轴美人"与秦可卿屋里《海棠春睡图》上的"美人"，与薛蟠对贾宝玉讲的《一幅春宫》图上的"美人"，都指孝庄皇太后，她确实是个美女。

"禁不住大叫：'了不得！'一脚踹进门去，将那两个唬开了，抖衣而颤。"——老臣索尼（茗烟）唬的"抖衣而颤"。从此对孝庄母子更加伏首听命了。孝庄与索尼的奸情，首先是女主子拉拢两黄旗的政治行为。

"梦见得了一匹锦"，隐射孝庄早就做了后金皇妃（沈阳天聪、崇德时代）。

"五色富贵不断头"，隐射孝庄（万儿）经历了天命、天聪、崇德、顺治、康熙五朝的富贵荣华，是皇帝的妃子、皇后、皇太后与太皇太后。

"叫作万儿"，隐射朝野山呼孝庄老佛爷"万寿无疆"。

"大不过十六七岁了"，隐射当时孝庄三十三岁也（十六加十七等于三十三岁）。此事发生在顺治二年，当时的福临八岁。

"你别怕，我是不告诉人的。"，隐射八岁的顺治皇帝的孩子话。后来索尼成了首辅辅政大臣，他的孙女赫舍里氏成了康熙的皇后，都与"将那两个唬开了，抖衣而颤"的历史有密切关系。皇宫里的裙带上有"情缘自浅深"也。

第八章 大观园外的男人们

索尼（茗烟）带领顺治皇帝（贾宝玉）的四大铁杆保皇派（四大书童），在第九回里进行了一次赤膊上阵的表演。《起嫌疑顽童闹学堂》是全书写得最精彩的一段，隐射顺治登基时的政治与军事形势。——"原来这学中虽都是本族人丁与些亲戚家的子弟，俗语说的好，'一龙生九种，种种各别。'未免人多了，就有龙蛇混杂，下流人物在内。"

顺治元年六月，为庆贺清军抵定燕京，孝庄皇太后以皇帝的名义大赏群臣。七月，为中原平定、迁都燕京，皇帝遣官告祭天地祖宗。八月，做了迁都前的人事安排：命正黄旗内大臣何洛会、镶黄旗梅勒章京阿哈尼堪等率八旗驻防盛京及东北地区的所有城镇，以防不测。八月二十日，顺治帝与皇太后博尔济吉特氏在文武百官的保护之下，离开盛京迁往北京。九月十八日，迁京的队伍到达通州。多尔衮早已率文武群臣恭候在预先设好的行殿旁。当时清王朝的各项礼仪制度还没有完善，皇帝入宫殿的一应仪式，都是由前明礼部的汉官按照明朝礼仪设计的。顺治帝进入行殿，在庄严的礼乐伴奏下，对天行三跪九叩礼，然后登上御座，接受多尔衮及先期抵京的诸王百官的朝拜。顺治帝在行殿更换了礼服，由百官做先导，从永定门经正阳门、大清门、承天门进入皇宫武英殿。

顺治帝入宫后第一项重要的活动就是举行登极大典。登极典礼是封建王朝最重要的大礼，明朝都在最庄严的皇极殿举行。但清入关时，皇极殿（太和殿）已被李自成焚毁，多尔衮在短时间内无法修整，只好因地制宜，将大典改在残存的皇极门（今太和门）举行。多尔衮授意礼部择定十月初一举行登极大典，典礼的仪式同样是由原礼部官员参照明代登极礼制定。

礼部官员先祭告太庙和社稷坛，然后引导七岁的顺治皇帝到天坛祭告皇天后土，由读祝官代行宣称：清王朝"承祖宗功德，倚任贤亲"，"救民水火，扫除暴虐，抚辑黎元"，因此，他们才能"定鼎燕京，以绥中国"（《清实录》）。这篇祝文是祭天礼中必不可少的一项，也表示多尔衮要辅佐顺治帝，继续追剿农民军，使清政权在中原大地站稳脚跟。

顺治帝行过祭天礼后，回宫登上设在皇极门的宝座，接受百官朝贺。清王朝统治中国近二百六十八年的历史，从此正式开始了。《起嫌疑顽童闹学堂》的隐意：

"家学"——隐射刚入关不久的满清朝廷。

"学堂"——隐射顺治登基的故宫太和殿与朝堂。

贾代儒与贾瑞管理"学堂"——隐射洪承畴降清后,与范文程一起参赞军机。

贾宝玉——隐射尚未亲政的顺治小皇帝。

贾宝玉上学那天——隐射顺治元年十月初一太和殿登基的日子。

贾瑞——隐射汉族大学士洪承畴。

"众清客相公们"——隐射朝廷的汉族大学士(九卿)。

贾政——隐射皇叔父摄政王多尔衮。

薛蟠——隐射平西王吴三桂。

"香怜"——隐射"香菱与甄英莲"(陈圆圆与明代传国玉玺)。

"玉爱"——隐射林黛玉孝庄与清朝传国玉玺。也隐射吴三桂与孝庄的暧昧关系。

贾蔷——隐射豫亲王多铎。多铎与多尔衮、阿济格是亲兄弟,所以学堂"闹起来",他先是火上浇油,然后就回避而去。

贾蓉——"闹学堂"时期的贾蓉隐射阿济格势力。

茗烟(索尼)、锄药(遏必隆)、扫红(苏克萨哈麟)、墨雨(鳌拜)——隐射顺治皇帝最信任的四位宗室亲贵,后来均为托孤的顾命大臣。

李贵——隐射顺治的铁杆保皇派济尔哈朗大叔。

金荣——隐射肃亲王豪格。他虽然是皇太极长子,却因与多尔衮、顺治争夺皇位而成了吃气包,不久就沦落为老奴才"焦大"了。

贾菌与贾兰——隐射当时尚未出世的康熙皇帝,虽然尚未出世,但代表"佟半朝":佟养牲与佟养真的后人——佟图赖家族。他俩"隔着桌子"参战是"隔代"参战的意思。贾菌康熙皇帝代表佟养牲后裔的势力,贾兰康熙皇帝代表佟养真后裔的势力。

第九回隐射朝廷里各派系错综复杂的矛盾与斗争——入关初期,满清朝廷里确实"龙蛇混杂,下流人物在内"。北京的权力之争,是盛京权力之争的继续与发展,但比崇德八年八月下旬在沈阳故宫的剑拔弩张,已经文明多了。

崇德八年八月初九,皇太极"无疾"而崩,清廷围绕皇位问题,开始了一场长达八年的内部斗争。礼亲王代善(赖爷爷)、睿亲王多尔衮(贾政与贾琏)、英亲王阿济格(贾蓉)、豫亲王多铎(贾蔷)、肃亲王豪格(金荣与焦大）都有争位野心，险些发生武装冲突。《清史稿·索尼传》记载：

太宗崩后五日，睿亲王多尔衮诣三官庙，召索尼议册立。索尼曰："先帝有皇子在，必立其一。他非所知也。"是夕，巴牙喇纛章京图赖诣索尼，告以定立皇子。黎明，两黄旗大臣盟于大清门，令两旗巴牙喇兵张弓挟矢，环立宫殿，率以诣崇政殿。诸王大臣列从东西庑，索尼及巴图鲁鳌拜首言立皇子，睿亲王令暂退。英亲王阿济格、豫亲王多铎劝睿亲王即帝位，睿亲王犹豫未决。豫亲王曰："若不允，当立我。我名在太祖遗诏。"睿亲王曰："肃亲王亦有名，不独王也。"豫亲王又曰："不立我，论长当立礼亲王。"礼亲王曰："睿亲王若允，我国之福。否则当立皇子。我老矣，能胜此耶？"

皇太极死后实权操在多尔衮之手，但多尔衮自立的条件尚不成熟，阻力来自原皇太极的两黄旗大臣。在不得已的情况下，多尔衮最后议定由皇太极的第九子、年仅六岁的福临即帝位。福临不是皇长子，但毕竟是皇子，这使索尼一派无可指责，从而避免了一场武装冲突。福临年幼，辅政王仍可操纵大权，待将来条件成熟，再废而自立也不为迟。于是茗烟（索尼）、锄药（遏必隆）、扫红（苏克萨哈麟）、墨雨（鳌拜）从此成了贾宝玉（顺治）的四大书童——铁杆保皇派。

当时多罗郡王阿达礼曾对多尔衮说："王正大位，我当从王。"（《东华录》）固山贝子硕托也向多尔衮透露："内大臣图尔格及御前侍卫等皆从我谋矣，王可自立。"二人和贝勒罗洛宏到礼亲王代善家，代善因病不能下床，二人附耳对代善说："众已定议立睿王矣，王何嘿嘿？"事后多尔衮和代善当众揭发了这件事，并让阿达礼和硕托当面对质，二人成了多尔衮笼络人心的替罪羊，以"扰乱国政"之罪被处死。一场激烈的皇权之争暂时缓和。

至是，礼亲王代善等奉福临即位，各王贝勒大臣共同誓书，昭告天地，同时宣布以郑亲王济尔哈朗（努尔哈赤弟弟舒尔哈齐的儿子）和睿亲王多尔衮辅政，改元顺治。顺治元年四月，顺治皇帝在笃恭殿拜多尔衮为大将军，亲赐大将军敕印，令他统大军南下，入关与李自成和南明王朝争夺天下。满洲八旗的统帅大权，尽在多尔衮掌中矣。如果没有孝庄皇太后，小"顽童"顺治就是汉献帝了。《起嫌疑顽童闹学堂》揭示了清初朝廷的主要矛盾：

（1）郑亲王济尔哈朗（李贵）与皇叔父摄政王多尔衮（贾政）的矛盾——

扶植顺治亲政与多尔衮阴谋篡权的矛盾。郑亲王济尔哈朗希望顺治尽快亲政，所以李贵说："哥儿已经念到第三本《诗经》。"（第三代的"实"际"经"验）——《诗经》者，"实经"也。多尔衮反对顺治攻读帝王之学，极恨郑亲王济尔哈朗，所以贾政对李贵说："等我闲一闲，先揭了你的皮，再和那不长进的算账！"后来多尔衮果真"揭了"郑亲王济尔哈朗的"皮"，将他降为郡王，剥夺了听政的权利，由自己的亲弟弟多铎取而代之。多尔衮死后，济尔哈朗带头弹劾多尔衮，将多尔衮挖坟鞭尸，割头示众，削爵抄家，贬为庶民。

（2）皇叔父摄政王多尔衮（贾政）与洪承畴（贾瑞）及汉族大学士（九卿）对顺治学习汉学的不同意见——多尔衮希望顺治小皇帝永远是个顽童，只会满语就行了。洪承畴及汉族大学士希望顺治成为历代英主那样的好皇帝。但多尔衮在福临十四岁亲政之前，始终不同意对他进行汉学教育，所以"贾政冷笑道："你如果再提'上学'两个字，连我也羞死了。依我的话，你竟顽你的去是正理。"九卿希望顺治三二年内亲政，所以众清客们说："老世翁何必又如此。今日世兄一去，三二年就可显身成名的了。"一个"又"字，隐射为了顺治的汉学问题，双方争斗久矣。

（3）顺治皇帝（贾宝玉）与皇父摄政王多尔衮（贾政）的矛盾——顺治皇帝想及早亲政，拼命攻读汉学，累得吐血，新皇后（袭人代表的蒙族后妃）认为"一则贪多嚼不烂，二则身子也要保重"。蒙古族后宫势力支持顺治皇帝攻读汉学，但又担心他到"一里外"路上的人身安全，怕被多尔衮的势力加害："读书是极好的事，不然就潦倒一辈子，终久怎么样呢？但只一件，只是念书的时节想着书，不念的时节想着家些。别和他们一处玩闹，碰见老爷（指多尔衮）不是顽的。"孝庄皇太后（林黛玉）支持顺治攻读汉学，能成为一代明君："好！这一去，可定是要'蟾宫折桂'去了。"

（4）贾瑞洪承畴与薛蟠吴三桂又勾结又有矛盾——贾瑞"附助着薛蟠"，"反助纣为虐讨好儿"。薛蟠吴三桂"连香、玉亦已见弃，贾瑞也无了提携帮衬之人"——隐射吴三桂与旧部下和孝庄势力也有了矛盾。

（5）顺治皇帝、摄政王多尔衮与皇长子肃亲王豪格的矛盾——贾宝玉一派与金荣一派大打出手。最后是金荣"赔礼道歉"，隐射肃亲王豪格终于下狱，并死于狱中的历史事实。

(6) 佟半朝兄弟的汉军八旗与豪格满洲八旗的矛盾——佟图赖的外孙康熙皇帝由贾菌与贾兰隐射，与金荣肃亲王豪格"隔着桌子"（隔了一代）也打了起来。

(7) 多铎（贾蔷）对汉族大学士洪承畴（贾瑞）的尴尬处境，对顺治皇帝（贾宝玉）与皇兄豪格（金荣）的矛盾，持看笑话并火上浇油的态度，打起来就溜之乎也。

(8) 满洲老臣济尔哈朗（李贵）对汉族大学士洪承畴（贾瑞）参与朝政十分不满，而只能徒唤奈何：

李贵说："这都是瑞大爷的不是，太爷（范文程）不在这里，你老人家就是这学里（朝廷）的头脑了，众人看着你行事。众人有了不是，该打的打，该罚的罚，如何等闹到这步田地不管？"贾瑞（洪承畴）道："我吆喝着都不听（隐射汉臣大学士说了不算）。"李贵笑道："不怕你老人家恼我，素日你老人家到底有些不正经（因接受了孝庄的色诱而投降满清），所以这些兄弟才不听。就闹到太爷跟前去，连你老人家也脱不过的。还不快作主意撕罗开了罢。"

多铎（贾蔷）与阿济格（贾蓉）是同胞弟兄，自然关系"最好"。肃亲王豪格（金荣）、洪承畴（贾瑞）与吴三桂（薛蟠）为什么都是"相知"呢？因为豪格（金荣）于"崇德元年四月，进封肃亲王，掌户部事。寻坐党岳漏上言有怨心，降贝勒，解任，罚银千……九月，坐固山额真鄂莫克图欲胁取蒙古台吉博洛女媚事豪格，豪格不治其罪，罢部任，罚银千"。他一路走背字，直到擒获洪承畴（贾瑞），立了功，才转过运来。后来就与他擒获的俘虏成了好哥们儿。

《清史稿》云："（天聪）七年，松山明将夏承德密遣人请降，以其子舒为质，豪格遣左右翼夜梯城入，八旗兵继之，旦，克松山，获承畴及巡抚邱民仰等，斩官百余、兵千六十有奇。进驻杏山，复偕济尔哈朗克塔山。因功，复原封，赐鞍马一、蟒缎百。"

肃亲王豪格（金荣）在从龙入关后，担任西征总司令，与吴三桂（薛蟠）一起攻伐李自成（冯紫英），两人在并肩作战中建立了生死情谊。肃亲王豪格（由金荣变成了焦大）回京时私下告诉吴三桂，恐怕自己活不成了，因为老婆被小叔父多尔衮看上了,两个狗男女日夜厮混在一起,自己回京必死,这不是"功高震主,而是色上有刀"也。

《清史稿》云:"(顺治)三年,命为靖远大将军,偕衍禧郡王罗洛浑、贝勒尼堪等西征……四年八月,遵义、夔州、茂州、荣昌、隆昌、富顺、内江、宝阳诸郡县悉定。四川平。五年二月,师还,上御太和殿宴劳。睿亲王多尔衮与豪格有夙隙,坐豪格徇隐部将冒功及擢用罪人扬善弟吉赛,系豪格于狱。三月,薨。"——焦大破口大骂"爬灰的爬灰",就是指侄媳妇被叔父霸占了,还害死了她的丈夫。

索尼(茗烟)是顺治皇帝(贾宝玉)"第一个得用的"——可见当年贾宝玉对茗烟与万儿的奸情高抬贵手,并不是白忙活。茗烟、锄药、扫红、墨雨,是贾宝玉的"御前侍卫",正黄旗的皇太极子孙,谁当了皇帝就忠于谁。

清太祖的弟弟舒尔哈齐是满清创立的第二号功臣,地位仅次于努尔哈赤,明朝边将称哈齐是建州二都督。哈齐去明朝朝见,明朝官员按照对待努尔哈赤的规格来接待。哈齐还和辽东总兵李成梁结成亲家。哈齐认为世受大明朝国恩,更应该加力报效。明朝承认了他们兄弟的地位后,他认为祖父与父亲的仇恨可以了结了,而努尔哈赤则一心入关夺取天下。

随着形势的发展,努尔哈赤不想让弟弟舒尔哈齐成为自己合法的继承人,兄弟矛盾日益激化。明万历三十七年,舒尔哈齐准备率领儿子逃跑,另立山头。努尔哈赤一怒之下,准备将其儿子全部杀掉,长子阿敏(未进《石头记》)、次子济尔哈朗(李贵)被众人求情保下。此后,努尔哈赤不断清洗舒尔哈齐的部众,没收他的全部家产。万历三十九年,舒尔哈齐被努尔哈赤害死。明朝知道后,痛加追悼。

舒尔哈齐家族不断受到打击,舒尔哈齐长子阿敏被皇太极幽禁,死于高墙之内。幼子济尔哈朗为人狡猾、善变,取得了皇太极的信任。清朝入主北京后,被首封为世袭罔替的郑亲王,是清初的八家铁帽子王之一(咸丰时代的顾命首辅大臣肃顺就是济尔哈朗的后裔)。

顺治十年五月,清世祖正式下诏为死去多年的舒尔哈齐平反,显然是济尔哈朗帮助顺治皇帝摧毁多尔衮势力后的酬佣。顺治皇帝亲政后追封舒尔哈齐为和硕庄亲王,配享太庙,这时,距离舒尔哈齐冤死已经四十四年了!

第四节　肃亲王豪格

　　肃亲王豪格（焦大）是清太宗的大儿子、顺治皇帝（贾珍、贾珠、贾琏、贾宝玉）的大哥，进入《红楼梦》，先降为宗亲（金荣），后沦为老奴（焦大）。因为摄政王体系与顺治皇帝体系都容不得肃亲王豪格的势力，所以，大阿哥肃亲王豪格降成了吃气包金荣与焦头烂额的大阿哥"焦大"。第九回：

　　原来这贾瑞（洪承畴）最是个图便宜没行止的人，每在学中以公报私，勒索子弟们请他；后又附助着薛蟠（吴三桂），图些银钱酒肉，一任薛蟠横行霸道，他不但不去管约，反助纣为虐讨好儿。偏那薛蟠本是浮萍心性，今日爱东，明日爱西，近来又有了新朋友，把香（陈圆圆）、玉（孝庄）二人丢开一边。就连金荣（肃亲王豪格）亦是当日的好朋友，自有了香、玉二人，便弃了金荣。近日连香、玉亦已见弃。故贾瑞也无了提携帮衬之人，不说薛蟠得新弃旧，只怨香、玉二人不在薛蟠前提携帮补他，因此贾瑞金荣等一干人，也正在醋妒他两个。今儿见秦、香二人来告金荣，贾瑞心中便不自在起来，不好呵叱秦钟（两黄旗），却拿着香怜（吴三桂部）作法，反说他多事，着实抢白了几句。香怜反讨了没趣，连秦钟也讪讪的各归坐位去了。金荣越发得了意，摇头咂嘴的，口内还说许多闲话，玉爱（孝庄势力）偏又听了不忿，两个人隔座咕咕唧唧的角起口来。金荣只一口咬定说："方才明明的撞见他两个在后院子里亲嘴摸屁股，一对一，撅草棍儿抽长短，谁长谁先干。"金荣只顾得意乱说，却不防还有别人。谁知早又触怒了一个。你道这个是谁？

　　金荣首先触怒了贾蔷隐射的豫亲王多铎。因为在吴三桂（薛蟠）引清兵入关之后，多尔衮三兄弟的两白旗势力（贾蓉隐射的阿济格，贾赦、贾政、贾琏隐射的多尔衮，贾蔷隐射的多铎）最强大。为了粉碎肃亲王豪格两黄旗势力的影响力，两白旗积极笼络吴三桂，将两黄旗势力从豪格手中转移到孝庄与顺治皇帝手中，也积极拉拢范文程（贾代儒）与洪承畴（贾瑞）等文臣。

"薛蟠本是浮萍心性，近日连香、玉亦已见弃。"——指吴三桂出尔反尔，归降满清后不久，就拥兵自重，后来竟然叛乱朝廷。

"金荣越发得了意，摇头咂嘴的，口内还说许多闲话，玉爱（孝庄势力）偏又听了不忿，两个人隔座咕咕唧唧的角起口来。"——肃亲王豪格失去两黄旗的支持，因为两黄旗在顺治登基后，直接归属了孝庄与福临。

"方才明明的撞见他两个在后院子里亲嘴摸屁股……"——秦钟指孝庄势力，香怜指吴三桂势力。入关之初，双方有一段蜜月期，孝庄与吴三桂不清不混。

在这个新的统一战线面前，肃亲王豪格（金荣）是极端孤立的。皇太极死后，长子肃亲王豪格（焦大）与努尔哈赤三幼子（贾政、贾琏、贾蓉、贾蔷）的矛盾达到剑拔弩张的程度，幸亏有礼亲王代善（赖爷爷）从中调处，才达成顺治（贾珍、贾珠、贾琏、贾宝玉）登基的折中方案。

顺治二年八月，肃亲王豪格与英亲王阿济格有功而受罚，《红楼梦》里的焦大与贾蓉就是他们的艺术化身。焦大大骂"爬灰"与"养小叔子"，而贾蓉骂贾府里"脏唐烂汉"，都源于此。

顺治二年十月，豫亲王多铎自江南班师回京，加封为和硕德豫亲王，部下均得晋升。英、豫二王还朝后，与摄政王多尔衮相见，俱蒙殷勤款待，独肃亲王豪格自山东还京，见了摄政王，偏碰着许多钉子，竟不知所为何因。其实豪格的死，"并非功高招忌，乃是色上有刀"。豪格死在自己老婆的美色上。

豪格的老婆博尔济吉特氏是孝端最小的亲侄女，是皇太极宸妃与庄妃最小的亲妹妹，也是多尔衮福晋最小的亲妹妹。在这四朵姐妹花中，小妹妹最娇艳，于是，多尔衮不断派肃亲王豪格出征，趁机霸占了这个倾国倾城的侄媳妇。顺治五年豪格从前方回到北京，竟然瘐死狱中，顺治七年正月，多尔衮纳豪格遗孀为福晋——所谓"爬灰的爬灰"。

清太宗皇太极共计十一子。肃亲王豪格，继妃乌喇纳喇氏生，为皇太极第一子。天聪六年，从伐察哈尔，移师入明边，略归化诸路。六月，进和硕贝勒。天聪九年，偕多尔衮等收察哈尔林丹汗子额哲，抵托里图，定盟。还抵归化城，复略山西边郡，毁宁武关，入代州、忻州。多尔衮是年获元顺帝的传国玉玺，也有豪格的一份功劳。所以，肃亲王豪格成为《红楼梦》中重要的人物——"璜大奶奶的侄儿"金荣，以及焦头烂额的大阿哥"焦大"。

第七回《送宫花贾琏戏熙凤》概括了豪格（焦大）悲惨的一生：

尤氏叹道："你难道不知这焦大的？连老爷（皇太极）都不理他的，你珍大哥哥（顺治皇帝）也不理他。只因他从小儿跟著太爷们（努尔哈赤）出过三四回兵，从死人堆里把太爷背了出来，得了命；自己挨著饿，却偷了东西来给主子吃；两日没得水（崇德、顺治两朝没得清朝的好处），得了半碗水给主子喝，他自己喝马溺。不过仗著这些功劳情分，有祖宗时，都另眼相待，如今谁肯难为他去。他自己又老了，又不顾体面，一味吃酒，吃醉了，无人不骂。我常说给管事的，不要派他差事，全当一个死的就完了……"那焦大特贾珍（顺治皇帝）不在家，即在家亦不好怎样他，更可以任意洒落洒落。因趁著酒兴，先骂大总管赖二（礼亲王第二代），说他不公道，欺软怕硬……"没良心的忘八羔子！瞎充管家！你也不想想，焦大太爷跷跷脚，比你的头还高呢。二十年头里的焦大太爷眼里有谁？别说你们这一起杂种王八羔子们（骂顺治皇帝是孔有德的杂种）！"……那焦大那里把贾蓉（玄烨、阿济格）放在眼，反大叫起来，赶著贾蓉叫："蓉哥儿，你别在焦大跟前使主子性儿。别说你这样儿的，就是你爹、你爷爷，也不敢和焦大挺腰子！不是焦大一个人，你们就做官儿享荣华受富贵？你祖宗九死一生挣下这家业，到如今了，不报我的恩，反和我充起主子来了。不和我说别的还可，若再说别的，咱们红刀子进去白刀子出来！"……焦大（豪格）越发连贾珍（顺治皇帝）都说出来，乱嚷乱叫说："我要往祠堂里哭太爷（父皇皇太极）去。那里承望到如今生下这些畜生来！每日家偷狗戏鸡，爬灰的爬灰，养小叔子的养小叔子，我什么不知道？咱们'胳膊折了往袖子里藏'（挑明豪格与福临是血亲）！"

"跟著太爷们出过三四回兵"——隐射豪格战功赫赫的一生。

"全当一个死的就完了"——隐射豪格冤死于狱中。

"咱们红刀子进去白刀子出来！"——隐射豪格、多尔衮争夺皇位，剑拔弩张。

"爬灰的爬灰"——隐射多尔衮霸占了侄媳妇（豪格的福晋）博尔济吉

特氏。

"养小叔子的养小叔子"——隐射孝庄与小叔子多尔衮的苟且关系。

焦大豪格死于两条：一是功高震主，与多尔衮、顺治争夺皇位。二是色上有刀，老婆被多尔衮霸占，他成了情杀的对象。

第五节 郑亲王济尔哈朗

郑亲王济尔哈朗与礼亲王代善家族的三个铁帽子王始终支持孝庄与顺治皇帝。蒙古四十九旗始终支持孝庄与顺治皇帝。汉族四大藩王孔有德、耿仲明、尚可喜与吴三桂，都直接受命于顺治皇帝。满蒙汉这三股势力加上皇太后与皇上自掌的上两旗——正黄旗与镶黄旗，约占满清军事势力的三分之二，这是多尔衮不敢明目张胆夺取皇位的主要原因。

进入《红楼梦》，多尔衮贾政几乎不问王夫人家事（后宫事务），而多尔衮贾琏根本做不了孝庄王熙凤的主。但多尔衮对朝廷是大权独揽，满洲皇室与宗室都变成奴才了。名义上的第一摄政王济尔哈朗变成了贾宝玉（顺治皇帝）的大跟班李贵。皇太极的兄长礼亲王代善，变成了贾府最高职位的老奴才"赖爷爷"。礼亲王代善袭爵的儿子变成第二大奴才"赖大"。礼亲王代善的孙子"赖尚荣"，变成了地方父母官的代表（县官，即现管）。蒙古四十九旗东西两大势力变成"林之孝"二主管（二木成林，博尔济吉特氏科尔沁与察哈尔蒙古后族）。

多尔衮执政七年，重点打击以摄政王济尔哈朗为首的满洲亲贵与以索尼为首的两黄旗老臣。《清史稿》载：

顺治"五年三月，贝子屯齐、尚善、屯齐喀等讦王诸罪状，言王当太宗初丧，不举发大臣谋立肃亲王豪格。召王就质，议罪当死，遂兴大狱。""五年，值清明，遣索尼祭昭陵，既行，贝子屯齐讦索尼与图赖等谋立肃亲王，论死，末减，夺官，籍其家，即安置昭陵。"

第九回《起嫌疑顽童闹学堂》再现了清初各派的矛盾与斗争：

偏生这日贾政回家早些，正在书房中与相公清客们闲谈。忽见宝玉进来请安，回说上学里去，贾政冷笑道："你如果再提'上学'两个字，连我也羞死了。依我的话，你竟顽你的去是正理。仔细站脏了我这地，靠脏了我的门！"众清客相公们都早起身笑道："老世翁何必又如此。今日世兄一去，三二年就可显身成名的了，断不似往年仍作小儿之态了。天也将饭时，世兄竟快请罢。"说着便有两个年老的携了宝玉出去。

贾政因问："跟宝玉的是谁？"只听外面答应了两声，早进来三四个大汉，打千儿请安。贾政看时，认得是宝玉的奶母之子，名唤李贵。因向他道："你们成日家跟他上学，他到底念了些什么书！倒念了些流言混话在肚子里，学了些精致的淘气。等我闲一闲，先揭了你的皮，再和那不长进的算账！"吓的李贵忙双膝跪下，摘了帽子，碰头有声，连连答应"是"，又回说："哥儿已经念到第三本《诗经》，什么'呦呦鹿鸣，荷叶浮萍'，小的不敢撒谎。"说的满座哄然大笑起来。贾政也掌不住笑了。因说道："那怕再念三十本《诗经》，也都是掩耳偷铃，哄人而已。你去请学里太爷的安，就说我说了：什么《诗经》古文，一概不用虚应故事，只是先把《四书》一气讲明背熟，是最要紧的。"李贵忙答应"是"，见贾政无话，方退出去。

郑亲王济尔哈朗与皇叔父摄政王多尔衮的矛盾，是皇太极死后满清政府内部的主要矛盾。济尔哈朗（李贵）与范文程、洪承畴（贾代儒与贾天祥）的观点并不完全一致。他认为首先是骑射开基，然后是汉学治国。这正是多尔衮最忌讳的。

济尔哈朗是清太祖的弟弟舒尔哈齐的第六子，乃皇室的远支。天聪八年八月，清世祖顺治皇帝即位，命郑亲王济尔哈朗与睿亲王多尔衮同为摄政王。济尔哈朗有自知之明："王令政事先白睿亲王，列衔亦先之。"

最初两位摄政王相安无事。顺治元年十月，顺治皇帝与孝庄皇太后封济尔哈朗为信义辅政叔王，他与多尔衮的矛盾激化。顺治四年二月，以济尔哈朗府第逾制，被多尔衮罚银二千，罢辅政。顺治五年三月，议罪当死，籍没。他被降为郡王。后被任命为定远大将军，率军下湖广。

多尔衮死后，济尔哈朗带头弹劾多尔衮，顺治八年二月，偕巽亲王满达海、端重亲王博洛、敬谨亲王尼堪奏削故睿亲王多尔衮爵，终于"揭了你的皮"：对多尔衮挖坟鞭尸，割头示众。三月，因年老，免朝贺、谢恩行礼。九年二月，进封叔和硕郑亲王。

此时宝玉独站在院外屏声静候，待他们出来，便忙忙的走了。李贵等一面弹衣服，一面说道："哥儿可听见了不曾？可先要揭我们的皮呢！人家的奴才跟主子赚些好体面，我们这等奴才白陪挨打受骂的。从此后也可怜见些才好。"宝玉笑道："好哥哥，你别委曲，我明儿请你。"李贵道："小祖宗，谁敢望你请？只求听一句半句话就有了。"说着，又至贾母这边，秦钟已早来候着了，贾母正和他说话儿呢。

李贵……说道："哥儿可听见了不曾？可先要揭我们的皮呢！人家的奴才跟主子赚些好体面，我们这等奴才白陪挨打受骂的。从此后也可怜见些才好。"——隐射顺治初年，多尔衮揭了济尔哈朗几次皮。

宝玉笑道："好哥哥，你别委曲，我明儿请你。"——隐射顺治八年"三月，以王老，免朝贺、谢恩行礼"。还隐射顺治"九年二月，进封叔和硕郑亲王"。

贾蔷（多铎）遂跺一跺靴子，故意整整衣服，看看日影儿说："是时候了。"遂先向贾瑞（洪承畴）说有事要早一步。贾瑞不敢强他，只得随他去了。

豫亲王多铎支持哥哥摄政王多尔衮，但老想向多尔衮要官要权要钱，多次受到多尔衮的处罚。他本来不支持顺治或豪格，但顺治登基后，多次褒奖提拔他。所以，他对多尔衮、豪格、济尔哈朗、顺治皇帝四股力量之间的争斗采取火上浇油、隔岸观火的超然态度：

外边李贵（济尔哈朗）等几个大仆人听见里边作反起来，忙都进来一齐喝住。问是何原故。众声不一，这一个如此说，那一个又如彼说。李贵且喝骂了茗烟四个（四位顾命大臣）一顿，撑了出去。秦钟（两黄旗势力）的头早撞在金荣的板上，打去一层油皮，宝玉（福临）正拿褂襟子替他揉呢，见喝住了众人，便命："李贵，收书！拉马来，我回去回太爷去！我们被人欺负了，不敢说别的，守礼来告诉瑞大爷（洪承畴），瑞大爷反倒派我们不是，听人家骂我们，还调唆他们打我们茗烟（索尼），连秦钟的头也打破（两黄旗首当其冲），这还在这里念什么书！茗烟他也是为有人欺侮我的。不如散了罢。"

从崇德八年八月清太宗皇太极去世，到顺治元年四月多尔衮奉命入关，多尔衮、阿济格与多铎三兄弟的两白旗势力日益增强，而皇太极执掌的两黄旗势力有所削弱，原因是大阿哥豪格与多尔衮争夺皇位，孝庄答应让多尔衮与济尔哈朗摄政，济尔哈朗是陪衬，其实是让多尔衮进入朝廷，与四位嫂子联合执政。在四位嫂子中孝端皇太后逐渐成了陪衬，而母以子贵的孝庄皇太后逐渐成了后宫的主宰。盛京形成了凤姐（孝庄皇太后）与贾琏（多尔衮）联合掌权的新格局（第十六回《贾元春才选凤藻宫　秦鲸卿夭逝黄泉路》——"孝庄后"才选"奉嫂宫"，"皇太极夭逝黄泉路"）。两黄旗伤了元气，处于以守为攻的局面——"秦钟（两黄旗势力）的头早撞在金荣的板上，打去一层油皮，宝玉正拿褂襟子替他揉呢。"洪承畴（瑞大爷）归降一年余，并无实权，在两黄旗内部斗争中，无所适从。

此时贾瑞（洪承畴）也怕闹大了，自己也不干净，只得委曲着来央告秦钟（两黄旗），又央告宝玉（两黄旗）。先是他二人不肯。后来宝玉说："不回去也罢了，只叫金荣赔不是便罢。"金荣先是不肯，后来禁不得贾瑞也来逼他去赔不是，李贵等只得好劝金荣说："原来是你起的端，你不这样，怎得了局？"金荣强不得，只得与秦钟作了揖。宝玉还不依，偏定要磕头。贾瑞只要暂息此事，又悄悄的劝金荣说："俗语说的好：'杀人不过头点地。'你既惹出事来，少不得下点气儿，磕个头就完事了。"金荣无奈，只得进前来与秦钟磕头。

"原来是你起的端，你不这样，怎得了局？"——崇德八年八月在确立皇位继承人的议政大会会场周围，肃亲王豪格两黄旗的武士，刀出鞘，箭上弦，剑拔弩张，杀气腾腾。最后豪格见势头不对，提前退场。

"李贵等只得好劝金荣"——一切内部矛盾的化解，都是由济尔哈朗（李贵）大叔主持进行的。先息事宁人，再后发制人，是济尔哈朗的政治个性。

"李贵"的意思为济尔哈朗忠于孝庄皇太后与顺治皇帝而终生富贵。"李贵"者，因"木子"而贵也。"木"为孝庄·布木布泰之谓也。"木子"为孝庄的儿子顺治皇帝福临也。

第六节　英亲王阿济格

英亲王阿济格，乃《红楼梦》里美丑兼容、窝窝囊囊的贾蓉。

阿济格，太祖第十二子。初授台吉。天聪二年，以擅主弟多铎婚，削爵，寻复之。这是阿济格仕途上大起大落的开端。

《清史稿》载："（天聪）三年，偕济尔哈朗略明锦州、宁远，焚其积聚，俘三千。复从上伐明，克龙井关，下汉儿庄城，克洪山口。进次遵化，击斩明总兵赵率教。薄明都，袁崇焕、祖大寿以兵两万赴援，屯广渠门外，师逐之，迫壕，阿济格马创，乃还。寻偕阿巴泰等略通州，至张家湾。寻从上阅蓟州，遇明山海关援兵，阿济格偕代善突入敌阵，大破之。"此乃"小耗子"阿济格跟随"老耗子"皇太极，到"山下庙里"偷盗"果品有五种"的第一次。

"（天聪）六年，从伐察哈尔，林丹汗遁。上移师伐明，令阿济格统左翼及蒙古兵略大同、宣府，尽得张家口所贮犒边财物。七年，迎降将孔有德，拒明及朝鲜兵……八年，从伐明，克保安，拔灵丘。崇德元年，进武英郡王。偕饶余贝勒阿巴泰及扬古利伐明，自雕鹗堡入长安岭，薄延庆。越保定至安州，克昌平、定兴、安肃、宝坻、东安、顺义、容城、文安诸县，五十六战皆捷，俘人畜十余万。又遣固山额真谭泰等设伏，斩遵化三屯营守将，获马百四十余。得优旨，赐鞍马一。师还，上迎劳地载门外十里，见阿济格劳瘠，为泪下，亲酌金瓯，劳之。"此乃"小耗子"阿济格跟随"老耗子"皇太极，到"山下庙里"偷盗"果品有五种"的第二次。

"（崇德）六年，偕济尔哈朗围锦州……屡击败明兵，赐银四千。洪承畴率诸将王朴、吴三桂等援锦州，号十三万。上亲视师，营松山。明兵奔塔山，阿济格追击之，获笔架山积粟，又偕多尔衮克敌台四，擒明将王希贤等，朴、三桂仅以身免。明兵犹守锦州、松山、杏山、高桥诸地，上还盛京，命阿济格（贾蓉）偕杜度、多铎（贾蔷）等围之。承畴（贾瑞）二千皆降。"

《红楼梦》第十二回《王熙凤毒设相思局》调侃地记录了阿济格（贾蓉）与多铎（贾蔷）在松潘战役中联合作战，设计在夜间俘获洪承畴（贾瑞）并押送盛京（沈阳）的情景：

第八章 大观园外的男人们

贾瑞（洪承畴）料定晚间必妥，此时先去了。凤姐（孝庄）在这里便点兵派将，设下圈套……正自胡猜，只见黑的来了一个人，贾瑞便意定是凤姐，不管皂白，饿虎一般，等那人刚至门前，便如猫儿捕鼠的一般，抱住叫道："亲嫂子，等死我了。"说着，抱到屋里炕上就亲嘴扯裤子，满口里"亲娘""亲爹"（对贰臣来说，"有奶便是娘也"）的乱叫起来。那人只不做声，贾瑞（洪承畴）拉了自己裤子，硬帮帮的就想顶入（盲目进攻，顾前不顾后，因而丢失了粮草）。忽然灯光一闪，只见贾蔷（多铎）举着个捻子照道："谁在屋里？"只见炕上那人笑道："瑞大叔要臊我呢。"贾瑞（洪承畴）一见，却是贾蓉（阿济格），真臊的无地可入，不知要怎么样才好，回身就要跑，被贾蔷（多铎）一把揪住道："别走！如今琏二婶已经告到太太跟前，说你无故调戏他。他暂用了个脱身计，哄你在这边等着，太太气死过去，因此叫我来拿你。刚才你又拦住他，没的说，跟我去见太太！"

崇德六年冬，夜间战争的实况为：明军在冈下只驻扎了七个营盘，寂静无声。多尔衮（贾政、贾琏）对阿济格（贾蓉）道："我看前面七营，定是护着粮草的人马，正好乘他不备，杀将过去。"遂即下山把部兵分作两翼，阿济格（贾蓉）率左，多尔衮（贾政、贾琏）率右，向明营扑去。这明营内军士因有松山大营挡住敌兵，毫不防备，正是鼾声四起的时候，猛被清兵捣入，人不及甲，马不及鞍，哪里还能抵敌？霎时间七座营盘，统已溃散，清兵驰至冈上，见有数百车辎重，立即搬运下山，从原路驰回。至洪承畴（贾瑞）闻报，率兵追赶，已是不及，急得洪承畴（贾瑞）面如土色……皇太极又料明军经此一挫，势必退走，当令得胜诸将，于次夜抄出杏山、塔山，分路埋伏，并一一授以密计；自己却亲督大军，严阵以待。约值初更时候，探报明营已动，即率军驰向明营，明洪承畴（贾瑞）、邱民仰率领曹变蛟、王廷臣两总兵，总共十员明将当即迎战。皆惨败被俘……承畴（贾瑞）此时，亦拔剑向项，转思我死亦须保全尸首，不如投缳为是，就解下腰带，挂在梁上。不防背后来了一人，将他一把抱住，旁边又转出数人，把洪承畴捆缚而去。先监押在大牢，后来在庄妃劝说下，就投降了。

松潘之战的实况与《红楼梦》的记录基本相符。当时被俘的十名明将，仅洪承畴因归降而存活，其余九人都不屈而死。《红楼梦》第十二回中"凤姐笑道：'象你这样的人能有几个呢，十个里也挑不出一个来。'"就是隐指这个历史事实。

《清史稿》载："顺治元年，从入关破李自成，进英亲王，赐鞍马二。命为靖远大将军，自边外入陕西，断自成归路，八战皆胜，克城四，降城三十八。时自成为多铎所败，弃西安走商州。诏多尚二十万，规取南京。阿济格以师从之。多铎趋淮、扬，而命阿济格率师讨自成。自成南走，及于邓州，复南至承天、德安、武昌、富池口、桑家口、九江，屡破敌，自成走死，斩其将刘宗敏，俘宋献策。"

阿济格与多铎于顺治元年十月同时受命为大将军，征讨李自成与南明反清势力。第十六回《贾元春才选凤藻宫》隐写了此事：

贾蔷（豫亲王多铎）又近前回说："下姑苏聘请教习，采买女孩子，置办乐器行头等事，大爷派了侄儿（顺治任命多铎征南），带领着来管家两个儿子（礼亲王代善家的两个铁帽子王爷），还有单聘仁、卜固修两个清客相公（汉军八旗部队），一同前去，所以命我来见叔叔（摄政王多尔衮）。"贾琏听了，将贾蔷打量了打量，笑道："你能在这一行么？这个事虽不算甚大，里头大有藏掖的。"贾蔷笑道："只好学习着办罢了。"

贾蓉（英亲王阿济格）在身旁灯影下悄拉凤姐（孝庄皇太后）的衣襟，凤姐会意，因笑道："你也太操心了，难道大爷（顺治皇帝）比咱们还不会用人？偏你又怕他不在行了。谁都是在行的？孩子们已长的这么大了，'没吃过猪肉，也看见过猪跑'。大爷派他去，原不过是个坐纛旗儿，难道认真的叫他讲价钱会经纪去呢！依我说就很好。"贾琏道："自然是这样。并不是我驳回，少不得替他算计算计。"因问："这一项银子动那一处的？"贾蔷道："才也议到这里。赖爷爷（礼亲王代善管粮草军饷）说，不用从京里带下去，江南甄家（南明）还收着我们五万银子（五位南明皇帝）。明日写一封书信会票我们带去，先支三万（先消灭三个皇帝），下剩二万存着（后来再收拾另外两个皇帝），等置办花烛彩灯并各色帘栊帐幔的使费。"贾琏点头道："这个主意好（多尔衮一锤定音）。"

……贾蓉（阿济格）忙送出来，又悄悄的向凤姐道："婶子要什么东西，吩咐我开个帐给蔷兄弟（三弟多铎）带了去，叫他按帐置办了来。"凤姐笑道:"别放你娘的屁!我的东西还没处撂呢,稀罕你们鬼鬼祟祟的?"说着一径去了(孝庄任命英亲王阿济格征西)。

《清史稿》载:"(英亲王征西)是役凡十三战,下郡县:河南十二,湖广三十九,江西、江南皆六。捷闻,上使赴军慰劳,诏曰:'王及行间将士驰驱跋涉,悬崖峻岭,深江大河,万有余里,劳苦功高。寇氛既靖,宜即班师。其招抚余兵,或留或散,王与诸大臣商榷行之。'诏未至,阿济格率师还京师。睿亲王多尔衮责阿济格不候诏班师,又自成未死时,先以死闻,遣人数其罪;又在午门张盖坐,召而斥之。复议方出师时,胁宣府巡抚李鉴释逮问赤城道……及擅取鄂尔多斯、土默特马,降郡王。寻复之。"阿济格(贾蓉)凯旋班师,顺治皇帝褒奖,摄政王多尔衮罪之,有功反而受过,降级削爵,为什么?

"阿济格自以功多,告多尔衮曰:'辅政德豫亲王征流寇至,追腾机思不取,功绩未著,不当优异其子……予乃太祖之子,皇帝之叔,宜称"叔王"。'多尔衮斥其妄,令勿预部务及交接汉官。"——原来是阿济格居功自傲,对亲弟弟多尔衮独揽朝纲,心怀不满也。所以有功反而受过。第六十三回《死金丹独艳理亲丧》对此有生动的记录:

贾蓉(阿济格)撇下他姨娘,便抱着丫头们亲嘴:"我的心肝,你说的是,咱们馋他两个。"丫头们忙推他,恨的骂:"短命鬼儿,你一般有老婆丫头,只和我们闹。知道的说是顽;不知道的人,再遇见那脏心烂肺的爱多管闲事嚼舌头的人,吵嚷的那府里谁不知道,谁不背地里嚼舌说咱们这边乱帐。"贾蓉(阿济格)笑道:"各门另户,谁管谁的事。都够使的了。从古至今,连汉朝和唐朝,人还说脏唐臭汉,何况咱们这宗人家(满清宗室)。谁家没风流事,别讨我说出来。连那边大老爷(清太宗皇太极)这么利害,琏叔(多尔衮)还和那小姨娘(豪格福晋博尔济吉特氏)不干净呢。凤姑娘(孝庄皇太后)那样刚强,瑞叔(洪承畴)还想他的帐。那一件瞒了我!"

《红楼梦》借阿济格(贾蓉)的一张臭嘴,将崇德与顺治初年满清皇室里"脏唐臭汉"的家底都抖搂出来了。阿济格与弟弟多尔衮有矛盾,但他们三兄弟是一个集团,根本利益是一致的。一旦多尔衮失势,三兄弟的下场同样悲惨。

《清史稿》载："八年正月，多尔衮薨于喀喇城，阿济格赴丧次，诸王夜临，独不至，召其子郡王劳亲以兵胁多尔衮所属使附己。丧还，上出迎，阿济格不去佩刀。劳亲兵至，阿济格张纛与合军。多尔衮左右讦阿济格欲为乱，郑亲王济尔哈朗等遣人于路监之。还京师，议削爵，幽禁。逾月，复议系别室，籍其家，诸子皆黜为庶人。十月，监守者告阿济格将于系所举火，赐死。"

多铎（贾蔷）死于顺治五年四月。多尔衮（贾政、贾琏）死于顺治七年十二月。阿济格（贾蓉）死于顺治八年十月。阿济格、多尔衮、多铎三兄弟都死了，顺治皇帝顺利亲政，开始了新的历史时期，即贾宝玉顺治时代。

第七节　豫亲王多铎

第九回云：

原来这一个名唤贾蔷，亦系宁府中之正派玄孙，父母早亡，从小儿跟贾珍过活，如今长了十六岁……

贾蔷隐射的豫亲王多铎，乃清太祖努尔哈赤第十五子。其二哥为摄政王多尔衮（贾政、贾琏）。其大哥为努尔哈赤第十二子、英亲王阿济格（贾蓉）。天命十一年，努尔哈赤逝世，三人之母大妃阿巴亥殉葬。皇太极为了安抚众心与笼络三幼弟，特谕三兄弟可以自由出入宫禁，如同一家人，所以云："从小儿跟贾珍过活。"

《清史稿》载：多铎"天聪二年，从太宗伐多罗特部有功，赐号额尔克楚呼尔"，从此出名。天聪十年改元崇德元年，为多铎的前九年。从崇德二年到顺治元年福临北京登基为多铎的中七年。两者加起来，恰好"十六岁"。

借"上学"而"斗鸡走狗，赏花玩柳"是豫亲王多铎（贾蔷）的一大毛病。顺治二年，他在归德会合肃亲王豪格，然后投鞭长江，走马江浙，得胜归来顺手掠了孀妇刘三季（龄官儿），归京后正式纳为福晋——第三十回《龄官划蔷痴及局外》。

豫亲王多铎（贾蔷）勾搭范文程（家学校长贾代儒）的小妾，在京城弄得风雨满城。贾蔷(豫亲王多铎)上学堂"赏花玩柳",就隐射此事。

肃亲王豪格(金荣与焦大)联合多尔衮的亲弟弟多铎(贾蔷),向摄政王要权,引起了多尔衮(贾政与贾琏)的警惕,于是,派了密探,监视两位亲王的行动。密探之一就是范文程(贾代儒)。

顺治(贾宝玉)在盛京登基后,豪格(金荣与焦大)想向摄政王索取若干差使,便去找小叔叔豫亲王多铎(贾蔷)商量。多铎与同母兄多尔衮亲密无间,现在哥哥当上了摄政王,自己也想多得些好处,于是当即与豪格一同进宫。

多尔衮正在与孝端与孝庄两位皇太后谈笑(第十六回《贾元春才选凤藻宫》),听说豪格与多铎一起来了,便安排在上书房接见。

多尔衮脸上不露一丝笑容,摆足了凌驾于万人之上的架式,也不寒暄,直问二人有什么事。豪格一看气氛不对头,耐着性子说:如今皇上年幼,朝廷事又繁忙,我二人愿为摄政王分担一二,实现共辅朝政之誓言。多尔衮说:既已担了这份职司,那就一人做事一人当,天塌下来一人顶着!办好了是功劳,办砸了是罪过。人多主意杂,反将国家大事耽误了——《清史稿》载:崇德八年八月,多尔衮出任摄政王,"寻与济尔哈朗议罢诸王贝勒管六部事"。

从此,摄政王处处提防起这两位亲王来,派了密探,密切监视二人的行踪。这是多尔衮三兄弟(三只大螃蟹)内部矛盾的开端。

范文程是多尔衮的心腹,但编制上归属多铎的镶白旗。范老夫子刚好丧偶,多尔衮将自己王府的一个美人儿莺姑娘给了范文程。两人互敬互爱,对摄政王十分感激。为了得到多铎的秘密,范文程几次设宴招待多铎,由美人儿莺姑娘作陪。一来二去,多铎竟然迷上了范文程的小继室。尽管范文程是朝廷的大学士,但他毕竟是归顺的汉官。多铎仗势欺人,派人将莺姑娘强行抢了去。于是,多铎得了一大堆罪名,降职夺权,威风扫地。进入《红楼梦》,多铎降了一辈,成了风流少年贾蔷。

顺治元年十月一日,豫亲王多铎与英亲王阿济格奉旨西征与南征。

《清史稿》云:"命为定国大将军,南征,定怀庆。进次孟津,遣巴牙喇纛章京图赖率兵先渡,自成守将走,沿河十五寨堡皆降……顺治元年,从入关破李自成,进英亲王,赐鞍马二。命为靖远大将军,自边外入陕西,断自成归路,八战皆胜,克城四,降城三十八。时自成为多铎所败,弃西安走商州。诏多尚二十万，规取南京。阿济格以师从之。多铎趋淮、扬，而命阿济格率师讨自成。"

顺治二年底，多铎接到召还谕旨，收拾金银财帛，带着江南美妇，凯旋北归。《清史演义》云："豫亲王多铎，接到召还的谕旨，收拾金银财帛，并选了江南美妇数名，带同北返。那时美妇中有一个孀妹，姓刘名三季，后来做了豫王福晋，便是从这次挈去，稗史中曾称作孀妹奇遇，小子不得不略略说明：这个刘三季，系虞邑黄亮功的继妻。亮功病殁，三季守孀，被清军掠献多铎。多铎见她天然秀媚，不同凡艳，就要逼她侍寝。三季抵死不从，把头触柱，险些儿做了血污美人。幸亏婢媪众多，把她拦住。她尚大哭大踊，弄得乱头散发，别个妇女，到这般田地，也没甚可观，偏这三季发长委地，万缕香丝，光同黑漆，尤觉动人怜爱。多铎不敢相强，只令婢媪小心服侍，多方劝解。到了回京的时候，便带了三季同还，居以大厦，被以华，奉以珍馐，三季毫不转意，随后闻她有个爱女，名叫珍儿，流落江南，遂令清兵沿途访觅，竟被寻着，致书三季，三季始渐渐解忧。事有凑巧，豫邸福晋忽喇氏，一病身亡，多铎又令能说能话的婢媪，许她作为继室。毕竟妇女心肠，未免势利，不由的化刚为柔。妇女失贞，大都如此。多铎遂派良工制就凤冠命服，赐与三季，三季亲手收了。多铎喜极，就命侍女十余名，把三季换了穿戴，簇拥登堂，成就大礼。从此下邑孤孀，居然做极品命妇了。"

《红楼梦》中贾蔷与龄官的故事，就隐射豫亲王多铎与刘三季这段风流佳话。第三十回《龄官画蔷痴及局外》说宝玉在五月初四这一天，闲逛至蔷薇架，见一女孩儿，"大有林黛玉之态"，以金簪画字，画来画去，都是十八画的蔷字。十八画指崇祯十八年，又指十八划的"史可法"。

第三十六回《识分定情悟梨香院》，说贾宝玉去寻龄官，及见面，才知道龄官即画蔷者。贾蔷花了一两八钱银子（又是一个十八），买了个会衔旗串戏的"玉顶金豆"与龄官解闷。

"一两八钱银子"——隐射顺治入主北京十八年就死了，只值"一两八钱银子"。因为顺治死于顺治十八年正月初七，所以上文两次提到"一两八钱银子"，唯恐读者不注意顺治十八年与"一两八钱银子"的关系。

"一两八钱银子"的十八，与"龄官画蔷"中的十八划，都隐射崇祯十八年四五月扬州殉躯的"史可法"，又隐射死于顺治十八年的清世祖。这种写法是典型的指桑骂槐，借题发挥。但又标志分明，一丝不苟。

在《红楼梦》中的贾蔷是重要配角，他的戏集中在前十几回。因为他死得早，第三十八回《林潇湘魁夺菊花诗　薛蘅芜讽和螃蟹咏》之后就没戏了。后来偶尔出现贾蔷的名字，隐射镶白旗的残余势力。"贾蔷"者，贾府（满清皇族）里寻花问柳、左右逢源的骑墙者也。

第八节　睿亲王义子多尔博

贾环、贾琮与贾探春是《红楼梦》里最莫名其妙的人物。贾环与贾宝玉的矛盾，集中反映了贾府继承权的斗争，也就是清初皇宫里摄政王多尔衮与孝庄皇太后的权力争夺。

顺治初年，摄政王多尔衮（贾赦、贾政）扫清对手后，原意是准备把摄政王的位置留给多铎（贾蔷）。但是，多铎早死，多尔衮决定让多铎的儿子多尔博接位（多尔博已经过继给多尔衮为子——贾琮与贾环），顺治七年十二月，多尔衮围猎时受伤，死于喀喇城，终年三十九岁。

多尔衮（贾赦、贾政）死前，对待顺治（贾珍、贾珠、贾宝玉）非常不恭敬，顺治经常受到呵斥。所以，多尔衮一死，顺治如释重负，立刻着手接掌大权。这时，两白旗的旗主是阿济格（贾蓉）。阿济格一直以多尔衮的继承人自居，其人暴虐非常，两白旗大臣对他也是恨之入骨。于是，顺治皇帝起用郑亲王济尔哈朗（李贵），二人合谋，拉拢两白旗大臣，打倒了阿济格，而且很快就把阿济格和他的儿子劳亲处死了。

多尔衮活着的时候，把皇帝的玉玺拿回府中（良儿偷玉，指顺治初年，多尔衮派人偷去国家的玉玺）。这时，顺治皇帝采取行动，把正白旗划入自己的统辖范围，和两黄旗一起称之为"上三旗"，从此在有清一代成为定制。

贾环（多尔博），父贾政（多尔衮），母赵姨娘（博尔济吉特氏）。排行为贾政第三子。从玉字辈，与珍、琏、宝玉（三人都隐射顺治皇帝）是兄弟。贾政的儿子贾环——相当于贾赦的儿子贾琮。

贾环是个正牌主子。一方面，每月月例二两，和宝玉一样。他上学有小厮和舅舅赵国基（多尔衮）跟着。享有这样的待遇都是因为他的父亲是贾政。

贾政对他的态度也颇值得玩味。贾政对宝玉十分厌恶，对贾环却不那么讨厌。贾环处处受到王夫人和凤姐的压制，因为他是贾政的儿子，对宝玉的继承权构成一定的威胁。贾环一直跟着赵姨娘，人物委琐举止荒疏，是个姥姥不疼、舅舅不爱的毛孩子。

贾环第一次出场是在《王熙凤正言弹妒意　林黛玉俏语谑娇音》一回。贾环与莺儿掷骰子玩耍，输了钱有些着急，便耍赖，丫头们扯上宝玉。贾环立刻变得敏感又尖刻，喊出憋了很久的话："我拿什么比宝玉呢？你们怕他，都和他好，都欺负我不是太太养的。"

王夫人命他抄《金刚咒》，他在王夫人炕上坐着，命人点灯，拿腔作势地抄写。一时又叫彩云倒杯茶来，一时又叫玉钏儿来剪剪蜡花，一时又说金钏儿挡了灯影，一幅小人得志指手画脚图。可是宝玉一来，见他百般受宠，贾环早已心中不自在了。见宝玉又招彩霞，更是又恨又妒。一种自私的占有欲强烈支配着他。由妒恨起了恶念，继而想烫瞎宝玉的眼睛，结果泼个满面热油，差点毁容。贾环为争取自己的"利益"而使坏暗算，其手段阴险毒辣，大有乃母之风。

在《小动唇舌手足眈眈》一回，贾环见贾政盛怒之下，认定这是个栽赃的好时机，首先说出金钏儿跳井一事，接着上前拉住贾政的袍襟跪下，欲中伤宝玉却拉其母做垫背。万一以后有什么事，这是母亲说的，与他不相干。从这一点上看，贾环对赵姨娘的感情很是寡淡。他说到关键时刻回头四顾，故作神秘，更显出做贼心虚来。

贾环借助贾政的权威，几乎要了贾宝玉的命——王夫人骂他是黑心不知道理的下流种子，凤姐也骂他上不了高台盘，是只小冻猫子。这一时期贾环因喜怒外露，桀骜不驯，攻击性较强，皆是不懂韬晦所致。

随着年龄增长，贾环性格中的攻击性特征逐渐趋于内敛。他开始着重于读书举业方面。比起宝玉来，这一点深合贾政心意。在命做词时生恐落后，立成五律，且高过贾兰的七绝，很让贾政露了一回脸。他于诗文方面虽不及宝玉空灵飘逸，且资质驽钝，才思滞阻，却也读书稍进。其脾味中不好务正也与宝玉一样，故每常也好看些诗词，专好奇诡仙鬼一格。今见宝玉作诗受奖，他便技痒，只当着贾政不敢造次，可巧花在手中，便也索纸笔来立挥一绝与贾政。贾政看了，亦觉罕异。第二十四回《醉金刚轻财尚义侠》里正面描写了贾琮：

第八章　大观园外的男人们

（宝玉）见了贾赦,不过是偶感些风寒,先述了贾母问的话,然后自己请了安。贾赦先站起来回了贾母话,次后便唤人来:"带哥儿进去太太屋里坐着。"宝玉退出,来至后面,进入上房。邢夫人见了他来,先倒站了起来,请过贾母安,宝玉方请安。邢夫人拉他上炕坐了,方问别人好,又命人倒茶来。一钟茶未吃完,只见那贾琮来问宝玉好。邢夫人道:"那里找活猴儿去!你那奶妈子死绝了,也不收拾收拾你,弄的黑眉乌嘴的,哪里像大家子念书的孩子!"

这是贾琮唯一公开露面的一次,基本形象是一个"黑眉乌嘴的""活猴儿","哪里像大家子念书的孩子!"——一个活脱脱的贾环。

贾琮与贾环都隐射多尔衮的义子多尔博。

从小说故事看,既然贾琏是贾赦家的"琏二爷",贾琮应该是贾赦家的"琮大爷"才对。但此时的贾琏正在荣国府代理家务,而贾琮还是一个"黑眉乌嘴的""活猴儿","那里象大家子念书的孩子",显然不像贾赦家的老大。

贾赦（摄）与贾政（政）联合表演摄政王,想让义子多尔博（贾环）,继承自己的地位。第七十五回:

不料这次花却在贾环（多尔博）手里。贾环近日读书稍进,其脾味中不好务正也与宝玉（顺治皇帝）一样,故每常也好看些诗词,专好奇诡仙鬼一格。今见宝玉作诗受奖,他便技痒,只当着贾政不敢造次。如今可巧花在手中,便也索纸笔来立挥一绝与贾政。贾政看了,亦觉罕异,只是词句终带着不乐读书之意,遂不悦道:"可见是弟兄了。发言吐气总属邪派,将来都是不由规矩准绳,一起下流货。妙在古人中有'二难',你两个也可以称'二难'了。只是你两个的'难'字,却是作难以教训之'难'字讲才好。哥哥是公然以温飞卿自居,如今兄弟又自为曹唐再世了。"说的贾赦等都笑了。贾赦乃要诗瞧了一遍,连声赞好,道:"这诗据我看甚是有骨气。想来咱们这样人家（爱新觉罗皇家）,原不比那起寒酸,定要'雪窗萤火',一日蟾宫折桂,方得扬眉吐气。咱们的子弟都原该读些书,不过比别人略明白些,可以做得官时就跑不了一个官的。何必多费了工夫,反弄出书呆子（痴道人顺治皇帝）来。所以我爱他这诗,竟不失咱们侯门的气概（后金的气概）。"因回头吩咐人去取了自己的许多玩物来赏赐与他。因又拍着贾环（多尔博）的头,笑道:"以后就这么做去，方是咱们的口气，将来这世袭的前程（皇位）定跑不了你袭呢。"贾政听说，忙劝说："不过他胡诌如此，那里就论到后事了。"

这是贾赦、贾政（摄政王多尔衮）合演的一出双簧戏，时在顺治八年福临亲政之前。"一日蟾宫折桂，方得扬眉吐气"是第九回《恋风流情友入家塾 起嫌疑顽童闹学堂》里的话，隐射孝庄皇太后（林黛玉）望子成龙，规劝顺治皇帝（贾宝玉）亲政后方得扬眉吐气的意思。原话为："彼时黛玉（孝庄皇太后）才在窗下对镜理妆，听宝玉说上学去，因笑道：好！这一去，可定是要'蟾宫折桂'去了。我不能送你了。"——读者不要误解为女朋友嘱咐男朋友的话头，而是母亲叮嘱儿子要发奋图强，到朝堂里为皇家争一口气。此乃演员林黛玉与贾宝玉利用爱情故事，表演的一出保住皇位的双簧戏。

"以后就这么做去，方是咱们（满族）的口气，将来这世袭的前程（皇位）定跑不了你袭呢。"——摄政王多尔衮（贾赦与贾政）对贾环（多尔博）的寄托，与孝庄（林黛玉）对顺治皇帝（贾宝玉）的寄托，简直是针锋相对。

这种严峻的政治形势，在第七十六回《凸碧堂品笛感凄清 凹晶馆联诗悲寂寞》里立刻反映了出来。孔四贞（史湘云）一针见血地说："倒是他们父子叔侄（指多尔衮父子）纵横起来。你可知宋太祖说的好：'卧榻之侧，岂许他人酣睡。'他们不作，咱们两个竟联起句来，明日羞他们一羞。"

史湘云（孔四贞）心里"爱哥哥"贾宝玉顺治皇帝，她敏感地察觉到贾赦、贾政的阴险用心，借用宋太祖赵匡胤与弟弟赵光义的历史纠葛，隐射顺治八年前北京皇宫里暗藏的杀机。而孔四贞掌握的汉军正红旗部队，显然站在顺治皇帝一边。

在《红楼梦》中的贾琮很少露面，第五十三回云："贾母歪在榻上，与众人说笑一回，又自取眼镜向戏台上照一回（观剧望远镜），又向薛姨妈李婶笑说：'恕我老了，骨头疼，放肆，容我歪着相陪罢。'……廊上几席，便济格）、贾芹（岳后人）、贾芸（顺治）、贾菱、贾菖等。"——在顺治六年二月初八的太后婚宴上，大名鼎鼎的贾蔷（豫亲王多铎）竟然没有出场。为什么？因为顺治"六年三月，以痘薨，年三十六"（《清史稿》）。

乾隆三十八年，为多尔衮平反昭雪，恢复睿忠亲王爵位，多尔博后裔又还宗于多尔衮宗室系统。《清史稿》乾隆三十八年云："今其后嗣已定罪除封。

第念定鼎之初，王实统废绝，茔域榛芜，殊堪悯恻。"即指多尔博还宗多铎宗室系统。《清史稿》乾隆四十三年云："宜复还睿亲王封号，追谥曰忠，配享太庙。依亲王园寝制，修其茔墓，令太常寺春秋致祭。其爵世袭罔替。"即指多尔博又还宗多尔衮宗室系统。

《红楼梦》作者只知道多尔博还宗，并不知道多尔博后裔宗还。

第九节　克勤郡王岳讬

贾芹隐射礼亲王代善的长子克勤郡王岳讬。他是贾府小和尚、小道士的总管。在家庙里，为王称霸，夜夜聚赌。有人写了匿名帖儿，贴在荣府大门口。贾政见后，气得头昏目晕。

礼亲王代善长子岳讬，是一个风流潇洒的将军。他很早就支持皇太极，被封为成亲王，是满洲政坛的第四号人物。岳讬很有正义感，对皇太极打击异己颇有微词，所以皇太极对他逐渐冷淡，从亲王贬为贝子。岳讬仍然奋勇如前，后来掌管兵部，崇德三年任扬武大将军，入关作战，崇德四年死于恶疾。皇太极良心发现，大加悼念，追封岳讬为克勤郡王，后代成为世袭罔替的铁帽子王。岳讬死得早，在从龙入关之前就离开了政治舞台，论理很难写进《红楼梦》里，但他是礼亲王代善家（赖爷爷家）三个铁帽子王之一，所以就与赖大、赖二等其他铁帽子王一起，成了贾府的近亲奴才。《清史稿》载：

（1）礼亲王代善（赖爷爷）第七子巽简亲王满达海（赖大），承袭了礼亲王代善的爵位，为八大铁帽子王之一。

（2）克勤郡王岳讬（贾芹）为礼亲王代善的长子，死于崇德四年，后人（赖二）承袭爵位，为八大铁帽子王之一。

（3）礼亲王代善第三子硕颖毅亲王萨哈麟，英年早逝，后人德克勒浑承袭爵位（赖尚荣），为八大铁帽子王之一。

《红楼梦》里的宁荣二府隐射满清皇宫，住在里面的男人都是皇室子孙。住在里面的女人，都是后妃格格与宫女。不男不女者，自然就是太监。满族皇帝称满蒙臣工为奴才，称汉族臣工为大臣。在满族亲贵也就是奴才中，以礼亲王代善的辈分与职务最高，他就是"赖爷爷"——"癞头和尚"、皇太极的兄长。

　　天命十一年，努尔哈赤在宁远被袁崇焕击败，归途中死于沈阳远郊，后金大汗的争夺进入白热化。皇太极联合了代善的儿子岳讬、萨哈麟等人，成为后金汗。然而，这时的所谓大汗并不是真正意义上的皇帝，皇太极和其他三大贝勒共同受大臣的朝拜，这使皇太极异常恼火。此后，他利用各旗的矛盾，先行打击二大贝勒阿敏，借口永平等四城沦陷，夺去阿敏的爵位，幽禁至死。

　　其后，天聪五年，三大贝勒莽古尔泰被指责为"御前露刃"，削去大贝勒爵位，不久就暴病身亡。莽古尔泰的死一直是清代的大疑案之一。莽古尔泰死后，他下辖的正蓝旗奴仆冷僧机告发他生前曾想谋反，皇太极大喜过望，立刻展开对正蓝旗的全面围剿。天聪九年，皇太极命令对莽古尔泰的亲信大开杀戒。这次大屠杀延续了半年，共有一千五百多人被残杀，正蓝旗被皇太极、豪格父子吞并。

　　这时，代善一味退让，但是打击仍然不断。皇太极在崇德二年征讨朝鲜回来后，继续打击代善。代善威望大打折扣，此后回家闲住，只有虚名矣。

　　天命、天聪年间，帮助皇太极走向帝位的两个重要人物，就是岳讬与萨哈麟。天聪三年，皇太极入侵明朝，其他三大贝勒都反对，皇太极只好作罢。这时，岳讬和萨哈麟等人站出来，全力支持皇太极，使得皇太极威信得以树立。

　　萨哈麟是满清少有的政治家，他一秉至公、勤劳王室，素来为皇太极所尊敬，视之为股肱。可惜萨哈麟英年早逝，崇德元年就病死了，年仅三十三岁。皇太极为之辍朝三日，并四次入跪临哭，深加哀悼。

　　皇太极一朝，除了济尔哈朗以外，萨哈麟是唯一没有受到任何责罚的亲信子弟，皇太极追封萨哈麟为和硕颖亲王，谥"定"。

　　萨哈麟死后十天，皇太极梦见萨哈麟向他要牛，他醒来问礼部，原来，萨哈麟追封亲王，祭祀的时候没有牛。皇太极马上命人重新祭祀，配齐牛羊，并且亲自写了祭文。

　　天聪四年，皇太极打垮阿敏。天聪五年，又打垮莽古尔泰。天聪六年，完成南面独尊。崇德二年，最后挫败代善，成为大清国名副其实的皇帝。

　　崇德八年八月，皇太极暴死，礼亲王代善力保顺治皇帝登基，支持孝庄皇太后，化解了肃亲王豪格与睿亲王多尔衮的危机，甚至杀死了自己大逆不道的儿子，保证了政局的平稳过渡。因此，入关之后，代善家族出现了三个铁帽子王，成为满洲八旗中举足轻重的势力。

上述历史进入《红楼梦》，礼亲王代善成了"赖爷爷"。代善第七子巽简亲王满达海成了"赖大"。代善长子克勤郡王岳讬成了"贾芹"，其后人成了"赖二"。代善第三子萨哈麟的儿子德克勒浑承袭爵位，成了县官"赖尚荣"。而礼亲王代善的老伴，成了威风八面的"赖嬷嬷"。

第二十四回《痴女儿遗帕惹相思》，隐写了顺治初年摄政王多尔衮对礼亲王长子克勤郡王岳讬一支的笼络态度：

且说贾芸（未亲政的顺治皇帝）进去见了贾琏（摄政王多尔衮），因打听可有什么事情。贾琏告诉他："前儿倒有一件事情出来，偏生你婶子（孝庄皇太后）再三求了我，给了贾芹（克勤郡王岳讬）了。他许了我，说明儿园里还有几处要栽花木的地方，等这个工程出来，一定给你就是了。"

卜世仁（科尔沁蒙古吴克善亲王）道："我的儿，舅舅要有，还不是该的。我天天和你舅母说，只愁你没算计儿。你但凡立的起来（尚未亲政），到你大房里，就是他们爷儿们见不着，便下个气，和他们的管家或者管事的人们嬉和嬉和，也弄个事儿管管。前日我出城去，撞见了你们三房里的老四（死也），骑着大叫驴，带着五辆车，有四五十和尚道士，往家庙去了。他那不亏能干，这事就到他了！"贾芸听他唠叨的不堪，便起身告辞。

"有四五十和尚道士，往家庙去了。"——贾芹管理家庙里的和尚道士，指克勤郡王岳讬在崇德年间，曾经管理兵部事务。

第九十三回《水月庵掀翻风月案》追述了皇家对礼亲王代善长子一支的宽容态度：

贾政（多尔衮）接来看时，上面写着：
西贝草斤年纪轻，水月庵里管尼僧。
一个男人多少女，窝娼聚赌是陶情。
不肖子弟来办事，荣国府内好声名。

贾政看了，气的头昏目晕，赶着叫门上的人不许声张，悄悄叫人往宁荣两府靠近的夹道子墙壁上再去找寻……贾政道："快叫赖大带了三四辆车到水月庵里去，把那些女尼姑女道长一齐拉回来。不许泄漏，只说里头传唤。"赖大（满达海）领命去了。

更兼贾芹也是风流人物，打量芳官等出家，只是小孩子性儿，便去招惹。

第十节 大学士范文程

明崇祯十四年、崇德六年（1641年）五月，大学士范文程（贾代儒）奏请在满、汉与蒙古士大夫中考取秀才、举人，建立文官管理机制。皇太极恩准。此乃满清的重大举措，为后来入主中原准备了大批人才。

范文程是满清朝廷最高的文职官员。《红楼梦》中将满清朝廷写成"家学学堂"，将范文程（贾代儒）写成"学堂"的正校长（内三院文臣班首），将后来投降的汉臣洪承畴（贾瑞）写成副校长（太子太保、兵部尚书兼右副都御史），将降清的汉族九卿写成"清客相公"，将大批参加满清科举考试的生员写成"傅试"（赴试）者，非常贴切准确。

例如第八回《比通灵金莺微露意》："又知贾家塾中现今司塾的是贾代儒，乃当今之老儒。"第九回《恋风流情友入家塾》："可巧这日代儒有事，早已回家去了，又留下一句七言对联，命学生对了，明日再来上书；将学中之事，又命贾瑞暂且管理。"——隐射在满清朝堂上范文程与洪承畴的正副职关系。

《清史稿》载："范文程，字宪斗，宋观文殿大学士高平公纯仁十七世孙也。其先世，明初自江西谪沈阳，遂为沈阳人，居抚顺所。曾祖，正德间进士，官至兵部尚书，明史有传……天命三年，太祖既下抚顺，文程共谒太祖。太祖伟文程，与语，器之，知为曾孙，顾谓诸贝勒曰：此名臣后也，善遇之！上伐明，取辽阳，度三岔攻西平，下广宁，文程皆在行间。"这次智取抚顺，兵不血刃，清太祖完全采用了范文程"以力服人，何如以德服人"的策略，李永芳开城迎接，恭递降册，幸亏得范先生一言，城中的百姓，总算不遭杀戮，太祖记范文程为首功，更命诸贝勒格外敬礼，称先生而不名，从此大家都呼文程为范先生。

《红楼梦》第八回云:"那秦业至五旬之上方得了秦钟。因去岁业师亡故,未暇延请高明之士,只得暂时在家温习旧课。正思要和亲家去商议送往他家塾中,暂且不致荒废,可巧遇见宝玉这个机会,又知贾家塾中现今司塾的是贾代儒,乃当今之老儒,秦钟此去,学业料必进益,成名可望,因此十分喜悦……儿子的终身大事,说不得东拼西凑的恭恭敬敬封了二十四两贽见礼,亲自带了秦钟,来代儒家拜见了。"——此处的"秦业"即隐射清太祖,为了"儿子的终身大事","命诸贝勒格外敬礼,称先生而不名,从此大家都呼文程为范先生"。表明努尔哈赤对范文程的敬重。《红楼梦》中唯一与努尔哈赤(贾代化与贾代善)同辈的就是范文程(贾代儒),表明作者对范文程一生事业的肯定态度。

范文程(贾代儒)与洪承畴(贾瑞)是一派,属于皇太极与多尔衮的保守"祖制派"。孔有德(跛足道人)与顺治皇帝(贾宝玉)、孝庄皇太后(王熙凤)是一派,属于改革的"维新派"。《红楼梦》里对此有细腻的描写。

范文程是多尔衮的心腹,在名义上他又归豫亲王多铎管。多尔衮最擅长笼络人。入关初期正值范文程丧偶,多尔衮便把一个名叫莺姑娘的美人儿赏赐给他做继配。莺姑娘是明朝颜参将的女儿,松山一仗掳到多尔衮家,时尚年幼,但已看出品貌出众,多尔衮一直收养着,准备长大后自己受用。范文程一见,果然美貌不凡,而莺姑娘也十分敬重范大学士的学问人品,两人情投意合。所以大学士打心眼里感激摄政王。不仅按多尔衮的意思监督豫亲王多铎,顺治五年还参与了多尔衮篡夺皇位的阴谋活动。

《红楼梦》第二十五回《魇魔法姊弟逢五鬼》里的马道婆隐射多尔衮的参谋范大学士,赵姨娘隐射多尔衮。篡位阴谋被皇太极("一僧")两黄旗、孔有德("一道")汉军旗与"通灵宝玉"(满清朝廷)的联合势力粉碎了。顺治八年多尔衮被扒骨鞭尸,范大学士也受到罢官的处分。孝庄与顺治皇帝顾念其功,多方宽免之。此后,范文程处于秋扇见捐的地位。

《清史稿·范文程》载:"七年,睿亲王多尔衮卒。八年,大学士刚林、祁充格以附睿亲王妄改太祖实录,坐死。文程与同官当连坐,上以文程不附睿亲王,命但夺官论赎。是岁即复官。九年,遇恩诏,复进世职一等精奇尼哈番,授议政大臣,监修太宗实录……十一年八月,上加恩辅政诸臣,特加文程少保兼太子太保,文程疏谢,因自陈衰病,乞休。九月,上降温谕,进太傅兼太子太师，致仕。上以文程祖宗朝旧臣，有大功于国家，礼遇甚厚：文程疾，尝亲调药饵以赐；遣画工就第图其像，藏之内府；赉御用服物，多不胜纪；又以文程形貌颀伟，命特制衣冠，求其称体。"

第十二回《王熙凤毒设相思局　贾天祥正照风月鉴》云：

忽然这日有个跛足道人（孔有德）来化斋，口称专治冤业之症。贾瑞（洪承畴）偏生在内就听见了，直着声叫喊说："快请进那位菩萨来救我！"一面叫，一面在枕上叩首。众人只得带了那道士进来。贾瑞一把拉住，连叫："菩萨救我！"那道士叹道："你这病非药可医！我有个宝贝与你，你天天看时，此命可保矣。"说毕，从褡裢中取出一面镜子来——两面皆可照人，镜把上面錾着"风月宝鉴"四字——递与贾瑞道："这物出自太虚幻境空灵殿上，警幻仙子（孝庄）所制，专治邪思妄动之症，有济世保生之功。所以带他到世上，单与那些聪明俊杰、风雅王孙等看照。千万不可照正面，只照他的背面，要紧，要紧！三日后吾来收取，管叫你好了。"说毕，佯常而去，众人苦留不住。

跛足道人告戒贾瑞，作为贰臣，应吸取教训，面对"风月宝鉴"（明亡清兴的历史），只能忠于警幻仙子，做一个"终了真人"，多看自己历史上罪恶丑陋的一面（"骷髅"——"只照他的背面"），不能想入非非或异想天开（"美女"——"千万不可照正面"）。否则，就"你这病非药可医"！跛足道人（孔有德）认为，贾瑞（洪承畴）堪为"家学"副校长（兵部尚书），乃"聪明俊杰、风雅王孙"者流。孔有德曾是洪承畴的下属，对于归顺较晚的老上司，说"要紧，要紧！三日后吾来收取，管叫你好了"。深意存焉。——所谓"三日……管叫你好了"，是指经过崇德、顺治、康熙三朝，肯定可以寿终正寝。跛足道人（孔有德）宣扬的还是《好了歌》的主题思想。

代儒夫妇哭的死去活来，大骂道士，"是何妖镜！若不早毁此物，遗害于世不小。"遂命架火来烧，只听镜内哭道："谁叫你们瞧正面了！你们自己以假为真，何苦来烧我？"正哭着，只见那跛足道人从外跑来，喊道："谁毁'风月鉴'，吾来救也！"说着，直入中堂，抢入手内，飘然去了。

范文程（贾代儒）认为自己不算贰臣，是大清国的汉族开国元勋，他很早就隶属镶白旗，已经满化，是服用"金丹"成长起来的朝廷大臣。他认为"风月宝鉴"（明亡清兴的历史——相当于《红楼梦》）乃"妖镜"，应当"早毁此物"，否则"遗害于世不小"。

《红楼梦》假托贾代儒（范文程）之口，说出了《红楼梦》问世后，满蒙亲族中的有识之士那种哑巴吃黄连、有苦难言的感觉，这是一个大胆的预测。其后二百年的历史证明，作者的预测是十分准确的。

乾隆三十三年（戊子年）宗室永忠读《红楼梦》，作三绝句以悼念先人，见于永忠的《戊子初稿》。永忠读的《红楼梦》不知是后人常见的八十回手抄本，还是传抄的百二十回本。小注中的墨香，名额尔赫宜，是敦诚的叔父，敦诚的《四松堂集》里有他的诗作，而敦诚、敦敏是英亲王阿济格（贾蓉）的五世孙，说明在这些失势宗室的家里有《红楼梦》手抄本。

永忠"七绝三首"的眉批是另一宗室弘午所批："此三章诗极妙。《红楼梦》非传世小说，余闻之久矣，而终不欲一见，恐其中有碍语也。"眉批说得何等明白。像永忠、额尔赫宜、敦敏、敦诚这些失势宗室子弟，对《红楼梦》寄慨兴亡感叹盛衰的政治内涵，比任何人都看得清楚，但比任何人更讳莫如深。

永忠三绝句第一句就是"传神文笔足春秋"，说《红楼梦》不是陶情小说，而是"江湖春秋"。但马上改口说"不是情人不泪流"，从家国兴衰岔到情爱传奇上去了。这是欲言又止、一唱三叹的笔法。一个"哭"字，哭出了永忠的全部内心世界，哭红楼，更哭自己的家世。

"七绝三首"第二首：

> 颦颦宝玉两情痴，儿女闺房语笑私。
> 三寸柔毫能写尽，欲呼才鬼一中之。

"七绝三首"第三首：

> 都来眼底复心头，辛苦才人用意搜。
> 混沌一时七窍凿，争教天不赋穷愁。

失势宗室子弟对《红楼梦》的读后感，与大学士范文程（贾代儒）的感情是心有灵犀一点通的。

《清史稿·范文程》载："圣祖即位，特命祭告太宗山陵，伏地哀恸不能起。康熙五年八月庚戌，卒，年七十。上亲为文，遣礼部侍郎黄机谕祭，赐葬怀柔红螺山，立碑纪绩，谥文肃，御书祠额曰'元辅高风'。"洪承畴于"康熙四年二月，卒，谥文襄"。比范文程早死了一年，这就是贾代儒为贾瑞发丧出殡的历史依据。

康熙五年大学士范文程（贾代儒）与他保举的"通玄教师"汤若望（刘姥姥）同年逝世。一个中国士大夫，一个德国传教士，同时离开了历史舞台，而登上了《红楼梦》的艺术舞台。

范文程之于清太宗犹如魏征之于唐太宗，而汤若望之于清世祖也犹如魏征之于唐太宗也。"当今之老儒"范文程（贾代儒）在历史上可能有争议，但《红楼梦》对他的评价应该说是公正的。

第十一节　大学士洪承畴

关于孝庄妃色诱洪承畴，索隐派有十分精辟的见解。

蔡元培、王梦阮、潘重规、杜世杰、李知其等先生认为贾瑞贾天祥是相对于宋代真文天祥而言，此故事情节隐写崇德七年（崇祯十五年）冬，孝庄妃色诱洪承畴的历史逸闻。蔡元培云："瑞字天祥，言其为伪文天祥也（文小字宋瑞）。"

关于凤姐戏贾瑞，王梦阮、杜世杰、李知其等都认为，是隐写孝庄色诱洪承畴，并且分别有所论证。

关于贾瑞"见凤姐如此打扮"，王梦阮索隐云："如此打扮，不知是何打扮，说来无根，不知即指上回所说的家常衣服也。瑞在宁府见凤是盛装，此时换家常衣服，另是一种打扮。作者着意写此，亦自有为而然。盖文襄松山之役被擒，太宗震其名，特令槛送盛京，百计劝降不从，绝粒多日。太宗问降人：'洪何好？有以饵之者否？'皆以好色对。太宗大喜，即饬美女数辈往，卒无效。时孝庄方为太宗妃，貌绝美，冠一时。乃效婢妆以进，遂降文襄。书中忽及改装一事，即指此也。"

凤姐夸赞贾瑞是"十个里头也挑不出一个来"，王梦阮索隐云："松山之败,与文襄同被执者……共十人,偏将以下百余人,除大乐获免外,余俱被杀,独械送文襄至盛京,拔识于囚房之中,有管仲释囚的隆遇,与群虏不同。恰是十人,故曰十个里也挑不出一个来。此等笔墨,若嘲若誉,余意无穷。"

贾瑞头上被浇了一桶尿粪,王梦阮索隐云:"从此遂蒙不洁,作者恶之深,故诋之丑。"蔡元培评论云:"头上浇粪,手中落镜,言其身败名裂而至死不悟也。"贾瑞回家说谎,说自己失脚掉在茅厕里了。王梦阮索隐云:"一失脚成千古恨,是'失脚'二字的来历。"贾瑞因此得病,以致要吃独参汤。王梦阮索隐云:"文襄绝粒多日,太宗百计诱食,皆不效。气垂绝,孝庄效婢妆,贮参汁于壶,劝少饮而后就义,以壶承唇,文襄不得已,少沾饮焉,逾时竟不死,后复进,文襄连饮愈不死,精神加充。遂进馔,意转乃降。此言独参汤,即指此事。笔婉而达,意隐而讥,文襄见之,当有愧色。"

凤姐与贾瑞的风流案是研究《红楼梦》隐射历史事实的敲门砖。因为洪承畴确实是在孝庄劝降下归顺满清的,史书上言之凿凿,清代先辈已有明断。

明崇祯十五年、清崇德七年(1642年)的松潘之战是决定明清命运的一次战役。历史资料记载的满汉双方风云人物,除祖大寿因为死得早,余者几乎全部进入了《红楼梦》。

崇德七年(1642年),清太宗(贾赦)发兵攻锦州。蓟辽总督洪承畴(贾瑞)统兵十三万、马四万匹,由蓟州东指,直到宁远,所带粮草,足支一年。清太宗迎战于松山。松山在锦州城南十八里,西南部的杏山为锦州的犄角。清太宗率范文程(贾代儒)等上山望,见杏山后面的峰峦中深藏的塔山隐隐有一股杀气。范文程建议学曹操的法子,袭去明军辎重。范文程从地图上寻出一条僻径,皇太极令多尔衮(贾政与贾琏)、阿济格(贾蓉)去偷袭塔山。明营内军士毫无防备,忽见清兵捣入,人不及甲,马不及鞍,七座营盘,顷刻溃散,数百车辎重被搬运一空。洪承畴(贾瑞)闻粮草被劫,面如土色,顿时乱了方寸。

皇太极令豪格(焦大)、阿济格(贾蓉)从间道绕出明军背后,袭击明营,一面令多尔衮(贾政与贾琏)、多铎(贾蔷)伏在寨外,孔有德(贾敬)、耿仲明(潘三保之一)、尚可喜(潘三保之一)接应两边,前后攻击,一鼓作气,明军落花流水。

洪承畴退入松山城,清兵团团围住。明兵被杀得四散奔逃,由杏山到塔山,积尸无数。吴三桂(薛蟠)等人急惶惶如漏网之鱼,落荒逃回了山海关。

皇太极(贾赦)让范文程(贾代儒)写一招降书,巴望洪总督归降。松山城内粮食已尽,洪承畴(贾瑞)束手无策,先拔剑向项,后又想保全尸首,就解下腰带,挂在梁上。不防旁边转出数人(第十二回云:忽然灯光一闪,只见贾蔷举着个捻子照道:"谁在屋里?"只见炕上那人笑道:"瑞大叔要臊我呢。"贾瑞一见,却是贾蓉,真臊的无地可入,不知要怎么样才好,回身就要跑,被贾蔷一把揪住。)把他捆缚而去,牵到清太宗前。皇太极(贾赦)忙令范文程代为解缚,劝令归降。洪承畴不降。范文程(贾代儒)道:既到此地,徒死无益,不如归顺清朝,图个后半生事业。洪承畴(假文天祥,贾天祥)道:"我知有死,不知有降。"——很像当年南宋的文天祥。

范文程(贾代儒)带洪承畴(贾瑞)同到盛京(沈阳)。清太宗(贾赦)问范文程劝降洪承畴的情况如何?范文程说此老固执太甚,看来是无可晓谕了。清太宗倒主张慢慢等待,心急喝不成热粥。

洪承畴(贾瑞)虽然好色,但人本刚正。关押三关庙里,绝食待死。忽见一个绝色美妇(孝庄妃王熙凤)走近前来,轻呼将军名讳,问起洪承畴家眷子女,洪承畴不禁酸楚起来。第十一回原文:

凤姐儿是个聪明人,见他这个光景,如何不猜透八九分呢,因向贾瑞假意含笑道:"怨不得你哥哥常提你,说你很好。今日见了,听你这几句话儿,就知道你是个聪明和气的人了。这会子我要到太太们那里去,不得和你说话儿,等闲了咱们再说话儿罢。"贾瑞道:"我要到嫂子家里去请安,又恐怕嫂子年轻,不肯轻易见人。"凤姐儿假意笑道:"一家子骨肉,说什么年轻不年轻的话。"贾瑞听了这话,再不想到今日得这个奇遇。那神情光景亦发不堪难看了。凤姐儿说道:"你快去入席罢。仔细他们拿住罚你酒。"贾瑞听了,身上已木了半边,慢慢的一面走着,一面回过头来看。凤姐儿故意的把脚步放迟了些儿……

此乃对三关庙孝庄诱降洪承畴历史事件的文学再现。

"还魂"指绝食的洪承畴喝了孝庄妃的"独参汤"而还魂。"弹词"指孝庄的劝降词犹如琵琶弹词,轻重缓急,大珠小珠落玉盘也。"双官诰"指洪承畴喝了独参汤,听了琵琶行,就乖乖地当了贰臣也。

第八章 大观园外的男人们

"这年正是十一月三十日冬至"——这是《红楼梦》留下的历史数字信息。因为崇祯十五年、崇德七年（1642年）的冬至，恰好为十一月三十日。

第十一回《见熙凤贾瑞起淫心》、第十二回《王熙凤毒设相思局》，通过凤姐与贾瑞的风流韵事，隐射孝庄用色情诱降洪承畴。

洪承畴降清后，参赞军机，与范文程的官位相同。因家眷在明，恐遭杀害，就依孝庄的训诲，去哄骗明朝朝廷。当时崇祯帝还认为洪承畴为国尽忠，大为痛悼，辍朝三日，赐祭十六坛，又命在城外建立专祠。崇祯帝御制祭文，要入祠亲奠，忽接洪承畴密书说"暂时降清，勉图后报"，始命罢祭。

洪承畴从龙入关后，奉命坐镇南京，统一指挥江南战役，南明君臣对他与孝庄、多尔衮、顺治朝廷也实行了一次离间计——但被顺治朝廷识破了，让洪承畴以钦命大臣的名义，配合满族亲贵严加查处，既保护了洪承畴，也安抚了所有的降清将军。《清史稿》云：

（顺治）四年二月，从善及总兵黄鼎攻宿松，获谊泐弟瑞昌王谊贵及所置军师赵正；下饶州，获由及其族人常、常、常涫：并请命斩之。江南众郡县以次定。

明鲁王以海转徙浙、闽海中，号监国，明诸遗臣犹密与相闻。是年四月，明给事中陈子龙家华亭，阴受鲁王官，谋集太湖溃兵举事。承畴遣章京索布图往捕，子龙投水死。是月，柘林游击陈可获谍者谢尧文，得鲁王敕封承畴国公，江宁巡抚土国宝为侯；又得鲁王将黄斌卿与承畴、国宝书；镇守江宁昂邦章京巴山、张大猷以闻。上奖巴山等严察乱萌，命与承畴会鞫谍者，别敕慰谕承畴。

粤僧函可者，为故明尚书韩日缵子，日缵于承畴为师生。函可将还里，乞承畴畀以印牌护行出城，守者稽察箧中，得文字触忌讳。巴山、张大猷以闻，承畴疏引咎，部议当夺职，上命宥之。

承畴闻父丧，请解任守制，上许承畴请急归，命治丧毕入内院治事。五年四月，还京师。六年，加少傅兼太子太傅，疏请定会推督、抚、提、镇行保举连坐法。得旨："自后用督、抚、提、镇，内院九卿咸举所知。得人者赏，误举者连坐。"

（顺治）八年闰二月，命管都察院左都御史。寻甄别诸御史为六等，魏等二十二人差用，陈昌言等二人内升，张煊等十一人外转，王世功等十七人外调，降黜有差。煊疏劾吏部尚书陈名夏，因及承畴尝与名夏及尚书陈之遴集火神庙，屏左右密议逃叛；承畴又尝私送其母归里。疏入，上方狩塞外，巽亲王满达海居守，集诸王大臣会鞫。承畴言："火神庙集议，即议甄别诸御史定等差，非有他也。"并以送母未请旨引罪。名夏亦列辨，因坐煊诬奏，论死。未几，上雪煊冤，黜名夏。因谕："承畴火神庙集议，事虽可疑，难以悬拟；送母归原籍未奏闻，为亲甘罪，情尚可原。留任责后效。"

（顺治）九年五月，承畴闻母丧，命入直如故，私居持服，赐其母祭葬。九月，达赖喇嘛来朝，上将幸代噶，待喇嘛至入觐。承畴及大学士陈之遴疏谏，上为罢行，并遣内大臣索尼传谕曰："卿等以贤能赞密勿，有所见闻，当以时入告。朕生长深宫，无自洞悉民隐。凡有所奏，可行即行；纵不可行，朕亦不尔责也。"

（顺治）十年正月，调内翰林弘文院大学士。明桂王由榔称号肇庆，频年转战，兵地蹙，至是居安隆所，云南、贵州二省尚为明守。诸将李定国、孙可望等四出侵略，南攻湖南南境诸州县，东陷桂林，西据成都，兵连不得息。五月，上授承畴太保兼太子太师、内翰林国史院大学士、兵部尚书兼都察院右副都御史，经略湖广、广东、广西、云南、贵州等处地方，总督军务兼理粮饷。敕谕抚镇以下咸听节制，攻守便宜行事。满兵当留当撤，即行具奏。命内院以特假便宜条款详列敕书，宣示中外；并允承畴疏荐，起原任大学士李率泰督两广。以江西寇未尽，命承畴兼领，铸"经略大学士"印授之。临发，赐蟒朝衣、冠带、靴袜、松石嵌撒袋、弓矢、马五、鞍辔二，诸将李本深等八十七人朝衣、冠带、撒袋、弓矢、刀马、鞍辔有差。

康熙四年（1665年）洪承畴死。《红楼梦》第十二回对贾瑞的死做了很艺术的描写——隐射洪承畴名节丧尽，死得可怜，而来接应他的竟是定南王孔有德的灵魂，为他发丧的仍然是老兄长范文程：

倏又腊尽春回，这病更又沉重。代儒（范文程）也着了忙，各处请医疗治，皆不见效。因后来吃"独参汤"，代儒如何有这力量（离休在保定），只得往荣府（满清朝廷）来寻。王夫人命凤姐（二人皆隐射孝庄）秤二两给他（歧视贰臣，只给二两），凤姐回说："前儿新近都替老太太配了药，那整的太

第八章 大观园外的男人们

太又说留着送杨提督的太太配药,偏生昨儿我已送了去了。"(好药留给年轻汉族官吏的老婆用)王夫人道:"就是咱们这边没了,你打发个人往你婆婆那边问问,或是你珍大哥哥那府里再寻些来,凑着给人家。吃好了,救人一命,也是你的好处。"凤姐听了,也不遣人去寻,只得将些渣末泡须凑了几钱,命人送去,只说:"太太送来的,再也没了。"然后回王夫人说:"都寻了来,共凑了有二两多送去。"(孝庄送的药都是垃圾)。

那贾瑞(洪承畴)此时要命心切,无药不吃,只是白花钱,不见效。忽然这日有个跛足道人(孔有德的灵魂)来化斋,口称专治冤业之症。贾瑞偏生在内就听见了,直着声叫喊说:"快请进那位菩萨来救我!"一面叫,一面在枕上叩首(可怜相)。众人只得带了那道士进来。贾瑞一把拉住,连叫:"菩萨救我!"那道士叹道:"你这病非药可医!(名节坏了,药物何益?)我有个宝贝与你,你天天看时,此命可保矣。"说毕,从褡裢中取出一面镜子来——两面皆可照人,镜把上面錾着"风月宝鉴"四字——递与贾瑞道:"这物出自太虚幻境空灵殿上,警幻仙子所制,专治邪思妄动之症,有济世保生之功。所以带他到世上,单与那些聪明俊杰(洪承畴也是一代俊杰)、风雅王孙(洪承畴也是王孙公子)等看照。千万不可照正面,只照他的背面,要紧,要紧!三日后吾来收取,管叫你好了。"说毕,佯常而去,众人苦留不住。

跛足道人让贾瑞照《风月宝鉴》,而《风月宝鉴》是《红楼梦》的别名,暗示孔有德(跛足道人)与洪承畴(贾瑞)都进了《红楼梦》。贾瑞正反两面都照了《风月宝鉴》,然后死了,乃《好了歌》的最好注解,因为《好了歌》说得明白:"可知世上万般,好便是了,了便是好。若不了,便不好,若要好,须是了。"顺治九年七月初四,孔有德在桂林自杀前,琢磨透了贰臣的滋味,所以他对《好了歌》主题有最精辟的理解。作者托名降将孔有德写《好了歌》,深意存焉。

贾瑞(洪承畴)收了镜子,想道:"这道士倒有些意思,我何不照一照试试。"想毕,拿起"风月鉴"(历史鉴定)来,向反面一照,只见一个骷髅立在里面,唬得贾瑞连忙掩了,骂:"道士混账,如何吓我!——我倒再照照正面是什么。"想着,又将正面一照,只见凤姐(孝庄)站在里面招手叫他。贾瑞心中一喜,荡悠悠的觉得进了镜子,与凤姐云雨一番,凤姐仍送他出来……

旁边伏侍贾瑞的众人，只见他先还拿着镜子照，落下来，仍睁开眼拾在手内，末后镜子落下来便不动了。众人上来看看，已没了气，身子底下冰凉渍湿一大滩精，这才忙着穿衣抬床（洪承畴死得不堪）。代儒（范文程）夫妇哭的死去活来，大骂道士（孔有德），"是何妖镜！若不早毁此物，遗害于世不小。"遂命架火来烧（自写的历史是烧不掉的），只听镜内哭道："谁叫你们瞧正面了！你们自己以假为真，何苦来烧我？"正哭着，只见那跛足道人从外跑来，喊道："谁毁'风月鉴'，吾来救也！"说着，直入中堂，抢入手内，飘然去了。

凤姐戏贾瑞这年的冬至是十一月三十日，而洪承畴降清的崇德七年（1642年）正是十一月三十日冬至，这不是细节的巧合。

洪承畴投降后，与范文程一起参与朝政，一副一正，首先与大学士金之俊一起完成了明故宫（大观园）的复建工程（老明公"山子野"——"明朝的三子也"），然后辅助多尔衮修建明朝大行皇帝崇祯的思陵。顺治二年，范文程推荐洪承畴为南征总指挥，直到平定江南。

第十二节　索额图

晴雯在北京隐射董鄂氏姐妹，得空儿跑到黑龙江，表演了一把康熙特命钦差大臣、中俄勘界首席代表索额图。时在康熙二十八年七月初四。

崇德八年、崇祯十六年（1643年），俄罗斯匪徒远侵黑龙江流域。顺治九年，清军奉顺治皇帝之命，与俄罗斯匪徒在黑龙江畔的乌扎拉村开战。此乃中国政府首次对俄罗斯作战。

顺治十四年，沙俄访华使团首次经外蒙入京，表面上是进贡方物，其实是探听中国新政府的虚实动静。据说贡品中有贾宝玉穿用的"雀金呢"。

康熙二十四年，清政府击败俄罗斯，捣毁雅克萨要塞。孝庄皇太后想起苦命的儿子来，硬逼着苏麻喇姑（鸳鸯）翻箱倒柜，找出顺治十四年沙俄访华使团进贡的"孔雀裘"——说是"俄罗斯国拿孔雀毛拈了线织的"，"就剩下了这一件"了——意思是说，中国与俄罗斯之间往后就没有安稳日子了。"只见这首页上画着一幅画，又非人物，也无山水，不过是水墨染的满纸乌云浊雾而已。"这是对当时黑龙江与乌苏里江边境形势的高度概括。

康熙二十五年，清军撤退，俄罗斯重筑雅克萨堡垒。康熙皇帝的"孔雀裘"当天就"不防后襟子上烧了一块"。康熙皇帝大伤脑筋："宝玉道：明儿是正日子，老太太、太太说了，还叫穿这个去呢。偏头一日烧了，岂不扫兴。"

康熙二十八年七月初四，康熙皇帝派索额图（晴雯）为钦差大臣，以葡萄牙传教士徐日升为译员，前往黑龙江订立《中俄尼布楚条约》。

黄龙《红楼梦涉外新考》记载：《尼布楚条约》准许俄国商队三年来北京一次，每次不得超过两百人，以八十天为期，期满返国。从俄国输入之商品有"毛皮、呢绒、皮革、金属制品等"，其中包括制造"孔雀裘"的"雀金呢"。说明贾母孝庄老太太与鸳鸯苏麻喇姑记得不错——顺治十四年沙俄访华第一个使团就进贡过"孔雀裘"。

"雀金呢"——隐含"孔雀"、"后金"、"尼布楚"三层意思。指孔有德的儿子，以后金天命、天聪、满清崇德王朝继承者顺治皇帝的身份，准备与俄罗斯签定尼布楚边界条约，解决大清国的北方问题。

与俄罗斯的关系得从老祖宗谈起，所谓"冰冻三尺非一日之寒"也。在汉武帝时代，贝加尔湖地区就是中国农耕民族与游牧民族争夺的国内问题。十三世纪末，俄罗斯是成吉思汗长子术赤建立的金帐汗国下属的一个小公国。1480年，莫斯科公国摆脱金帐汗国而独立。直到十六世纪初，俄罗斯还只是东欧的一个小国。十七世纪，俄罗斯向东方急剧扩张，迅速占领西伯利亚大部分地区。1636年，俄罗斯犯有死罪的亡命徒们为了摆脱严寒酷烈的西伯利亚死囚地，首次入侵相对温暖富饶的黑龙江流域。他们想寻找一个从海上返回欧洲故乡的太平洋出海口。中俄的利益争端由此拉开序幕。当时双方谁都没有想到，争端地区蕴藏着亚洲东部最丰富的石油矿藏。

《红楼梦》第五十二回，就隐写此事的前因后果。

晴雯又骂小丫头子们："那里钻沙去了！瞅我病了，都大胆子走了。明儿我好了，一个一个的才揭你们的皮呢！"

"晴雯"者，大清（晴）国第一文（雯）官也。

"坠儿"偷带有"珠子"的"虾须镯"，显然是黑龙江地区的地方长官，竟然下贱到出卖国家主权的地步。而喽啰们趁江南三藩之乱与台海战争（瞅我病了），竟然私下里到俄罗斯那边钻营（钻沙去了），有的叛国（都大胆子走了），难道不应该受到中国政府的严厉惩罚吗（明儿我好了，一个一个的才揭你们的皮呢）？

晴雯道："你瞧瞧这小蹄子，不问他还不来呢。这里又放月钱了，又散果子了，你该跑在头里了。你往前些，我不是老虎吃了你！"坠儿只得前凑。晴雯便冷不防欠身一把将他的手抓住，向枕边取了一丈青，向他手上乱戳，口内骂道："要这爪子作什么？拈不得针，拿不动线，只会偷嘴吃。眼皮子又浅，爪子又轻，打嘴现世的，不如戳烂了！"坠儿疼的乱哭乱喊。

这里指明索额图对渎职的黑龙江地方官员进行了严肃处理。他们的罪名有五：一是玩忽职守（拈不得针，拿不动线）；二是接受贿赂（只会偷嘴吃）；三是丧失国格（眼皮子又浅）；四是监守自盗（爪子又轻）；五是在汉人面前丢尽了满洲八旗的脸面（打嘴现世的）。

晴雯道："这是孔雀金线织的，如今咱们也拿孔雀金线就象界线似的界密了，只怕还可混得过去。"麝月笑道："孔雀线现成的，但这里除了你，还有谁会界线？"晴雯道："说不得，我挣命罢了。"宝玉忙道："这如何使得！才好了些，如何做得活。"晴雯道："不用你蝎蝎螫螫的，我自知道。"一面说，一面坐起来，挽了一挽头发，披了衣裳，只觉头重身轻，满眼金星乱迸，实实撑不住。若不做，又怕宝玉着急，少不得恨命咬牙捱着。便命麝月只帮着拈线。晴雯先拿了一根比一比，笑道："这虽不很象，若补上，也不很显。"

"孔雀线现成的，但这里除了你，还有谁会界线？"——只有索额图（晴雯）会办这趟皇帝的差使。

"晴雯道：'说不得，我挣命罢了。'"——索额图（晴雯）当年在黑龙江病了一场，但也只得"挣命罢了"，因为康熙皇帝在北京"着急，少不得恨命咬牙捱着"。

宝玉见他着急，只得胡乱睡下，仍睡不着。一时只听自鸣钟已敲了四下，刚刚补完；又用小牙刷慢慢的剔出绒毛来。

"自鸣钟已敲了四下"——康熙二十八年七月初四，《中俄尼布楚条约》划界完成。"敲"为"巧"，七也。四七二十八也。

第十三节　延平王郑克塽

康熙二十二年（1683年）、明永历三十七年，郑克塽降清，次年十月奉旨进京，康熙二十四年十二月到达北京（薛宝琴一出场，就是瑞雪兆丰年），先后授海澄公与汉军公。朱明年号至此彻底终结。这是满清开国史的终点。郑克塽时年十四岁，小孝庄五十六岁。《红楼梦》里的薛宝琴就隐射"汉南春历历，焉得不关心"的郑克塽。

康熙二十年三藩已平，中国本部十八省及关东三省，都属大清版图，独台湾郑经抗志海外。耿精忠与清亲王杰书合军攻郑经，郑经退守厦门。巡抚吴兴祚与将军赖塔出兵泉州，总督姚启圣与提督杨捷出兵漳州，郑军始退，只海澄仍为刘国轩所据。湖南水师万正色督率战舰二百艘，由海赴闽，与吴兴祚、姚启圣等水陆夹攻，遂复海澄，夺回金、厦二岛。郑经及刘国轩退据台湾。

将军赖塔意欲招抚郑经，着人致书，意旨婉转，颇承朝廷屡次招抚苦心。郑经复请如约，要求把海澄县作为互市公所。赖塔有意允许，总督姚启圣坚持不可。一场和议，化作飞灰。

郑经退归台湾，郁郁不得志，不到一二年，心肾两亏，竟致不起。遗言命长子嗣位。长子乃乳婢所生，家人统看不起。此时郑成功妻董氏尚存，听了谗言，将长孙鸩死，拥立郑经次子郑克塽为主，袭爵延平郡王。郑克塽幼弱，不能理事，诸事统由冯锡范决断。谍报传入内地，闽督姚启圣想乘此吞灭台湾。

姚启圣系浙江会稽人，从征有功，康亲王杰书保奏为福建总督。当时福建迭遭兵火，十室九空。康亲王收服耿藩，驱逐郑氏，闽中住着一王爷、一贝子、一公、一伯，及将军、都统各员，都带着皇室禁旅。这班兵士吃百姓的粮米，占百姓的房屋，要百姓当差，小百姓敢怒不敢言。康亲王班师，兵士们掳去一班妇女。姚启圣面请康亲王下令禁止，暗地捐金二十万两，拨还难民二万多人，因此闽人感激异常，摆着长生禄位，供奉这位总督姚公。姚启圣奏了一本，说是台湾主少国危，机不可失。康熙帝遂降旨准奏。姚启圣力保降将施琅，得旨授施琅为福建水师提督，加太子太保衔。

施琅本郑氏旧将，到任后练成水师军二万，分载战船三百艘。康熙二十二年，施琅屡次上奏，康熙帝遂如所请。台湾在福建东北，姚启圣欲候北风进取台湾，施琅独请先取澎湖。且言澎湖失，台湾不战自溃。遂疏请讨贼，留督臣在厦门济饷。康熙帝言听计从，于是施琅夺取澎湖，乘胜至台湾。刘国轩见清军随潮攻来，遂遣使迎降，缴出延平郡王招讨大将军印，献出台湾版籍。自顺治十八年郑成功据台湾独立，至康熙二十二年而亡。施琅遣人由海道告捷，七日至京，康熙帝封施琅为靖海侯，命郑克塽入都，先授海澄公，后封汉军公。刘国轩与冯锡范亦封伯爵。

郑成功曾蒙隆武帝赐以朱姓，号国姓爷，台湾始终遥奉永历年号，故郑克塽可称朱克塽。"昨夜朱楼梦，今宵水国吟。"就隐射台湾由朱明政权转变为满清政权了。

顺治十六年（1659年）、南明定武十四年、永历十三年，郑成功曾收复江苏、安徽四府三州二十四县，兵临南京，江西、浙江亦有响应。清守将以诈降待援，清廷震动，顺治皇帝欲弃北京，退守关外，为孝庄所阻。

第四十九回《琉璃世界白雪红梅》隐写康熙二十三年冬，瑞雪纷飞，郑克塽进京受到孝庄与康熙皇帝热烈欢迎，并册封汉军公的情景：

宝玉忙忙来至怡红院中，向袭人、麝月、晴雯等笑道："你们还不快看人去！谁知宝姐姐的亲哥哥是那个样子，他这叔伯兄弟形容举止另是一样了，倒象是宝姐姐的同胞弟兄似的。更奇在你们成日家只说宝姐姐是绝色的人物，你们如今瞧瞧他这妹子，更有大嫂嫂这两个妹子，我竟形容不出了。老天，老天，你有多少精华灵秀，生出这些人上之人来！可知我井底之蛙，成日家自说现在的这几个人是有一无二的，谁知不必远寻，就是本地风光，一个赛似一个，如今我又长了一层学问了。除了这几个，难道还有几个不成？"一面说，一面自笑自叹。袭人见他又有了魔意，便不肯去瞧。晴雯等早去瞧了一遍回来,嘻嘻笑向袭人道:"你快瞧瞧去!大太太的一个侄女儿,宝姑娘一个妹妹,大奶奶两个妹妹,倒象一把子四根水葱儿。"

"叔伯兄弟"隐射引导郑克塽来归的施琅。

"四根水葱儿"与当年发辫上的"四颗珠子"是一对儿。前者指康熙年间的四支汉族部队——归顺的三藩旧部(邢岫烟)、郑克塽部(薛宝琴)、"佟半朝"两部(李纹与李绮)。后者指顺治年间的孔有德(史湘云)、吴三桂部(薛蟠)、耿仲明部与尚可喜部(潘三保的两部)。

探春道:"老太太一见了,喜欢的无可不可,已经逼着太太认了干女儿了。老太太要养活,才刚已经定了。"(册封为汉军公)宝玉喜的忙问:"这果然的?"探春道:"我几时说过谎!"……说着,兄妹两个一齐往贾母处来。果然王夫人已认了宝琴作干女儿(册封汉军公),贾母欢喜非常,连园中也不命住,晚上跟着贾母一处安寝。薛蝌自向薛蟠书房中住下。

隐射康熙二十四年(1684年)十二月,郑克塽等人奉旨入京,孝庄皇太后与康熙皇帝对其纳土归诚表示嘉奖,授以公爵,赏赐宅第,以示优眷。

康熙皇帝对郑克塽表示理解,认为对新归顺地区应当采取怀柔宽和的政策。谈到历史功过,他认为自己不敢比松柏,老杨树而已——"宝玉喜道:'这才是女孩儿们的药,虽然疏散,也不可太过。……我和你们一比,我就如那野坟圈子里长的几十年的一棵老杨树……'"——同时也表达了中央集权统一天下和预防叛乱的决心:

天上人间两渺茫,琅节过后谨提防。
鸾音鹤信须凝睇,好把唏嘘答上苍。
宫阙内外两渺茫,战火初停谨提防。
秘密信使须凝睇,好把信息报中央。

第五十一回《薛小妹新编怀古诗》中《十首怀古诗》,成了红学研究百年不解的迷魂阵。王敬文《红楼梦诗词评注》云:"实际上,有无谜底,是否揭晓,无关重要,重要的是,每首怀古诗的形象和寓意。"这是很有见地的。王敬文又云:"如果胡乱猜测,强求谜底,实在徒劳无益,而且容易误入歧途。"

可谓中肯。

《红楼梦》并不想让书中人物当场捅破谜底，人人心知肚明，都心照不宣，避之唯恐不远，才是作者的本意。真猜出来了，不但毫无意义，而且必将大祸临头。所以"大家猜了一回，皆不是。冬日天短，不觉又是前头吃晚饭之时，一齐前来吃饭"。作者"王顾左右而言他"，突然煞车了事。因为捅破了谜底，在文字狱时代实在太危险了。

近来红学家杨兴让先生参照清朝周春、徐仪凤、护花主人谜底，并以陈毓罴的解释，结合自己深入的研究，对《十首怀古诗》得出了明确的结论，实在是新红学的重大突破。

第一首《赤壁怀古》是借孙权联合刘备在赤壁火烧曹军的故事写成的谜语。谜底为："这首谜底的'镜子'，要比第二十二回增补的'南面而立、北面而朝，像忧亦忧，像喜亦喜'这个'镜子'的谜语要复杂得多。"

第二首《交趾怀古》是借汉马援南征西讨的故事写成的谜语。谜底为："'文庙'作为谜底要比'喇叭'作为谜底要扎实得多。"

第三首《钟山怀古》是借南齐周隐于钟山沽名钓誉，后又出任海盐令的故事写成的谜语。谜底为："既不是'被耍的猴儿'，也不是傀儡、木偶、泥人一类的东西。它乃是钟山之下的'石头城'。"

第四首《淮阴怀古》是借韩信生平写成的谜语。谜底为："确切一点说是'武陵'，要比'打狗棒'一类的东西，要更合适一点，更恰当一点。"

第五首《广陵怀古》是借隋炀帝运河南游的故事写成的谜语。谜底为："真是舍却'柳絮'，谁敢再妄'占''风流'之'号'呢？"

第六首《桃叶渡怀古》是借用东晋王献之宠妾桃叶渡江的故事写成的谜语。谜底为："是'兰草'。也即'兰花'。'兰草'是一种供人欣赏的高雅植物，当然在一般'俗人'的眼里被看作'衰草闲花'了，这里作者用了反意词。"

第七首《青冢怀古》是借用汉代王昭君和番写成的谜语。谜底为："是'松树'和'柏树'。在汉族风俗制度方面，只有'松树'和'柏树'可进坟地，才享有这份特权；'樗栎'这种树，虽大而粗，是无法与'松树''柏树'相比较的，只有羞愧而已了。"

第八首《马嵬怀古》是借唐玄宗仓皇南逃，六军不发，逼迫杨贵妃在马嵬自杀的故事写成的谜语。谜底为："是'簪子'。因为'簪子'经常是女子簪头发用的'风流'的妆饰品，所以，每当人们拿到它时，它的'衣衾'，即'簪子'的外皮上总留有头油和脂粉的香味。"

第九首《蒲东寺怀古》是借《西厢记》张生和崔莺莺相爱，红娘暗中撮合写成的谜语。谜底为："织布用的'梭子'。织布用的梭子即'小红'，虽然被织布的'夫人'时时的所谓'吊起'，但它已勾引经纬线相交错而成为布了。"

第十首《梅花观怀古》是借《牡丹亭》的故事写成的谜语。谜底为："应该是'马蔺'，也即'马兰'。"

杨兴让先生的结论为："爱情的描写是《红楼梦》中主要的一面，也是公开的一面，实际上也即是书中'假语村言''假话'的一面；而另一面呢，则自然是'真事隐'即隐蔽的一面了。那么'真事隐'即'隐蔽'的一面是什么呢？也即是第九首怀古诗的谜底'思贤操'和第十首的谜底'猗兰操'了。在这里我们绝不能机械地将曹雪芹的'思贤操'与'猗兰操'理解为曹雪芹是孔子的门徒，孔教的忠实信奉者。'猗兰操'的'兰'实特指《红楼梦》中的李纨的'一盆兰'和贾珠之子贾兰；'思贤操'也仅指作者是企盼有一个唐太宗李世民汉高祖刘邦一流的贤明成功君主，并非特指孔儒正教，'思贤操''猗兰操'二操名不过借用罢了……曹雪芹的《红楼梦》敷演的'柳絮''风流'儿女情事不过是'假语村言'而已；真正的'真事隐'的东西，实乃是一部'思贤操'。这才是十首怀古诗谜的玄机；这也才是曹雪芹笔下梅（墨）翰林的儿媳妇薛宝琴这个'稚子'的特殊'功绩'。这才是《红楼梦》的写作思想。"

多年来读专家教授们对薛宝琴《十首怀古诗》的解释，收益极大，但总觉得有些"胡乱猜测"的意思，都不如杨兴让先生的谜底解释得如此生动鲜明准确，尽管什么是"'思贤操''猗兰操'二操名不过借用罢了"，还是有些不理解。

杨兴让先生并未对薛宝琴《十首怀古诗》进行烦琐的"科学的考证"，仅凭渊博的历史与文学功底，就给读者一个明确的答复，说明必须"还'红学'以'学'"的重要意义。

问题是，《红楼梦》让后人去猜"镜子"、"文庙"、"石头城"、"武陵"、

"柳絮"、"兰草"、"松树"和"柏树"、"簪子"、"梭子"、"马兰"这十大物件，究竟有什么意义呢？杨兴让先生认为这十大物件作为《十首怀古诗》的谜底，比前人"胡乱猜测"的老"镜子"、"喇叭"、"被耍的猴儿"、"傀儡、木偶、泥人"、"洞箫"、"柳牙签"、"打狗棒"一类的东西"要更合适一点，更恰当一点"。这确是真知灼见。

按杨兴让先生的说法，《红楼梦》前八十回是曹雪芹与张宜泉合写的，后四十回是张宜泉续的。张宜泉就是脂砚斋，曹雪芹的诗很多都源于张宜泉，两人都有"反清复明"的强烈愿望。这个观点振聋发聩，引人深思。曹雪芹的爷爷际遇"皇恩浩荡"，过着"繁华"的日子，所以就甘心做奴才。曹雪芹亲自经历了雍正的抄家、流落西山、衣食无着，所以就开始"反清复明"。张宜泉不知是汉人还是满人，既然满腹经纶、怀才不遇，不甘心做一辈子小学教师，能不"反清复明"吗？《十首怀古诗》与十大物件，与"反清复明"的主题肯定有隐藏很深的内部联系。可惜杨兴让先生没有继续挖掘下去，读者只好翘首以待了。

笔者从杨兴让先生的文章中学到许多东西，但不完全同意他的结论。《红楼梦》里所有的诗词歌赋与对联谜语都是为主题服务的，都隐射与历史人物相关的重要事实，无一例外。《红楼梦》没有工夫去写"簪子"、"梭子"或"被耍的猴儿"。都国破家亡了，作者哪里有心情到天桥去"耍猴儿"？既然不是"耍猴儿"，必然就是"写人事"——"醉翁之意不在酒，在于山水之间也。"

薛宝琴的十首《怀古诗》，回顾了郑成功三代转战东南与经营台湾的功名事业。

顺治十八年（1661年）三月，郑成功从厦门移驻金门，积极进行收复台湾的准备工作。三月二十三日，郑成功令其子郑经（锦）及部分将领留守金门、厦门，自己率军队二万五千人、大小战船数百艘由金门料罗湾出发抵澎湖。四月二日拂晓进入台湾海面，出敌不意地通过泥沙淤积的鹿耳门航道，取得了登陆北线尾岛和赤嵌城（台南市）的胜利。当时，在台湾的荷兰殖民军约二千余人，他们船坚炮利，郑成功登陆后，荷兰长官揆一指挥侵略军从海陆两方面反扑。郑成功迅速打退了敌人，包围赤嵌城，要求荷兰殖民者退出台湾，如继续顽抗，必将受到严惩。揆一不听警告，拒绝投降。郑成功指挥军队猛攻。

　　康熙元年十二月十三日（1662年2月1日），荷兰殖民长官揆一被迫在投降书上签字。中国军民经过九个月的英勇战斗，终于结束了荷兰侵略者在台湾三十八年的殖民统治。郑经经营台湾二十载，康熙二十年正月，郑经死，由幼子郑克塽嗣位。郑经死前表达了归顺朝廷之意，但没有实行。康熙皇帝派施琅与郑经、郑克塽谈判十三次，明珠也奉旨谈判两次。康熙二十二年（1683年）五月，命施琅征台湾。施琅与旧主子谈得认真，谈判不成，打得也很认真。十月，郑克塽兵败降清。

　　郑克塽的赐府在东华门大街，与孔四贞（史湘云）将军的府邸相邻，所以，《红楼梦》里的薛宝琴与史湘云很要好。史湘云隐射的孔四贞将军甚至私下里叮嘱薛宝琴隐射的郑克塽公爵，要小心满蒙亲贵的陷害——第四十九回云："湘云道：'你除了在老太太（孝庄太皇太后）跟前，就在园里来，这两处只管顽笑吃喝。到了太太（孝庄太皇太后）屋里，若太太在屋里，只管和太太说笑，多坐一回无妨；若太太不在屋里，你别进去，那屋里人多心坏，都是要害咱们的（说明汉军绿营不被信任，担心为满蒙亲贵谋害的地位）。'"

　　顺治十六年六月间，郑成功以"招讨大元帅"的名义，请张煌言为监军，统率十七万水陆大军，意欲一举荡平江南，再取北京，完成抗清复明大业。郑军"旌旗蔽日，樯橹列江"，沿长江直破瓜州、镇江等二十四县，仅月余即围逼南京。江南"父老争出，持牛酒犒师，扶杖炷香，望见明朝衣冠涕泗交下，以为十五年来所未见"。十七万水陆大军，由崇明而上，破瓜州，克镇江，围南京。张煌言另率一支军队溯江而上，进驻上游门户芜湖，攻克太平、宁国等四府三州二十四县。南京清军几不可守。由于郑成功麻痹轻敌，面对地方政府的假投降真待援而犹豫不决，结果耽误了战机，最后全军溃败，与光复大业失之交臂。

　　薛宝琴的怀古诗之一《赤壁怀古》就直接隐射此事。郑克塽慨叹祖父不听张煌言的劝告，没有一鼓作气，攻取南京，而在朱元璋陵墓徘徊祭奠，坐失良机，又轻信了各地的假降，结果守株待兔，身陷重围，匆忙撤退，无功而返。

　　第五十一回《薛小妹新编怀古诗　胡庸医乱用虎狼药》——郑克塽做十

首怀古诗，回忆了祖孙三代惨淡经营台湾二十三年的历史：

众人闻得宝琴将素习所经过各省内的古迹为题，做了十首怀古绝句，内隐十物，皆说这自然新巧。都争着看时，只见写道是……

李纨又道："况且他原是到过这个地方的。这两件事虽无考，古往今来，以讹传讹，好事者竟故意的弄出这古迹来以愚人……这竟无妨，只管留着。"宝钗听说，方罢了。大家猜了一回，皆不是。

李纨的解释明确告诉读者，薛宝琴写的东西严格讲来，根本不是历史怀古诗，其中两首源于戏剧与传说，难道作者不知道吗？明知道不全是历史怀古，为什么偏偏题名为《怀古诗》？原因很简单，怀古不怀古无所谓，隐写郑成功祖孙三代的功过得失，才是写作的目的。

此处最重要的是"大家猜了一回，皆不是"——隐射人人都知道郑克塽十首怀古诗的含义，但不愿意说破。结果历史书上连郑克塽寿终正寝的日子都查找不到了。郑克塽重复了李后主、史德威的命运。十四五岁的郑克塽没有政治经验。他在诗中流露的不满甚至敌视情绪，导致了令人遗憾的最后结局。

郑克塽（宝琴）不愿意做崔莹莹，甚至抱怨穿针引线的红娘施琅。而施琅为了台湾问题，罢军职而当了文官，受了十三年的窝囊气（"虽被夫人时吊起"），如果没有康熙皇帝的谅解，最后收复了台湾（"已经勾引彼同行"），他才是最冤枉的人呢。

《清史稿》载："琅从芝龙降。从征广东，戡定顺德、东莞、三水、新宁诸县。芝龙归京师，其子成功窜踞海岛，招琅，不从。成功执琅，并絷其家属。琅以计得脱，父大宣、弟显及子侄皆为成功所杀……（康熙）七年，琅密陈锦负海上，宜急攻之。召诣京师，上询方略，琅言：'贼兵不满数万，战船不过数百，锦智勇俱无。若先取澎湖以扼其吭，贼势立绌；倘复负固，则重师泊台湾港口，而别以奇兵分袭南路打狗港及北路文港海翁堀。贼分则力薄，合则势蹙，台湾计日可平。'事下部议，寝其奏。因裁水师提督，授琅内大臣，隶镶黄旗汉军。"——施琅的水师提督被罢，吊起来就是十三年。

"二十二年八月，施琅统兵入鹿耳门，至台湾。……缴延平王金印。台湾平，自海道报捷。疏至，正中秋，上赋诗旌琅功，复授靖海将军，封靖海侯，世袭罔替，赐御用袍及诸服物。"——施琅的红娘做成了。

"遣侍郎苏拜至福建，与督抚及琅议善后事。有言宜迁其人、弃其地者，琅疏言：'明季设澎水标于金门，出汛至澎湖而止。台湾原属化外，土番杂处，未入版图。然其时中国之民潜往生聚，已不下万人。郑芝龙为海寇，据为巢穴。及崇祯元年，芝龙就抚，借与红毛为互市之所。红毛联结土番，招纳内地民，渐作边患。至顺治十八年，郑成功盘踞其地，纠集亡命，荼毒海疆。传及其孙克，积数十年。一旦纳土归命，善后之计，尤宜周详。若弃其地、迁其人，以有限之船，渡无限之民，非阅数年，难以报竣……'疏入，下议政王大臣等议，仍未决。上召询廷臣，大学士李奏应如琅请……上命允行。"——施琅的主张实现了。

第五十二回隐写郑克塽（宝琴）归顺后矛盾无奈的心态：

宝钗因笑道："下次我邀一社，四个诗题，四个词题。每人四首诗，四阕词。头一个诗题《咏〈太极图〉》，限一先的韵，五言律，要把一先的韵都用尽了，一个不许剩。"宝琴笑道："这一说，可知是姐姐不是真心起社了，这分明难人。若论起来，也强扭的出来，不过颠来倒去弄些《易经》上的话生填，究竟有何趣味。"

第五十三回《宁国府除夕祭宗祠》隐射孝庄与康熙皇帝庆祝台湾回归，为祖国统一而祭奠列祖列宗。外姓亲戚都不邀请，唯独让薛宝琴参加，因为薛宝琴隐射刚归顺朝廷而受封汉军公的郑克塽，所以她必须出席。

宁国府从大门（正阳门）、仪门（大清门）、大厅（天安门）、暖阁（端门）、内厅（午门）、内三门（太和门）、内仪门（太和殿）并内塞门（中和门）直到正堂（保和门），一路正门大开，两边阶下一色朱红大灯高照，点的两条金龙一般。——先确定宁国府是清皇宫，九门大开祭奠祖宗，这是《红楼梦》定位的重要根据。

"贾氏宗祠"不在清朝太庙（现劳动人民文化宫），偏偏要在社稷坛，也就是现在北京中山公园内："且说宝琴是初次进祠观看，一面细细留神打量这宗祠，原来宁府西边另一个院子（原社稷坛、现中山公园东北门），黑油栅栏内五间大门（如今依然是五间大门），堂上悬一块匾，写着'贾氏宗祠'四个字，旁书'衍圣公孔继宗书'。"

"衍圣公"乃宋仁宗所封，后来的元明清与中华民国相沿不改。周汝昌老师对"孔继宗"做过考证，说清代没有继字辈衍圣公。可见此名系杜撰出来的。"衍圣公"本义是圣衍之公。此处是"衍圣之公"，"圣上"者，皇上也。

关于《宁国府除夕祭宗祠》，王梦阮认为是"天家大祀"。关于"宝琴是初次进祠观看"，王梦阮认为："祭宗祠万无外人参加之礼。"王伯沆则说："试思贾母率同族行礼时，乃有一亲戚姑娘，随众入祠观看，成何祭体？"

王梦阮与王伯沆看出此乃皇家祭祖，万分不简单。但他俩并不明白，康熙皇帝祭的祖宗不是爱新觉罗·努尔哈赤，而是中华圣人孔子。既然是祭孔，地点在社稷坛，是以祭汉族为首的江山社稷，代替祭满族的爱新觉罗氏。中华各民族各地区的代表都要参加，当然就必须邀请台湾的代表参加。如果没有隐射郑克塽的薛宝琴参加，面向上至炎黄的列祖列宗祭告台湾回归，祖国统一，那才真是"成何祭体"呢。

……贾敬（孔有德灵魂）主祭，贾赦（皇太极灵魂）陪祭（主陪关系分明），贾珍（顺治皇帝灵魂）献爵，贾琏（多尔衮灵魂）贾琮（多尔衮是后金爱新觉罗的正宗后裔）献帛，宝玉（康熙皇帝）捧香，贾菖贾菱（康熙后裔）展拜毯，守焚池。青衣乐奏，三献爵，拜兴毕，焚帛奠酒，礼毕，乐止，退出。众人围随着贾母（孝庄太皇太后）至正堂上，影前锦幔高挂，彩屏张护，香烛辉煌。上面正居中悬着宁荣二祖遗像，皆是披蟒腰玉；两边还有几轴列祖遗影。贾荇贾芷等从内仪门挨次站列，直到正堂廊下。槛外方是贾敬贾赦，槛内是各女眷。众家人小厮皆在仪门之外。每一道菜至，传至仪门，贾荇贾芷等便接了，按次传至阶上贾敬（孔有德灵魂）手中。贾蓉（康熙皇帝）系长房长孙，独他随女眷在槛内，每贾敬捧菜至，传于贾蓉，贾蓉便传于他妻子，又传于凤姐（孝庄妃）尤氏诸人，直传至供桌前，方传于王夫人。王夫人（孝庄皇太后）传于贾母（孝庄太皇太后），贾母方捧放在桌上。邢夫人（孝端皇太后灵魂）在供桌之西，东向立（面对沈阳昭陵而立），同贾母供放。直至将菜饭汤点酒茶传完，贾蓉（康熙皇帝与英亲王阿济格灵魂）方退出下阶，归入贾芹（成亲王岳灵魂）阶位之首。凡从文旁之名者，贾敬（孔有德灵魂）为首；下则从玉者，贾珍（顺治皇帝灵魂）为首；再下从草头者，贾蓉（康熙皇帝）为首；左昭右穆，男东女西；俟贾母拈香下拜，众人方一齐跪下，将五间大厅，三间抱厦，内外廊檐，阶上阶下两丹墀内，花团锦簇，塞的无一隙空地。鸦雀无闻，只听铿锵叮当，金铃玉佩微微摇曳之声，并起跪靴履飒沓之响。一时礼毕，贾敬贾赦等便忙退出，至荣府专候与贾母行礼。

"宁国府除夕祭宗祠"分昭穆排班立定，辈数以第二回《冷子兴演说荣国府》介绍的贾府族谱为标准。

"宝玉捧香"——隐射当朝皇帝上香。

"众人围随着贾母至正堂上"——按满洲皇室祖制，女人领先祭奠。

"邢夫人在供桌之西，东向立"——隐射孝端陪葬昭陵。

"贾蓉方退出下阶，归入贾芹阶位之首"——爱新觉罗直系与旁系序列。

"凡从文旁之名者，贾敬为首；下则从玉者，贾珍为首；再下从草头者，贾蓉为首"——孔门皇族序列。

汉人祭木主，即牌位。满人祭遗像，即影像。——"上面正居中悬着宁荣二祖遗像（满族风俗），皆是披蟒腰玉（汉族衣冠）；两边还有几轴列祖遗影（后金遗像）。"——证明《红楼梦》中贾府乃满族遗像与汉族衣冠祭祖法，同时存在。

"汉人主祭人为辈数最高的男人。满族主祭人为辈数最高的女人。"（《天咫偶闻》）"槛外方是贾敬贾赦，槛内是各女眷……王夫人传于贾母，贾母方捧放在桌上。"证明《红楼梦》中贾府乃满族女人主祭法。孔有德、皇太极、多尔衮、顺治皇帝都死了（故在"槛外"），"槛内是各女眷"，以贾母孝庄太皇太后为主祭也，但接受祭奠的第一人却是汉人孔有德。

"阶上阶下两丹墀内，花团锦簇。""丹墀"指皇家御路台阶。所谓"阶上阶下两丹墀"——专指保和殿正后的"云龙大石雕"，位于朝廷后方，乾清门广场正南方，正对着后宫正门乾清门。分阶上阶下两部分，整块艾青石，长16.57米，宽3.07米，厚1.7米，重250吨。石雕周边刻有连贯蕃草纹，下端是海水江崖，中间雕九条蟠龙，游行于流云之中。神态傲然，矫健欲飞，是世界各国皇宫中最大的御路石刻。

一时来至荣府，也是大门（正阳门）正厅（保和殿）直开到底。如今便不在暖阁（端门）下轿了，过了大厅（保和殿），便转弯向西（从乾清门广场

"薛宝琴"三个字分两部分隐意。"薛宝琴"可以拆开，分为"薛王王"与"薛今宝"两部分。前一部分"薛王王"是指满清的敌方——像薛蟠吴三桂一样的两代异姓王：延平王郑成功与郑经。后一部分是指清朝康熙皇帝的国宝"薛今宝"——台湾归附中央后的汉军公郑克塽。

"宝琴"即宝岛的形象——台湾地图如同古琴，台湾岛很像太平洋上的宝琴。

"薛王王"指郑成功与郑经两个汉族异姓王。"宝琴"者，昔日的二王变为今日的国宝也。

郑成功，名森，字明俨，号大木，福建省南安石井人，出身于官商家庭。1624年农历七月十四日，郑森诞生于日本长崎县平户市千里浜。他在日本渡过七个春秋，1630年随其叔郑芝燕回国，在福建安平（晋江市安海镇）长大成人。郑成功气宇轩昂，才华横溢，师长称赞云："此人英雄，非人所得比。"隆武帝赐国姓，易名"朱成功"，并晋封御营中军都督，授尚方宝剑，仪同驸马，自是郑成功咸称"国姓爷"。郑成功一生最伟大的功绩是永历十五年、顺治十八年（公元1661年）率军三万余，把荷兰侵略者从台湾赶走。

郑成功于永历十六年、康熙元年（公元1662年）五月初八病逝，享年三十九岁，墓葬于台湾的台南州仔尾。二十多年后，其孙郑克塽降清，并于康熙三十八年（公元1699年）五月二十二日迁柩归葬于南安县，随同迁葬的还有其子郑经的灵柩。康熙皇帝下敕遣官兵护柩，尔后派御林军护陵守墓，还赐挽联曰：

　　四镇多二心两岛屯师敢向东南争半壁；
　　诸王无守土一隅抗志方知海外有孤忠。

郑克塽（1670-?），郑经第二子，郑成功之孙，福建南安人。康熙二十二年（1683年），郑克塽率文武百官投降，结束了在台二十三年的统治。

郑克塽一生最伟大的功绩是协助中央顺利地收复台湾，促成国家的统一。

施琅（1621-1696年），福建晋江人，原是郑芝龙的部下，芝龙降清后改属郑成功。郑成功命令施琅去台湾，他不听令，成功怒，杀琅老父与小弟。施琅降清，积极筹划攻台。康熙二十二年（1683年）如愿攻破澎湖，逼郑克塽献地投降，封靖海侯。

刘国轩为福建汀州人，原为清漳州城门把总。郑成功攻漳州，开城门投

第八章 大观园外的男人们

降。1662年随郑成功夺取台湾。郑经嗣位，剿抚北路诸敌有功，又随郑经进攻湖州等地，晋升大将。郑克塽继位，升武平侯，掌军国大权。1683年澎湖之役，被施琅打得大败，逃回台湾，随郑克塽降清。

郑经在临死之前有归顺朝廷之意，但没有行动。郑克塽是在兵败后归顺朝廷的，但他心里有些不情愿：一不愿离开台湾，二不愿北上京师。薛宝琴《怀古诗》表达了这些想法。

郑克塽不理解促使他归附朝廷的施琅，他对于爷爷的这位旧部有很大的误会与成见。施琅是满清政府最坚决的收复台湾派，他积极与台湾和谈，和谈不成就打，迫使郑克塽投降，又护送郑克塽及其家属进京。郑克塽受封汉军公，相当于《西厢记》里的小姐崔莺莺。施琅受封靖海侯，相当于《西厢记》里牵线搭桥的丫头红娘。郑克塽这个崔莺莺，看来不情愿嫁给张生，所以不领红娘的情。

郑克塽这个崔莺莺对施琅这个红娘的误解，根子在于当时历史条件下对所谓"忠君爱国"的标准有不同的认识。孝庄皇太后、康熙皇帝、郑成功与施琅有一个认识层次。小孩子郑克塽有一个认识层次。这种认识的矛盾，进入《红楼梦》，就是《真真国女儿诗》与《薛小妹新编怀古诗》的矛盾。而矛盾的焦点，就是对红娘施琅的态度。

清朝初期，西方殖民者在我国东南沿海很猖獗，荷兰殖民者占领了我国领土台湾。郑成功从荷兰人手里收复台湾，为中华民族立下大功，是当之无愧的民族英雄。而施琅的统一台湾有着同等重要的历史意义。

康熙三年（1664年），施琅就建议"当乘其民心未固、军情尚虚"，进军澎湖台湾，使"四海归一"。因飓风所阻，施琅两次进军失败，仍矢志统一台湾。他又上《边患宜靖疏》，强调统一台湾事关祖国安危，应尽快使"台湾一平，防兵亦可裁减，地方益广，岁赋可增，民生得宁，边疆永安"。

清政府没有采纳施琅的意见，将他调入京师为官，坐冷板凳（"虽被夫人时吊起"）。施琅继续上疏征台，争取康熙帝的支持，并广交朝中大臣，争取他们对统一台湾的理解。

平定三藩后，福建总督姚启圣力主乘胜统一台湾，康熙帝采纳大学士明珠的意见，先招抚，招抚不成，再用武。那时郑氏政权复明已成虚词，只想保住在台湾的割据局面。他们在与清朝的谈判中，多次要求"不剃发，执朝鲜事例"，"称臣纳贡"，"世守台湾"，"照琉球、高丽等外国例，称臣进贡"。

朝廷的态度很明确——"昨夜朱楼梦，今宵水国吟。岛云蒸大海，岚气接丛林。月本无今古，情缘自浅深。汉南春历历，焉得不关心。"

康熙帝遣使与郑氏代表谈判，并做出很大让步，即郑氏归顺清朝以后，可以在台湾居住，"保境息民"，但郑氏必须成为清朝臣民，台湾的归属不能让步。

郑经病死后，郑氏内部争权，政局动荡。姚启圣再次要求收复台湾，并推荐施琅任福建水师提督，得到康熙皇帝同意。

康熙二十二年施琅统一台湾后，清廷内部发生了一场对台湾的弃留之争。许多大臣认为台湾是"海外丸泥，不足为中国加广；裸体文身之番，不足与共守；日费天府金钱于无益，不若徙其人而空其地"。就连支持施琅的大学士李光地，也认为"台湾隔在大洋以外，声息皆不相通"，可以"空其地任夷人居之"，"即为贺兰（荷兰）有亦听之"。甚至连康熙帝也认为"台湾属海外地方，无甚关系"，"得之无所加，不得无所损"。在大臣中主张守而不弃者，竟然只有姚启圣和施琅等少数人。

施琅坚持台湾绝不能弃而不守。他在《恭陈台湾弃留疏》中强调台湾的战略地位重要，"乃江、浙、闽、粤四省之左护"。因此，"台湾一地，虽属外岛，实关四省之要害"，"弃之必酿成大祸，留之诚永固边圉"。施琅认为荷兰"红毛""无时不在涎贪，亦必乘隙以图。一为红毛所有，则彼性狡黠，所到之处……必合党伙窃窥边场，迫近门庭。此乃种祸后来，沿海诸省，断难晏然无虞"。如果放弃台湾，荷兰殖民者就会卷土重来。

施琅的上疏极有说服力，促使康熙帝下决心留守台湾，并于1684年（康熙二十三年）设立台湾府，隶属于福建省。在统一台湾和反对西方殖民者的斗争中，施琅是郑成功的实际后继者。

施琅先后在郑芝龙、郑成功手下为将，降清的时候，明朝已经灭亡。先后建立起来的几个南明小朝廷，内部矛盾重重而又腐败，根本成不了气候。施琅选择效力于生机勃勃的清朝，为统一台湾、治理台湾以及抵御外国侵略所做的努力，都有益于中国的发展与进步。将施琅降清看成汉奸，是违背历史规律的民族偏见。

郑成功杀了施琅的父亲和弟弟，郑经时期又杀了施琅的子侄，多达七十余人。有人向施琅进言:"公与郑氏三世仇,今郑氏釜中鱼、笼中鸟也,何不急扑灭之以雪前冤?"施琅说:"吾此行上为国、下为民耳。若其衔璧来归,当以国家、百姓为重,不计私仇。清军攻下澎湖以后,即赦之,毋苦我父老子弟幸矣!何私之与有?"施琅向郑氏声明:"断不报仇!当日杀吾父者已死,与他人不相干。不特台湾人不杀,即郑家肯降,吾亦不杀。今日之事,君事也,吾敢报私怨乎?"

施琅厚待投降和被俘的郑军将士,稳定民心。他建议朝廷"颁赦招抚"郑氏,以争取和平统一台湾。施琅在澎湖"抚绥地方,人民乐业,鸡犬不惊",甚至派人捞救跳水未死的郑军官兵,使得台湾、澎湖军民"莫不感泣,愿内向"。

施琅在澎湖击垮了大将刘国轩率领的郑军主力,又采取积极招抚政策,郑克塽、刘国轩见施琅"无屠戮意",终于认清形势,决定降清。他们请施琅迅速到台湾稳定局势。施琅不费一兵一卒抵达台湾,以和平手段完成了统一,使清军和郑氏军队避免了流血,使台湾本岛避免了一场战火。

施琅到台湾,命令军队从大陆运来粮饷,而不向当地百姓征集。军队的"日用蔬菜,市肆买办,照依民价无亏,断不许借称官办应用,一丝一毫侵取民间"。他还严禁当地犒劳军队,以免"致扰民生"。

施琅在收复台湾后,积极发展经济。郑氏政权统治台湾后期,人民的赋税负担比较重。施琅宣布,"今岁应纳租谷,十分酌减其四","其一切保务叠派、什项差徭,尽行蠲免"。

施琅上奏朝廷,请求废"迁界",开"海禁","听商民贸捕"。朝廷采纳了施琅的建议,康熙帝下诏开放海禁,"各省先定海禁处分之例,应尽行停止"。东南沿海人民纷纷出海谋生,海上贸易也活跃起来。台湾地方官招徕大陆流民前去开发,一时"流民归者如市","内地入籍者众"。康熙又下诏废除"迁界",大陆被迁的百姓纷纷重返家园,重新开垦荒芜的田地,从而大大促进了台湾和大陆沿海地区经济的发展。

施琅在《恭陈台湾弃留疏》中写道:那里"野沃土膏,物产利溥,耕桑并耦,鱼盐滋生,满山皆属茂树,遍地俱植修竹,硫磺、水藤、糖蔗、鹿皮以及一切日用之需无所不有","实肥饶之区"。

施琅对杀他子侄的刘国轩既往不咎。他在俘虏中找到刘的亲信说:"我决不与为仇,他肯降,吾必保奏而之公侯。前此各为其主,忠臣也。彼故无罪,吾必与之结姻亲,以其为好汉也。"甚至还当场"折箭立誓"。

施琅见到在关键时刻降清的郑克塽等人,与之"握手开诚,矢不宿怨",妥善安置郑克塽和刘国轩等将官,"礼待优厚,出郑氏望外"。

施琅还亲自撰文去郑成功庙致祭,充分肯定郑成功收复台湾的历史功绩,同时也"微寓其不仇故主之意",表现了宽阔的胸怀和对郑成功的敬仰。

施琅促成了台湾回归与祖国统一,他这个红娘当得好。红娘是《红楼梦》里最小的人物,却放射着最美的光彩。

第十五节 史德威将军

"恸哭花荫"、"黛玉葬花"、"龄官画蔷"、"关门捉鸭",是《红楼梦》中艺术性最高、隐晦性最强的四个故事。

所谓"荒唐言",所谓"辛酸泪",所谓"作者痴",所谓"其中味",其实首先就是指第一批作者原稿中留下的"恸哭花荫"、"黛玉葬花"、"龄官画蔷"、"关门捉鸭"这四个故事。三百年过去了,现在是破解这四个故事的时候了。第二十二回《听曲文宝玉悟禅机 制灯谜贾政悲谶语》云:

至晚散时,贾母深爱那作小旦的与一个作小丑的,因命人带进来,细看时益发可怜见。因问年纪,那小旦才十一岁,小丑才九岁,大家叹息一回。贾母令人另拿些肉果与他两个,又另外赏钱两串。凤姐笑道:"这个孩子扮上活象一个人,你们再看不出来。"宝钗心里也知道,便只一笑不肯说。宝玉也猜着了,亦不敢说。史湘云接着笑道:"倒象林妹妹的模样儿。"宝玉听了,忙把湘云瞅了一眼,使个眼色。众人却都听了这话,留神细看,都笑起来了,说果然不错。一时散了……林黛玉冷笑道:"问的我倒好,我也不知为什么原故。我原是给你们取笑的,拿我比戏子取笑。"宝玉道:"我并没有比你,我并没笑,为什么恼我呢?"黛玉道:"你还要比?你还要笑?你不比不笑,比人比了笑了的还利害呢!"宝玉听说,无可分辩,不则一声。

男人史德威(林黛玉)至死不忘扬州屠城,连做两首诗(《哭花荫》与

《葬花吟》）悼念之。苏州女人刘三季（龄官儿）虽然当上了豫亲王多铎（贾蔷）的大福晋，荣华富贵，但仍然念念不忘扬州屠城。她冒着雨，在地上画十八划的"蔷"字。十八划的意思是让后人记住崇祯十八年十八划的史可法扬州捐躯，记住弘光元年、顺治二年（1645年）的江南国殇。

崇祯十八年四月二十六日，豫亲王多铎（贾蔷）在江南犯下了滔天罪行——扬州屠城惨案。接着是李成栋在嘉定与江阴进行了灭绝人性的大屠杀。满族亲贵多铎（贾蔷）屠了一个城，李成栋却屠了两个城（贾蔷带领汉族清客卜顾修与单聘仁）。

尽管顺治贾宝玉亲政后改变了多尔衮三兄弟穷兵黩武一味血腥镇压的野蛮政策，提出了满汉一体，重用汉臣，世法平等，禁止圈地，惩治腐败，废除逃人法，甚至大观园承包责任制的改革——贾宝玉顺治皇帝给了以"袭人"为代表的蒙古皇后派一个"窝心脚"，但他毕竟是皇帝，这十八划的历史罪恶，还是要记在他的头上。

《红楼梦》第三批作者认为，满清的历史罪过必须记住，但清廷不是伪政权，顺治也不是假皇帝。

第二十九回《享福人福深还祷福 痴情女情重愈斟情》与第三十回《宝钗借扇机带双敲 龄官划蔷痴及局外》原文：

（1）前日四月二十六日，我这里做遮天大王的圣诞，人也来的少，东西也很干净，我说请哥儿来逛逛，怎么说不在家？——隐晦地表现了张道士孔有德对"四月二十六日"扬州屠城的忏悔态度。虽然他不是扬州屠城的主要刽子手，但也是"以汉制汉"政策的急先锋。他在顺治七年四月二十六日，举办"遮天大王的圣诞"大法会，特意邀请顺治皇帝莅临现场，有深意存焉。

（2）且说宝玉因见林黛玉又病了，心里放不下，饭也懒去吃，不时来问。林黛玉又怕他有个好歹，因说道："你只管看你的戏去，在家里作什么？"——林黛玉史德威对"四月二十六日"扬州屠城不堪回首，寝食不安，每年到了这个日子口，他就"又病了"。她让贾宝玉顺治皇帝去看戏，也就是去看一看满洲亲贵在入主中原过程中犯下的罪行。

（3）宝钗笑道："原来这叫作《负荆请罪》！你们通今博古，才知道'负荆请罪'，我不知道什么是'负荆请罪'！"一句话还未说完，宝玉林黛玉二人心里有病，听了这话早把脸羞红了。——揭示薛宝钗为代表的满蒙亲贵对

"四月二十六日"扬州屠城的态度,认为虽然做过了头,但满蒙亲贵也没有必要对汉族人"负荆请罪"。

(4) 只见一个女孩子(龄官儿刘三季)蹲在花下,手里拿着根绾头的簪子在地下抠土,一面悄悄的流泪。宝玉(顺治皇帝)心中想道:"难道这也是个痴丫头,又象颦儿来葬花(史德威祭奠扬州屠城)不成?"因又自叹道:"若真也葬花,可谓'东施效颦',不但不为新特,且更可厌了。"想毕,便要叫那女子,说:"你不用跟着那林姑娘(史德威)学了。"一面想,一面又恨认不得这个是谁。再留神细看,只见这女孩子眉蹙春山,眼颦秋水,面薄腰纤,袅袅婷婷,大有林黛玉之态(都是江南人)。宝玉早又不忍弃他而去,只管痴看。只见他虽然用金簪划地,并不是掘土埋花,竟是向土上画字。宝玉用眼随着簪子的起落,一直一画一点一勾的看了去,数一数,十八笔(崇祯十八年,又指十八划的史可法)。自己又在手心里用指头按着他方才下笔的规矩写了,猜是个什么字。写成一想,原来就是个蔷薇花的"蔷"(指德豫亲王多铎"贾蔷")字。——江南才女龄官儿刘三季对"四月二十六日"多铎的罪行铭刻在心。

(5) 只见人报:"冯将军家有人(李自成归顺部队)来了。"原来冯紫英家听见贾府在庙里打醮,连忙预备了猪羊香烛茶银之类的东西送礼(李自成部祭奠扬州屠城日)……接着赵侍郎(南明临安政府)也有礼来了。——隐射李自成(冯将军)部下与南明残余势力(临安赵侍郎)纷纷祭奠"四月二十六日"这个国殇日。

(6) 张道士也笑道:"我拿出盘子来一举两用,却不为化布施,倒要将哥儿的这玉请了下来,托出去给那些远来的道友并徒子徒孙们见识见识(将宋朝、元朝传下来的国家玉玺"通灵宝玉"拿给大家看看真假)。"……贾母听说,向盘内看时,只见也有金璜,也有玉,或有事事如意,或有岁岁平安,皆是珠穿宝贯,玉琢金镂(各地武装部队的政权印记),共有三五十件(指顺治当朝十八年,顺治"死于"此年)。因说道:"你也胡闹。他们出家人是那里来的,何必这样,这不能收。"张道士笑道:"这是他们一点敬心,小道也不能阻挡(停止抵抗,减少伤亡)。老太太若不留下(接受归附),岂不叫他们看着小道微薄,不象是门下出身了。"——顺治十八年是汉族反清武装斗争的倒数第二年,此处隐写了顺治十八年江南江北的反清武装斗争的最后结局。

第八章 大观园外的男人们

《红楼梦》既然是明亡清兴的隐史，不写"扬州屠城"显然是不可想象的。但"扬州屠城"在正史野史中，都是讳莫如深的大题目，弄不好会引来杀身之祸。作者只能采用"天子灯下黑"或"菩萨头上光"的手法，不写战场写坟场（花冢），不写情话（如王熙凤与贾瑞）写诗话（《哭花荫》与《葬花吟》），将史可法与扬州屠城事件写在第一女主角身上。第二十七回云：

至次日乃是四月二十六日，原来这日未时交芒种节。尚古风俗：凡交芒种节的这日，都要设摆各色礼物，祭饯花神，言芒种一过，便是夏日了，众花皆卸，花神退位，须要饯行。

这是作者故意写的一段自相矛盾漏洞百出的文字。

（1）立夏、小满、芒种连续三个节气，每个节气相距十五天，这是农民也知道的常识。立夏"一过，便是夏日了"，为什么要说"言芒种一过，便是夏日了"呢？

（2）1645年（崇祯十八年、顺治二年）的立夏为阴历四月十一日，小满为"四月二十六日未时"，芒种为五月十二日。也就是说"四月二十六日"不是"芒种"，而是"小满"——原文的意思应该是"四月二十六日未时"一过，众花皆卸（扬州屠城，八十万人殉难），花神退位（南明气数完了），须要饯行（举国祭奠），以后就是"小满"清的天下了。

（3）"四月二十六日"是"小满"——过了"未时"，"大明朝"从此"花神退位"，往后"便是""小满"清的天下了。作者不敢说"四月二十六日是小满"，故意错写成是下一个节气"芒种节"。

从顺治二年向前后各推50年，只有康熙七年四月二十六日是"芒种节"，康熙二十六年四月二十七日也是"芒种节"，而这两个日子，都与《哭花荫》与《葬花吟》毫无关系。只有顺治二年的"四月二十六日未时"是小满。

《红楼梦》的意思是：崇祯十八年（弘光元年）、顺治二年四月二十五日史可法殉国，四月二十六日扬州屠城，大明朝彻底完了，从此以后就是小满清的天下了。将四月二十六日的"小满"，写成"芒种"，是害怕"小满清"政府的文化检查官，而不得不有所编造。这"芒种"也是汉族的"亡种"节。

第二十六回的《哭花荫》与第二十七回的《葬花吟》，将"白骨如山忘姓氏，无非公子与红妆"的政治主题与艺术形式高度统一，达到了出神入化的境界。

（1）第二十七回《埋香冢飞燕泣残红》的标题深埋着三层意思——"埋香冢"隐射扬州屠城殉难的南明军民的丧葬；赵飞燕隐射柔弱的江南难民女子；"泣残红"隐射对南明残余政权与百万江南冤魂的哭泣。"残红"者，南明残余政权也。

（2）第二十六回《蜂腰桥设言传心事》的标题告诉读者，作者要利用小说人物的假设故事（设言），传达心里憋了很久的一件大事（传心事）——史可法在"逢妖桥"（蜂腰桥）南壮烈殉国，作者们要用假语村言传达对"扬州屠城"的沉痛悼念。

于是，先调动演员薛蟠（吴三桂）出场，让他对贾宝玉（顺治皇帝）说："要不是我也不敢惊动，只因明儿五月初三是我的生日。"——顺治元年五月初三是吴三桂在北京正式官服满清的好日子。贾宝玉说五月初三也是他的生日——隐射汉族官将臣服顺治皇帝，是"清承明制"的满清政府的好日子。而五月初三是摄政王多尔衮入主北京的第二天，是满清政府对中原地区正式发号施令的日子。这样一安排，总算有了顺治元年、崇祯十七年的历史坐标值。

《清史稿》云：顺治元年"五月戊子朔，以捷书宣示朝鲜蒙古。己丑（五月初二）大军抵燕京，故明文武诸臣郊迎五里外。睿亲王多尔衮入居武英殿。庚寅（五月初三），令兵部传檄直隶郡县，归顺者官吏进秩……观望者讨之。辛卯，令官吏军民为明帝发丧，三日后服除，礼部太常寺具帝礼以葬"。

此即第十二回至第十四回中，贾琏与林黛玉到姑苏（古都北京与开封）为"林姑爷"（崇祯皇帝与史可法）发丧，多尔衮（僧录司正堂万虚）与（道录司正堂叶生）孔有德贾敬亲至灵堂敬献挽联祭奠朱由检的故事。

第十二回云："于是贾母定要贾琏送他去，仍叫带回来。一应土仪盘缠，不消烦说，自然要妥贴。作速择了日期，贾琏与林黛玉辞别了贾母等，带领仆从，登舟往扬州去了。"——顺治二年五月初二（"五月初二"贾雨村护送林黛玉从扬州进京），清军护送史德威从扬州进京。顺治三年清廷护送史德威到扬州梅花岭厚葬史可法"衣冠"。历史资料：扬州屠城后过了一年，局势已趋平稳，史德威返回扬州，按史可法的遗愿，在梅花岭下为他建立了一座衣冠冢。这就是贾琏与林黛玉到姑苏出差将近两年的故事。

第十三回云："总理虚无寂静教门僧录司正堂万虚（多尔衮挽联）、总理元始三一教门道录司正堂叶生（穆莳孔有德挽联）等，敬谨修斋（贾敬孔有德亲自恭谨地为先帝修建灵堂），朝天叩佛（朝天叩拜老主子）。"——这是顺治元年五月，北京十三陵厚葬明思宗的真实情景。多尔衮与孔有德敬献了挽联，而孔有德对老主子崇祯大行皇帝磕了九个响头。

第十四回云："林姑老爷是九月初三日巳时没的。二爷带了林姑娘同送林姑老爷灵到苏州，大约赶年底就回来。二爷打发小的来报个信请安，讨老太太示下，还瞧瞧奶奶家里好，叫把大毛服带几件去。"——这是记述建造朱由检思陵，到顺治元年冬天才竣工，所以"昭儿"（送诏书的奴才）要带"大毛服"。

上引提到两个地方，一是苏州郡（北京），二是扬州城，说明乃两地两人的故事。

庚辰本第十四回的回目为《林如海灵返苏州郡　贾宝玉路谒北静王》。

程乙本第十四回的回目为《林如海捐馆扬州城　贾宝玉路谒北静王》。

两个版本的标题不同，不是抄手的误抄，这是作者有意设计的回目，为了纪念完全不同的两个历史事件与两个历史人物。一个是指明朝皇帝朱由检，另一个是指南明兵部尚书史可法。

"灵返苏州郡"指死了的人（崇祯皇帝朱由检）灵柩返回故都北京十三陵（苏州郡）的思陵，时在顺治元年。"捐馆扬州城"指活着的人（南明兵部尚书史可法）在扬州城为国壮烈捐躯（捐馆），时在顺治二年。

（3）第二十六回中的林黛玉，不隐射孝庄皇太后，也不隐射孝惠章皇后董鄂氏皇贵妃，而突然变成扬州两淮鹾政林如海的孤女（两淮抗清战场总指挥史可法的义子史德威）、一个死里逃生被护送到北京收养的"忠臣遗孤"了："自己又回思一番：虽说是舅母家如同自己家一样，到底是客边。如今父母双亡，无依无靠，现在他家依栖。如今认真淘气，也觉没趣。一面想，一面又滚下泪珠（瑞珠）来。"——隐射义父史可法为林如海，自己本来应该当"丫头瑞珠"。既然为了保护义父的遗书不能同时赴死，自己的余生，只好以泪洗面了，用一生一世的泪珠（瑞珠丫头）报答父亲的培育之恩了。据历史资料证实，多铎在验明史德威的身份之后，下令释放史德威，让他去为史可法寻尸下葬。然后作为"忠臣遗孤"由清兵护送北京——贾雨村从扬州护送林黛玉到北京。第一回云：

大观园里的替身——《红楼梦》索隐之二

那僧笑道:"此事说来好笑,竟是千古未闻的罕事。只因西方灵河岸上三生石畔,有绛珠草一株,时有赤霞宫神瑛侍者,日以甘露灌溉,这绛珠草始得久延岁月。后来既受天地精华,复得雨露滋养,遂得脱却草胎木质,得换人形,仅修成个女体,终日游于离恨天外,饥则食蜜青果为膳,渴则饮灌愁海水为汤。只因尚未酬报灌溉之德,故其五内便郁结着一段缠绵不尽之意。恰近日这神瑛侍者凡心偶炽,乘此昌明太平朝世,意欲下凡造历幻缘,已在警幻仙子案前挂了号。警幻亦曾问及,灌溉之情未偿,趁此倒可了结的。那绛珠仙子道:'他是甘露之惠,我并无此水可还。他既下世为人,我也去下世为人,但把我一生所有的眼泪还他,也偿还得过他了。'因此一事,就勾出多少风流冤家来,陪他们去了结此案。"那道人道:"果是罕闻。实未闻有还泪之说。想来这一段故事,比历来风月故事更加琐碎细腻了。"

"赤霞宫神瑛侍者"不再隐射"天下古今第一淫人"顺治皇帝贾宝玉,改而隐射朱明皇室(赤霞宫)的仆人史可法(神瑛侍者)。史可法生于明神宗(朱翊钧)万历二十年(1602年),乃大明王朝神宗"侍者"。乾隆皇帝评之为:"即拟之文天祥,实无不可。"

"绛珠草一株"不再隐射二婚头董鄂氏皇贵妃,改而隐射史可法的义子史德威了。

"仅修成个女体"明确告诉读者,此处的林黛玉是一位男扮女装的演员,在表演史可法义子史德威的故事。史德威短促悲惨的一生,结局像李后主,不得善终。

"饥则食蜜青果为膳,渴则饮灌愁海水为汤。"——史德威的余生,食的是清朝的俸禄,喝的是明朝的苦水。此处的"灌愁海"即第五回警幻仙姑(孝庄皇太后)所谓的"灌愁海":"那仙姑笑道:吾居离恨天之上,灌愁海之中,乃放春山遣香洞太虚幻境警幻仙姑是也!司人间之风情月债,掌尘世之女怨男痴。"——表明"灌愁海"即今日的北海与中南海。说明史德威被护送回京,以"忠臣后裔"的名义奉养宫内,其实是"宫奴"与"宫囚"。像后主李煜一样,名为侯爷,却是"违命侯","每日只以眼泪洗面"。有清一代,所有重大罪犯的子女,都是收养宫中为奴的,史德威林黛玉是头一批。

"那道人道:果是罕闻。实未闻有还泪之说。"——"还泪之说"源于李后主。宋开宝七年赵匡胤的大将曹彬攻占金陵，南唐亡，一代"诗词天子"李后主被押解汴京。宋太祖以保护李唐宗室血统的名义，封李煜为"违命侯"。后来李后主的诗词风靡江南，一曲"问君能有几多愁，恰似一江春水向东流"，感动了天地人寰。"雕梁画栋依然在，只是朱颜改"，成了宋朝江山不稳的主要因素。赵匡胤虽然竭尽宽容，李后主却难改文人积习。宋太祖死了，弟弟宋太宗即位，李后主写了"小楼昨夜又东风，故国不堪回首月明中"，朝野哗然，被赐死。赐死的原因为——"可知宋太祖说的好：'卧榻之侧，岂许他人酣睡。'"

李后主词情致凄婉，不感慨身世，却不能不感慨国破家亡："剪不断，理还乱，是离愁，别有一番滋味在心头。"他在信中写道："此中日夕，只以眼泪洗面。"（龙衮《江南录》）——《红楼梦》的"还泪之说"就起源于此。

《红楼梦》不但虚构了还泪之说，还虚构了一个"修成女身"（男扮女装）的林黛玉。李后主"眼泪洗面"，变成史德威"眼泪洗面"，再变成了林黛玉的"泪尽而死"。

史德威完全重复了李后主的命运。史料中难以查找史德威的记录，《红楼梦》中林黛玉的一生，应当就是史德威一生的真实写照。由此可见，认真研究史德威的一生，对于深刻理解林黛玉终其一生的忧郁症性格，十分重要。

庚辰本第三回的标题是《贾雨村夤缘复旧职 林黛玉抛父进京都》，而程乙本第三回则是《托内兄如海荐西宾 接外孙贾母惜孤女》。两个版本的标题不同，也是作者的有意安排。

"林黛玉抛父进京都"既指孝庄抛弃了祖坟与君夫国父（抛父）皇太极，带领顺治皇帝由盛京进了北京城，也指史德威抛却了义父史可法的尸骨，被护送到了京城。

程乙本第三回《托内兄如海荐西宾 接外孙贾母惜孤女》指南明兵部尚书史可法奉弘光皇帝朱由崧之命，派遣使者带十万两白银与数万匹绸缎，前往北京犒赏满清军士，并给摄政王多尔衮一封书信（顺治元年九月初三——第十四回"林姑老爷是九月初三日巳时没的"就巧妙地隐射此事。此处的"林姑老爷"指史可法将军），名义上是感谢多尔衮为崇祯殡葬，镇压李自成，替君父报仇，但主题是要求满蒙八旗退回长城以外，归还故都北京，南明政府答应每年进贡白银十万两，绸缎数万匹，大体上相当于当年宋朝与辽金议和的旧例。《清史稿》云：

明福王由崧称帝江宁，遣其大学士史可法督师扬州，设江北四镇，沿淮、徐置戍。（摄政）王（多尔衮）致书可法曰：

"予向在沈阳，即知燕京物望，咸推司马。后入关破贼，得与都人士相接，识介弟于清班，曾托其手勒平安，拳致衷绪，未审以何时得达？比闻道路纷纷，多谓金陵有自立者。夫君父之仇，不共戴天。春秋之义，有贼不讨，则故君不得书葬，新君不得书即位，所以防乱臣贼子，法至严也。闯贼李自成，称兵犯阙，手毒君亲……平西王吴三桂，介在东陲，独效包胥之哭，朝廷感其忠义，念累世之宿好，弃近日之小嫌，爰整貔貅，驱除狗鼠。入京之日，首崇帝后谥号，卜葬山陵，悉如典礼。亲郡王、将军以下，一仍故封，不加改削。勋戚文武诸臣，咸在朝列，恩礼有加。耕市不惊，秋毫无扰。方拟秋高气爽，遣将西征；传檄江南，联兵河朔，陈师鞠旅，戮力同心，报乃君国之仇，彰我朝廷之德。岂意南州诸君子，苟安旦夕，弗审事机，聊慕虚名，顿忘实害，予甚惑之！国家抚定燕都，得之于闯贼，非取之于明朝也……今若拥号称尊，便是天有二日，俨为敌……先生领袖名流，主持之挤，必能深惟终始，宁忍随俗浮沉？取舍从违，应早审定。兵行在即，可西可东。南国安危，在此一举。原诸君子同以讨贼为心，毋贪一身瞬息之荣，而重故国无穷之祸，为乱臣贼子所窃笑，予实有厚望焉！"——这是多尔衮拉上史可法在北京的弟弟，给史可法写信，目的是奉劝南明放弃无谓的抵抗。

顺治元年底，洪承畴报称江南遣使左懋第、陈洪范、马绍愉等，携带白金十万两、绸缎数万匹，来此犒师。多尔衮道："何处的军士，要他犒赏？"洪承畴道："他说是南京犒我朝军士呢！还有史可法一封复书。"多尔衮拆开一阅，不禁惊叹起来。——此乃第三回林如海云"故弟致书烦托，则不但有污尊兄清操，即弟亦不屑为矣"的历史依据。

史公来书，洋洋洒洒，比多尔衮原书字数还要加倍：

大明国督师兵部尚书，兼东阁大学士史可法顿首，谨启大清国摄政王殿下：……若以逆贼尚稽天讨，烦贵国忧，法且感且愧。惧左右不察，谓南中臣民偷安江左，竟忘君父之怨，敬为贵国一详陈之：我大行皇帝（指崇祯）敬天法祖,勤政爱民,真尧舜之主也。以庸臣误国,致有三月十九日之事,法待罪南枢,救援无及,师次淮上,凶问随来。地坼天崩,山枯海泣……今上非他,神宗之子,光宗犹子,而大行皇帝之兄也。名正言顺,天与人归。五月朔日,驾临南都……仅允监国,迨臣民伏驾屡请,始以十五日正位南都……越数日,遂命法视师江北,克日西征,忽传我大将军吴三桂,借兵贵国,破走逆成,为我先皇帝后发丧成礼,扫清宫阙,抚辑群黎,且罢发之命令,示不忘本朝,此等举动,震古铄今,凡为大明臣子,无不长跪北向,顶礼加额,岂但如明谕所云,感恩图报已乎?……昔契丹和宋,止岁输以金缯,回纥助唐原非利其土地,况贵国笃念世好,兵以义动,万代瞻仰,在此一举。若乃乘我蒙难,弃好崇仇,规此幅员,为德不卒,是以义始而以利终,为贼人所窃笑也……法北望陵庙,无涕可挥,身陷大戮,罪应万死,所以不即从先帝者,实为社稷之故……弘光甲申九月三日。

第十四回"林姑老爷是九月初三日巳时没的"——"九月三日"是纪念史可法的暗示。"一年三百六十日"——指崇祯十七年五月十五福王南京监国,史可法被任命为兵部尚书,次年四月二十五日在扬州殉国,不足三百六十五日,只能说一年三百六十日。"风刀霜剑严相逼"——指史可法受到昏君、阉臣、同僚的三重排挤,只得自请到淮海前线赴死(死到临指"史道邻")。"九月三日"也是纪念北京明朝殉国君臣的忌日。1644年崇祯十七年三月十五日,李自成进占北京,明亡。明朝一些遗老有自杀或被杀的。五月初三南京诸臣拥立福王朱由崧为帝。

《红楼梦》第二十六与二十七回反复出现的"五月初三"、"九月初三"、"四月二十五"、"四月二十六"四个日子,分别与南明福王朱由崧与扬州史可法有关:

崇祯十七年、顺治元年九月初三,福王朱由崧在南京建立"旌忠祠",祭祀在北京死难的诸朝臣。同一天南明兵部尚书史可法复书北京清朝摄政王多尔衮。顺治二年四月二十五日史可法在扬州新南门慷慨殉国。第二天,即二十六日多铎(贾蔷)开始扬州屠城。贾蔷(豫亲王多铎)在第十六回《贾元春才选凤藻宫》中奉贾珍、凤姐与贾琏(顺治、孝庄与多尔衮)之命,"下姑苏聘请教习,采买女孩子",指清政府开始了江南战役:

贾蔷（多铎）又近前回说："下姑苏聘请教习，采买女孩子，置办乐器行头等事，大爷（顺治皇帝贾珍）派了侄儿，带领着来管家两个儿子（满族八旗两权贵），还有单聘仁、卜固修两个清客相公（汉军八旗与降清汉族部队），一同前去，所以命我来见叔叔。"贾琏（多尔衮）听了，将贾蔷打谅了打谅，笑道："你能在这一行么？这个事虽不算甚大，里头大有藏掖的。"贾蔷笑道："只好学习着办罢了（初次为统帅，在战争中学习战争）。"

《清史稿》云：

多铎于"顺治元年四月，从睿亲王多尔衮入关，破李自成，进亲王。命为定国大将军，南征，定怀庆……二年正月，自成亲率步骑迎战，师奋击，歼其步卒，骑卒奔溃……四月，师进次泗州，渡淮趋扬州，遣兵部尚书汉岱等先驱，得舟三百余，围七日，克之，杀明大学士史可法。"（泗州桥即适妖桥）

第二十六回《蜂腰桥设言传心事》最后一段描写林黛玉"惊天地，泣鬼神"地大哭了一场，时间为崇祯十八年、顺治二年四月二十五日傍晚。而这正是史德威怀抱义父的朝靴在扬州城仰天大哭的时刻。

第二十六回中难民"林黛玉"（男扮女装的史德威）想起扬州屠城被残酷屠杀的亲属，"越想越伤感起来，也不顾苍苔露冷，花径风寒，独立墙角边花阴之下，悲悲戚戚呜咽起来。原来这林黛玉秉绝代姿容，具希世俊美，不期这一哭，那附近柳枝花朵上的宿鸟栖鸦一闻此声，俱忒楞楞飞起远避，不忍再听。真是：花魂默默无情绪，鸟梦痴痴何处惊。因有一首诗道：颦儿才貌世应希，独抱幽芳出绣闺；呜咽一声犹未了，落花满地鸟惊飞。"——这是隐射史德威痛哭义父史可法与殉难者的诗句。

顺治二年四月二十六日扬州十日屠城开始——第二十七回详细做了记载：

至次日乃是四月二十六日，原来这日未时交芒种节。尚古风俗：凡交芒种节的这日，都要设摆各色礼物，祭饯花神，言芒种一过，便是夏日了，众花皆卸，花神退位，须要饯行。然闺中更兴这件风俗，所以大观园中之人都早起来了。那些女孩子们，或用花瓣柳枝编成轿马的，或用绫锦纱罗叠成干旄旌幢的，都用彩线系了。每一棵树上，每一枝花上，都系了这些物事。满园里绣带飘摇，花枝招展，更兼这些人打扮得桃羞杏让，燕妒莺惭，一时也道不尽。

第八章 大观园外的男人们

"祭饯花神"即祭奠扬州十日屠城中的无辜死难者。

"芒种一过,便是夏日了,众花皆卸,花神退位,须要饯行"——四月二十六日未时之后,南明小朝廷落花流水春去也,此后就是"小满"清的天下了。

"闺中","国中"的意思。

"然闺中更兴这件风俗,所以大观园中之人都早起来了",隐射扬州十日,举国震动,国人都早起来了,纷纷祭饯。

"用花瓣柳枝编成轿马"与"或用绫锦纱罗叠成干旄旌幢的,都用彩线系了。每一棵树上,每一枝花上,都系了这些物事。"——大观园每棵树上,每个建筑物上,处处是祭饯品。

正史与野史都曾记载:顺治二年四月二十五日,史可法被俘不屈而死。四月二十六日扬州开始了大屠杀,屠城十日。被屠杀者仅"焚尸簿"所载竟达八十余万。扬州城陷后,福王弘光帝(南京甄宝玉)赖以阻挡清兵的"长江天堑"失去了,豫亲王多铎(贾蔷)长驱直入。弘光帝(南京甄宝玉)夜半怀抱两个妃子,正在荒宴之中,闻讯仓皇逃至芜湖,兵败被俘,然后押送北京。

贾雨村(多尔衮)与冷子兴(索尼)在第二回《贾夫人仙逝扬州城 冷子兴演说荣国府》里专门谈了此事。"贾夫人仙逝扬州城"指史可法殉难与扬州屠城。"冷子兴演说荣国府"指索尼评论多尔衮摄政与顺治进京。明清双方,泾渭分明:

子兴(索尼)道:"依你说,'成则王侯败则贼了'。"雨村(多尔衮)道:"正是这意。你还不知,我自革职以来,这两年遍游各省,也曾遇见两个异样孩子。所以,方才你一说这宝玉(顺治皇帝福临),我就猜着了八九亦是这一派人物。不用远说,只金陵城内,钦差金陵省体仁院总裁甄家(南京监国福王朱由崧家——北京"仁清巷"被火烧了,朱明皇权转移到南京的"体仁院"了。"总裁"是福王监国的意思),你可知么?"子兴道:"谁人不知!这甄府和贾府就是老亲(满汉兄弟民族是老亲),又系世交(金朝女真族为君,汉族为臣。元朝蒙古族为君,满汉均为臣。明朝汉族为君,满蒙族为臣,当然是三代世交)。两家来往,极其亲热的。便在下也和他家来往非止一日了。"雨村笑道:"去岁我在金陵,也曾有人荐我到甄府(汉族家)处馆。我进去看其光景,谁知他家那等显贵,却是个富而好礼之家(中原是礼仪之邦),倒是个难得之馆。但这一个学生,虽是启蒙,却比一个举业的还劳神(不肖子弟)。说起来更可笑,他(弘光帝)说:'必得两个女儿(一起赴死的那两个妃子)伴着我读书,我方能认得字,心里也明白,不然我自己心里糊涂。'……他令尊也曾下死笞楚过几次,无奈竟不能改(骄奢淫逸,本性难移)。每打的吃疼不过时,他便'姐姐''妹妹'乱叫起来(被俘后受过刑)。后来听得里面女儿们拿他取笑:'因何打急了只管叫姐妹做甚?莫不是求姐妹去说情讨饶?你岂不愧些!'他回答的最妙。他说:'急疼之时,只叫姐姐妹妹字样,或可解疼也未可知,因叫了一声,便果觉不疼了,遂得了秘法:每疼痛之极,便连叫姐妹起来了(爱美人胜过江山)。'你说可笑不可笑?也因祖母溺爱不明,每因孙辱师责子,因此我就辞了馆出来。如今在这巡盐御史林家(朱由检与史可法家)做馆了(现场讲解孙子兵法)。你看,这等子弟,必不能守祖父之根基,从师长之规谏的。"

(4)第二十七回《埋香冢飞燕泣残红》写道:"至次日乃是四月二十六日。"薛蟠吴三桂出场是顺治元年五月初二,"次日"应该是五月初三才对,怎么突然变成"四月二十六日"了呢?这就是新红学家所谓的"纪年混乱"、"败笔"、"巧合"。但巧合哪一天不行,为什么恰好巧合成顺治二年四月二十六日"扬州屠城"的日子呢?

"至次日乃是四月二十六日"不是"巧合"、"败笔"、"纪年混乱",而是作者有意这样写。"次日"四月二十六日乃是扬州屠城日。"此日"四月二十五日为史可法殉难日。

顺治六年,豫亲王多铎三十五岁死于天花。第五回云:"〔飞鸟各投林〕有恩的死里逃生,无情的分明报应。欠命的命已还,欠泪的泪已尽:冤冤相报自非轻,分离聚合皆前定。"隐射皇太极(贾赦)与多铎(贾蔷)得到了报应。

《林潇湘魁夺菊花诗》指孝庄皇太后击败了多尔衮的篡位野心,保护儿子亲政了。《薛蘅芜讽和螃蟹咏》指孝庄侄女当上了第一位皇后,婚后举办螃蟹宴,庆祝粉碎多尔衮三人帮的伟大胜利。第二首就是隐射豫亲王多铎的:

第八章 大观园外的男人们

> 铁甲长戈死未忘，堆盘色相喜先尝。
> 螯封嫩玉双双满，壳凸红脂块块香。
> 多肉更怜卿八足，助情谁劝我千觞。
> 对斯佳品酬佳节，桂拂清风菊带霜。

扬州"姑娘林黛玉"（史德威）四月二十五日的《哭花荫》与四月二十六日的《葬花吟》，既然是祭奠崇祯十八年、顺治二年四月二十五日史可法殉难，并纪念四月二十六日开始的扬州屠城，难道林黛玉的父亲林如海除隐射崇祯皇帝之外，还隐射南明兵部尚书大学士史可法吗？笔者研读《红楼梦》有关章节，得出的答案是令人吃惊的。第二回《贾夫人仙逝扬州城》云：

（贾雨村）那日，偶又游至维扬地面，因闻得今岁鹾政点的是林如海（大学士史可法号道邻——"林"即"邻"。"如"为前往江北四镇。"海"为淮海前线）。这林如海姓林名海，表字如海，乃是前科的探花（前明崇祯元年进士），今已升至兰台寺大夫（迁右参议），本贯姑苏人氏（"古都"开封人士），今钦点出为巡盐御史（以兵部尚书大学士督师扬州，巡回防御），到任方一月有余（顺治二年三月抵达扬州，四月即殉国，恰一月有余）……今如海年已四十，只有一个三岁之子，偏又于去岁死了。虽有几房姬妾，奈他命中无子，亦无可如何之事。今只有嫡妻贾氏（假设），生得一女（假设生有一女，实乃义子也），乳名黛玉，年方五（无）岁。夫妻无子，故爱如珍宝，且又见他聪明清秀，便也欲使他读书识得几个字，不过假充养子（义子史德威也）之意，聊解膝下荒凉之叹。

崇祯十七年，江南宗室朝臣闻北京失陷，马士英、阮大铖合谋立福王朱由崧于南京。史可法认为福王有七不可立：一贪，二淫，三酗酒，四不孝，五虐下，六不读书，七干预有司。拟迎立潞王。而马士英联合总兵高杰、刘泽清、黄得功、刘良佐四人护送福王到仪征。史可法无奈，与百官迎入南京，福王先监国，继称尊弘光帝，以次年为弘光元年。马士英与史可法屡有龃龉，朱由崧视马士英为拥立的功臣。史可法乃自请出镇淮海扬州一线，分徐泗、淮海、滁和、凤寿为四镇，命高杰、刘泽清、黄得功、刘良佐四总兵分兵驻扎。《明史》载：

（清军）攻打愈急。公拜祷天地，以炮击之，伤北兵数千。豫亲王多铎身督劲兵猛攻，城西北角忽崩。时矢石如雨，尸积如山，北兵借以登城，蜂屯蚁集。公知势已去，乃与史德威诀，持刀自刎。参将许谨双手抱住，血溅衣袂。未绝，史可法复令史德威刃之，德威不忍加。相持昏绝间，许谨同数十人拥阁部下城。至小东门，谨等被乱箭射死。问前驱为谁，史德威以豫王答之。阁部大呼曰："史可法在此！"北兵惊愕，众前执赴新城南门楼上。豫王相待如宾，口呼先生曰："前书再三拜请，俱蒙叱回。今忠义既成，先生为我收拾江南，当不惜重任也。"史可法怒曰："我为天朝重臣，岂肯苟且偷生，作万世罪人哉？头可断身不可屈，愿速死从先帝于地下。"时德威身有五封遗书，恐致失落，奔盐商段姓家，嘱藏遗书。回视义父，词色俱厉。豫亲王多铎曰："既为忠臣，当杀之以全其名。"阁部曰："城亡与亡，我意已决，即劈尸万段，甘之如饴，但扬州百万生灵，既属于尔，当示以宽大，万不可杀。"遂慨然就义于扬州南城楼上，尸为众兵拖失。

义子史德威时欲上前同死又念身承遗命，怀揣五封遗书，一死反为负托，无人收尸，无人掩埋，无人殡葬，无法向北京的义母交代，急下城取前所遗豫亲王多铎书欲投，领遗骸收葬，早被抱执到清营，逼降不屈，毒苦万状，豫亲王多铎下令释放，并护送回京，以全忠臣后嗣。这就是贾雨村"出月初二日"护送林黛玉（史德威）从扬州来到北京的原因。

史可法的家陷落北京城内，弟弟早已经降清，并受到了多尔衮、范文程与洪承畴的多方关照。但史德威的义母闻史可法殉国，就愤然自杀了（贾敏病死）。

于是，史德威（林黛玉）回到北京成了孤儿（孤女），虽然有孝庄（姥姥贾母）与多尔衮（舅舅贾政）的例行照应，但并无亲情可言。

第十六节　德国传教士汤若望

《清史稿·汤若望》载：

汤若望，初名约翰亚当沙耳，姓方白耳氏，日耳曼国人。明万历间，利玛窦挟天算之学入中国，徐光启与游，尽其术。崇祯初，日食失验，光启上言："台官用郭守敬法，历久必差，宜及时修正。"庄烈帝用其议，设局修改历法，光启为监督，汤若望被征入局掌推算。光启卒，以李天经代，奏进汤若望所著书及恒星屏障。迭与台官测日食，候节气，并考定置闰先后，汤若望术辄验。庄烈帝知西法果密，欲据以改大统术，未行而明亡。

明崇祯三年，德国传教士汤若望担任钦天监监正。崇祯十五年，崇祯帝以汤若望教习火器，令其赞画关东行间（山海关防务），抵挡关外的崇德王朝。

汤若望大孝庄二十二岁，他是欧洲耶稣会派往中国的传教士。早在明朝末年，意大利传教士利马窦就来到东方古国，以天文历法、数学机械等先进科学知识为资本，打入了明朝宫廷。多尔衮入关后，汤若望归顺满清，继续在宣武门南教堂传教，并担任大清国的钦天监监正。摄政王进驻北京不久，下令汉人在三天内迁出北京内城，为了保护宣武门教堂财产与天文台仪器资料，汤若望大胆地给多尔衮写了一封长信，申述天文历法的重要性，打动了摄政王。范文程也千方百计保护汤若望，认为他是难得的外国专家。这位德国传教士在大清帝国的建国初期，发挥了极其重要的作用，被孝庄皇太后尊为"义父"，被顺治皇帝尊为玛法（爷爷）与"通玄教师"——他就是《红楼梦》里最引人注目的角色"刘姥姥"与"醉金刚倪二"。第六回《刘姥姥一进荣国府》：

方才所说这小小之家，乃本地人氏，姓王，祖上曾作过小小的一个京官，昔年与凤姐之祖王夫人之父认识……目今其祖已故，只有一个儿子，名唤王成，因家业萧条，仍搬出城外原乡中住去了。王成新近亦因病故，只有其子，小名狗儿。狗儿亦生一子，小名板儿，嫡妻刘氏，又生一女，名唤青儿。一家四口，仍以务农为业。

清代文人看出"祖上……名唤王成"源于商代祖王成汤，隐射"汤"字。蔡元培认为刘姥姥隐射"汤斌"，猜对了姓，没有猜对名字。台湾杜世杰先生认为刘姥姥隐射德国传教士汤若望，真是独具慧眼。

（1）刘姥姥几进荣国府——隐射他是经常进出皇宫的重要官员，而且是当时唯一一个随时可以进宫觐见顺治皇帝与孝庄皇太后的男人。

顺治亲政的第一年，为了学习一些日食、月食、彗星、流星、历法等天文物理知识，接受了大学士范文程的意见，召见了在钦天监任职的传教士汤若望。汤若望渊博高深的学识，得到了顺治帝的尊敬。汤若望在解释科学知识的同时，也向顺治帝传输基督教教义。关于人类起源、人类苦难、人类救赎的阐释，使对这些问题存有深深疑惑的顺治皇帝折服了。关于一切罪过都可以通过忏悔而获得天主宽恕并免遭审判的思想，也随之深入了顺治皇帝的心灵。

（2）刘姥姥替巧姐儿取名——首先隐射他于顺治七年八月初三，为多尔衮与孝庄接生了一个早产的女儿（探春），并为她起了名。其次隐射他以出过天花为由，建议玄烨继承因天花而死的顺治皇帝的皇位。顺治皇帝突然病逝时年龄不到二十四岁。此前对于接班人问题他并没有太多心理准备，直到染病卧床不起时才开始认真考虑继位人选。长期以来顺治皇帝一直看好次子福全，想立为太子，而母亲孝庄皇太后则更倾向于立皇三子玄烨。西洋传教士很快就帮助顺治皇帝下定了决心：皇三子玄烨最合适。理由简单而充分：玄烨已出过天花，对这种可怕的疾病有终身免疫力。顺治皇帝终于接受了建议。

《圣祖廷训格言》记载康熙皇帝晚年曾说："朕幼年时未经出痘，令保姆护视于紫禁城外，父母膝下未得一日承欢，此朕六十年来抱歉之处。"天花的阴影，宫中"避痘"的岁月，像是一场噩梦。如果城中有水痘病人，四周就得用绳子围起来，谁也不准随便进出。这些灰暗记忆填满了玄烨幼年的梦，也写进了《红楼梦》。

（3）刘姥姥营救巧姐儿——隐射他劝阻了顺治皇帝御驾亲征郑成功的冒险行为。

（4）"偶因济刘氏，巧得遇恩人"——康熙二十六年孝庄去世以后，汤若望的替身图海大学士继续扮演刘姥姥，营救了遇难的多尔衮与孝庄的亲生女儿（巧姐儿）。

（5）"板儿佛手换柚子"——隐射汤若望为孝庄与多尔衮的女儿接生（顺治七年八月初三），又隐射汤若望为顺治的董鄂氏贤妃人工流产（顺治十二年八月）。

（6）"会开贾宝玉的密室机关"——隐射他在顺治还很小的时候，经常进出孝庄的秘密卧室。卧室的西洋密锁开关，显然是汤若望设计安装的。

（7）"不会用筷子，会用叉把子"——隐射他是外国人，餐桌上习惯于用刀叉。

(8)"土话连篇笑话联翩"——隐射他的幽默与半生不熟的中国话。刘姥姥讲的笑话,都是汤若望在顺治皇宫里的亲身经历,可以公开的部分都写在欧洲出版的《汤若望传》里,与孝庄有关的风流逸闻都隐写在《红楼梦》里。

可以这样说,没有汤若望,就没有贾宝玉离经叛道、天马行空的个性,因而也就没有了《红楼梦》人文主义思想的无穷魅力。

孝庄皇太后于顺治六年二月初八下嫁多尔衮,当年流产一次,次年生了一个女儿(探春)。这就是刘姥姥一进荣国府与二进荣国府。第六回《刘姥姥一进荣国府》:

但只一件,姥姥有所不知,我们这里又不比五年前了。如今太太竟不大管事,都是琏二奶奶管家了。——隐射孝庄下嫁多尔衮不久。此处的"五年"不是指顺治元年,而是指顺治五年后的顺治六年。顺治"五年前"多尔衮可以一锤定音。顺治六年多尔衮与孝庄成了两口子,矛盾缓解。"如今太太竟不大管事"指孝端皇太后死于顺治六年四月,所以顺治六年十月"都是琏二奶奶管家了"。

孝庄皇太后当年就怀孕了,但不足月,就有了流产先兆,汤若望闻讯,立刻从南教堂赶来帮忙——刘姥姥忙说道:"一早就往这里赶咧,那里还有吃饭的工夫咧。"第六回《刘姥姥一进荣国府》就隐写此事:

正寻思从那一件事自那一个人写起方妙,恰好忽从千里之外,芥豆之微,小小一个人家,因与荣府略有些瓜葛,这日正往荣府中来,因此便就此一家说来,倒还是头绪。你道这一家姓甚名谁,又与荣府有甚瓜葛?且听细讲……目今其祖已故,只有一个儿子,名唤王成,因家业萧条,仍搬出城外原乡中住去了。王成新近亦因病故,只有其子,小名狗儿。狗儿亦生一子,小名板儿,嫡妻刘氏,又生一女,名唤青儿。

"病故"的不是王成,而是清太宗皇太极。

"狗儿"指孝庄与孔有德(贾敬)苟合而生的顺治皇帝。"敬"字,从苟,从孝庄文皇后的"文"字。

"青儿"指大清国第一女人孝庄文皇后。

"板儿"指为布"木"布泰孝庄"反"手助产生女"儿"的手术方法。

"木"、"反"、"儿"三个字，凑合成"板儿"这个妇产科手术名称。如此而已。

刘姥姥一家三口，构成了大清国第一家庭，所以《红楼梦》从刘姥姥一家正式说起"因此便就此一家说来，倒还是头绪。"这句话说白了就是："《红楼梦》从汤若望、孝庄与顺治皇帝说起也"。

找至宁荣街。来至荣府大门石狮子前，只见簇簇轿马，刘姥姥便不敢过去，且掸了掸衣服，又教了板儿几句话，然后蹭到角门前。只见几个挺胸叠肚指手画脚的人，坐在大板凳上，说东谈西呢。刘姥姥只得蹭上来问："太爷们纳福。"众人打量了他一会，便问"那里来的？"刘姥姥陪笑道："我找太太的陪房周大爷的，烦那位太爷替我请他老出来。"那些人听了，都不瞅睬，半日方说道："你远远的在那墙角下等着，一会子他们家有人就出来的。"内中有一老年人说道："不要误他的事，何苦耍他。"因向刘姥姥道："那周大爷已往南边去了。他在后一带住着，他娘子却在家。你要找时，从这边绕到后街上后门上去问就是了。"

"我找太太的陪房周大爷（睿亲王）的"——隐射汤若望想直接到乾清宫找胎儿的父亲多尔衮，但偏要写成侍卫们不给通报，只好走后门——神武门。目的是向读者提供故宫后门到慈宁宫中宫殿的路线图，以便读懂本书。

周瑞家的听了，便已猜着几分来意。只因昔年他丈夫周瑞争买田地一事，其中多得狗儿之力，今见刘姥姥如此而来，心中难却其意，二则也要显弄自己的体面。听如此说，便笑说道："姥姥你放心。大远的诚心诚意来了，岂有个不教你见个真佛去的呢。论理，人来客至回话，却不与我相干。我们这里都是各占一样儿：我们男的只管春秋两季地租子，闲时只带着小爷们出门子就完了，我只管跟太太奶奶们出门的事。皆因你原是太太的亲戚，又拿我当个人，投奔了我来，我就破个例，给你通个信去。"

"周瑞争买田地一事，其中多得狗儿之力"——指顺治初年的京畿圈地，"狗儿"顺治未亲政，叔父"周瑞"多尔衮大权独揽。睿亲王多尔衮（周瑞）曾把镶黄旗应得的好地，给与正白旗，却给镶黄旗右翼贫瘠沙荒地。二十多年后鳌拜倡议，欲将原地各归原旗，弄成了康熙初年的"换地风波"。

第八章　大观园外的男人们

"皆因你原是太太的亲戚"——指汤若望是孝庄的"义父"、顺治的"爷爷"。

刘姥姥只听见咯当咯当的响声,大有似乎打箩柜筛面的一般,不免东瞧西望的。忽见堂屋中柱子上挂着一个匣子,底下又坠着一个秤砣般一物,却不住的乱幌。刘姥姥心中想着:"这是什么爱物儿?有甚用呢?"正呆时,只听得当的一声,又若金钟铜磬一般,不防倒唬的一展眼。接着又是一连八九下。方欲问时,只见小丫头子们齐乱跑,说:"奶奶下来了。"周瑞家的与平儿忙起身,命刘姥姥"只管等着,是时候我们来请你。"说着,都迎出去了……板儿便躲在背后,百般的哄他出来作揖,他死也不肯。

"得当的一声……又是一连八九下"——隐射时间为上午十点。汤若望大清早离开宣武门南教堂,经前门西大街向东,过正阳门(宁国府大门)、大清门(仪门)、天安门(大厅)、端门(暖阁)、午门(内厅),过金水桥向东北,穿过太和门(内三门)东门(昭德门)、太和殿(内仪门)东门(中左门)、保和门(正堂)东门(从左门),"便转弯向西(从乾清门广场转弯向西)",来到乾清门前,结果碰了壁,只好走后门——神武门。于是原路回去,从太和殿广场东门出,到东华门出宫,向东往北,经东华门北大街到沙滩路口,往西,到神武门,进故宫后门,向东到东六所皇家幼儿园,找到周瑞家的,然后往西,南折,从承乾宫与钟粹宫夹道西行,北折,从御花园东南门入,穿行到乾清宫西的南北宽夹道,西折,经长寿右门前,向南再折入一条东西宽夹道,到达慈宁宫正北有三个小殿院落,为东宫殿、中宫殿、西宫殿,都是小殿小院落。从中宫殿北门进入王熙凤小院,立着一个粉油大影壁,后有一半大门,小小一所房室。南边是倒座三间小小的抱厦厅,方见到平儿与凤姐。第三回,王夫人笑指向黛玉道:"这是你凤姐姐的屋子(慈宁宫后的中宫殿)。""倒座三间小小的抱厦厅"指现存大佛堂。

刘姥姥汤若望从宣武门南教堂走到中宫殿凤姐院,已经十点了。走了两个半小时。笔者循刘姥姥路线重复过一次,也用了两个半小时。

"方欲问时,只见小丫头子们齐乱跑,说:奶奶下来了。"——隐射孝庄的先兆流产胎儿已经在太医的帮助下,流"下来了"。"小丫头子们(宫女们)"很紧张,忘了宫内不准"乱跑"的规矩,一"齐乱跑"起来。刘姥姥汤若望因为在乾清门受阻,没有赶上时间。

"板儿便躲在背后,百般的哄他出来作揖,他死也不肯。"——说明汤若望的反手助产术没有用上。

醉金刚倪二从第二十四回(《醉金刚轻财尚义侠》)上场,到第一百四回(《醉金刚小鳅生大浪》)退场(从顺治六年到康熙五年),几乎与《红楼梦》相始终。刘姥姥从第六回(《刘姥姥一进荣国府》)上场,到第一百十九回(《沐皇恩贾家延世泽》)退场(从顺治六年到康熙二十六年),也几乎与《红楼梦》相始终。

醉金刚倪二与刘姥姥,共同隐射德国传教士汤若望在中国的一生,说明汤若望在顺治与康熙帝早期对满清朝政的影响力很大。汤若望是在顺治皇帝亲政前受到冷落与嘲讽的可怜情势下,向他伸出了慷慨援助之手的。第二十四回原文:

倪二听了大怒,"要不是令舅,我便骂不出好话来,真真气死我倪二。也罢,你也不用愁烦,我这里现有几两银子,你若用什么,只管拿去买办。但只一件,你我作了这些年的街坊,我在外头有名放账(传播耶稣教),你却从没有和我张过口。也不知你厌恶我是个泼皮(外国冒险家),怕低了你的身份;也不知是你怕我难缠,利钱重?若说怕利钱重,这银子我是不要利钱的,也不用写文约。"

"倪二"隐射德国传教士汤若望;耶稣会来华传教显然是放长线、钓大鱼,但对顺治皇帝"不要利钱,也不用写文约"。汤若望私下里告诉顺治皇帝,摄政王纵欲过度,活不了多久,劝福临耐心等待,不要冒险而动手动脚。这个主意,简直一本万利。

倪二大笑道:"好会说话的人。我却听不上这话。既说'相与交结'四个字,如何放帐给他,使他的利钱!既把银子借与他,图他的利钱,便不是相与交结了。闲话也不必讲。既肯青目,这是十五两三钱有零的银子,便拿去治买东西。"

"既把银子借与他,图他的利钱,便不是相与交结了。"——汤若望与顺治皇帝的友谊,不是势力之交,而是真诚的忘年之交。

"十五两三钱有零"——隐射两件事。第一，十五两三钱隐射崇祯十五年三月汤若望授权帮助明朝制造红衣大炮，参与山海关防务。"有零"隐射汤若望于顺治元年归顺满清，一切先进技术，包括西洋新历法，都交给了满清政府。孝庄认汤若望为义父，顺治认汤若望为爷爷（玛法），开始了为期十年的忘年之交。第二，十五加三为十八，隐射贾芸的实际身份。指明贾芸乃是顺治十八年正月初七"驾崩"的顺治皇帝。"有零"指正月初七。

"一直走到个钱铺里，将那银子称一称，十五两三钱四分二厘。"——数字为二十四：第一，隐射顺治皇帝二十四次到南堂，接受不要利钱的西方人文主义与自然科学的教诲。顺治的新思想都来源于这"十五两三钱四分二厘"的无息贷款。第二，隐射贾芸顺治皇帝的实际身份，只活了二十四岁。

一个只活了二十四岁、曾二十四次到外国传教士家里求教、死于顺治十八年正月初七、是后金皇太极后宫"五嫂子"孝庄生的儿子——四个历史数字，有力地证明了贾芸隐射顺治皇帝，而"轻财尚义侠"的"醉金刚倪二"隐射德国传教士汤若望。

汤若望帮助顺治皇帝度过了多尔衮专权的苦难日子，解救了郑成功兵临南京、顺治企图御驾亲征的危机，赞成得过天花的康熙登上皇帝的宝座，为了这一切，他差一点丢了老命。《清史稿·汤若望》载：

康熙五年，新安卫官生杨光先叩阍进所著摘谬论、选择议，斥汤若望新法十谬，并指选择荣亲王葬期误用洪范五行，下议政王等会同确议。议政王等议："历代旧法，每日十二时，分一百刻，新法改九十六刻。康熙三年立春候气，先期起管，汤若望妄奏春气已应参、觜二宿，改调次序，四余删去紫炁。天皇上，历祚无疆，汤若望祇进二百年历。选荣亲王葬期不用正五行，反用洪范五行，山向年月俱犯忌杀，事犯重大。汤若望及刻漏科杜如预、五官挈壶正杨宏量、历科李祖白、春官正宋可成、秋官正宋发、冬官正光显、中官正刘有泰皆凌迟处死；故监官子刘必远、贾文郁、可成子哲、祖白子实、汤若望义子潘尽孝皆斩。"得旨，汤若望效力多年，又复衰老，杜如预、杨宏量勘定陵地有劳，皆免死，并令覆议。议政王等覆议，汤若望流徙，余如前议。得旨，汤若望等并免流徙，祖白、可成、发、光显、有泰皆斩。自是废新法不用。

此乃辅政四大臣向康熙小皇帝发动的政治进攻。第一百四回记载了这场政

❖ 大观园里的替身——《红楼梦》索隐之二

治阴谋的全过程：

进了都门，众衙役接着，前呼后拥的走着。雨村坐在轿内，听见轿前开路的人吵嚷。雨村问是何事，那开路的拉了一个人过来跪在轿前，禀道："那人酒醉，不知回避，反冲突过来。小的吆喝他，他倒恃酒撒泼，躺在街心，说小的打了他了。"雨村便道："我是管理这里地方的，你们都是我的子民。知道本府经过，喝了酒不知退避，还敢撒赖！"那人道："我喝酒是自己的钱，醉了躺的是皇上的地，就是大人老爷也管不得。"雨村怒道："这人目无法纪！问他叫什么名字。"那人回道："我叫醉金刚倪二。"雨村听了生气，叫人："打这东西！瞧他是金刚不是。"……那夜果等倪二不见回家，他女儿便到各处赌场寻觅。那赌博的都是这么说，他女儿哭了。众人都道："你不用着急。那贾大人是荣府的一家。荣府里的一个什么二爷和你父亲相好，你同你母亲去找他说个情，就放出来了。"倪二的女儿想了一想："果然我父亲常说间壁贾二爷和他好，为什么不找他去？"赶着回来就和母亲说了，娘儿两个去找贾芸……贾芸（康熙皇帝）无言可支，便说是："西府里已经打发人说了，只言贾大人不依。你还求我们家的奴才周瑞的亲戚冷子兴（索尼）去才中用。"倪家母女听了，说："二爷这样体面爷们还不中用，若是奴才，是更不中用了。"贾芸不好意思，心里发急道："你不知道，如今的奴才比主子强多呢。"（辅政四大臣说了算）倪家母女听来无法，只得冷笑几声，说："这倒难为二爷白跑了这几天。等我们那一个出来再道乏罢。"说毕出来，另托人将倪二弄出来了，只打了几板，也没有什么罪（汤若望因北京连续地震而无罪释放）。

顺治十八年（1661年）二月，四位辅政大臣刚上台即向全国发布命令：

朕禀承先志，厘别弊端，因而详细体察，乃知满洲佟义，内官吴良辅阴险狡诈，巧售其奸……各衙门专务任意把持，广兴营造，糜冒钱粮，以致万民告匮，兵饷不敷……坏本朝淳朴之风俗，变祖宗入定之典章……十三衙门尽行革去，凡事皆遵太祖、太宗制，内官永不录用。

首倡十三衙门的吴良辅，此时正在悯忠寺替顺治皇帝出家，被"变易旧制"罪名而论斩。接着是罢内阁、翰林院，复设"内三院"。内三院各设满大学士一员，汉大学士一员，并规定一旦见缺，满洲学士即应推补，汉大学士见缺则不一定。康熙元年（1662年）二月，翰林院并入内三院，侍讲学士、侍讲一概裁汰。

辅政大臣上台伊始的举措，其实就是革除顺治皇帝的汉化政策，恢复皇太极时代的满制。孝庄文皇后对当年顺治皇帝推行的汉化政策是赞同的，组建汉军旗、重用汉官、满汉一体等都是顺乎时势之需要。但康熙冲龄，四臣辅政，满洲大臣对顺治朝重用汉官极端不满，孝庄太皇太后审时度势，觉得可依赖的还是满洲上三旗的四位辅政大臣。为此不惜付出代价，不惜走回头路，借以换取内部的稳定。

朝廷的圈地争端和汤若望天算案的政治影响很大。辅政大臣鳌拜以两黄旗京畿原圈地二十年前被多尔衮的正白旗圈占为名，要求重新将正白旗的好地归还两黄旗，双方不足之处再圈民地以补充之。议政大臣费扬古以顺治皇帝严令禁止圈地予以抵制，一场论战沸沸扬扬。

汤若望是太皇太后的义父、顺治皇帝的爷爷、当今康熙皇帝的曾爷爷（曾玛法）。其时宪历由先皇颁布实行多年，辅臣苏克萨哈麟、鳌拜支持钦天监官员杨光先，进行反攻倒算，要求恢复大统历，以换地为名重新圈占民地、恢复落后而不准确的大统历，完全置江山社稷于不顾了，这既是对顺治皇帝的反攻清算，更是对深居后宫的孝庄祖孙的威胁。

天算案的矛头，直接对准孝庄、康熙祖孙二人。议政王大臣会议数次，御前会审数次，仍难以结案。孝庄和康熙皇帝竭力想保全德国传教士汤若望的性命，但辅政大臣不接受，用莫须有的"罪证"欲置汤若望于死地。孝庄嘱咐安亲王岳乐利用御前会审首席主持的机会体体面面地结案，也没有成功，只争取到在建国门观象台实测校验的缓死之机。辅政大臣将实测校验结果颠倒黑白，拟汤若望处绞。苏克萨哈麟与鳌拜以"辅臣拟旨"的形式把汤若望等人由处绞改为斩首，企图借汤若望的脑袋，给孤儿寡母的皇室一个下马威。幸亏一场大地震，汤若望才得以免死。

醉金刚倪二拦路、被捕、坐监、挨打、最后无罪释放，即隐射这段历史。"你还求我们家的奴才周瑞的亲戚冷子兴（索尼）去才中用。"——隐射四位辅政大臣之首索尼，对汤若望天算案的态度与苏克萨哈麟、鳌拜不同。索尼（冷子兴）帮助孝庄与康熙，对解救汤若望（醉金刚倪二）起了重要作用。后来，孝庄选定索尼的孙女赫舍里氏为康熙的皇后，显然与此案有极大的关系。

冷子兴与茗烟都隐射第一辅政大臣索尼。索尼肯支持孝庄释放汤若望，后来又支持康熙亲政，并与孝庄的孙子联姻，与当年茗烟（索尼）与万儿（孝庄）在小书房里偷情显然有很大的关系（第十九回《情切切良宵花解语　意绵绵静日玉生香》）。

第十七节　吴禄

第六十四回《幽淑女悲题五美吟》中有一段很不起眼的文字，透露了一些令人深思的信息：

一日，有小管家俞禄来回贾珍道："前者所用棚杠孝布并请杠人青衣，共使银一千一百十两（指顺治十一年十月，定南王孔有德殡葬结束），除给银五百两外，仍欠六百零十两。昨日两外买卖人俱来催讨，小的特来讨爷的示下。"贾珍道："你且向库上领去就是了，这又何必来回我。"俞禄道："昨日已曾上库上去领，但只是老爷宾天以后，各处支领甚多，所剩还要预备百日道场及庙中用度，此时竟不能发给。所以小的今日特来回爷，或者爷内库里暂且发给，或者挪借何项，吩咐了小的好办。"贾珍笑道："你还当是先呢，有银子放着不使。你无论那里借了给他罢。"俞禄笑回道："若说一二百，小的还可以挪借；这五六百，小的一时那里办得来。"贾珍想了一回，向贾蓉道："你问你娘去，昨日出殡以后，有江南甄家（南明政权）送来打祭银（祭奠孔有德的银两）五百两，未曾交到库上去，你先要了来，给他去罢。"

这个掌握顺治皇帝（贾珍）经济开销的"小管家俞禄"，应当是当年养心殿总管太监吴禄，第一回中所谓"风尘碌碌（禄），一事无（吴）成"者也。

"但书中所记何事何人？自又云：今风尘碌碌，一事无成，忽念及当日所有之女子，一一细考较去，觉其行止见识，皆出于我之上。"——此乃吴禄创作《金陵十二钗》的口气，强调自己是后宫女人隐史的作者。

第六十四回贾珍的"小管家俞禄"，第一回中"则题曰《金陵十二钗》"的曹雪芹，"今风尘碌碌，一事无成，忽念及当日所有之女子，一一细考较去"的"吴禄",应该是一个人,一个在后宫养心殿当差的阉臣大文豪。

凌力先生的《少年天子》中有一段历史掌故云:

顺治十四年冬春节前,顺治皇帝亲政六年来,禁止圈地,废除逃人法,主张满汉一体,让汉族文士接替六部文盲加外行的满员,充分展示贾宝玉"世法平等"的政治家风采。他让总管太监吴良辅领着小太监吴禄骑马从南苑赶回大内,向皇后博尔济吉特氏报告皇太后的病情。孝庄皇太后卧病在南苑,只让董鄂氏皇贵妃日夜伺候,而其他蒙古后妃都是孝庄娘家的侄女或侄孙女,却连个问讯也没有。而董鄂氏皇贵妃产下四阿哥才两个月,经血淋漓不止,太医说恐怕要落下病根了。而孝庄皇太后偏要她来日夜伺候。此事十分蹊跷。所以顺治皇帝派吴良辅领着小太监吴禄,回宫打探一趟。

吴禄当年十七岁,是个聪明伶俐的小太监。他十岁入宫,在中南海万善殿内书堂读过书,专为在御前侍候皇上受过训练,这正是总管太监吴良辅的恩惠,因此,他对吴良辅感激不尽。因为同姓,加上吴禄乖巧聪慧,吴良辅很喜欢他,把他提拔成养心殿御前太监!吴禄对吴良辅来说,既是心腹,又像子侄。吴良辅有权势,百官大臣都以结交他为荣。吴良辅恨不得把一身本事都传给他。

吴良辅对吴禄道:皇后娘娘这中宫未必坐得长!吴良辅问吴禄那天在茶亭,憨璞老和尚到底说了点儿什么,万岁爷到底给打动了没有?吴禄把那天茶亭里和尚的表演和皇上的反应细说一遍,吴良辅面露喜色。吴禄说:和尚说他曾经遍游江南,与南中耆旧诗词往还唱和。万岁爷听了格外高兴,说要往海会寺拜望他!

吴良辅笑道:这叫作偶然机遇,最让万岁爷动心。要是和尚求见,不但身分低了,不得万岁爷看重。要是正经八百地引见和尚,汤若望又要诤谏个没完没了。

吴禄迟疑地望望吴良辅说:都说汤若望是真圣人,咱们何苦……吴良辅半笑不笑地说:实话对你讲,小幺儿,费这么大心思,要万岁爷亲近佛爷,为的就是避开那位圣人。他跟太监满拧!他那天主圣母在咱们中国谁吃那一套?能抗得过如来佛观世音?能抗得过玉皇大帝、王母娘娘吗?……要论他那个人儿,挺正经,不贪赃不枉法,可那又顶啥?

吴良辅说:万岁爷跟太后赶着他叫义父玛法,那是为了南明永历!永历一家老小都进了天主教，文臣瞿式耜、武将焦琏全都是教徒。这天主教传来中国也七八十年了，永历那边儿也不老少。汤若望道德学问是传教士里拔尖儿的，朝廷敬重他，会没有道理？

吴禄小心翼翼地洗耳恭听着。太监大总管吴良辅与养心殿小太监在议论朝政。开国之初，顺治皇帝福临在顺治十年颁布了一道上谕，对太监做出了六条严厉的规定：严禁宦官干预朝政。顺治十二年六月二十八日，福临又命工部铸成一块高一百三十四厘米、宽七十厘米、厚六点五厘米的铁牌矗立在宫内交泰殿门前，上面镌刻着他的另一道严禁太监干政的上谕，其全文如下：皇帝敕曰：中官之设，虽自古不废，然任使失宜，遂贻祸乱。近如明朝王振、汪直、曹吉祥、刘瑾、魏忠贤等，专擅威权，干预朝政；开厂缉事，枉杀无辜；出镇典兵，流毒边境；甚至谋为不轨，陷害忠良，煽引党类，称功诵德。以至国事日非，覆败相寻，足为鉴戒。朕今裁定内官衙门及员数职掌，法制甚明。以后但有犯法干政，窃权纳贿，嘱托内外衙门，交接满、汉官员，越分擅奏外事，上言官吏贤否者，即行凌迟处死，定不姑贷。特立铁牌，世世遵守。

但顺治皇帝身边最亲近的两个太监吴良辅与吴禄，恰恰是有清以来最关心朝政的两个太监。顺治皇帝这道敕谕后来成为清朝皇室的祖宗家法，但有触犯，多被处以极刑。吴良辅于康熙元年被斩首，就是第一个祭刀的太监。

顺治十五年（1658年）时发生了一件震动朝野的外官贿结太监案，当事人涉及许多重要官员，包括被革职的大学士陈之遴，另一个当事人就是吴良辅。如果按顺治皇帝钦定的法律以及审实的案情，上述人员均应处以极刑。可是，顺治皇帝却以"若俱按迹穷究，犯罪株连甚多"为理由，免除了犯罪官员的死罪，只把他们革职罢官、抄家流放了事。而对罪魁祸首之一的太监吴良辅，却百般庇护，留在宫中。

直到顺治十八年（1661年）正月，顺治皇帝临死前五天，依然抱病送吴良辅到悯忠寺落发出家，希冀能保全吴良辅的性命。但在顺治皇帝死后第三天，朝廷公布被篡改的顺治遗诏。随后就把已经成为皇帝"替身"的佛门弟子吴良辅绑赴刑场，斩首示众，理由是"变易祖宗制度，把持朝政"——从此拉开了康熙初年，以辅政四大臣为首的满蒙亲贵，对顺治治国方略的全面否定——否定改剿为抚，满汉一体，禁止圈地，废除逃人法，重用汉臣，尊重汉学。一句话，彻底否定贾宝玉"世法平等"的政策与策略。

孝庄皇太后对顺治皇帝的改革路线本来是支持的。现在处在孤儿寡母的危险形势下，她采取了"两害相较取其轻"的策略，对满蒙亲贵让步，让汉族臣民再一次受到摧残与打击，直至发展到鳌拜重新换地与变相圈地的严重地步。此乃孝庄废顺治，扶立玄烨引发的复旧风波。

亲眼目睹这场复旧风波的养心殿太监吴禄，亲身经历了顺治皇帝的政治风雨，又亲眼看到康熙小皇帝的严重危机，并亲历了康熙亲政后的力挽狂澜。于是，在他的笔下，清廷内部出现了两大派别——正如毛泽东主席在井冈山曾对贺子珍说过的那样："这是一本难得的好书哩！《红楼梦》里写了两派，一派好，一派不好。贾母、王熙凤、贾政，这是一派，是不好的；贾宝玉、林黛玉、丫环，这是一派，是好的。《红楼梦》写了两派的斗争。我看你一定没有仔细读这本书，你要重读一遍。"

再回到顺治十四年冬天那个下雪的日子。吴良辅忽而暧昧地对吴禄笑着说：你新近认了个干妹子，是景仁宫里头的吧？怪不得急着要走，半个多月不见面儿，想坏了，是不是？吴禄嘻嘻地笑了。

上引一小段野史，与《红楼梦》下列回目有直接关系：

（1）第六回《刘姥姥一进荣国府》——汤若望刘姥姥不断进宫。刘姥姥、青儿、狗儿一家子就是汤若望（玛法"爷爷"）、孝庄（义女）、顺治皇帝（义孙）一家子。

（2）第二十二回《听曲文宝玉悟禅机》——顺治皇帝初次认识憨璞老和尚，从此逐渐疏远了汤若望（刘姥姥）。"无我原非你，从他不解伊。肆行无碍凭来去。茫茫着甚悲愁喜，纷纷说甚亲疏密。从前碌碌却因何，到如今回头试想真无趣！"吴良辅为了排斥汤若望（刘姥姥），引导顺治皇帝改信佛教，他是顺治宠佛、最后削发的始作俑者。

（3）第二十四回《醉金刚轻财尚义侠》——醉金刚"倪二虽然是泼皮无赖，却因人而使，颇颇的有义侠之名"。他在顺治皇帝贾芸（未亲政）吃尽白眼的情况下，慷慨地借给他"十五两三钱四分二厘"不要利息的银子，隐射顺治十三与十四年皇帝亲自去南堂拜会汤若望二十四次。汤若望刘姥姥坚决反对宦官干政，成了太监们的眼中钉、肉中刺。

（4）第三十九回《村姥姥是信口开合　情哥哥偏寻根究底》与第四十一

回《栊翠庵茶品梅花雪　刘姥姥醉卧怡红院》——顺治皇帝向汤若望"寻根究底",在孔四贞妙玉影响下提出了"世法平等"的概念。这是顺治皇帝"满汉一体"政治口号的贾宝玉红楼版。

(5) 第七十四回《惑奸谗抄检大观园　矢孤介杜绝宁国府》——顺治十四年腊月养心殿小太监吴禄认了个干妹子,是景仁宫(稻香村)里头的,此事甚为重要。第七十四回《惑奸谗抄检大观园》,隐射顺治十五年,谨贵人向皇帝举报,说承乾宫(潇湘馆)太监与宫女"对食儿",还使用人工性器("十锦春意香袋")。董鄂氏明明知情而认为"古来如此",顺治愤怒地打了她一个耳光,然后抄检承乾宫(潇湘馆)。孝庄认为"小题大做",各宫皆然,顺治密令全部抄检一遍,果然如此,于是下旨绝对保密。这种后宫绝密,只有养心殿小太监吴禄才能知道,别的男人无法知情,因为吴禄的"对食儿"干妹子是景仁宫(稻香村)里头的。

总管太监吴良辅与养心殿小太监吴禄,与《红楼梦》作者曹雪芹有很大的关系。清朝入住北京后,明朝崇祯皇宫里的太监被择优留用,还组成了仍有一定势力的十三衙门,其中不乏怀念明朝故主的,曹雪芹就是他们的化身。在清宫的后宫,吴良辅是总管太监,又是顺治皇帝出家的替身。顺治十四年,吴禄十七岁,皇帝福临二十岁,他俩是同龄人。吴禄天天像影子似的跟随顺治皇帝,是一个伴读奴才。后宫的一切隐秘都藏在他的心里。顺治念什么书,他当然也陪着念什么书。范文程、洪承畴、金之俊、傅以渐、索尼、汤若望、憨璞老和尚对顺治讲授的学问,也进了吴禄的脑子。如果他忠于朱明旧主,又有惊人的才华,他不就是曹雪芹的艺术原形吗?康熙元年吴良辅被处斩了,顺治出家的替身,当了满蒙新贵否定顺治路线、打击汉臣的替死鬼。如果吴良辅"身在曹营心在汉",吴禄作为他的义子,能不为他说话吗?

康熙二十六年,孝庄死了,空空道人与追随者们已经两手空空、"腹内空空","虽今日之茅椽蓬牖,瓦灶绳床,其晨夕风露,阶柳庭花,亦未有妨我之襟怀笔墨者。虽我未学,下笔无文,又何妨用假语村言,敷演出一段故事来,亦可使闺阁昭传,复可悦世之目,破人愁闷,不亦宜乎?"故曰"贾雨村"云云。第一批作者空空道人(朱明后裔)将草稿《风月宝鉴》、《红楼梦》、《情僧录》交给曹雪芹(吴禄)。曹雪芹"于悼红轩中披阅十载,增删五次,纂成目录,分出章回,则题曰《金陵十二钗》"。

参考文献

（1）万依、王树卿、刘潞著：《清代宫廷史》，百花文艺出版社，2004年。

（2）李治亭主编：《清史》，上海人民出版社，2002年。

（3）欧阳健、曲沐、吴国柱著：《红学百年风云录》，浙江古籍出版社，2000年。

（4）霍国玲、霍纪平、霍力君著：《红楼解梦》（增订本），中国文学出版社，1995年。

（5）王华著：《努尔哈赤后妃传奇》，中国人民大学出版社，2001年。

（6）王华著：《皇太极后妃传奇》，中国人民大学出版社，2001年。

（7）张晓虎著：《顺治帝后妃传奇》，中国人民大学出版社，2001年。

（8）柯尊全著：《康熙帝后妃传奇》，中国人民大学出版社，2001年。

（9）周汝昌著：《红楼梦新证》，华艺出版社，1976年。

（10）王浩沅著：《清宫秘史》，黑龙江人民出版社，2003年。

（11）《红楼梦烛隐》网站2004年。

（12）《清史稿》网站2004年。

（13）蔡元培著：《石头记索隐》，上海商务印书馆，1917年。

（14）蔡东藩著：《清史演义》，中国文史出版社，2003年。

（15）凌力：《少年天子》，长江文艺出版社，2009年。

（16）顾诚：《南明史》，光明日报出版社，2011年。

（17）王梦阮、沈瓶庵著：《红楼梦索隐》，中华书局，1916年。

（18）邓狂言著：《红楼梦释真》，上海民权出版社，1919年。

（19）孙渠甫著：《石头记微言》，北京图书馆出版社，1996年。

（20）李知其著：《红楼梦谜》，香港（自印版），1990年。

（21）王以安著：《红楼梦引》，台湾新陆书局，1993年。

(22) 潘重规著：《红楼梦新解》，新加坡青年书局，1959 年。
(23) 潘重规著：《红楼梦新辨》，台北文史哲出版社，1974 年。
(24) 潘重规著：《红学六十年》，台北文史哲出版社，1974 年。
(25) 杜世杰著：《红楼梦考释》，台湾（自印版），1989 年。
(26) 高阳著：《红楼一家言》，台北联经出版事业公司，1977 年。
(27) 冯精志著：《大观园之谜》，北京燕山出版社，1993 年。
(28) 冯精志著：《曹雪芹披露的故宫秘闻》，中国文联出版公司，1995 年。

图书在版编目（CIP）数据

大观园里的替身——《红楼梦》索隐之二／隋邦森，隋海鹰著． —北京：中央编译出版社，2013.8
ISBN 978 – 7 – 5117 – 1721 – 4

Ⅰ.①大…

Ⅱ.①隋…②隋…

Ⅲ.①《红楼梦》研究 – 研究资料 – 分类索引

Ⅳ.①Z89：I207.411

中国版本图书馆 CIP 数据核字（2013）第 172893 号

大观园里的替身——《红楼梦》索隐之二

出 版 人	刘明清
出版统筹	谭　洁
责任编辑	陈　肃　曲建文
责任印制	尹　珺
出版发行	中央编译出版社
地　　址	北京市西城区车公庄大街乙5号鸿儒大厦B座　邮编：100044
电　　话	（010）52612345（总编室）　　（010）52612370（编辑室）
	（010）66161011（团购部）　　（010）52612332（网络销售）
	（010）66130345（发行部）　　（010）66509618（读者服务部）
网　　址	www.cctpbook.com
经　　销	全国新华书店
印　　刷	北京瑞哲印刷厂
开　　本	710×1000 毫米　1/16
字　　数	349 千字
印　　张	24.75
版　　次	2013 年 8 月第 1 版第 1 次印刷
定　　价	68.00 元

本社常年法律顾问：北京市吴栾赵阎律师事务所律师　闫军　梁勤
凡有印装质量问题，本社负责调换，电话：（010）66509618